Conversas com gestores de ações brasileiros

LUCIANA SEABRA

Conversas com gestores de ações brasileiros

A fórmula dos grandes investidores para ganhar dinheiro em bolsa

PREFÁCIO
Felipe Miranda

Copyright © 2018 by Luciana Seabra

A Portfolio-Penguin é uma divisão da Editora Schwarcz S.A.

PORTFOLIO and the pictorial representation of the javelin thrower are trademarks of Penguin Group (USA) Inc. and are used under license. PENGUIN is a trademark of Penguin Books Limited and is used under license.

Grafia atualizada segundo o Acordo Ortográfico da Língua Portuguesa de 1990, que entrou em vigor no Brasil em 2009.

CAPA Eduardo Foresti e Helena Hennemann
PROJETO GRÁFICO Tamires Cordeiro
PREPARAÇÃO Cacilda Guerra
REVISÃO Clara Diament e Carmen T. S. Costa

Dados Internacionais de Catalogação na Publicação (CIP)
(Câmara Brasileira do Livro, SP, Brasil)

Seabra, Luciana.
    Conversas com gestores de ações brasileiros : a fórmula dos grandes investidores para ganhar dinheiro em bolsa / Luciana Seabra ; prefácio de Felipe Miranda. — 1ª ed. — São Paulo : Portfolio-Penguin, 2018.

    ISBN 978-85-8285-079-4

    1. Ações (Finanças) 2. Administração financeira 3. Bolsa de valores 4. Entrevistas 5. Investimentos 6. Mercado de capitais. I. Miranda, Felipe II. Título.

18-18645   CDD-332.63228

Índice para catálogo sistemático:
1. Ações e Bolsa de Valores : Investimentos :
    Economia financeira   332.63228

Cibele Maria Dias - Bibliotecária - CRB-8/10014

[2018]
Todos os direitos desta edição reservados à
EDITORA SCHWARCZ S.A.
Rua Bandeira Paulista, 702, cj. 32
04532-002 — São Paulo — SP
Telefone: (11) 3707-3500
www.portfolio-penguin.com.br
atendimentoaoleitor@portfolio-penguin.com.br

À minha família, pelas conversas de todos os dias.
Aos gestores de recursos que respeitam e valorizam
o investidor individual.
À Empiricus, em especial à Olivia e ao Felipe,
por terem confiado a mim esta missão.

SUMÁRIO

Prefácio: Sobre o ombro de gigantes 9
por Felipe Miranda

Introdução: Café com biscoito 15
por Luciana Seabra

1. Um gestor resiliente 21
   André Ribeiro

2. A gestora nerd 43
   Bruno Rudge, Luiz Orenstein e Pedro Damasceno

3. Nova geração: da meia-calça à bolsa 91
   Caio Lewkowicz, Gustavo Heilberg e Rodrigo Heilberg

4. O veterano da bolsa 119
   Dório Ferman

5. O gestor que rejeita o óbvio 145
   Fabio Alperowitch

6. O analista trinta horas 163
   Flavio Sznajder

7. O investidor prodígio 183
   João Luiz Braga

8. O gestor *old school* 213
   Guilherme Affonso Ferreira

9. O gestor que dá o sangue 234
   Florian Bartunek

10. O gestor de qualidade 254
    José Zitelmann

11. Um investidor com propósito 269
    José Carlos Reis de Magalhães Neto

12. A paciência é um dividendo 290
    Leivi Abuleac e Sérgio Carettoni

13. O gestor que não se abala 308
    Leonardo Linhares

14. *"It's all about the future"* 336
    Mauricio Bittencourt

15. O maratonista da bolsa 365
    Pedro Cerize

16. O homem de ações da Verde 383
    Pedro Sales

17. Cada um na sua caixinha 406
    Ralph Rosenberg

18. O gestor que é também artista 429
    Roberto Vinhaes

A biblioteca do investidor de ações 449

PREFÁCIO

Sobre o ombro de gigantes

Algumas pessoas conquistam à primeira vista. Elas têm uma extroversão que lhes garante um brilho instantâneo e cativante. Infelizmente, ele não costuma durar muito. O ponto de exclamação vai se apagando e sobra só aquele pingo final conforme a convivência transforma o platonismo em concretude. A realidade tem o péssimo hábito de ser cruel.

Outras são o contrário. Elas surgem de fininho. Aparecem como um ponto de interrogação e vão crescendo dentro de você conforme se mostram no cotidiano. A desconfiança inicial transforma-se num verdadeiro deleite e quando de repente percebemos: uau!

Luciana consegue ser as duas coisas. Ela pertence àquele grupo de pessoas cuja competência transborda a ponto de ser identificada com trinta segundos de conversa. *"You had me at hello"* [Você me conquistou com o seu oi], diz Dorothy Boyd para o personagem de Tom Cruise na cena final de *Jerry Maguire — A grande virada*. Surpreendentemente, porém: a completa perplexidade do primeiro encontro é apenas de um aperitivo do que está por vir. Dali em diante, ela vai apenas superar as já elevadas expectativas. Eu posso lhe dizer, sem medo de errar: você também vai se surpreender nas próximas páginas.

Este é o segundo prefácio que escrevo para seu livro. No original, eu estava encantado. Cerca de um ano depois, as coisas mudaram: o amor profissional à primeira vista se multiplicou por três — o mesmo número de entrevistas inéditas que você encontrará nesta edição.

Inédito não é necessariamente a mesma coisa de original. Essa palavra gera um monte de confusão na gente. Às vezes, acreditamos ter atingido a originalidade quando, na verdade, apenas desconhecemos que aquilo já fora dito antes. Em outras, reunimos ideias pregressas e produzimos uma nova apenas combinando o melhor da tese anterior com sua antítese.

É comum também acharmos que originalidade representa um dom inato, pertencente a supergênios muito afastados da nossa realidade, capazes de criar insights do nada, sem qualquer treino. A verdade, porém, é que estamos diante de uma qualidade como qualquer outra: ela pode ser aperfeiçoada com a prática e o estudo.

Isso nos traz a este livro, que considero um documento histórico para o mercado de capitais brasileiro. Se você pretende investir em ações no Brasil, precisa conhecer a arte e a ciência dos reais vencedores nesse negócio. Mesmo para ser o mais original possível, terá de apoiar-se sobre os ombros de gigantes. Construímos o novo a partir do que já existe, de maneira incremental.

Eu mesmo posso afirmar sem medo que não estaria aqui se não fosse por esses gestores — sou, há muito tempo, grande amigo de muitos deles; alguns apenas não sabem. Eu os acompanho faz anos, devendo muito de minha trajetória profissional ao aprendizado na leitura de seus textos. Desenvolvi o novo conceito de amizade unilateral.

Já chego lá. Deixe-me dar um pequeno passo atrás. Retomo rápido.

Um dos primeiros livros de finanças e investimentos que li foi *Berkshire Hathaway Letters to Shareholders*, as cartas da empresa do megainvestidor Warren Buffett a seus acionistas. A obra repousava sobre o criado-mudo de meu pai, que virara *trader* de ações em tempo integral na minha pré-adolescência.

Tentando replicar o herói e acalentar os sentimentos edípicos, roubei o livro e comecei a devorá-lo. Cabulava aulas, aprendia muito mais na Escola de Valor.

No início, tinha uma esperança, mais tarde frustrada, de que poderia virar um grande *trader* de ações a partir daquela leitura. Fracassei como *trader*, recebi coisas muito mais valiosas. Aquilo era fascinante e me apresentava ao universo da análise fundamentalista de ações.

Dali em diante, o interesse só cresceu. Estimulado pela genialidade de Warren Buffett e Charlie Munger, imaginei que poderia encontrar outros gestores brilhantes aqui no Brasil. O.k., talvez não fossem tão espetaculares e idiossincráticos quanto a lenda de Omaha, mas, por outro lado, estariam adaptados às particularidades brasileiras. Traduzido para o contexto jabuticaba, o *value investing* original poderia encontrar utilidade mais pragmática — além da teoria e do método, talvez eu esbarrasse em algumas boas dicas diretas de ações. Se pudesse juntar a fome de conhecimento com a vontade de comer alguns lucros, ainda melhor.

Passei a devorar as cartas aos cotistas de todos os gestores que encontrava. Decorei os documentos da Dynamo, fui e voltei nas escritas da Skopos, encontrei tradição e técnica com as palavras da GAS, acumulei lições valiosas da Escola de Valor escritas pela Fama. Ah, sim, claro, fora do escopo estrito dos fundos de ações, aguardava com ansiedade as cartas do Verde, torcendo para um daqueles meses mais prolixos — infelizmente, eles andam escassos. Quando os gênios falam, o mercado aprende.

Assim me introduzi à análise de ações e, se em algum pequeno momento desenvolvi um jeito próprio de olhar para a bolsa, isso sem dúvida se deveu à influência dos gestores de renda variável brasileiros.

Sempre imaginei que, se o contato com essas lições me foi útil, poderia também o ser para qualquer um. Mantive por muito tempo o desejo de levar esses ensinamentos ao investidor pessoa física, de uma forma um pouco mais sistematizada. Ele merecia esse conhecimento, que sem dúvida poderia encontrar aplicação em seus próprios investimentos. A democratização da boa análise de ações passaria, necessariamente, pelo conhecimento sistematizado do método dos profissionais mais competentes.

Não sabia muito bem a forma como fazê-lo, até que entrei em contato com dois livros: *Conversas com economistas brasileiros*, de

Ciro Biderman, Luis Felipe L. Cozac e José Marcio Rego, e *Market Wizards*, de Jack D. Schwager. Bingo! Lá estava eu de novo pronto para copiar uma ideia alheia.

Bastava adaptar o formato para conversas com gestores brasileiros e teríamos lições valiosas condensadas para o investimento em ações, descritas por quem de fato ganhou dinheiro com aquilo — se serviu para o entrevistado, é possível que vá servir para o leitor também.

Esse último ponto é fundamental. Se você não ganhou dinheiro de verdade investindo em ações, é improvável que consiga transmitir um método realmente eficiente para um terceiro. "Quem não sabe ensina" é uma frase de efeito divertida — e nada mais.

Os financistas adoram repetir a frase clássica de Warren Buffett, de que Wall Street é o único lugar do mundo onde pessoas que andam de metrô dão conselhos a quem dirige Rolls-Royce. Esses mesmos financistas, porém, não vivenciam o ensinamento. Há uma legião de gênios analistas professores tentando dar aula para os verdadeiros ganhadores de dinheiro.

Quando criamos a Empiricus, tínhamos uma ideia clara: fazer um *sell side* com cara de *buy side* — esse era o caminho a seguir. Queríamos fazer as pessoas ganharem dinheiro. Não tínhamos a menor pretensão de produzir os melhores modelos.

Voltando à ideia central, para levar o conhecimento dos gestores às pessoas físicas, eu tinha o esboço da ideia: reunir num livro conversas com os verdadeiros ganhadores de dinheiro em bolsa.

Dispunha de uma intenção, faltava capacidade de execução — e execução, meu caro, é quase tudo. Depois fui ver que mesmo a ideia original poderia ser refinada, como acabou sendo.

Passei anos tentando encontrar uma forma de transformar o platonismo em algo concreto. Fracassei. Sempre soube de minha incapacidade de dar consecução ao projeto. Não tinha competência, interlocução nem habilidade para produzir este livro.

Então, fez-se a luz. Por uma dessas sortes da vida, num daqueles eventos talebianos em que as forças do acaso definem o nosso destino, conheci Luciana Seabra. *Touché!* Estava tudo ali. Inteligência, interlocução, brilhantismo, boa escrita.

Só ela poderia fazer este livro. Ao menos, só ela com essa competência.

Então está aqui. As melhores lições dos maiores investidores de ações brasileiros, reunidas em conversas deliciosas, com uma condução impecável. Eu mesmo, que sempre tive o sonho de ver este livro feito, pude me surpreender, me deliciar e aprender coisas novas com a leitura. Estou certo de que isso também valerá para você.

É claro que, por mais brilhante que Luciana fosse (e, de fato, ela é), seria impossível realizar o livro sem a generosidade dos gestores. Ficam registrados formalmente a gratidão verdadeira, o respeito e a admiração por cada um deles. Nenhum precisava disso. Estou certo de que o aceite veio em uma atitude em prol do investidor, essa figura tão maltratada no Brasil e que agora começa a tomar as rédeas de suas finanças com maior afinco, sendo senhor de seu próprio destino.

Após o sucesso de público e crítica da primeira edição, esta versão conta com três entrevistas inéditas. A primeira, com os sócios da HIX Capital, uma turma da nova geração com uma história muito interessante do herdeiro empresário que virou gestor brilhante — e um *track record* formidável, amparado numa combinação perspicaz de blue chips com um pouco de *small caps*. A segunda, feita com o excepcional Mauricio Bittencourt, da M Square Brasil, conhecido por um histórico de longo prazo muito consistente, a partir de uma gestão focada em qualidade. Um cara incontestável. E a terceira, com João Luiz Braga, que transitou da gestão de ações para o lendário fundo Verde ao mais recente ativismo em prol dos investidores minoritários de bolsa, na XP Gestão.

As inserções completam uma obra que não é só um livro, mas também um retrato preciso de uma (ou duas) geração (ou gerações) de gestores que consolidou o *value investing* no Brasil.

A nova edição vem num momento muito particular da história do país, em que o investimento em bolsa, tão negligenciado na última década, volta a ser considerado de forma relevante e profunda. Se entraremos mesmo numa era de juros estruturalmente mais baixos, todos nós precisaremos olhar o investimento em ações com mais carinho. Talvez estejamos diante de uma nova era, temos de nos preparar.

A visão daqueles que já passaram por vários outros ciclos no passado, sejam eles bons ou ruins, sem dúvida pode servir como um bom guia, uma ajuda útil para nos direcionar em um futuro que insiste em ser impermeável. Aqueles que já arremessaram a bola várias vezes em direção à cesta e acertaram o tiro carregam uma boa receita para reproduzirmos o movimento.

É como ser treinado por Michael Jordan, em carne e osso. Curiosamente, ele, ao ser contratado pelo então pequeno Chicago Bulls, sabia que parte de sua responsabilidade era revolucionar o time e fazê-lo uma equipe campeã. Como está escrito em sua biografia, "era mais do que ser apenas um jogador, mas ser também um cidadão; assim ele se sentia por Chicago".

Quando Luciana Seabra se entregou à feitura deste livro, levando as melhores ideias sobre análise de ações do Brasil até você, ela assumiu um compromisso: torná-lo um campeão dos investimentos. Você está a dezoito conversas da taça. O prêmio vale para a vida toda: uma real mudança de paradigma na forma como você enxerga a seleção de ações. É muito mais do que um troféu.

FELIPE MIRANDA

INTRODUÇÃO

Café com biscoito

Fabio Alperowitch, da Fama, decidiu investir em M. Dias Branco depois de provar os seus biscoitos e observar como eles faziam o papel de pão no dia a dia do nordestino.

Florian Bartunek, da Constellation, só escolheu Kroton depois de sua equipe ter se matriculado e tido aulas na instituição. E investiu em Natura depois que um de seus analistas se tornou revendedor da marca (e também da concorrente Avon).

A paixão de Leivi Abuleac, da Vinci, pelas empresas do setor de telefonia foi despertada pela Nippon Telegraph and Telephone, que ele só conheceu ao se aproximar do Japão porque era representante da personagem Hello Kitty no Brasil.

Definitivamente, ao selecionar ações para investir, não estamos no campo das ciências exatas. Sobretudo hoje, diz Dório Ferman, do Opportunity: "A gente cresceu muito por saber fazer conta. Hoje todo mundo sabe".

Ele faz eco com Roberto Vinhaes, do Pipa Global, que passou a dedicar menos tempo aos estudos quantitativos com correção monetária, essenciais na década de 1980, e mais à observação da linguagem corporal dos executivos das companhias e das palavras ditas sem querer.

Não significa que você pode dispensar a numerologia — os grandes investimentos não são feitos porque você acerta os números, mas grandes erros são cometidos pelo desconhecimento da contabilidade, diz Leo Linhares, da SPX.

Ao longo das próximas páginas, você vai ter um encontro com 23 grandes investidores de ações, que somam juntos 50,4 bilhões de reais alocados em companhias brasileiras. Meu agradecimento profundo a cada um deles.

Espalhados da Faria Lima ao Leblon, eles são especialistas em escolher empresas que vão se valorizar nos próximos anos. E posso apostar que boa parte do que você sempre pensou sobre investir em ações vai cair por terra.

"Que perguntas você faria se fosse comprar um posto de gasolina? Por que não fazer uma lista semelhante ao comprar uma ação de uma empresa?", sugere Pedro Sales, da Verde. Tão simples quanto isso.

Gente como nós, que acerta, mas também erra, é o que este livro revela em conversas descontraídas, transcritas praticamente de forma literal, sem frescura, como em um bom café da tarde mineiro (meus agradecimentos ao Pedro Cerize, que, além de ter aberto o coração, serviu pão com manteiga naquela manhã em que, no afã da conversa para o livro, até me esqueci de comer).

É um orgulho para mim e para o Felipe Miranda — mentor deste livro — que ele chegue às prateleiras das livrarias depois de ter sido lido por 30 mil assinantes da Empiricus.

A partir da primeira edição, um sonho feito realidade, nasceu esta em versão ampliada, com três conversas inéditas, corrigindo falhas graves de ausência da primeira edição (nós também erramos). Nestas páginas, o veterano Mauricio Bittencourt, da M Square, ensina que escolher empresas com culturas corporativas fortes diminui a incerteza sobre o futuro — nem o trio maravilha Marcel Telles, Jorge Paulo Lemann e Beto Sicupira seria capaz de prever, lá em 1998, que da sementinha Brahma nasceria a maior cervejaria do mundo, mas um investidor mais atento poderia notar a formação de um grupo de pessoas bem preparadas e ambiciosas com a preocupação de formar profissionais semelhantes.

Mauricio vem bem acompanhado de uma nova geração de admirados gestores de ações: João Luiz Braga, o jovem prodígio que hoje seleciona empresas na XP e já esteve na equipe do renomado gestor de multimercados Luis Stuhlberger; e o trio Rodrigo, Gustavo e Caio, da HIX, que levou para o mundo da bolsa a visão de empreendedores, construída na Scalina, dona das marcas Scala e Trifil.

Aliás, o empreendedorismo é um tema que permeia este livro. A história de como essas pessoas construíram gestoras de ações de sucesso — no mercado de fundos de investimento brasileiro, em que dois terços do patrimônio estão concentrados nos cinco maiores bancos — confunde-se com o que elas desejam encontrar nas companhias em que investem. "Gente boa faz toda a diferença; gente ruim, também", diz André Ribeiro, da Brasil Capital.

Como uma defensora da boa orientação financeira, também preciso destacar uma recorrência intrigante neste livro: o peso da família na construção de grandes investidores. Vários gestores se sentiram estimulados pelos familiares: a tia do Américo, os pais do Leivi, do Zitelmann, do Rodrigo, do Gustavo, do João e do Flavio (ainda que programar um computador aos treze anos e acompanhar as cotações do cobre aos doze não pareçam coisa de gente muito normal).

O gosto pelos esportes e pela leitura também é algo recorrente entre os investidores de ações bem-sucedidos. Não deixe de passear pelo capítulo final, em que reunimos sugestões deles para a sua biblioteca.

Este livro desmistifica ainda a ideia de que para ser um investidor de ações você precisa ser grande. Ralph Rosenberg, da Perfin, começou a investir por meio de um clube, aos 23 anos, com 50 mil reais. O clube também foi o começo dos irmãos Rodrigo e Gustavo Heilberg, da HIX, na faixa dos vinte anos, com 15 mil reais.

Infelizmente, porém, este livro não desmistifica a ideia de que o mercado de gestão de recursos é na sua maior parte masculino. Faltam mulheres no universo financeiro, em especial no de bolsa. Aproveito este espaço para defender que é preciso trazer o olhar delas (o nosso, no caso) para o front.

Alguns debates caros ao mercado de capitais passam pelas próximas páginas. É o caso da redução recente do ativismo entre investidores minoritários, justificada pelo crescente risco de responsabilização jurídica que pesa sobre o conselheiro. Guilherme Affonso Ferreira é quase que o último romântico.

Outro tema recorrente é o horizonte de curto prazo do investidor local — que, permita-me opinar, pode ser ao menos em parte resolvido com mais acesso à informação. Quem observa calmamente seu dinheiro diminuir se não sabe por que isso está acontecendo? Se não conhece quem cuida do seu dinheiro? Se não viu outros ciclos, para saber que o que cai também sobe?

Ao aproximar gestores de ações renomados de investidores pessoas físicas, nosso plano é exatamente reduzir esse fosso que separa profissionais de amadores, informados de desinformados. São todos humanos, com capacidade de aprendizado e possibilidade de erro.

Por falar na consciência de nossa humanidade, ela bateu com violência à nossa porta com o falecimento de Pedro Damasceno, menos de um ano depois da conversa para o capítulo da Dynamo.

Quem poderia imaginar que o jovem Pedro seria vítima de um infarto fulminante em meio a uma corrida na praia, aos 47 anos? Difícil absorver tal agressão à ordem natural das coisas. "Eu escuto isso de muitos amigos: 'Eu quero ganhar dinheiro para, aos quarenta anos, parar de trabalhar'. A gente não quer parar de trabalhar. A gente gosta muito disso aqui", disse ele na conversa para este livro. E, de fato, não parou.

Pedro transbordava paixão pelo trabalho no Cougar, um dos fundos brasileiros de ações que mais deram alegria aos seus cotistas. Ele era um investidor dedicado, mas também um atleta — quase foi surfista profissional.

Peço licença para me alongar um pouco mais e listar aqui sete lições poderosas que ele deixou ao investidor de bolsa brasileiro, que pincei a partir de conversas que tivemos. Pedro — uma combinação de genialidade, modéstia e gentileza pouco comum no mercado — diria que não são regras universais, apenas um modo de fazer:

1 Gostamos de diversificação de risco. Acertar é bom, mas evitar os grandes erros talvez seja mais importante;

2 Em vez de ficar tentando adivinhar como o mundo ou o Brasil vai ser, nos adaptamos e adaptamos o portfólio ao mundo que se coloca para nós;

3 Liquidez não é necessariamente uma questão. Se estamos certos, ela vai virar;

4 A mesma pesquisa que serve para comprar serve para vender, mas o mesmo *mindset*, não. No *short* [posição vendida, que ganha com a queda da ação], não basta estar certo na sua tese, você tem que estar certo no timing, e não gostamos dessa guilhotina;

5 As pessoas no Brasil tendem a olhar só quanto o fundo deu. Pouca gente gasta tempo olhando como ele chegou lá;

6 Você dificilmente vai ver uma empresa de commodities sendo a principal posição do fundo, por uma constatação de que não podemos ter uma opinião muito inteligente sobre o que mais importa na vida de uma empresa dessas: o preço da commodity;

7 Já perdemos boas oportunidades por excesso de zelo. E esse é um erro em que talvez continuemos incorrendo.

É com uma homenagem ao Pedro, um guerreiro na defesa de um mercado de capitais brasileiro mais maduro, à sua paixão pela bolsa e à sua generosidade que eu começo esta série de conversas.

Que a partir do olhar dos outros sobre a bolsa você construa os seus próprios óculos, como sugere Zeca, da Tarpon, e — por que não? — também se apaixone.

Boa conversa!

LUCIANA SEABRA

1. Um gestor resiliente

Pense em um setor em que o Brasil ainda está bastante defasado com relação a outros países. Veio à mente educação, saúde, infraestrutura? São negócios dos segmentos dessa natureza que brilham aos olhos de André Ribeiro, gestor de ações da Brasil Capital.

André falava de Kroton quando o nome da companhia ainda soava exótico, e Rodrigo Galindo era um ilustre desconhecido. No fundo de ações da Brasil Capital, a empresa de educação morou por cinco anos, ao longo dos quais o valor da ação multiplicou-se por sete.

O gestor da Brasil Capital acredita piamente no poder da equipe, tanto para construir quanto para destruir valor nas empresas. Gente boa faz toda a diferença; gente ruim também, repete. E a fórmula funciona. Em uma análise de longo prazo, os fundos da Brasil Capital sempre aparecem no topo.

A Brasil Capital sentiu na pele a dor da perda de um sócio importante: o jovem Duda, de apenas 29 anos. José Eduardo Ermírio de Moraes era neto do empresário José Ermírio de Moraes, do Grupo Votorantim, e tive o prazer de conhecê-lo, em uma visita à Brasil Capital, pouco antes de sua morte trágica em 2013, em um acidente de avião. Um empreendedor, desejoso de abrir os próprios caminhos.

Manter a locomotiva andando após essa tragédia, em meio a um período de bolsa bastante desafiador, foi uma prova de fogo. Foi um teste de resiliência, que a equipe venceu com louvor.

Ficou o aprendizado. "Temos convicção total de que todas as empresas vão passar por momentos muito difíceis, como a gente passou. Algumas morrem no meio do caminho e outras se adaptam, se reinventam e continuam, enfim, de outra maneira, mas se ajustam e seguem em frente. A gente quer de fato investir nas empresas que sejam capazes de se adaptar às circunstâncias as mais diversas possíveis, porque é essa a realidade", diz André, como sempre sensível e preciso.

Você segue alguma filosofia de gestão para selecionar ações aqui na Brasil Capital?

André Ribeiro: Não temos preconceito contra nenhum tipo de empresa ou setor. Entendemos que pode haver oportunidades em todos eles. O mercado brasileiro já é super-restrito em número de empresas abertas. Se a gente limitar estatais, setores regulados etc., o número fica ainda menor. É evidente que preferimos empresas com um posicionamento competitivo diferenciado, em mercados bastante concentrados, nos quais a companhia já tem poder de repassar preço, barreiras de entrada muito fortes, enfim, market share [fatia de mercado] alto. Gostamos muito de mercados já consolidados, com líderes claros. Ou de empresas em setores que, dado o país em que estamos, são ainda subpenetrados ou informais, com baixa concentração. E em que as empresas com diferenciais de investimento em tecnologia, gente, processos são capazes de ganhar market share dos mais fracos, de modo que o setor vá se consolidando ao longo dos anos.

Vocês valorizam muito gestão, né?

AR: Pra gente, peça-chave em qualquer que seja a empresa, qualquer setor, é a capacidade do time de gestão, quero dizer, gente boa faz toda a diferença. E gente ruim também faz toda a diferença. Empresas são capazes de destruir valor ou de gerar muito valor ao longo do tempo. Normalmente, essa geração de valor se dá por conta das equipes que dirigem essas empresas. Então, número um: times de gestão diferenciados são capazes de transformar negócios e empresas, gerando valor ao longo do tempo ou destruindo valor ao longo do tempo. Um exemplo recente é o que aconteceu com o Brasil: um grupo enorme de empresas incapacitadas administrou e destruiu o país ao longo de dez anos. E a gente espera que daqui pra frente um novo grupo de pessoas capacitadas e com objetivos comuns seja capaz de tirar do Brasil o que é possível. Isso vale pra Petrobras, pra Vale e também pra Brasil Capital como empresa. Gente boa gerindo uma *asset* [gestora] faz toda a diferença. Assim como, com gente despreparada, uma *asset* provavelmente não vai ter meio ano de vida. Então essa máxima de gente boa vale desde empresas gigantescas até empresas muito pequenas. E vimos isso o tempo todo em vários dos negócios em que investimos ao longo do tempo.

Nessa linha das empresas com baixa penetração de mercado, pode dar um exemplo de alguma em que vocês investiram e em que a gestão de fato fez diferença?

AR: Kroton. Fizemos o primeiro investimento na Kroton a preços atuais de dois reais por ação. E desinvestimos a quinze por ação. Isso foi um investimento de cinco anos. Antes de a Advent [fundo de *private equity* americano] fazer parte do conselho de administração, a Kroton era uma empresa mal gerida. A cada mês que falávamos com o time de gestão, eles passavam um foco diferente. Num primeiro momento, era ensino superior; depois, ensino básico; no mês seguinte, ensino à distância. Isso mudou com a ida da Advent ao bloco de controle da Kroton e, na sequência, com a aquisição da Iuni, da família do Rodrigo Galindo, que é hoje o presidente da empresa. Quando eles fizeram a aquisição, a Iuni era uma empresa de ensino superior presencial superbem gerida, já com margens operacionais de 25%, contra 10% do restante do setor. Eles trouxeram o Rodrigo pra ser o COO da Kroton como um todo, ele ficou de seis meses a um ano e logo assumiu...

... o posto de CEO.

AR: Isso. E o Rodrigo, na gestão, olhando pra processos, tecnologia, gente, potenciais aquisições, foi capaz de gerar valor — ou muito valor — pro acionista ao longo dos anos. Era uma empresa pequena, com menos de 100 mil alunos, e hoje a gente está falando de uma empresa com 1,5 milhão de alunos, se considerarmos Kroton e Estácio em conjunto, mas o caminho não foi nada fácil. Apesar de ter tido a ajuda do Fies [Fundo de Financiamento Estudantil], que sem dúvida aumentou muito a demanda pelo ensino superior no Brasil, quando a gente olhava pra Kroton, era uma empresa num setor subpenetrado — se não me engano, 15% das pessoas entre dezoito e 24 anos iam pro ensino superior no Brasil, enquanto em outros países comparáveis esse número era de 30% a 35%. Então é um setor subpenetrado. E um setor ainda muito informal.

Informal em que sentido?

AR: A maioria das faculdades era gerida por famílias, com ainda a primeira geração tocando a empresa e sem acesso às melhores práticas financeiras de gestão de negócios. Nesse setor informal e subpenetrado, uma empresa com processos, tecnologia e dinheiro pra investir faz diferença, com o programa do Fies, mas também com um gestor que formou uma equipe de dez ou quinze outras pessoas de altíssimo nível e foi capaz de fazer algumas aquisições que mudaram completamente a empresa de patamar. Ele fez a aquisição da Unopar, na época a maior empresa de ensino à distância do país; depois da Uniasselvi, a quarta maior de ensino à distância; depois da Anhanguera, que era a terceira maior do país e recentemente fez a aquisição da Estácio. Essas empresas, por serem mal geridas, tinham margens operacionais que eram metade das da Kroton. E, ao longo dos processos de fusão, em dois anos, essa equipe sempre foi capaz de elevar as margens das empresas adquiridas para o patamar de margem da Kroton, que era quase o dobro.

Agora, você escolheu a Kroton antes da entrada do Galindo, né? Como você identificou que aquela empresa tinha potencial? Pensando um pouco no processo de garimpo que vocês fazem no mercado...

AR: Pois é... Foi antes do Galindo. O setor de educação no Brasil, pra gente, sempre foi bastante atrativo em termos de potencial. Quando olhamos pro Brasil... vemos que falta infraestrutura. Portanto, infraestrutura pode ser uma oportunidade de investimento? E o setor de educação? Também é subpenetrado e é um dos problemas de competitividade do Brasil. Então pode ser um setor interessante? O setor de saúde é um setor informal e com muito potencial de crescimento... Então olhamos muito pra quais são os setores-chave da economia e que podem crescer independentemente do que acontece com o PIB [Produto Interno Bruto] do país. Saúde, educação e infraestrutura podem continuar crescendo mesmo se o país tiver um ou dois anos de PIB engasgado, porque são subpenetradas e vitais pra prosperidade. No caso do setor de educação, a gente teve um investimento no SEB, o COC com ensino à distância, e, um ano depois do nosso investimento, a Pearson, que é a inglesa dona do *Financial Times*, adquiriu o SEB. Fomos obrigados a desinvestir, mas continuamos olhando o setor de educação. Só que as empresas abertas em bolsa, em termos de gestão e entrega de resultados, eram todas muito ruins.

Como identificar uma empresa boa em meio ao setor subpenetrado?

AR: Pois é... Nesse caso específico, a gente tinha uma proximidade grande da Advent e admirávamos bastante a capacidade de gestão dela em negócios como a Dufry e a Cetip. A partir do momento em que a Advent passou a integrar o bloco de controle da Kroton — gestores com capacidade e com um viés financeiro passaram a administrar ou a fazer parte da administração da empresa —, isso nos chamou a atenção! Dissemos: "Vamos dedicar mais tempo a essa empresa. Quais são as medidas estruturais que esse novo time de gestão vai tomar para que a rentabilidade da empresa mude de patamar?". E, de fato, naquele momento em que foi feito o investimento, o mercado não estava pagando por nenhuma melhoria. Quero dizer, quando a gente faz as projeções futuras pra achar o valor justo da empresa, buscamos saber que crescimento, que margens e que geração de caixa estão embutidos no preço de mercado. E, quando a gente fazia aquela conta pra Kroton, tinha que assumir decrescimento e queda de margens de um patamar já muito baixo pra que ela valesse o que estava valendo no mercado. Pra gente, isso era uma oportunidade. O mercado não estava colocando no preço da empresa nenhuma expectativa de crescimento. Pelo contrário. E houve uma mudança relevante na gestão com práticas mais avançadas de finanças, foco em gente, processos, tecnologia, comitês... Na verdade, essa era uma barganha que estava lá esquecida, num setor informal, altamente subpenetrado e com a concorrência muito fraca. Era uma empresa subavaliada que poderia passar por um choque de gestão. E, se desse errado, o mercado já não estava pagando por aquilo. Então o *downside* [risco de prejuízo] era muito limitado.

Normalmente é assim que vocês trabalham? Partem de um setor subpenetrado e escolhem uma ação ou empresa específica ali dentro? Como é o processo?

AR: É de empresa a empresa, oportunidade a oportunidade, não necessariamente de um setor. Pode ser que a gente comece a ficar atento por conta de atitudes que determinada empresa toma ao longo do tempo. E aí eu não estou chamando de *turnarounds* [viradas], porque eles são muito difíceis de capturar no Brasil. O macro do Brasil é hostil. *Turnarounds* já são difíceis de tocar em qualquer país. No Brasil, é ainda mais difícil. Eu não tenho uma estatística, mas imagino que, a cada cem tentativas, duas deem certo.

No sentido de fusões e aquisições darem errado?

AR: No sentido de transformar uma empresa mal gerida, com dificuldades, numa boa empresa.

O que acontece no meio do caminho que atrapalha esse processo?

AR: Questões macro, de gente, de sistemas, de processos... Não é fácil gerir uma empresa de 10 mil, 20 mil, 30 mil pessoas e transformá-la. Outra empresa que chamou a atenção ao longo dos últimos anos — e aí não é um setor específico — foi a Cosan. Há dez anos, ela era uma empresa de açúcar e álcool, um negócio altamente cíclico, de alto capital empregado e com uma alavancagem muito alta. E, sob a gestão Rubens [Ometto], Marcos Lutz e Marcelo Martins, essa empresa se transformou totalmente ao longo dos últimos anos. Ela fez uma aquisição, da rede de postos Esso, de distribuição de combustíveis, muito mais previsível do que o negócio de açúcar e álcool, muito menos cíclica e num mercado em consolidação por Petrobras e Ultra, via Ipiranga. O terceiro grande *player* que surgiu foi a Cosan. Era um setor em grande parte ainda informal, formado pelos "bandeiras brancas". Essas três empresas começaram a embandeirar esses postos. A Shell, de lá de fora, interessou-se pela história da *clean energy* [energia limpa] da Cosan. E aí eles fundiram as operações da Shell de distribuição de combustível no Brasil com a Esso e consolidaram ainda mais o mercado. Hoje são três grandes *players*: Petrobras, Ipiranga e Shell. Cada vez mais os postos sem bandeira deixam de existir.

Verdade...

AR: Ao longo desse processo, a Cosan deu outros passos muito relevantes: começou a investir a partir do bagaço da cana em cogeração de energia. Como açúcar e álcool é um setor supercíclico, eles fizeram um programa de *capex* [investimento em bens de capital] de três anos pra serem capazes de produzir energia a partir do bagaço da cana — energia com contratos de longo prazo, a preços estáveis, com uma margem de 70%. Aos poucos, o perfil do grupo, que era altamente cíclico, foi se transformando em muito menos cíclico, com os negócios de distribuição de combustível, cogeração de energia e logística, que se transformou na Rumo hoje, também monopolista em ferrovia. Quer dizer, a Rumo acaba concorrendo com o caminhão, que é muito mais informal e muito menos competitivo. A matriz do Brasil é torta nesse aspecto, se a gente comparar com a dos Estados Unidos. O transporte ferroviário é muito maior fora do Brasil ou nos Estados Unidos, por exemplo, do que é no Brasil. Então, existe um espaço pro transporte ferroviário ganhar market share.

Além disso, eles fizeram a aquisição da Comgás, outro negócio superprevisível e de muita estabilidade. Então, nesse caso específico, não foi o setor que nos chamou a atenção, mas a transformação que os gestores da empresa foram implementando ao longo dos anos. O que aconteceu nesse período todo? A maior parte das usinas de açúcar e álcool no Brasil quebrou porque tivemos um ciclo muito negativo pro açúcar. A Cosan nadou de braçada por ter negócios muito estáveis, gerando bons resultados, crescentes. E os concorrentes em açúcar e álcool foram ficando pelo caminho.

O que tem de intuitivo nessa seleção de ações?
AR: Acho que tem uma parte qualitativa enorme, que são entrevistas, conversar com gente, olhar as operações da empresa... Acho que tem, sim, um quê de acreditar no time de gestão, que a estratégia faz sentido, mas também de fazer um *crosscheck* [usar uma fonte ou um método diferente para checar] com gente do setor, não necessariamente da empresa, se aquela estratégia faz sentido ou não. Tudo bem, a Cosan comprou a Esso. Podia ter sido uma péssima compra. Vamos conversar não só com o time da Cosan sobre a aquisição da Esso, mas com o time da BR Distribuidora, com o da Ultra e da Ipiranga pra entender se aquela aquisição faz sentido e se de fato eles veem o mercado caminhando pra uma concentração maior. Ou, ainda, eles compraram a Comgás. Tudo bem, quais são as iniciativas que eles podem tomar pra aumentar a rentabilidade da Comgás? A Comgás tinha como controladora a British Gas, uma empresa inglesa, tocando de longe o negócio no Brasil. Qual era a importância que a British Gas dava pra aquele negócio no Brasil? Eles focavam em eficiência, em custos, em ligação de novos consumidores com rentabilidade maior? Então é ralando mesmo, gastando sola de sapato com entrevistas que você consegue, de certo modo, ratificar se o que o time de gestão da empresa está te dizendo faz sentido ou não.

Então, em geral, são conversas com os concorrentes?
AR: Concorrentes, clientes, fornecedores... Então, Cosan é outro caso que é um investimento nosso de cinco anos e em que, enfim, a

empresa continua gerando valor ao longo do tempo e continua sendo precificada no mercado como cíclica, negociando a cinco vezes Ebitda,* quando há empresas comparáveis negociando a oito vezes, dez vezes, doze vezes Ebitda. O mercado se apega a particularidades de ser um conglomerado de mais difícil entendimento e se esquece de olhar que há dez anos essa era uma empresa de açúcar e álcool, que hoje poderia estar quebrada e se transformou totalmente. O time de gestão fez toda essa transformação.

Quanto tempo demora esse processo de análise até que uma ação entre na carteira?

AR: Se é um começo de análise do zero, são no mínimo três meses, mas a confiança com o tamanho da participação vai sendo ganha ao longo do tempo. E, pra se tornar uma posição, digamos, *core* [nuclear] do portfólio, eu diria que é um processo longo que pode durar um, dois anos. Enfim, não tem regra, mas é certo que não vai ser feito em dois meses.

Depois de selecionada, quanto tempo mais ou menos a ação costuma ficar na carteira aqui na Brasil Capital?

AR: Depende do potencial de geração de valor que a gente vê. Kroton, por exemplo, saiu das nossas carteiras super-recentemente depois da aquisição da Estácio. Apesar de vermos ainda um setor subpenetrado e uma empresa muito bem gerida, as possibilidades de crescimento da Kroton no país são menores simplesmente porque a empresa ficou muito grande. Mais do que isso, a gente entende que o nível de rentabilidade dos negócios da Kroton está muito próximo da perfeição. E temos um programa governamental de financiamento que, de certo modo, se mostrou insustentável. Continuamos respeitando mil por cento o time da Kroton. Eles são os vencedores do setor naturalmente, é uma empresa que vai continuar prosperando,

---

*   Ebitda (*Earnings before interest, taxes, depreciation and amortization*): lucro antes dos juros, impostos, depreciação e amortização, uma das medidas divulgadas pelas companhias abertas no balanço trimestral de resultados.

mas resolvemos alocar capital em outras empresas e esperar. A gente não sabe se o Cade [Conselho Administrativo de Defesa Econômica] vai aprovar o negócio com a Estácio e com que restrições. De certo modo, as ações precificaram que o negócio vai ser aprovado e que haverá sinergias relativas à junção das duas empresas. Então a gente acabou encerrando um ciclo, mas, se houver uma realização nas ações, ficaremos superfelizes em recomprá-las. Não temos absolutamente nada contra a empresa, só esperamos ter oportunidade de recomprá-las a preços melhores. No caso da Cosan, por que ela continua na carteira mesmo depois de tanta valorização? Porque a gente ainda entende que está muito mal precificada pelo que tem entregado pros acionistas. E ambas as empresas ficaram mais ou menos cinco anos no portfólio até agora.

Então você tem ações já pré-aprovadas, a depender do preço, certo?
AR: Você perguntou quanto tempo demoramos pra montar uma posição. No caso da Kroton, como a gente já conhece o negócio, já estudou, já foi acionista, se ela chegar ao preço correto, quer dizer, que a gente acha que vale o investimento, podemos formar uma posição grande com muita rapidez. Mas são seis anos de estudo em cima da empresa.

Já no caso de uma empresa em que vocês vão investir pela primeira vez demora mais...
AR: É um processo mais lento, de, digamos, pelo menos um ano. A gente quer entender muito, em primeiro lugar, o alinhamento de interesses dos gestores da empresa com os acionistas minoritários, com os controladores e com os funcionários. E como essa empresa e esse time de gestão vão reagir a condições adversas, que sempre vão acontecer. Por exemplo, no caso da Kroton, houve um corte superdrástico do Fies, os investidores precificaram...

Bem na virada de 2014 para 2015...
AR: Foi. Em dezembro de 2014, e começou a vigorar a partir de 2015. Em dois meses, a Kroton já tinha dois ou três planos de con-

tingenciamento. Mesmo com restrições superfortes de Fies, a Kroton teve um crescimento de lucro operacional de 25% ano contra ano, sob condições muito adversas, enquanto os concorrentes sob as mesmas condições adversas tiveram queda de resultado operacional de 20% a 30%. Como é que esses caras... Acho que isso vale pro investidor final que está selecionando gestor de portfólio também. No *bull market* [mercado acionário em alta], qualquer coisa que você compre vai dar certo, você está sendo empurrado por um movimento enorme. Mas, quando as coisas virarem, quem é que vai sobreviver? E como é que o gestor — seja o gestor de fundos de ações, seja o gestor da empresa em que o fundo de ações investe — vai se comportar em condições adversas? Pra saber, você de fato tem que presenciar isso acontecendo. E isso não acontece em um mês de análise, isso acontece ao longo do tempo: saber que aquela empresa vai sobreviver porque o time de gestão vai se adaptar àquela circunstância macro que está jogando contra momentaneamente e que, quando melhorar, essa empresa vai sair mais forte e mais rentável.

Agora, uma decisão dessas, como sair da Kroton, não é muito difícil? Como se disciplinar também para saber a hora certa de sair de uma empresa que vocês adoram?

AR: Tem uma parte quantitativa, de preço de fato, de rodar cenários diversos, de entender até onde a empresa pode chegar. Só que, via de regra, a parte quantitativa leva a decisões erradas. E tem a parte qualitativa, de entender alguns sinais. Por exemplo, a gente vai ter uma base de alunos do Fies muito grande na Kroton que entraram em 2013/2014, com políticas subsidiadas, e que vão se formar na Kroton em 2017/2018. Esses alunos que entraram lá atrás vão se formar nos próximos dois ou três anos. Com que tíquetes esses caras vão ser substituídos? Vai ter programa de incentivo? Em que condições? O Brasil passa por uma restrição fiscal muito grande. Qual vai ser essa matemática? A Kroton não pode mais fazer aquisições em ensino à distância, e novos polos foram abertos. Novas empresas podem começar a operar o ensino à distância...

São sinais de que...

AR: Vai ter concorrência maior ou não? A empresa já está muito grande — somada à Estácio, vale 30 bilhões de reais, é a maior empresa do mundo. São sinais qualitativos que fazem com que a gente fique com a pulga atrás da orelha. Se os cenários quantitativos que a gente roda não nos dão uma tranquilidade gigantesca, aí a gente questiona a posição. É um setor ainda em que quase não há pagamento de impostos. Você não só tem o subsídio do Fies como tem o não pagamento de imposto de renda com o Prouni [Programa Universidade para Todos]. É uma empresa altamente lucrativa, e o governo de certo modo está abrindo mão da arrecadação e beneficiando a empresa, que soube capturar superbem esse benefício. Mas são questionamentos que a gente se faz nesse, digamos, potencial novo Brasil, com a parte fiscal muito mais restritiva. E, honestamente, não temos as respostas. Então achamos por bem — usando o qualitativo, o quantitativo e um pouco a intuição — alocar o capital em outros negócios.

E agora, pelo outro lado também, vocês continuaram segurando a Kroton por um tempo mesmo depois da mudança de regras na virada de 2014 para 2015. Como não ceder à correria do mercado?

AR: Eu acho que houve um erro no meio do caminho. Com a Dilma [Rousseff] reeleita, assumimos que o Fies ia continuar no mesmo ritmo. E a gente se apegou muito à capacidade que a Kroton teria de focar em produtividade interna pra entregar o mesmo tipo de resultado, que foi o que de fato aconteceu. As ações caíram de dezessete pra oito reais. E a gente tinha um investimento de tamanho médio na empresa, já havia se desfeito de boa parte da posição, mas ainda continuava. Durante o processo de queda, dado o nosso histórico com a Kroton e dada a evolução que a gente estava vendo — a empresa estava compensando toda a perda de incentivo com ganho de eficiência e produtividade —, demos o benefício da dúvida pro time de gestão, que rapidamente foi se mostrando capaz de entregar um crescimento de resultado operacional mesmo sob condições bem adversas. E aí as ações que bateram oito reais voltaram pra quinze, dezesseis reais. E aí a gente achou por bem desinvestir.

Mas como você lida com esse momento: saiu a notícia, um monte de gestor está vendendo... Você revisita a tese?

AR: É uma autocrítica e um autoquestionamento constantes, é um teste de convicção diário, porque o mercado muitas vezes joga contra você. Você tem que ser capaz de separar o emocional do racional, o que não é fácil. Emocionalmente, as notícias não eram boas. Todos os dias, a gente acordava com uma notícia ruim, com competidores falando mal da empresa, com clientes ouvindo de competidores que a empresa não ia ser capaz de prosperar naquele cenário, investidores nossos questionando o tamanho do investimento na Kroton...

Difícil, né?

AR: No fim das contas, assim como quando a gente investe numa empresa está delegando pros donos, gestores, administradores, confiando que eles devem tocar a empresa do melhor jeito que acham que ela deve ser tocada, os nossos clientes estão delegando pra nós. Quer dizer, esse pelo menos deveria ser o senso do investidor ao investir conosco. Ele não está comprando cotas passadas, ele está delegando pra um time de gestão a responsabilidade de investir corretamente nos melhores negócios possíveis com o mínimo de risco possível. E, ao delegar isso, claro que ele pode questionar o gestor, mas o que ele pode fazer, se não concordar com o gestor, é resgatar o dinheiro e pronto. Assim como eu posso vender as ações de uma empresa e pronto. Então, durante esses momentos em que as coisas dão errado — e fatalmente as coisas vão dar errado em vários momentos, porque você não vai conseguir antecipar todos os movimentos —, você tem que ter a cabeça no lugar. Tem que ter uma equipe forte de análise, sócios construtivos que tomem decisões conjuntas, racionais e com bastante inteligência emocional também. Mas os movimentos de manada têm que ser, de certo modo, deixados de lado, seja para o bem, seja para o mal. A gente tem que procurar achar distorções onde as pessoas não estão vendo. Nos casos específicos de Cosan e Kroton, a gente acabou entendendo que havia diferenciais competitivos. Há um time alinhado, a estratégia faz sentido, eles vão ser capazes de gerar valor ao longo do tempo. É por isso que não dá pra esperar resultados de fundos de ações em seis meses, um ano, dois anos. Acho que os horizontes que são olhados pelos brasileiros são muito curtos. Mas é que a gente está concorrendo, queira ou não, com o CDI [Certificado de Depósito Interfinanceiro]...*

Qual seria, na sua opinião, o período ideal para avaliar um fundo de ações?

AR: Acho que fundos de ações devem ser olhados no mínimo em períodos de cinco anos, talvez dez. Só que, no Brasil, quantos gestores têm dez anos? Talvez cinco ou dez. Então, nem existe essa possibilidade. Nos Estados Unidos, há gestores de 20 bilhões, 30 bilhões de dólares, com histórico de quarenta, cinquenta anos. Esses gestores todos passaram por cinco, dez anos muito adversos em algum momento. E foram capazes de sobreviver e prosseguir entregando resultados, se adaptando às circunstâncias, com muitos erros no meio do caminho. É inevitável que isso aconteça com qualquer gestor.

Falamos sobre dois grandes acertos de vocês: Kroton e Cosan. Qual foi um erro com o qual você acha que aprendeu algo novo?

AR: No Brasil, com esse custo de capital tão alto e com a concorrência inevitável em relação ao CDI, com o qual os gestores de ações também acabam sendo comparados, acho que você deve ter o olho sempre na direção de longo prazo que o negócio está seguindo, mas você não pode negligenciar riscos de curto prazo. Se a gente não focasse tanto no médio/longo prazo, talvez tivesse sofrido um pouco menos com a queda das ações da Kroton. Talvez, se a gente tivesse sido um pouco mais flexível em diminuir a posição num momento em que o *framework* macro começou a jogar contra, nossos resultados seriam um pouco melhores. Ou, ainda, na Cosan: no momento em que o ciclo do açúcar foi muito negativo, a empresa passou por

---

* Quando as entrevistas foram feitas, a meta para a Selic, a taxa básica de juros brasileira, estava em 1,25%.

um período de aumento de taxa de juros e dificuldade no negócio de açúcar e álcool. Ela passou superbem por isso, mas os investidores no curto prazo penalizaram a empresa. A gente percebeu que ela teria dificuldades de passar por esse momento, porém resolveu continuar investindo.

E o que vocês aprenderam com isso?

AR: Acho que talvez venha daí uma lição de tamanho de exposição. A convicção de aonde uma empresa pode chegar, a convicção num time, num negócio deve existir, mas você tem que ser flexível o suficiente pra se adaptar. Dados o nível de taxa de juros que a gente tem no Brasil e o custo de oportunidade do dinheiro, você tem que ser capaz de se adaptar a eventuais tropeços que essas empresas possam ter no meio do caminho. Então uma concentração menor no fundo talvez seja uma alternativa pra diminuir esse tipo de risco. A convicção é muito importante, mas tão importante quanto a convicção é você ter a flexibilidade de se adaptar a momentos adversos. E talvez essa flexibilidade implique carregar posições um pouco menos concentradas em determinadas empresas.

Como é essa concentração no fundo hoje? Quantas ações vocês têm no portfólio?

AR: Em torno de quinze empresas, sendo dez delas responsáveis por 70% do portfólio.

E como era antes desse aprendizado?

AR: Eu diria que, talvez há cinco anos, cinco empresas fossem responsáveis por 60% a 70% do portfólio. Então, nesse período, sim, houve uma adaptação com menor concentração. Quer dizer, ainda é um fundo de quinze empresas, o que em termos mundiais é uma concentração relevante, mas também não é um fundo de quatro ou cinco empresas. Num fundo de quatro ou cinco empresas, se uma delas dá errado ou muito errado durante um ano, é bem possível que os resultados do fundo sejam muito prejudicados por um ano. E, dentro de um cenário em que você tem a concorrência do CDI... Uma coisa é o gestor americano que fica no zero a zero durante quatro anos e, no quinto ano, sobe 60%. Ele entregou 10% ao ano de retorno nesses cinco anos, numa média boba. O gestor brasileiro que fica no zero a zero durante quatro anos e no quinto entrega 50% de alta não bateu nem o CDI acumulado do período. É uma indústria bem cruel nesse sentido. A gente tem que trabalhar com essas dificuldades.

Falando nessa comparação com outros mercados, uma discussão importante no mundo hoje é sobre a capacidade do gestor de ações de gerar alfa, ou seja, retorno acima do mercado. Como você vê essa discussão no caso do Brasil?

AR: Eu não sei qual é a razão, mas o que a gente vê é que, de fato, os gestores globais têm muita dificuldade de gerar alfa em relação ao S&P* ou ao MSI Global, mas, no Brasil, a gente tem algo como dez a vinte gestores que, com muita consistência, conseguem gerar alfa. O mercado ainda é muito imperfeito e com uma penetração muito baixa de pessoas físicas e de investidores globais. A indústria de fundos de ações propriamente dita no Brasil é muito pequena também, acho que em torno de 5% vai pra renda variável. Talvez essa pouca penetração seja a responsável pela grande imperfeição que o mercado tem. De fato, a gente tem dez, vinte gestores no Brasil que com consistência batem o Ibovespa, algo que nos Estados Unidos é uma raridade. O Warren Buffett sugere que, quando morrer, toda a herança dele seja aplicada em S&P. Não é à toa que ele diz isso. A gente não vê gestores conseguindo bater com consistência os índices de fora. E aqui a gente vê. Isso deveria mudar ao longo dos anos, porque as diferenças são muito grandes. O nosso fundo mesmo... Acho que desde o início, nesses oito anos, em termos brutos — comparando em termos brutos só pra ver o resultado das empresas que estão dentro do fundo, sem custos — a cota foi de um pra oito. O Ibovespa subiu no mesmo período 45%.

---

* S&P (Standard & Poor's 500): o principal índice da bolsa americana.

Que diferença! O método de cálculo do Ibovespa era muito ruim também, né? Melhorou recentemente...

AR: Era muito ruim, mas tem melhorado.

E a própria bolsa, na sua opinião, está evoluindo ou involuindo?

AR: A bolsa está evoluindo muito devagar. E eu acho que o governo teve um papel fundamental nessa lentidão, nos últimos anos. Os financiamentos ultrassubsidiados por BNDES [Banco Nacional de Desenvolvimento Econômico e Social], Banco do Brasil e Caixa simplesmente tiraram a função do mercado de capitais: que as empresas levantem recursos. Se uma empresa consegue levantar dinheiro do BNDES a 5% ao ano em termos nominais (4%, 2%, no caso de algumas indústrias), por que ela vai emitir ações pra levantar o capital?

De fato, não vai.

AR: Um crescimento desenfreado do governo e das fontes de financiamento públicas somado ao fato de, do ponto de vista macroeconômico, o país estar sob total desordem impediu a evolução da bolsa, seja na ponta do financiamento — o BNDES subsidiando as empresas a custos muito baixos —, seja na ponta de perspectivas, que também impediram qualquer um de querer investir numa nova empresa. Simplesmente porque não era possível olhar dois, três, quatro anos à frente. Agora isso deveria mudar drasticamente, é o que a gente espera, com a diminuição do tamanho dos bancos públicos, os bancos privados muito restritivos pra emprestar dinheiro, a queda da taxa de juros e a estabilidade macroeconômica. Há dez anos, a bolsa brasileira negocia 1,5 bilhão de dólares por dia. Isso destrói o mercado de capitais de qualquer país. Agora, há justificativa: crescimento dos bancos públicos, interferência do governo na economia, falta de visibilidade macro, política fiscal absolutamente fora de controle, que é o que a gente espera que mude. E é por isso que existe um otimismo grande em relação a um ciclo que pode estar começando no Brasil. A gente precisa de estabilidade e maior convicção do rumo que o país vai seguir pra que o mercado se desenvolva nos próximos dez anos, como foi o período de 2002 até 2008.

Dentro desse ambiente de novo Brasil, o que você recomendaria para um investidor de ações, uma pessoa física? Como você acha que ela tem de atuar dentro desse mercado, que cuidados ela tem de tomar?

AR: Sem dúvida ela tem que se educar. Somos um país de rentistas. Nos Estados Unidos, o sonho de qualquer recém-formado é ter um capital pra empreender. No Brasil, se você tem algum capital quando se forma, você tem zero estímulo pra empreender, tem um estímulo pra deixar o dinheiro em juro real ou CDI. Existe, sim, uma escola muito forte de gestão de negócios no Brasil, que vem formando gente muito boa há anos, que é a turma da Ambev. Os padrões de excelência de gestão no Brasil são conhecidos, implementados por várias companhias. As pessoas têm que procurar se informar e escolher algumas fontes de informação pra aumentar o conhecimento em relação a empresas e ao mercado acionário, que ainda é muito embrionário no país. O trabalho que a Empiricus faz, acertando ou errando, acaba sendo fundamental, simplesmente por espalhar essa cultura pelo país. O trabalho que a XP faz é fundamental também: é tornar de fato a informação mais acessível a investidores com tíquetes menores. É tão simples quanto: se hoje uma empresa lucra dez e você espera que em cinco anos ela possa lucrar cinquenta, o valor de mercado dela deveria crescer ao longo do tempo. Claro que há genialidade em pouquíssimas pessoas no mercado, mas no fim das contas é muito estudo, ralação e ser capaz de visualizar que determinado negócio que hoje lucra x pode lucrar, daqui a três, quatro, cinco anos, 5x, 7x. É intuitivo, né? O valor de mercado cresce conforme crescem os lucros das empresas. Então a pessoa tem que procurar informação, seja via Empiricus, seja outros provedores, que estão dando cada vez mais acesso a gente de menor patrimônio ao mercado e a gestores que estão na sua maioria abertos a discussões e a explicações dos seus produtos. E estudar. Não existe milagre. E, de fato, é uma alternativa que pode mudar a vida financeira de muita gente no futuro se isso for bem-feito.

A própria previdência, né? Quase nenhum fundo investe em ação no Brasil.

AR: Pois é. A gente tem alguns exemplos das maiores fortunas do país que foram feitas por investidores pessoas físicas há trinta anos, quarenta anos, investindo um pouquinho a cada mês no mercado. Só que, no Brasil, você não tem essa cultura. Eu acho que quem se mover primeiro e se dedicar possivelmente vai colher os resultados. Não existe milagre. A pessoa não vai ficar rica operando opção do dia pra noite, não vai fazer a sua aposentadoria achando que em três meses vai triplicar o capital. É um processo contínuo e bem longo de resiliência, de entendimento das empresas e de estudo.

Caminhando para o fim, conte um pouco sobre a origem da Brasil Capital. É uma mistura de egressos da Fama com os da ex-Hedging--Griffo, certo?

AR: Na verdade, o Duda, o nosso sócio que faleceu há quase quatro anos num acidente de avião, muito empreendedor, tinha o objetivo de administrar o patrimônio dele e da família, especificamente o do pai, e de se desvincular do Grupo Votorantim. Ele tinha claríssimo que queria seguir a carreira dele, por méritos próprios e empreendendo. Ele estudou na faculdade com o Ary [Zanetta], que era sócio da Hedging-Griffo, e muito próximo do Bruno Baptistella, que também era sócio da Hedging-Griffo, onde olhava a parte de ações. Uma coisa que a gente preza muito aqui é de fato a diluição dos donos da empresa. Preferimos ter uma empresa maior com mais gente com responsabilidades do que uma empresa menor, controlada por uma única pessoa. O Duda tinha 100% do capital, mas não tinha o conhecimento do mercado. Ele resolveu chamar um amigo, com quem ele estudava e que tinha algum conhecimento do mercado, tendo sido sócio da Hedging-Griffo e trabalhado ao lado do [Luis] Stuhlberger. Foi criada uma empresa que era 50% de cada um. O Ary achou que o Bruno podia agregar muito à sociedade e então, na verdade nem em termos formais nem em termos contratuais, aquela ideia ficou como uma empresa pra administrar recursos próprios, num primeiro momento, da família do Duda, mas também o dinheiro proprietário de parte de cada uma das famílias. Era $\frac{1}{3}$, $\frac{1}{3}$ e $\frac{1}{3}$ como composição societária.

E tinha o Bossi também...

AR: O Bruno era muito amigo do Alexandre Bossi, que trabalhava na Fama. E a ideia de poder tocar uma empresa focada na gestão de ações, isso em 2007/2008, agradava muito a ele. Então o Bruno chamou o Alexandre e ficou uma empresa $\frac{1}{4}$, $\frac{1}{4}$, $\frac{1}{4}$ e $\frac{1}{4}$. Isso tudo não no papel, só ideia. Eu tinha feito estágio na Hedging-Griffo em 1998/1999, depois fui pros Estados Unidos estudar e conheci o Alexandre lá. Cada um tomou uma direção diferente; eu acabei indo pra Templeton aqui no Brasil. Logo depois, fui por seis anos sócio da Fama e levei o Alexandre pra lá, de certo modo. Quando o Alexandre saiu da Fama pra vir pra Brasil Capital, acenou pra mim com o projeto. Então a gente formou uma empresa, ainda na nossa cabeça, que era $\frac{1}{5}$ de cada uma dessas pessoas. A gente começou a administrar recursos proprietários, mas sempre sob fundos de investimento e pretendendo que o negócio desse certo. Porém eram fundos de família, dinheiro próprio e ponto final. Aí veio 2008, o Bruno e o Ary abriram mão da sociedade na Hedging-Griffo, que tinha acabado de ser comprada pelo Credit Suisse; o Duda, que trabalhava no Banco Votorantim, também resolveu empreender; eu e o Alexandre saímos da Fama. E a gente pegou 2008, que foi o ano em que o Brasil chegou a grau de investimento, a bolsa bateu 73 mil, 74 mil pontos e no mesmo ano o Lehman [Brothers] quebrou.

Momento difícil para começar...

AR: Sorte ou não, o fato é que a gente passou por esse ano difícil de uma maneira muito estável. Em 2008 e 2009, já num formato de FIA [Fundo de Investimento em Ações], o desempenho foi excepcional. Em 2009, a gente acabou tendo uma alta de 180% num ano em que o mercado subiu 80%. E a nossa base de ativos, que era de algo em torno de 100 milhões de reais no começo, com o desempenho de 2009 e com a atração de mais alguns amigos e clientes, tornou-se uma base de 200 milhões a 250 milhões de reais. Foi aí que na sequência a gente resolveu de fato institucionalizar totalmente a empresa e chamou a Juliana [Klarnet], de quem a gente também havia sido sócio na Fama, pra tocar a parte de relacionamento com clientes. Trouxemos o Felipe [Graner], que é nosso sócio hoje, pra tocar a parte operacional e de *compliance*, e o Adriano [Thiago], que também é nosso sócio. E hoje em dia a empresa tem como sócios-gestores principais eu, o Ary e o Bruno. A Juliana também veio como uma sócia bastante relevante na parte de produtos, clientes e novos negócios. E teve o falecimento do Duda no meio do caminho, no começo de 2013...

Que foi bem pesado para vocês...

AR: Foi uma perda enorme. Era uma pessoa acima de tudo nota mil, alto-astral, conciliadora... E a gente teve que lidar com o Brasil se deteriorando muito, desde 2013 até 2016, do ponto de vista macro, e com a perda de um sócio que era extremamente relevante, construtivo, agregador... Então, de certo modo, nos últimos três anos a gente teve que se reconstruir. E o Alexandre também se desligou da empresa [no começo de 2016], depois de participar dos primeiros oito anos. Na verdade, no fim do ano passado, a gente chegou à conclusão de que o desligamento era razoável, mas foi uma prova de fato de resiliência. É isso que a gente quer, de certo modo, das nossas empresas. Temos convicção total de que todas as empresas vão passar por momentos muito difíceis, como a gente passou. Algumas morrem no meio do caminho e outras se adaptam, se reinventam e continuam, enfim, de outra maneira, mas se adaptam à situação e seguem em frente. A gente quer de fato investir nas empresas que sejam capazes de se adaptar às circunstâncias as mais diversas possíveis porque é esta a realidade. Isso vai acontecer ao longo do tempo...

Vocês viveram uma situação totalmente inesperada aqui...

AR: Totalmente inesperada, uma baita fatalidade, pior impossível. E num momento em que o Brasil ainda não tinha se deteriorado, na visão da maior parte dos investidores. A gente tinha taxas de juros baixas ainda, o dólar a dois reais, o Brasil não tinha entrado, nesses últimos três anos, nessa espiral absolutamente negativa. Então a gente teve que lidar com tudo ao mesmo tempo... a perda de um sócio superimportante...

... que era também um investidor importante dos fundos...

AR: ... que era um investidor superimportante da empresa, somado à deterioração macroeconômica e ninguém querendo ações no Brasil. Cabeça no lugar, tentar ser construtivo, trazer gente boa o tempo todo, de modo que a sociedade se perpetue. A gente não quer um negócio que seja a cara do André, ou que, como em algumas empresas, tenha o gestor gênio. Não, esta aqui é uma empresa que a gente procura, dentro das dificuldades, perpetuar e ir diluindo o capital, como foi o nosso próprio começo, trazendo gente boa que possa gerar valor.

2. A gestora nerd

Quando a Dynamo nasceu, em 1993, fundos para investir no longo prazo em ações de companhias abertas eram uma ideia exótica. Warren Buffett aqui ainda não era best-seller, não existia Novo Mercado e a legislação societária não havia passado pela modernização da lei 10 303.* As empresas tinham donos. Em várias delas, acionistas minoritários não eram considerados sócios. Eram funding.

A introdução não é minha, mas de Luiz Orenstein (mais conhecido como Lula), na "Carta ao meu sócio", uma edição comemorativa de vinte anos da série de cartas da Dynamo. O destinatário? Na filial londrina, Bruno Rocha, um dos sócios-fundadores da casa, que talvez seja hoje a única unanimidade do mercado brasileiro de fundos de ações.

Tentar copiar as cartas trimestrais da Dynamo é clichê no mercado, e todo investidor bem informado sonha em um dia ser cotista do Cougar. O primeiro fundo da gestora rende 1 784 457,65% desde que foi criado, contra 59 999,41% do Ibovespa. Está fechado, sem planos de reabertura.

---

* Lei das Sociedades por Ações, de 2001.

O processo de seleção, de quatro fatores, começa pela numerologia, passa pelo conhecimento de campo da empresa e chega à arte — avaliar as pessoas que estão à frente da companhia e, o mais difícil em um mundo de mudança rápida nos paradigmas, se aquele é ou não um bom negócio.

A Dynamo é uma empresa que administra recursos dos sócios e estende esse "serviço" para outros investidores. Sim, copiei a carta de novo. Os sócios e funcionários sempre investiram uma parte importante de seu patrimônio nos próprios fundos. O retorno acumulado de mais de duas décadas faz com que prejuízos doam na carne, estimulando a preservação de capital. Daí vem a crítica que os sócios dizem já ter ouvido, mas que não rejeitam: bundões. Ou nerds, em sua versão mais branda.

A Dynamo é um projeto de vida, costumam dizer também Pedro Damasceno* e Bruno Rudge, a segunda geração no comando da casa de estratégia única. O giro de sócios e funcionários é praticamente nulo, ainda que todos os investimentos passem por decisões colegiadas que estão longe de ser chás de comadres. São embates intelectuais, em que o defensor do investimento em uma ação é vítima de um exército de advogados do diabo.

"Eu não preciso de um amigo que mude de opinião quando eu mudo e que concorda quando eu concordo. Isso minha sombra faz melhor", escreveu Plutarco, citado por Lula para o sócio na carta de vinte anos. "Eu também discordo de mim", diz o próprio Lula depois de ser contestado por Bruno em certo momento desta entrevista, em uma imagem do que faz a Dynamo ser o que é.

Vivenciei algumas demonstrações desses conflitos (também discordo de mim, Lula, melhor seria chamar de dialética), sentada por três horas na biblioteca da Dynamo no Leblon, no Rio, em uma conversa franca com três dos sócios: Lula, Pedro e Bruno Rudge.

Os três não gostam de holofotes, mas abriram as portas e com-

---

* Pedro Damasceno faleceu tragicamente pouco mais de um ano depois da conversa para este livro. Além de uma pessoa especial, o mercado de capitais perdeu um ativista na defesa dos direitos do investidor minoritário.

partilharam seus processos em prol de um investidor mais bem informado e de um mercado de capitais melhor, o que a Dynamo sempre fez via participação ativa nas companhias em que investe. A missão: mostrar que acionista minoritário também é dono.

Vocês escrevem em uma de suas clássicas cartas que são *value investors* com horizonte de longo prazo. O que é isso em bom português?

Luiz Orenstein: *Value investing* basicamente quer dizer investir em ativos financeiros para se tornar de fato um sócio das companhias. As empresas não têm muitas variações de curto prazo. Em geral, os planos estratégicos são de cinco anos, as mudanças de rumo são muito lentas. Você falar em resultado de um ano ou dois não faz tanto sentido quanto para um ativo financeiro propriamente dito. Então o *value investor* é simplesmente aquele que se diferencia um pouco do mercado porque fica muito mais perto do ativo real.

Isso, na vida real, se reflete como? Como é o processo de selecionar ações da Dynamo?

LO: Isso se reflete num processo de investimento que é bastante diferente do dos outros investidores, inclusive dos investidores em ações chamados de *market timers*, que veem oportunidades porque acham que a bolsa vai cair ou porque aquela empresa vai ter uma boa ou uma má notícia. Você escolhe o lado que quer ficar. O que a gente faz aqui, que eu acho que é basicamente o que todo mundo faz...

Acho que não...

LO: Faz. Olha, cada vez tem mais gente muito boa fazendo isso aqui no Brasil. Ainda bem.

Mas o que vocês fazem?

LO: A primeira fonte que você tem de informação mais objetiva, mais fácil, são os números: os relatórios anuais, os balanços. E aí já começa uma virtude ou uma obrigação do investidor em valor, que é, conforme você frequenta por muito tempo uma companhia, mais do que do balanço, se assegurar das variações, que, na verdade, são o que importa.

Pedro Damasceno: Eu acentuaria o fato de que não é a leitura do balanço, é o estudo do balanço, o que é muito diferente. Balanços, notas explicativas podem revelar muita coisa. A gente lê, interage com a companhia, para de fato entender aquele balanço. Aí questiona. Isso leva a um círculo virtuoso de interação que gera muita informação de qualidade.

Bruno Rudge: É você tentar ler os números, como é que os números chegaram ali. Porque, às vezes, eu acho que as pessoas têm o cacoete, o hábito, de olhar simplesmente o número, aceitar o número e bola pra frente. O que eu acho que a gente tem aqui e incentiva nos mais novos é o desejo de tentar ver o que está por trás dos números, como é que se chega nesses números... No passado, vimos alguns exemplos aqui de companhias que estavam com o processo de contabilidade errado ou em que o número ao qual haviam chegado tinha sido calculado de uma forma totalmente distorcida.

São erros nos balanços divulgados pelas empresas?

BR: Não necessariamente erros. Às vezes, a companhia quer mostrar só uma parte dos números. Apesar de um mais um ser dois, a contabilidade pode ser mais ou menos agressiva.

PD: No limite, falsos números.

E aí vocês puxam a orelha da companhia?

PD: Não é nem puxar a orelha. No momento em que vemos alguma distorção, nos afastamos. E vemos se tem uma explicação razoável para aquilo.

LO: Usando uma metáfora bem boba, sabe quando um nadador, pra ganhar uma fraçãozinha de segundo na competição, que é o que faz ele ganhar ou perder, em vez de começar a treinar às cinco da manhã começa a treinar às 4h15? Acho que é um pouco do que a gente faz. Porque o que o Pedro chama de nota explicativa é a maneira clássica de você se eximir da culpa escondendo o tamanho do

46

problema. Está lá o balanção e há uma notinha que fala um negócio assim meio ambíguo... Essa é uma mineração que leva muito tempo. Então, só o investidor que tem esse jeitão de longo prazo e não está pensando só nos próximos meses é capaz de ir tão fundo. Se a Dynamo tem alguma virtude nessa parte, é isso. Essa obsessão.

PD: E isso é uma constante. Você não para nunca, né?

Todo trimestre, muito trabalho com os balanços...

LO: Com o treino, você começa a ter pessoas que, olhando os balanços, veem a companhia. Algumas pessoas têm facilidade pra isso... Muito mais do que aqueles textos engraçados, mas nem sempre duradouros, do Warren Buffett, a capacidade real dele é essa. Ele tem a facilidade de enxergar a companhia através dos números. Enquanto você está fazendo isso com essa perspectiva, existe uma crise no Irã, e o pessoal sai vendendo. Quem sabe o valor da companhia sabe comprar. Assim como quando há uma euforia no Brasil por qualquer motivo, você sabe que o valor está exagerado.

BR: Esse era o ponto que eu ia abordar. A definição do *value investor* pra mim é de alguma forma dar menos ênfase aos aspectos macroeconômicos e muita ênfase aos aspectos microeconômicos da companhia. Nesses momentos em que — ou porque você tem uma crise lá fora ou porque você tem um movimento em que os juros sobem, o câmbio muda — alguns investidores se afugentam e saem do investimento. É hora de quem conhece bem o valor daquele ativo montar posições. Por mais que você saiba que, por um, dois, três ou cinco meses, o preço não vai corrigir porque você está vivendo uma crise, ou alguma coisa no cenário macroeconômico, no médio e no longo prazos, você tem aquele valor ali, o que te garante que aquele ativo vai ser corretamente precificado. Isso é muito diferente do *market time*, em que você tem que ficar ali acertando todos os movimentos.

Mas o que pesa nessa análise de balanço? Que métricas quantitativas pesam mais para vocês?

BR: Acho que cada vez menos as métricas quantitativas. Cada vez mais as métricas qualitativas. Ler um balanço é commodity. Quase qualquer um que sai da faculdade consegue pegar um balanço, fazer um modelo de fluxo de caixa. Nós comentamos muito isso internamente com os mais novos... Em geral, o que a companhia quer te mostrar, ela põe no press release. O que ela não quer te mostrar provavelmente vai estar nas notas explicativas que o auditor quase forçou a empresa a colocar. Então, se você ler o press release, você só vai saber o que a companhia quer que você saiba.

LO: Tem esse fetiche do Ebitda, né? Uma coisa muito importante é o resultado operacional da companhia, que é basicamente quanto ela vende menos quanto ela custa. Esse resultado é muito importante, mas não é toda a história. Abaixo disso vêm as dívidas que a companhia tem e, portanto, a famosa alavancagem, que não pode ser nem muito alta nem muito baixa. Há uma dosagem. A parte fiscal vem depois. E uma parte muito importante são os investimentos que ela tem de fazer, tanto pra manter a companhia quanto pra expandir. Essa é a estrutura que dá o resultado lá no final. É onde está o segredo, que é a geração de caixa propriamente. É muito comum, na época de euforia, que os múltiplos acompanhem o otimismo. Se você quer mesmo comprar a ação de uma companhia, você inventa um múltiplo de faturamento, usando uma coisa mais radical, ou um múltiplo de Ebitda, ou um múltiplo de lucro ou de caixa.

Então a primeira etapa é a quantitativa...

LO: Essa numerologia. Mas não é tão maçante, não. Tem seus mistérios. Tem um lado intelectual também, que é bacana. Depois vem a empresa propriamente. O que é uma empresa? A empresa é um conjunto de pessoas que se organiza por contratos. Tem seu estatuto, um certo número de acionistas, as atas dos conselhos de administração, fiscal, as assembleias... Entender isso tudo dá muito trabalho, exige uma concentração de tempo e esforço que, se você não tiver essa cabeça de longo prazo, não consegue fazer. Tem uma parte física. Você tem de ir lá. Ela tem um escritório, um layout, luz, mesa, cadeira... Essa percepção do que é a empresa é fundamental.

O ponto é que conhecer a empresa exige tanto esforço que ela tem de ficar um bom tempo no portfólio para fazer sentido?

LO: Mais ou menos isso. Mesmo hoje, em que existe muito mais competição, poucos investidores vão às assembleias das companhias. Em geral, não acontece absolutamente nada. Mas é uma oportunidade que você tem de fazer uma pergunta...

PD: Conhecer alguém a que talvez você normalmente não teria acesso...

BR: ... ouvir reclamação de algum investidor que está levantando um ponto... Já houve um caso de a gente descobrir uma oportunidade de investimento em uma assembleia. Era uma companhia aberta que descobrimos que tinha 20% de outra companhia em que a gente estava investindo. E esses 20% eram maiores do que o valor de mercado dessa companhia. Não aparecia em lugar nenhum essa posição, porque era uma posição que ela tinha comprado em bolsa. E na assembleia, a gente olhou ali... ué?

PD: A gente se mete em conferência de cliente para ver o que as pessoas estão falando e ouvir o que a companhia responde...

LO: E isso se expande, né? Você pode também acompanhar os fornecedores, os financiadores, clientes... É como se você estivesse fazendo uma Gestalt da companhia. Tanto prestando atenção, ouvindo e vendo o que ela é quanto o que dizem dela.

Isso me lembra um trecho de uma carta da Dynamo sobre o envolvimento emocional que vocês acabam tendo com a empresa. Vocês passam um tempão estudando, participam do conselho... Como não se apaixonar pela companhia?

PD: Isso é fundamental. É inevitável, às vezes, dada a relação que a gente tem com o empresário ou com a administração da companhia, que haja da parte deles, quando a gente pensa em vender as ações, uma... "pô, vocês estão vendendo as ações"... Mas a gente tenta dizer muito claramente que há várias companhias de que a gente gosta, que a gente admira, com as quais a gente se relaciona e de que, até por uma questão de obrigação nossa, vamos estar sempre próximos. São companhias boas. Mas, para nosso benefício, temos o mercado todo dia dando um preço para aquele negócio. Faz parte do nosso trabalho também julgar se aquele preço está ou não em desacordo.

LO: Eu acho que tem um ciclo hormonal. Quando a garotada chega, acontece isso direto, né? Você bota o cara para estudar uma companhia, a vontade de gostar e de se apaixonar — não sei se essa é uma palavra que cabe muito nesse mundo — é muito grande. Mas depois, com o tempo, você vai deixando a paixão para outras coisas... [risos].

BR: Esse é um cuidado enorme que a gente tem que tomar. Ainda mais estando há tanto tempo fazendo a mesma coisa. A chance de você cair nessas paixões e nesses vieses é enorme. E aí eu acho que é um negócio mais específico nosso que ajuda muito: o fato de a decisão ser sempre colegiada evita muito o fato de a pessoa que está ali envolvida se apaixonar e pensar pelo lado mais emotivo e menos racional. Aqui, como a decisão é colegiada, vai haver outros provocando, existe sempre essa discussão. Um dos objetivos principais é evitar os vieses, evitar as paixões. É tentar tomar a decisão mais racional e fria possível.

PD: Mas só para deixar o ponto claro: não. A gente não se apaixona.

LO: Os mais velhos tiveram muitas paixões que deram errado [risos].

E aprenderam com isso...
BR: Aprenderam...
LO: Já teve muita análise...

Sobre a decisão colegiada, as cartas dão a impressão de que a reunião de vocês é uma briga: que tem o advogado do diabo, o conflito...
BR: Essa é uma parte muito importante do nosso negócio, da nossa cultura, do nosso viés...
LO: Não é uma briga. É mais uma dialética do que propriamente um conflito. Há uma tese de quem está defendendo o investimento, a "antítese", as antíteses de todos os outros, e sai uma síntese que é compra, vende, espera ou tal. Então é muito mais do que um conflito.

50

Como criar ao lado disso o clima legal que garante que pratica-mente não haja rodízio de funcionários na Dynamo?

LO: Em primeiro lugar, a gente já recruta as pessoas levando isso em consideração. Já buscamos um perfil de gente que acha-mos que vai se adaptar. E como isso aqui é uma *partnership* muito radical, ou seja, é um produto de sócios, e, para você virar sócio, você passa um tempo antes disso, a gente fica observando muito não só a competência como o comportamento. Virar sócio aqui é, usando uma medida meio boba, metade competência metade *fitness*. Então esse é o primeiro fator. O segundo... A gente fala tanto de remuneração nas companhias, né? O sistema de remuneração da Dynamo é fundamental para explicar como isso funciona, por-que a remuneração não é diretamente proporcional à produção individual. Quem vai muito bem sobe um pouquinho. Quem vai muito mal cai um pouquinho, porque a gente quer que tudo isso ande devagar. Se o seu bônus semestral é completamente depen-dente do que você fez no semestre e se você tem uma tese que não é aceita, você fica nervoso. Por outro lado, se você vê uma tese mui-to boa sendo defendida que vai levar o bônus todo, você fica com vontade de mostrar que ela não é tão boa assim. Esse problema não existe aqui, por personalidade e por conta desse sistema de remu-neração, que não é típico.

Voltando ao processo de selecionar ação, tem toda a questão quantitativa e tem essa análise de chão de fábrica mesmo. Quanto tempo leva isso tudo?

BR: Isso varia tanto de companhia para companhia...

PD: Isso não tem fim, não.

LO: Isso que eu ia explicar. Com a sua pergunta, a impressão que dá é que a gente estuda tudo e aí, pum... Faz uma posição.

E aí vão curtir uma praia...

LO: Eu vou, eles não [risos].

PD: No mundo em que a gente está vivendo hoje, mais do que nunca, as coisas estão mudando com uma velocidade muito grande, né? As ameaças competitivas e tal... Então não tem fim mesmo... A gente tá sempre revisitando...

LO: Há dúvidas que você não consegue tirar se não for acionista. Então você compra um pouco, observa, tira mais dúvidas... Em função do que vai acontecendo na sua análise dos números, na sua conversa com a companhia, você aumenta a participação... Essa é a grande vantagem de não ser um *private equity*. *Private equity* é assim como você diz, né? Estuda, estuda, estuda e vai lá e pum, compra. A empresa aberta, em especial a líquida, permite que você se arrependa no meio do caminho e saia.

E o que há de intuição em todo esse processo?

LO: Chego lá. Estamos andando no sentido inverso da objetividade. Os números são mais objetivos, entender a companhia é menos objetivo, e a terceira coisa é gente, o famoso management. Os tijolos, as mesas são muito pouco. Quem faz mesmo a empresa são as pessoas que estão tomando decisões ali. E você precisa saber julgar se aquela companhia tem um management competente no sentido de resultados. No sentido de levar a companhia a crescer se envolvem outras disciplinas, por isso é mais complicado. Se a primeira é quase só economia e contabilidade, e a segunda tem um pouco de economia, contabilidade, direito, engenharia, essa aqui tem psicologia também. Aí começa a entrar a intuição. Começa a entrar a experiência, a convivência. Você conhece muito melhor os executivos de uma companhia nos momentos em que ela não foi bem, quando aparecem problemas inesperados... E você tem tempo também. É como conhecer uma pessoa. Você pode ter qualquer coisa à primeira vista e isso se confirmar ou não ao longo do tempo.

Mas como, num primeiro encontro, avaliar assim tão bem o perfil psicológico da pessoa a ponto de tomar uma decisão de começar a investir?

LO: O Brasil é um mercado muito pequeno e o conjunto de companhias que a gente olha é relativamente pequeno. Há a circulação de gente... A gente está sempre ouvindo alguém falar alguma coisa de alguém, você conversa com os bancos...

BR: Uma parte da *due diligence* [processo de análise] que a gente faz é nas pessoas também. Sempre tem alguém próximo, alguém que já trabalhou na empresa, vamos ver, tentar entender qual é a cabeça, como é que é a história...

PD: E o tempo de convivência com as companhias e com as pessoas também ajuda muito.

E é comum a empresa ser eliminada nessa terceira etapa, de gente, mesmo tendo sido aprovada nas etapas anteriores?

PD: Sim.

BR: O Lula tocou num ponto importante da distinção do *private equity*... Porque as coisas não são assim tão estanques aqui para a gente. Na primeira reunião, nunca vai só um de nós. Em geral vão dois, três. Obviamente, você tem de trocar ideias, ver opiniões diferentes. E vou te dar um exemplo: saímos da reunião muito bem impressionados com um grupo de executivos que a gente não conhecia. A gente não decide: "Ah, vamos comprar 5% do fundo". É assim: "Legal, gostamos? Vamos comprar 0,5%, 1%". Conforme a gente for estudando, for convivendo, aquilo vai mudando. Há casos em que a gente comprou a posição com uma visão e, ao longo do tempo, e esse tempo varia, fomos refazendo a nossa opinião e decidimos vender a nossa posição. Mas não é ou compra ou não compra. Tem muito da convivência.

LO: É muito assim... Como é que você escolhe seus amigos? Às vezes, dá errado. São dois erros possíveis: investir em quem você gosta e se decepcionar; e não investir em quem você não gosta e dar muito certo. Por exemplo, a gente não gosta de executivo muito agressivo. Mas, às vezes, eles dão certo. Não é a nossa praia. Mas exatamente porque a gente está indo do mais objetivo para o menos objetivo é que a quantidade de erros que a gente já cometeu vai aumentando nessa vertical.

Nos números, é difícil errar?

LO: É difícil. Na empresa, é mais fácil. E, na avaliação de gente, mais ainda. O quarto aspecto é o mais complicado de todos. É você discutir o que é um bom negócio, se você está diante de um bom negócio ou não.

Seria uma análise setorial?

LO: Acho que meu jeito de explicar isso é um certo sofisma, mas às vezes dá certo. Um monopólio não regulado em crescimento é o melhor negócio do universo, mas não existe. E concorrência perfeita é boa para o cidadão, mas um péssimo negócio. Mas também não existe. Então você tem de colocar nessa reta as características do seu negócio, se mais para cá ou mais para lá... Quanto mais poder de monopólio, quanto mais crescimento e menos regulação, se os números da companhia e as pessoas estão certos, você está, para usar uma expressão bem boboca, *no-brainer* [que não envolve esforço mental], é óbvio.

BR: Mas não é tão simples, porque não basta ver a fotografia. Você pode ter companhias desde um extremo em que você tem um monopólio natural, que você sabe que não vai haver competição, até ter um monopólio e, no dia seguinte, aparecer uma coisa nova e destruir aquele monopólio. Então você precisa estar o tempo inteiro acompanhando. E aí é que mistura o que é um bom negócio. O bom negócio teoricamente é o monopólio perfeito com crescimento, coisa e tal, e que vai continuar sendo assim durante muito tempo. Não basta ser naquele momento. E aí tem o trabalho do dia a dia de acompanhar essas coisas, de ir lá fora e ver o que está acontecendo, quais são as tecnologias que estão surgindo, os novos modelos de negócio que possam fazer com que um monopólio deixe de ser um monopólio ou com que um ambiente de competição perfeita, por alguma razão, caminhe mais para perto de um monopólio.

LO: Duas posições clássicas aqui da Dynamo: Itaú e Ambev. Banco é um negócio que não é um monopólio, mas é um setor muitíssimo concentrado, é quase um oligopólio. A Ambev tornou-se quase um monopólio, com um management espetacular, numa empresa em que toda a estrutura é muito boa e com números excelentes.

Eu ia perguntar exatamente isso. Qual foi a empresa que entrou no portfólio da Dynamo e, na opinião de vocês, expressa melhor todos esses princípios e deu um bom retorno?

LO: Acho que essas duas: Itaú e Ambev.

E qual foi a situação em que vocês não seguiram algum desses passos e deu muito errado? Vocês citaram uma vez Bombril...

PD: Bombril foi muito mais um erro nas pessoas do que necessariamente no negócio.

LO: Bombril foi mais um caso de Lava Jato ou lava não sei o quê... [risos]. Veja só, fomos da ciência — dos números, da contabilidade — para a arte. Não tem um sujeito em Palo Alto hoje dizendo que está fazendo bateria para ir a Marte, carro elétrico? Pelo visto o negócio, o do carro pelo menos, está indo superbem. Então é muito difícil, especialmente neste momento em que você tem uma mudança grande de paradigma, dizer o que é um bom negócio. Existe um lema que diz: se você tem um bom negócio, com um bom management, a chance de o resto dar errado é pequena. Todas as vezes que pulamos fora desse nosso processo ortodoxo, por achar que havia alguma coisa que superava, ou que não dava para fazer isso tudo, deu errado. Nós fizemos, por exemplo, um investimento em internet lá atrás. Começou aquela onda de internet, teve muita discussão, mas alguns acharam que a gente tinha de entrar, porque era óbvio. Não sabíamos dizer se era um bom negócio ou não, só que era um modismo. Muita coisa estava dando certo — o que é diferente de você saber se o negócio é bom —, o management a gente não conhecia direito, como era meio uma startup, não havia muito número... Deu tudo errado.

Qual era a empresa?

PD: IdeiasNet.

LO: Outro exemplo é o petróleo. A tese do pré-sal. Algumas pessoas aqui começaram a se interessar por esse assunto muito cedo, e o pré-sal era uma coisa espetacular, né?

BR: Na verdade, ele se revelou muito maior e melhor do ponto de vista da vazão do óleo do que a gente estudava no início, que já era muito bom.

LO: E a gente achava que a tese era tão boa que o que aparecesse em torno disso seria bom. E que investir no prestador de serviço era melhor porque não havia o risco da mineração.

BR: Como aqui no Brasil basicamente a única companhia aberta era a Petrobras, a gente estudava a empresa, mas nunca com a profundidade necessária para fazer um investimento. Era mais para entender o que estava acontecendo no mercado. Quando surgiram os primeiros assuntos sobre o pré-sal, a gente resolveu estudar um pouco não com a cabeça de investir em Petrobras, mas de entender a transformação que isso poderia representar para o Brasil. Vamos ver aqui onde pode haver oportunidade de investimento...

LO: Na linha das pás e das enxadas da corrida do ouro.

BR: E como estávamos no início do fundo e da estrutura em Londres, olhamos e dissemos: "Londres tem várias companhias de petróleo que têm exposição em Brasil relevante... Vamos olhar, na cadeia, o que pode ser mais interessante". E como vimos que poderia ser um negócio muito grande, tínhamos muitas dúvidas na época sobre a eficiência, mas avaliamos que a tese que parecia boa era investir nos fornecedores, porque haveria uma demanda enorme por muito tempo. E no fundo em Londres acabamos investindo em três, quatro companhias, que se provaram um mau investimento.

Mas qual foi o erro?

BR: Acho que fizemos um julgamento errado do negócio, que se mostrou muito mais intensivo em capital, em determinados riscos que a gente não conseguia entender e, em especial, no Brasil, muito dependente de Petrobras e, por consequência, um negócio político. Por mais que a gente estivesse na cadeia fornecedora achando que estaria fugindo de Petrobras, do risco político, aquilo era uma consequência do investimento. Porque a Petrobras, em determinado momento, disse: "Vai em frente, eu tenho uma capacidade enorme, pode investir", e, num outro momento, disse: "Esquece contrato, porque não tem mais".

PD: E isso tem a ver também com a história de ser um bom negócio. Numa empresa de commodity, de maneira geral, você pode ter os melhores gestores do mundo, mas se a China parar de comprar minério, não há quem resolva o problema, entendeu? A gente vai fazendo os nossos tiques para ver se esse é um bom negócio ou não, e ter um business cuja commodity é a variável principal é *detrimental*.

LO: Lembre-se de que, nas commodities, a concorrência é muito mais violenta. Por isso se chama commodity: todo mundo faz a mesma coisa.

Por causa disso vocês não compram mais empresas ligadas a commodities?

PD: Não é que a gente não compra mais. Você também não encontra em 100% das ocasiões...

BR: ... a Ambev ou o Itaú.

PD: Dificilmente você vai ver a gente correndo um risco muito alto, do ponto de vista do tamanho da exposição, por muito tempo em uma empresa de commodity. Mas não significa dizer também, no extremo oposto, que a gente não invista em commodities. Por várias vezes aqui fomos bem-sucedidos, também já fomos malsucedidos.

BR: Acho que a lição que a gente aprendeu é que, de certa forma, nesse tipo de investimento é preciso ter a cabeça certa de que é um investimento mais sênior.

Como mais sênior?

BR: Não adianta comprar como a gente olha Ambev, querendo imaginar os próximos cinco, dez anos... É um investimento em que, de fato, você está olhando para dois, três anos, o que está acontecendo lá fora. São outras variáveis. Então é uma forma diferente de encarar. Há o negócio bom, que tem uma forma de olhar, com uma dedicação, e também os negócios mais oportunistas, que exigem uma necessidade de acompanhamento diferente.

PD: Isso. As pessoas, eu acho, costumam dar pouca atenção a isso, sobretudo quando é um fundo de ação. Infelizmente ou felizmente, o risco é muito pouco paramétrico. Botei 20% do fundo em commodity? A gente está correndo um risco com o qual não consegue dormir. Porque amanhã você vai abrir o jornal e saber que aconteceu alguma coisa totalmente fora do seu controle. É difícil que isso venha a acontecer numa Ambev, num Itaú...

BR: Deixa eu fazer um parêntese. É óbvio que existem vários modelos de administradores de recursos bem-sucedidos, outros nem tanto. Não existe a fórmula correta. Tem o *market timer*, que ganha muito dinheiro, tem o *value investor*, que ganha muito dinheiro... Agora, tem um negócio que eu acho muito importante para o investidor, que é estar alinhado com o gestor. De certa forma, esse negócio de gestão de recursos é um negócio muito alavancado em resultado. Pode produzir muito dinheiro se você for bem e tiver muito dinheiro. De certa forma, você pode ter o gestor que está interessado em correr o maior risco possível para ganhar logo esse dinheiro em cima do dinheiro dos cotistas, sem botar o dele. Ou você pode ter, no outro extremo, um gestor que tem boa parte dos recursos investidos no fundo e vai querer aquele retorno com o menor risco possível num prazo mais longo. Tem os dois modelos. Dado que boa parte do nosso patrimônio está investida no fundo, a gente pensa muito mais nisso como uma administração do nosso patrimônio do que como um negócio em que vamos correr o maior risco possível para ganhar a maior performance possível em cima do dinheiro dos outros. Sem dúvida não é essa a nossa cabeça, e isso ajuda muito a gente a ficar pensando no risco. A gente dá muito mais importância às nossas análises de risco do que ao *upside* [perspectiva de alta]. Se a gente está investindo no negócio certo, com os empresários corretos, com uma boa gestão, o *upside* vai vir. A gente tem de ficar olhando é para os riscos.

Agora, esse controle do risco, além da seleção correta das ações, é feito como? Evitando concentração, montando proteções? Como proteger a carteira de ações?

BR: A gente vê, de forma muito saudável, uma diversificação. A gente não gosta aqui de muita concentração. Porque é óbvio que as coisas podem dar errado. O mundo é cheio de imperfeições e as coisas acontecem. O Pedro deu um bom exemplo. A gente não gostaria de acordar um belo dia com 50% do fundo em uma ação em que alguma coisa deu errado. Além de o nosso negócio ter ido para as cucuias, nosso patrimônio também foi para as cucuias de certa forma.

PD: De certa forma não...

Foi mesmo para as cucuias... [risos].
BR: Quero dizer que é possível recuperar...
LO: Mas foi...
BR: Naquele momento, foi. A gente certamente pensa muito em diversificação de risco.

E em proteções para a carteira via estrutura de opções, Bruno?
LO: Perguntou para a pessoa certa.

O Bruno é o homem do risco?
LO: É isso aí. Vou gostar de ouvir a resposta dele [risos].
BR: A gente pensa muito em opção como proteção e não como alavancagem do fundo. Então, de certa forma, a cabeça é sempre tentar se aproveitar de algum momento de mercado para proteger uma posição.

Como fazer o balanço correto entre a proteção que é um custo a mais para o fundo e a proteção que vale realmente a pena?
BR: Acho que isso é arte. Não tenho uma resposta...
PD: Talvez o começo dessa análise seja sempre assim: não é melhor simplesmente vender a ação?
BR: Isso é o começo. Daí vem a arte do momento certo, de ficar sempre pensando nas estruturas que possibilitem a você colocar o mínimo de dinheiro possível e, às vezes, até receber...
LO: Com a complexidade que você tem hoje em derivativos, é um volume de contas monumental. E que tem de ser feito. E que eles fazem direito. Além disso, tem experiência, feeling...
BR: Acho que vai um pouco além dos números e do financeiro. Na nossa decisão de investimento, obviamente existe sempre o risco

das coisas. Você conseguir ter uma parcela da carteira protegida no momento de crise te permite tomar decisões muito mais independentes do que se você tivesse 100% ou 90% investido. Ou se estivesse muito ali no risco...

Como assim, decisões mais independentes?
BR: Independente no sentido de que você consegue ser mais frio sobre aquele movimento que está acontecendo na hora em que você tem uma proteção.

Porque, se der tudo errado...
BR: Porque, se der tudo errado, você não perde tudo. Então, num momento de crise, se você está com a proteção certa, essa é a hora de correr um pouquinho mais de risco e comprar.

Você pode dar um exemplo de um momento em que esse tipo de proteção funcionou bem?
BR: Um movimento recente. No ano passado [2015], a gente estava com caixa alto. Tínhamos algumas proteções em dólar. E em setembro, outubro, assim que o Brasil perdeu o grau de investimento [nota de crédito que sinaliza baixo risco de inadimplência], foi um momento em que a gente olhou os preços dos ativos começando a cair e dissemos: "Agora é a hora de voltar a comprar". Assim, conseguimos fazer bons investimentos naquele momento em que o Brasil tinha acabado de perder o grau. A proteção já tinha sido feita.

O que você diz é que, se não tivesse feito a proteção no passado, e estivesse com prejuízo, você talvez não tivesse tanta coragem de comprar?
BR: Isso. Ou porque a decisão teria que ser: vou vender um investimento para poder comprar outro. Aí, às vezes, você pode ficar preso num preço em que você montou a posição. Tem uma psicologia nisso que é difícil de ser explicada... Mas a decisão do investimento nesse momento fica muito mais independente, mais fria.

E qual é o limite do uso do caixa, na opinião de vocês? O que pode ser feito além de comprar ação ou proteção?

BR: A gente sempre pensou o caixa como caixa.

LO: Nós somos muito conservadores.

PD: Caixa é o resultado do fato de a gente não estar encontrando boas opções de risco/retorno. É uma consequência.

LO: Essa coisa de o nosso dinheiro estar investido junto tem uma influência quase que o tempo todo no que a gente faz. Não achamos muita graça em brincar muito com o caixa do fundo.

No momento, por exemplo, em que todo mundo diz que o juro vai cair: não faz sentido investir o caixa em NTN-B para ganhar com esse ciclo, como alguns gestores de ações fazem?

LO: Sempre há momentos em que todo mundo está dizendo alguma coisa. Acerta-se e erra-se com a mesma frequência. É como jogar uma moeda.

BR: Eu vou te dar um exemplo. A gente até tem um pouco do caixa em NTN-B hoje, nas mais curtas. E temos por uma questão de diversificação do caixa. Mas eu vou te dar um exemplo de uma discussão mais clara e grande que tivemos no ano passado: os *bonds* [títulos de dívida emitidos pela empresa no exterior] de Petrobras. Num determinado momento, no meio da crise, as taxas estavam muito altas e, obviamente, surgiu esta questão: será que a gente não faz uma aplicação do caixa nesses *bonds*? Isso pra gente não é uma aplicação de caixa. Isso é um investimento. Caixa está ali, seguro. Caixa é pra correr o menor risco possível. Então temos que pensar em *bond* de Petrobras não como caixa, mas como uma aplicação. Como se fosse uma ação.

LO: Lembre-se de que nós temos um mandato aqui. Nós somos um fundo de ações. Se pegarmos o caixa e aplicarmos num derivativo complicado, que dá uma fortuna, os investidores não vão reclamar. Mas é assimétrico. Porque, se a gente perder na aplicação do caixa, o mundo desaba. Da mesma forma, se a gente fizer um investimento concentrado numa companhia e ela não for bem, é chato, mas não dá problema. Agora, se há um momento muito favorável e longo de performance no mercado de ações e a Dynamo fica muito para trás, vou ter problema. Isso baliza um pouco o que gente faz.

BR: Gostamos de ter muito conhecimento sobre o que a gente faz. Até pode ser que, em algum momento, não estejamos achando oportunidades em ações, então vamos olhar alguma coisa em renda fixa. Mas aí alguém tem de parar, se dedicar, entender e ter uma profundidade para fazer aquilo. Ninguém aqui tinha estudado os *bonds*, não tinha lido os prospectos, não tinha o conhecimento profundo do crédito da Petrobras. É um tipo de risco que a gente não conhece. E, se não conhece, a gente prefere não fazer.

Voltando um pouco ao processo de seleção, não falamos sobre o preço. Depois de fazer toda a análise, como saber a hora certa de entrar?

LO: Acho que isso é um pouco mais simples, viu? Porque é ele que faz [aponta para o Bruno] [risos].

É mais simples porque ele faz ou é ele que faz porque é o mais simples? [risos].

LO: Esta é uma ótima pergunta [risos]. Mas, antes de passar para isso, uma nota de rodapé no seu balanço aí. Demos dois exemplos de quando a gente transgrediu o processo clássico e deu errado. Se você notar, foram teses, quase que ideologias. O pré-sal, a internet... Fiquei pensando depois que falamos... Acho que esses são os dois únicos casos importantes em que atuamos assim. E deu errado. Fiquei pensando se houve algum em que a gente fez assim e deu certo. Eu não me lembro. Você se lembra, Pedro?

PD: Não.

LO: Acho que foram só esses assim importantes. E acho que a gente nunca acertou.

Então o que você diz é que começar por uma tese dá errado?

PD: Investimentos temáticos dão errado.

LO: Então eu acho que a gente desistiu. Até que a memória esqueça os fracassos [risos].

Então é melhor escolher realmente pelo negócio específico...

LO: Fazer tudo direitinho.

BR: Seguir nossa cartilha.

LO: Agora a pergunta que você fez. Como é que vamos comprando, vendendo...

BR: A questão do preço é muito em função do risco, mais uma vez do conforto do colegiado. Voltando para a discussão da psicologia, que eu acho que funciona bem: o que a gente não deveria ter aqui — e graças a Deus, tem muito pouco — é o fato de uma ação cair 20% ou 30%, e a gente não ter vontade de comprar. Se isso acontecer, é porque teve alguma coisa errada no nosso processo de decisão. Ou se uma ação cair 20%, 30% e um começar a dizer para o outro: "Tá vendo?, não era para ter comprado". E aí você começa a criar um problema de fato no teu processo de decisão. Porque você não sai da independência, da frieza. Você fica: "Humm... Mas o Pedro falou, mas o Luiz disse...". É um pouco do consenso aqui em relação aos riscos.

Mas, quando a ação cai 20%, 30%, vocês conseguem lidar de forma tranquila com isso? Quando isso acontece, o investidor pessoa física sofre muito. Vocês não sofrem ou conseguem lidar melhor com o sofrimento?

LO: Depende. Você está falando sobre o sofrimento porque os investidores reclamam ou sobre o sofrimento porque estamos perdendo?

Os dois.

LO: Te dei essa oportunidade, né? [risos]. Sofrimento com os investidores, muito pouco. Porque estamos fechados há muito tempo, já passamos por vários momentos de o fundo cair, voltar, cair, voltar e o resultado de médio prazo ser muito bom. Acho que é muito pequeno. Já o nosso sofrimento é muito grande. E eu explico o que quero dizer com muito grande. O Rudge sofre pouco...

BR: Eu ia dizer isso [risos].

LO: Eu sofro muito. Eu não gosto. Mas incomoda todo mundo. Não é uma coisa agradável.

Mas como você lida com seu sofrimento? Como você controla...

LO: Eu? Você quer saber como eu somatizo? [risos]. Mas me deixa explicar uma coisa... O que torna esse sofrimento menor é que em geral essas quedas malucas de mercado são muito irracionais. Então, se você está seguro em relação às análises que faz, você tem uma certa oportunidade de melhorar sua carteira. E isso é um dos grandes fatores do resultado da Dynamo.

BR: Deixa eu colocar de outra forma? Eu discordo um pouquinho de você. Eu acho que o sofrimento depende um pouco do processo. O sofrimento está menos relacionado exclusivamente à queda do preço, porque acho que acontece muitas vezes aqui de, mesmo o Lula, que sofre mais, o preço cair e a gente ficar feliz. Porque há uma oportunidade de comprar mais, ou é uma posição que a gente está começando a montar, ou é algo de que a gente tem uma convicção enorme... O sofrimento, e este quando vem é coletivo, é na hora em que um processo dá errado, em que a gente identifica rápido que houve um erro no processo e gerou, é claro, uma perda financeira. Esse é um sofrimento grande. O sofrimento do preço da volatilidade eu acho que afeta um pouco menos a gente.

LO: Eu também discordo de mim [risos]. Eu concordo. É isso mesmo.

"Eu discordo de mim" é ótimo.

PD: Isso é o exemplo de uma discussão que a gente tem aqui, viu? [risos].

Ah, foi só uma demonstração de como funciona uma decisão colegiada? [risos].

PD: Exatamente [risos].

LO: É verdade. Eu estava pensando muito nisso. Quando a gente erra, isso me incomoda demais. Exageradamente. É até bonito falar isso, né? [risos]. Mas é verdade.

BR: Mas volatilidade de preço, não. É até nesses momentos que a gente vê as grandes oportunidades. E, ao longo de vinte anos, a gente teve excelentes momentos para fazer investimentos.

E vocês acompanham o mercado o tempo todo ou não? E mais: o investidor pessoa física deve ficar olhando o mercado todos os dias ou deve se esquecer dele um pouco?

LO: Eu acho que o investidor deve esquecer um pouco.

PD: Eu não acho. O Lula vê menos. Acho que é diferente... o investidor pessoa física. A gente tem de ficar olhando o tempo inteiro.

LO: O Pedro mais do que todo mundo.

PD: Eu mais do que os outros. Até sete ou oito anos atrás, não era todo mundo aqui que tinha acesso aos preços dos ativos. Ou seja, ao Bloomberg. Hoje em dia é fácil por causa da internet... Tem as ações no Yahoo, em alguns sites... Mas os analistas em geral não têm um Broadcast* na mesa, eles não ficam olhando pra preço. A gente tenta fugir muito desses movimentos, de o cara ficar ali vidrado no preço de curto prazo.

LO: Mas aí é uma oportunidade pra falar uma coisa que acho que é muito importante pros investidores. É até meio autoelogiativo para a gente, mas realmente, sendo imparcial, é o seguinte: qual informação o investidor deve usar para julgar a performance de um fundo?

Boa pergunta.

LO: Isso é muito complicado porque quase todo fundo que continua existindo, que não desapareceu, tem algum período em que apresenta uma estatística boa. Então, o sujeito diz: "Desde que a gente existe...". Em geral, quando você começa, você é pequeno, é muito mais fácil. Tem outro que diz: "Nos últimos três anos...". A informação que eu usaria se fosse investir em um fundo, a informação bacana é: se esse fundo existe há tanto tempo, se eu sorteasse um dia e nesse dia eu investisse, qual seria o meu retorno esperado? Isso é uma curva de probabilidade que você tem de fazer e ver como é que você fica nessa distribuição. E que é uma estatística nada difícil de fazer. É fácil. E os fundos não fazem. Pensa aqui na Dynamo. A gente existe há sei lá quantos dias: 23 multiplicados por 360. Cada dia essa

---

* Bloomberg e Broadcast: sistemas de notícias e cotações de mercado em tempo real.

cota teve uma valorização até hoje. Então é fácil te dizer, se eu sortear um dia, qual é o valor esperado de retorno que eu teria. Para mim, essa é a medida mais perfeita de performance de um fundo.

BR: De certa forma, ela só vale para quem tem histórico grande. Para um fundo muito recente, a medida não vale muito.

Seria, por exemplo, o retorno em uma janela de três ou cinco anos contados a partir de qualquer dia do fundo?

LO: Seria isso, ponderado. Se você está fazendo essa estatística para quem tem 23 anos, ela vai ser muito mais robusta do que para quem tem seis meses. Mas ainda assim é a melhor informação. É como você analisar o Itaú ou uma startup. Como é que você analisa uma startup? Você só tem duas informações: quem são as pessoas e qual é a ideia. Mais nada. Se o fundo tem três meses...

BR: Eu adicionaria outra questão, à qual dou muita importância: quanto o gestor tem investido no fundo. Assim como na startup, os empresários estão ali só correndo o risco de terceiros ou o deles também?

A questão é que é muito comum o gestor de ações dizer que também tem dinheiro investido no fundo. E não dá para conferir ou quantificar isso, né?

BR: Não dá...

LO: A análise objetiva é essa que eu te dei. A outra não é tão objetiva. Nem a gente sabe. Eu não sei te dizer. Eu sei que todo mundo aqui investe muito. Mas não sei dizer quanto cada um tem do seu patrimônio aqui.

PD: A gente aqui é muito crítico da gente mesmo. Inclusive da maneira que medimos nosso desempenho. Tem lá: retorno desde a criação. Mas isso vale só para o cara que investiu no primeiro dia. Nós temos aqui um gráfico que gostamos de fazer que é... me corrige aqui, Rudge...

BR: É a média móvel de três e cinco anos.

PD: Se você olhasse em toda a história do fundo, qual foi o retorno mínimo que algum investidor que ficou pelo menos dois anos no fundo teve? Você vai pegar todos os dias, entendeu? O cara que aplicou em qualquer dia e ficou pelo menos dois anos, ele ganhou no mínimo quanto? Ou perdeu quanto? Essa é a verdadeira história do fundo, que mostra consistência, que mostra tudo isso.

Agora, cada vez mais, para não ter que prestar essas contas aos investidores e para evitar a pressão, alguns gestores globais decidem: "Vou fazer a gestão só do meu dinheiro". Vocês não pensam nisso? Qual é a motivação para gerir o dinheiro de outras pessoas?

BR: Essa é uma ótima pergunta. E é uma discussão importante e recorrente que a gente tem aqui. Se, por um lado, existe um ponto negativo, que é: quanto mais dinheiro você gere, mais difícil fica de gerar retorno, por outro lado, vejo dois fatores positivos. O primeiro é que isso te deixa sempre um pouco mais tensionado, no bom sentido. Cobrado. Motivado. Tem dinheiro dos meus pais, tem dinheiro dos meus amigos, enfim, isso me dá motivação. É uma cobrança constante. Acho que, quando você administra só o seu dinheiro, por mais obsessivo, obcecado que você seja, de vez em quando você vai relaxar. E o segundo fator, para mim o mais importante, é que de certa forma a gente olha a Dynamo como um negócio de muito longo prazo. Quer dizer, já teve Lula e Bruno [Rocha],* a primeira geração. Agora, a segunda geração... Daqui a alguns anos, vai ter a terceira geração. A forma de você manter as pessoas mais jovens motivadas é um pouco essa. Os mais jovens não terão muito interesse em vir trabalhar aqui se olharem e virem: é um negócio só para administrar o dinheiro deles. Para o projeto que queremos para a Dynamo, um projeto muito longo, precisamos ter essa turma embaixo querendo crescer, motivada...

PD: Do ponto de vista egoísta, pensando no nosso dinheiro, o que a gente gostaria de ter? Daqui a alguns anos, quando a gente não

---

* Bruno Rocha foi sócio-fundador da Dynamo e tornou-se o responsável pelo escritório em Londres, aberto em 2007, quase uma década antes da onda de internacionalização que levou outros gestores brasileiros, caso de GP, IP Capital Partners e SPX Capital, a se instalarem na capital inglesa.

estiver mais aqui, que a galera que trabalha com a gente hoje vá gerir o dinheiro da gente, dos nossos filhos.

Então vocês acham que a Dynamo é um negócio perene. É replicável o modelo?

PD: Estamos aqui talvez na segunda geração. Estamos tentando. Esperamos que sim, né? A Dynamo é mais do que uma empresa, é um projeto de vida. Todo mundo tem um prazer muito grande de vir para cá. Não é um trabalho, o que às vezes é muito comum no mercado financeiro, de "Vamos ganhar a maior quantidade de dinheiro no menor tempo possível" e aí depois vamos...

BR: ... parar de trabalhar.

PD: Eu escuto isso de muitos amigos: "Eu quero ganhar dinheiro para, aos quarenta anos, parar de trabalhar". A gente não quer parar de trabalhar. A gente gosta muito disso aqui. Também não é algo assim: "Ah, vamos transformar a Dynamo em um negócio perene". Dado que é um prazer muito grande, é o estilo de vida de todo mundo, por que não? Não é: "Vamos transformar em um negócio perene e depois ver o que a gente faz". Dado que é um negócio que a gente tem como projeto de vida, tem um prazer muito grande de fazer, pode, sim, se tornar um negócio perene.

BR: E aí vai naquele ponto que o Lula tocou no início, que é a escolha das pessoas. A gente tem uma prática aqui de, em geral — mais do que em geral, acho que só teve uma exceção —, contratar pessoas muito jovens, ainda na faculdade. Isso permite à pessoa se adaptar à cultura mais facilmente, ela vem sem viés. Você consegue ir moldando um pouco a pessoa para essa cultura, para esse jeito, para essa forma de pensar, o que é muito difícil de fazer com alguém que venha de fora, que já tem outro tipo de experiência, outros vieses.

É interessante vocês falarem de prazer ao lidar com investimentos, porque, para muitas pessoas, cuidar de dinheiro é um problema, um sofrimento. De onde vem essa paixão de vocês por administrar dinheiro? Como transformar isso em algo realmente agradável?

PD: Obviamente é uma questão pessoal. Você tem de ser forjado para o tipo de atividade que a gente faz, que, aos olhos de muita gente, é uma atividade repetitiva... O que acho que a gente conseguiu fazer aqui é ter uma cultura bastante única, que envolve tanto a parte prática — porque a remuneração é muito mais pela contribuição da pessoa para o processo de análise ao longo do tempo do que por uma coisa mais imediatista — quanto um ambiente em que a senioridade vem muito mais do argumento do que do tempo que você tem de casa. Então é um lugar onde as pessoas, ainda muito cedo e jovens, estão expostas a tudo o que está acontecendo e podem, de fato, participar. Esse tipo de ambiente leva você, ao longo do tempo, a dizer: gosto disso, o ambiente é legal. Aí é uma coisa virtuosa. E é essa construção que gera uma paixão pelo que você faz.

BR: Eu acho que não é uma paixão única. Acho que todos nós temos em comum essa paixão pelo que a gente faz, mas não é uma paixão pelo dinheiro, por um negócio específico. O Lula, por exemplo, eu acho que não gosta desse negócio da ação, comprar, vender... Ele tem uma paixão mais pelo desenvolvimento intelectual, pelo estudo das coisas, um negócio quase que romântico. Outras pessoas aqui têm mais desejo pela competição. E a gente vê isso muito claramente fora daqui. Ou no tênis ou... Você consegue ver claramente a personalidade das pessoas... Quero é ser competitivo. Então a paixão é por essa competição, que, de certa forma, pode estar ligada a ganhar mais dinheiro, que pode estar ligada a ser o melhor fundo, enfim. Acho que cada um aqui tem um tipo de paixão que o motiva e torna muito prazeroso vir trabalhar.

PD: E o ambiente é muito importante pra isso.

BR: Acho que é um ambiente muito mais colaborativo do que de competição interna. Acho que a gente é muito competitivo, mas externamente. Aqui dentro tem pouca competição, posso dizer quase nenhuma.

Você citou o tênis, isso me lembrou que o Lula conta em uma das cartas que todo mundo aqui dentro já foi muito bom em algum es-

porte. Vocês acham que a qualidade na gestão pode ter alguma coisa a ver com isso?

PD: Acho que tem um pouco a ver com esse negócio da competição. Não que, necessariamente, a paixão principal seja isso, mas acho que todo mundo tem um pouco dessa competição. E o esporte é um ótimo lugar pra você ver isso desde cedo.

LO: Todo mundo é atleta de alguma coisa, alguns chegaram muito perto de serem profissionais.

BR: O Fernando joga waterpolo...

LO: O [Marcelo] Stallone é golfista, foi campeão sul-americano... É nesse nível. O Pedro só não virou surfista profissional porque não quis...

E, na opinião de vocês, qual é a relação entre a gestão e o esporte?

PD: Às vezes, a competição pode ser com você mesmo, né?

BR: Ter de fazer o melhor tempo, como se eu decidir escalar o Everest.

PD: Quando eu digo: "A pessoa tem de ser forjada para isso", é porque você tem de estar confortável com uma autocobrança muito grande. Todos nós temos isso aqui. O ambiente é bacana, o escritório é no Leblon. Qual é o risco que a gente corre? De isso aqui virar um clube de amigos. Essa autocobrança que todos têm gera um senso de compromisso com você mesmo e com seus sócios que é o que faz a coisa funcionar. Isso é importante. Senão, a gente está sempre nesse limite: do clube para um negócio de sucesso, um negócio de ponta.

LO: No esporte, nesse nível, é muito difícil ganhar roubando, sabe? Questões de doping à parte, a ideia de você não respeitar as regras no esporte é muito exótica. O esporte competitivo tem um conteúdo ético e disciplinar e, para você ser um cara bom em qualquer esporte e ter esse esforço do nadador, do golfista, você tem de ter muita disciplina, tem de gostar muito do que faz... Há várias características que a gente aprecia. A Dynamo é que nem Cuba. É pequenininha, mas tem uns times... Está cheia de medalhas [risos].

Voltando um pouco ao processo de seleção de ações, porque fomos longe...

PD: É, demos uma viajada [risos].

LO: Sabe o que eu acho importante dizer? Assim como estabilidade do management em uma companhia é importante para a gente, um dos problemas para o investidor é o das gestoras que têm muito *turnover*, entra gente, sai gente. Ora teu dinheiro está sendo administrado por um certo núcleo de pessoas, ora por outro. Aí de repente os caras que eram bons saíram. Ou os caras que eram ruins saíram. Essa estabilidade traz uma questão que talvez seja um dos aspectos mais bacanas e bem-sucedidos da Dynamo, que é a sucessão. O projeto dela é ser muito perene. Hoje eu fico olhando para eles, e esses caras vão administrar o dinheiro dos meus filhos. Eu penso nisso. E isso é muito difícil: passar para a segunda ou a terceira geração, manter a harmonia. A gente se dedicou tanto a isso aqui que, não sei se estou me enganando, eu acho que não é perfeito, mas é quase. A Dynamo hoje tem nós três aqui e três lá em Londres: Cristiano Souza, Carlos Simas e Bruno Rocha. E é mais ou menos equivalente.

Mas o que cria a perenidade, Lula? O que garante que, no dia em que você não estiver mais aqui, eles vão seguir os mesmos processos que você seguiu?

LO: Espero ficar mais um pouquinho [risos]. Espero ainda ter tempo. Uma vez um gestor de *endownment* [fundo formado para manter instituições sem fins lucrativos, como universidades, em geral construído por meio de doações] me perguntou: "O que você vai fazer quando parar de trabalhar?". Eu tenho angústia de pensar no que eu vou fazer. Mas não é isso. É quanto a Dynamo funciona da mesma maneira e com o mesmo sucesso na medida em que pessoas mais velhas estão deixando de ficar tão presentes quanto eram, enquanto outras pessoas começam a assumir essas funções. Mas isso dá um trabalho. E você está lidando não com as tarefas profissionais, mas com a natureza humana, interna.

BR: Acho que o que garante a perenidade é absolutamente nada, mas tenho convicção de que eu e o Pedro assimilamos muito bem os valores que o Bruno e o Luiz passaram para a gente, e sem dúvida é algo que a gente vai tentar passar para os outros. Esses valores, tanto do ponto de vista profissional como ético... que são um pouco do que define essa cultura.

E é exatamente isso que o mercado comenta de vocês: que a Dynamo é a gestora certinha, nerd... Seria a expressão externa desses valores?

LO: Sem dúvida.

BR: Essa é uma boa expressão do que a gente é.

PD: Bom "gestora nerd", porque a gente já ouviu outro nome... Que a gente é bundão [risos].

Nerd é mais bonito...

LO: Você acha? [risos].

Eu acho. Você prefere bundão? [risos].

LO: [Risos] Mas é verdade. Eu acho que a gente é um pouco bundão.

PD: No fundo, não nos incomodamos exatamente por isso. Porque a gente acha que a gente é... A gente prefere ser.

LO: A gente podia estar fazendo um *long and short*, podia estar captando muito mais, contratando gente, podia ter um escritório em São Paulo...

PD: Seria como uma marca com vários produtos... A gente poderia falar: vamos maximizar isso aqui...

LO: Não tem nada de errado em fazer isso. Só que a gente é bundão [risos]. Uma coisa bacana: um dia eu estava conversando com o Bruno, lá atrás, que é engraçado como essa coisa do gestor em geral se organiza em torno de uma celebridade: o Stuhlberger, o Jakurski, o Daniel Dantas, Jorge Paulo, Marcel... A gente detestaria que isso acontecesse com a gente. E com a Dynamo não aconteceu. Todo mundo sabe que somos os mais velhos. Mas hoje ninguém fala a Dynamo do fulano. É a Dynamo.

Agora, quando converso com alocadores de fortunas, com concorrentes, vocês realmente são a única unanimidade entre os gesto-

res de ação. Ninguém fala mal da Dynamo. Não tem um peso também por ser a maior referência em gestão de ações no Brasil?

LO: É muito bom. Mas, olha, esse negócio de ninguém falar mal não é bem verdade...

Acho que sim. As cartas que vocês escrevem são muito acompanhadas e admiradas pelo mercado. A do aniversário de vinte anos, "Carta ao meu sócio", é das melhores. É sua para o Bruno Rocha, né, Lula?

LO: Aquela carta foi escrita muito por amor e admiração, pessoal e profissional, que eu tenho pelo Bruno. Mas muito também como um testamento para mostrar para eles...

BR: Deixa eu fazer uma confissão aqui. Em geral a carta circula entre as pessoas, todo mundo participa. Faz um enxerto aqui, corrige, coisa e tal. Essa carta foi literalmente uma carta...

PD: Bomba [risos].

BR: ... sigilosa, escrita pelo Lula, que um belo dia chegou e publicou. E assim que a carta foi publicada, o Bruno, que estava em Londres, ligou e disse: "Pô, não dá pra suspender? Eu li a carta, suspendam a carta, não divulguem essa carta" [risos].

Por quê? Ela é tão bonita. Uma declaração de amor.

LO: Ah, ele ficou constrangido. Mas aí fiquei pensando. É óbvio que vai ter gente que vai falar mal da carta. Fiquei muito curioso e descobri. Teve gente que disse: "Que *partnership*, se é carta ao MEU sócio e não aos meus sócios?". Outro disse: "Esses caras se acham, né? Só existe a Dynamo... O melhor lugar do mundo pra trabalhar é a Dynamo".

Mas, pelo contrário, acho o tom de vocês nas cartas extremamente autocrítico... Não é um peso também ser essa referência?

LO: Não, muito pelo contrário. É uma coisa muito bacana. A garotada que começa a fazer fundos novos e vem aqui falar com a gente...

BR: Isso dá muita satisfação.

Quem vocês admiram dos novos?

PD: É difícil falar um nome... Tem bastante gente boa aí começando. O problema justamente é o *endurance*, a longevidade nesse negócio. É o que faz diferença para fazer teu julgamento mais educado, né? Os *endownments* perguntam muito isso pra gente. Temos um certo receio de falar porque de fato temos um Brasil onde essa indústria cresceu muito em cima de um mercado muito favorável, né? É um mercado que vai muito a favor do que o gestor está fazendo. Ter períodos longos com o mercado indo contra você é quando você consegue olhar depois e dizer: "Esse cara foi bem, foi mal".

BR: Às vezes não é nem se ele foi bem ou foi mal do ponto de vista de retorno, mas se a sociedade manteve os mesmos valores, se se manteve coesa...

LO: Tem alguns analistas que a gente admira. Tem analistas que são razoáveis. Agora, até pra gente é difícil saber o que está acontecendo dentro das gestoras. Tem gestores que começaram muito próximos da gente. É uma coisa até narcísica: admiramos os que são parecidos com a gente. Mas tem alguns gestores que começaram grudados na gente e depois foram pegando outro caminho.

Agora, a pergunta inevitável: quando a Dynamo vai abrir de novo o fundo para captação? Vocês vislumbram essa possibilidade?

BR: No horizonte que a gente tem, não.

Por quê? Às vezes o investidor enxerga isso quase como um egoísmo de vocês...

LO: É verdade.

BR: Não é uma ciência, mas a gente administra 9 bilhões de reais aqui. Daria para administrar 10 bilhões em vez de 9 bilhões? Talvez desse, mas certamente você começa a prejudicar um pouco o retorno dos atuais cotistas. Essa é uma das explicações. A outra é que não faz sentido a gente abrir o fundo com 20% a 30% de caixa. O que eu posso te afirmar hoje é que, quando a gente vier a abrir o fundo, será quando estivermos vendo claras oportunidades de investimento. E quando a gente achar que o que vamos captar não vai atrapalhar a nossa gestão.

LO: É uma questão essencialmente técnica, embora não seja precisa e científica. Quando a gente voltaria a captar? Quando o caixa estivesse muito pequenininho, e o mercado brasileiro de empresas abertas tivesse crescido.

PD: Provavelmente um ambiente onde os investidores não vão querer colocar. Normalmente é assim. Quando o investidor quer investir, em geral não é um bom momento.

LO: Isso é uma coisa inacreditável. É tão óbvio isso, mas, quando o mercado está bombando, o sujeito que está com muito dinheiro na renda fixa diz: "Quero investir em ações, está todo mundo ganhando e eu, não". Aí, quando a gente está montando a carteira aqui, o cara desaparece...

BR: Em geral, a gente muda a carteira quando vê um deslocamento muito grande de dois fatores: em outubro do ano passado, as companhias não estavam animadas, mas a gente viu um deslocamento razoável no preço, e começou a olhar e dizer: vamos começar a voltar a investir porque a margem de segurança está voltando a ser maior.

LO: Agora, isso, sim, é um egoísmo nosso, e as pessoas ficam chateadas. A coisa mais chata do mundo é quando o sujeito chega e diz: "Ei, você, que é de mercado, diz aí, o que vai acontecer?". Já ofende quando rotula a gente como "de mercado". As pessoas acham que você sabe. E a gente também não sabe às vezes...

PD: Muitas vezes [risos].

LO: Apesar de que, no longo prazo, a gente acredita que está fazendo a coisa certa. Tem dado certo.

Agora, não era para o mercado de empresas abertas ter crescido junto com a Dynamo, no sentido de ter cada vez mais oportunidades para vocês manterem o fundo aberto?

PD: Você diz do ponto de vista de número de companhias?

Do ponto de vista de número de companhias, de liquidez...

PD: Ah, mas melhorou bastante desde quando a gente começou.

BR: Esse é um problema que eu espero que a gente continue tendo cada vez mais, conforme o fundo for rendendo mais do que rende a bolsa, por definição, o tamanho...

LO: Mas você sabe qual é a relação Ibovespa versus PIB para ter uma noção? Acho que ela pode ter um ponto...

PD: Mas eu não acho que é Ibovespa versus PIB. É liquidez, de certa forma.

LO: Não. Tamanho do mercado vis-à-vis tamanho da economia.

BR: Acho que não faz tanto sentido...

PD: Você tem mais companhias, as regras são melhores.

LO: Sabe uma coisa que atrapalhou muito? Foi a onda de IPOS [*initial public offering*, abertura de capital] em 2007. Foi um boom. Pagaram-se preços absurdos por quase tudo. Foi um grande fracasso.

PD: A qualidade das coisas que vieram, de maneira geral, foi muito ruim.

LO: Nos anos 90, vieram a lei das S.A.s, o Novo Mercado, um monte de coisas bacanas acontecendo. O mercado melhorou e vieram os IPOS. E aí acho que houve uma decepção muito grande.

BR: Mais uma vez, eu vou discordar porque não acho que foram os IPOS. Acho que houve um processo da Petrobras, em especial, e das companhias estatais que foi pior que os IPOS. Porque com os IPOS, sem dúvida nenhuma, veio muita coisa ruim, no preço errado. Mas acho que não havia tanta pessoa física. Elas não sofriam tanto feito sofreram na Vale, na Petrobras...

LO: Eu concordo.

Eu vejo investidores traumatizados com as duas coisas: IPOS e principalmente Petrobras...

PD: Acho que o Eike Batista também machucou muita gente.

LO: E tinha muito prospecto safado. Os bancos fizeram um papelão.

BR: Mas isso é uma coisa que acontece em todo lugar do mundo. Se você olha como a gente chegou no nosso tamanho, nossa história está muito mais ligada ao retorno que a gente gerou do que ao dinheiro que a gente captou. Óbvio, a gente queria um número maior de companhias, sim, mas eu acho que esse problema que a gente tem é fruto do nosso próprio sucesso.

Agora, falando da evolução de governança, vocês eram muito mais ativistas no começo, né?

PD: Eu vou discordar, não no conceito. Mas o que acontece: a Dynamo, ao longo do tempo, sempre teve alguns rótulos: a Dynamo só investe em companhia pequena, a Dynamo não investe em companhia em que o governo é sócio, a Dynamo faz governança corporativa... Não é isso. Nosso propósito aqui sempre foi e sempre será gerar bons retornos, correndo uma medida razoável de risco. Esse é o propósito da Dynamo. Acontece que o mundo muda, cada época é uma época, e em determinadas situações você precisa fazer valer seus direitos, por exemplo. Essa nossa fama da governança vem muito do meio da década de 1990, quando o grande *issue* no Brasil era a expropriação do minoritário. Às vezes, até cumprindo a regra, digamos assim. Obviamente, a gente foi muito atuante naquele momento, fazendo valer os nossos direitos, entendeu? A governança está sempre... A gente nem gosta muito dessa palavra hoje em dia...

LO: Parece pajelança [risos].

PD: A busca por um alinhamento de interesses está sempre dentro do nosso processo de análise. Existe uma palavra em inglês que é *embedded*, nem sei como seria em português, "incutido" talvez. Nesse sentido, houve uma melhora gigante nas regras aqui no Brasil, o que facilitou muito. Mas é sempre uma preocupação. E toda vez que achamos que há um entendimento diferente ou que o nosso direito não está sendo preservado, somos atuantes pra caramba.

Vocês ainda participam de alguns conselhos, nomeiam conselheiros...

PD: Muito. E, às vezes, participar do conselho não é ir ao conselho. A gente indica alguém que vai ser mais adequado para compor aquele conselho.

BR: Governança, sem essa palavra, eu acho que a gente sempre fez desde 1993, 1994. O Bruno fez isso na Renner. Um negócio que acabou marcando um pouco a gente foi quando, em 1998, 1999, captamos um fundo que era específico para aglutinar posições de investidores institucionais, para gerar valor e liquidez. E havia um mandato muito específico de gerar valor e liquidez...

Foi um fundo com o BNDES, né?
BR: Isso. A gente precisava gerar valor e liquidez num prazo previamente definido em companhias que não necessariamente se encaixavam naquelas quatro teses. A gente recebeu coisas que olhava e dizia: "Aqui vai precisar de um esforço pra alinhar os interesses, fazer um certo ativismo".

Mas vocês não podiam vender as ações se quisessem?
BR: Mas eram posições tão grandes, porque juntavam posições do BNDES, da Previ, enfim, de vários institucionais...
PD: Na teoria, sim, na prática nem sempre é assim.
BR: Não havia liquidez no mercado pra isso. Então veio um período entre 1999, 2001, 2002, em que de fato a gente foi muito intenso porque tinha esse fundo que acabou gerando isso. E o outro fator que nos leva quase para o extremo oposto foi o Novo Mercado. E a gente acabou se envolvendo, fomos muito ativos nesse processo. A reforma da lei e o Novo Mercado melhoraram muito o ambiente e a segurança institucional para os investidores minoritários. E aí se passa a demandar muito menos o ativismo.
PD: Eu também não gosto dessa palavra governança, mas acho que a gente sempre fez e vai continuar fazendo, no intuito de defender os nossos direitos e gerar um bom retorno para as companhias.

Vocês podem dar um exemplo de um investimento em que conseguiram destravar valor por meio desse tipo de atuação?
PD: Foram muitos: Eternit, OdontoPrev, Arcelor...
LO: OdontoPrev foi um caso bacana pra caramba, e Arcelor foi uma briga com estrangeiro...
BR: Então vamos lá. A OdontoPrev abriu capital, e a gente montou uma posição. A companhia tinha um *poison pill* que impedia que os acionistas passassem de 15% do capital. A gente tinha ali 14,90%. O principal executivo da companhia, o Randal [Zanetti], também tinha

14,70%, 14,80%... E o resto era pulverizado no mercado. A gente tinha uma ótima relação com o Randal, sempre admiramos muito a companhia. Na verdade, foi um *private equity* que montou a companhia com o Randal. O *private equity* abriu o capital, vendeu uma parte na abertura e depois vendeu no mercado e acabou ficando uma sociedade em que o Randal era o principal executivo, maior acionista e o empresário da companhia, sem a figura do investidor financeiro que até então era o *private equity*. A gente tinha uma ótima relação com ele, interagia e trocava muita ideia, mas ele era o investidor de bolsa que comprou a ação. Mas a verdade é que, num determinado momento, vimos que a companhia estava acumulando muito caixa. Ela não tinha grandes investimentos para serem feitos, gerava muito caixa e tinha quase 250 milhões de reais de caixa líquido. A gente começou a conversar com o Randal para distribuir esse caixa, porque não fazia sentido, tinha uma ineficiência fiscal. O Randal nunca deixava muito claro por quê, mas dizia que o caixa para a companhia era muito importante, que ele não era a favor de distribuir. Num determinado momento, dissemos: "A gente se dá superbem, mas temos visões diferentes". E foi muito bacana isso. Talvez tenha sido uma das melhores assembleias a que a gente já foi, no sentido de uma decisão realmente aberta... Dissemos: "Desculpa, mas essa é uma companhia de capital pulverizado, vamos sujeitar a decisão à democracia. Vamos levar esse assunto para a assembleia". É claro que ele ficou meio irritado com aquele negócio, porque se achava o único dono da companhia, enfim. Ficou incomodado. Mas concordou. Disse: "Vamos levar para a assembleia". Naquele período entre a convocação e a assembleia, obviamente, ele fez uma campanha grande, sobretudo com os estrangeiros...

PD: ... que não estavam na assembleia.

BR: É, que votam normalmente por procuração para votar com a administração, no que ele queria. E a gente, enfim, acabou conversando com algumas pessoas próximas, com alguns locais, explicando por que a gente achava que tinha que distribuir o caixa. Para encurtar um pouco a história, na assembleia, estavam presentes 66% do capital, o que é um número alto para uma companhia...

Quanto tem normalmente?

PD: Às vezes, ninguém fora o controlador.

BR: Mas você tinha 66% do capital presente. Desses, 34% votaram com a administração. E 32% com a gente.

Vocês perderam, mas foi apertado...

BR: Muito apertado.

PD: Sendo que, desses 32%, todos estavam presentes.

BR: Os locais estavam presentes na assembleia votando junto com a gente. E, com ele, os gringos, votando por procuração. E a gente saiu daquela assembleia dizendo, enfim, democracia está feita. Vida que segue. E o Randal teve uma atitude muito digna, entendeu aquela situação e disse: "Vocês um dia vão entender por que eu quis manter esse caixa". Não demorou muito — um, dois meses — e a gente recebe uma ligação aqui: "Queria conversar com vocês porque tem um assunto importante para a companhia, mas eu vou deixar vocês impedidos". Não tem problema. A gente já teve alguns casos de ficar impedido, desde que seja algo que a gente possa contribuir para a companhia.

Impedido é você não poder vender nem comprar mais, certo?

BR: Isso, a gente saberia de alguma informação privilegiada. Dissemos: "Tudo bem". Sentamos com o Randal, que veio dizer que o Bradesco, principal concorrente da companhia, já vinha há muito tempo em um processo de dumping no mercado, jogando o preço pra baixo. Essa era uma das razões pelas quais ele precisava manter o caixa alto, para dar a sinalização pro Bradesco de que, se ele continuasse a guerra de preços, a OdontoPrev resistiria por muito tempo. E disse: o Bradesco veio querendo comprar a companhia. Precisamos sentar pra negociar, quais são as condições, se vocês querem, enfim. O Randal só nos ligou dois meses depois, exatamente pela assembleia ou pelo ativismo, digamos assim, que a gente teve de convocar a assembleia. Até então, o Randal tinha convicção de que, de fato, ele era o dono da companhia e de que o que ele decidisse seria feito. Na hora em que houve a assembleia e o negócio ficou muito equilibrado, ele percebeu: "Eu não sou o dono da companhia".

PD: Ele viu que levou, mas não ganhou.

BR: Isso. "Eu não sou o dono da companhia, preciso interagir com outros investidores." E aí, enfim, a gente participou junto com o Randal no processo de quase seis meses de negociação com o Bradesco. E eu acho que acabou sendo um excelente *deal* para a companhia, que foi se juntar com o Bradesco, mantendo o Randal como gestor. Enfim, pagou um baita dividendo depois que fez a fusão e foi um supercaso... Tem uma carta específica em que a gente conta esse caso.

Ou seja, o ativismo de vocês mostrou a importância dos demais acionistas...

BR: Mostrou que, em uma companhia de capital pulverizado, as decisões são tomadas pela democracia na assembleia e que os acionistas mais importantes precisam participar desse processo.

Interessante. E como foi com a Arcelor?

BR: A outra história, que foi a Arcelor, foi um caso mais combativo. A Belgo-Mineira era uma siderúrgica listada aqui no Brasil, controlada por um grupo francês chamado Arbed. E a Mittal, que é um grupo indiano que acabou comprando ativos nos Estados Unidos, resolveu comprar esses franceses lá fora e juntar a Mittal com a Arbed lá fora. Já havia o Novo Mercado nessa época, e a Belgo, que era o ativo da Arbed aqui no Brasil, não era do Novo Mercado, mas tinha o seu estatuto muito adaptado ele. E havia uma cláusula de *tag along** que ia um pouco além, dava mais proteção aos minoritários que o Novo Mercado. Era uma cláusula que falava da mudança de controle indireto, que, se houvesse uma mudança no controlador da Belgo,

---

* No caso de venda de controle da empresa, o *tag along* assegura aos detentores de ações ordinárias e preferenciais o mesmo tratamento concedido ao acionista controlador — no caso de *tag along* de 100%, em que o minoritário tem direito a vender os papéis pelo mesmo preço pago pelas ações ordinárias do acionista controlador — ou a um tratamento próximo, com percentuais bem definidos.

isso geraria um *tag along* para os acionistas aqui embaixo. E quando a Mittal fez a aquisição da Arbed, ela disse que não haveria o *tag along* para a Belgo aqui no Brasil por dois motivos: primeiro, porque não era uma aquisição, era uma fusão (mas não era nada disso), e segundo, porque não houve uma alienação de controle, o que, teoricamente, a lei regula. No *tag along*, alguém precisa ter o controle para alienar. E como a Arbed lá fora era de capital pulverizado, ninguém tinha o controle, não houve alienação, como consequência não havia o *tag along* aqui. E o estatuto da Belgo aqui era muito claro dizendo que era aquisição, e não alienação, se alguém adquirisse o controle... Como a Arbed não tinha de fato controlador lá fora e passou a ter a Mittal como controladora, a gente entrou na CVM [Comissão de Valores Mobiliários] dizendo que era preciso ter o *tag along* aqui no Brasil. Enfim, foi uma briga de quase um ano na CVM.

Que funciona como?
PD: Você não consegue ficar indo na CVM a toda hora, certo? Mas o que a gente tenta fazer é municiar a CVM de evidências. E tem muita coisa nos documentos públicos, aqui no Brasil, na Europa, quase que um *tool kit*. Olha o que está acontecendo, olha os documentos...
BR: Sem falsa modéstia, a gente tem um respeito enorme pela área técnica da CVM, por todo o corpo técnico da CVM. Mas a gente sabe que o tempo é escasso. Então, a gente contratou um advogado por conta da questão jurídica, mas o nosso trabalho foi quase preparar um documento, um dossiê, para que a área técnica tivesse todos os argumentos que comprovassem que era um *tag along* e levasse para o colegiado da CVM já com o documento todo pronto.
PD: Porque uma coisa é dizer: "A CVM vai estudar". Os caras têm quinhentas coisas pra fazer. Outra coisa é você chegar com um dossiê onde está tudo escrito. O cara fez isso, na data tal, "está aqui o documento, olha a ata da assembleia tal". Faz muita diferença.

Vocês tinham uma participação na empresa...
BR: A gente tinha uma participação grande na companhia aqui no Brasil, que geraria o *tag along* pra vender.

Nesse meio do caminho, a empresa passou a odiar vocês?

BR: É... Um empresário de uma das companhias com quem a gente teve uma discussão que nos deu muito prazer disse que éramos duros, mas corretos.

LO: Duros, mas *fair*, justos.

BR: É o que eu acho que, de fato, a gente tenta ser. Vamos defender os nossos direitos sendo duros, mas sempre...

LO: A gente não gosta de luta de classes, entendeu?

BR: Era o que eu ia comentar também. Entrar em um grupo, vamos à Amec [Associação de Investidores no Mercado de Capitais], vamos... A gente não gosta.

PD: Fazer o ativismo pelo ativismo.

BR: A gente gosta de fazer sozinho, na nossa forma de fazer... Ou você começa a bagunçar e perde um pouco o controle do processo.

E dessa vez deu certo também?

BR: Deu supercerto. Na verdade, foram duas batalhas. A primeira batalha, que durou quase um ano, foi a CVM dizer que havia um *tag along*. Depois teve a segunda batalha. Qual é o preço do *tag along*, dado que o preço foi pago lá em cima pelo controle? Como é que você define o preço aqui embaixo? Aí foram mais seis meses de questões com a área técnica da CVM, mostrando exatamente os argumentos. E aí, no final das contas, a CVM obrigou a Mittal a fazer uma oferta aqui pelas nossas ações na Arcelor.

LO: Foi um espetáculo esse caso.

BR: E outra coisa que eu acho importante: não consigo lembrar um caso em que a gente tenha defendido os nossos direitos e que esses direitos não fossem dados a todos os acionistas da companhia. Nunca foi um negócio: "Ah. Compra a posição da Dynamo ou...". A gente está defendendo, obviamente, o nosso interesse, mas também o interesse dos investidores. Então a Mittal teve de fazer uma oferta pra todo mundo e não só pra Dynamo. Assim como na OdontoPrev.

Vocês acham que todos os investidores pessoa física, mesmo com uma participação muito pequena, deveriam ir às assembleias?

83

LO: A pessoa física que investiu na empresa? Deveria.

BR: Eu acho que sim, porque, conforme você vai tendo mais investidores, você aumenta a discussão. Já há companhias que fazem apresentação no dia da assembleia, é um ambiente em que você pode interagir. Pode não ser fácil pra uma pessoa física estar com o CEO ou estar com o acionista da companhia. Em geral, as assembleias, até pela questão burocrática, demoram duas ou três horas. Então você consegue tomar um cafezinho com o principal executivo ou com o dono.

LO: Depende também do tempo que o investidor tem, se for um aposentado...

PD: Porque vai haver assembleias que são não eventos. Pro forma.

LO: Mas, mesmo nessas, se ele quiser levantar o dedo... Ele pode ter uma ação, ele levanta o dedo. "Olha, sou acionista tal e quero saber tal coisa", ou "Eu acho que está acontecendo isso". Ele pode registrar voto.

BR: Isso é muito comum lá fora. Nos Estados Unidos, tem assembleias que são... Bom, tem a famosa do [Warren] Buffett, né?

PD: Eu acho que um negócio que o investidor pessoa física não pode deixar de fazer é ler a convocação da assembleia para saber o que vai ser discutido. Porque há assembleias que são pro forma ou para mudar alguma coisa irrelevante. Mas há assembleias em que os assuntos são importantes. Para uma pessoa física que tivesse visto, por exemplo, a convocação da assembleia da OdontoPrev, seria muito importante ver e entender. Por que a Dynamo quer distribuir o caixa e por que o executivo não quer? Quem são os acionistas que querem e os acionistas que não querem? Lendo a ata, não dá pra ver isso. Até porque a ata, às vezes, diz: foi aprovado por maioria dos votos. Então, assim, o acionista pessoa física, que está mais interessado, deveria, no mínimo, ver a convocação para saber a importância da assembleia.

LO: Fundo também tem assembleia e quase ninguém vem. E poderia vir, né? O cotista.

E como é a assembleia de vocês? Há uma presença maior de investidores?

BR: Oscila entre dez e quinze investidores.

Lula, você comentou ao longo da entrevista que vocês nunca tiveram um fundo *long and short* ou *private equity*... A Dynamo tem uma única estratégia. É porque vocês entendem que a estratégia *long and short* não é interessante? Qual é a justificativa para ter um único fundo e não ter ido na onda de um *long and short*, de um *long biased*, como outros gestores?

LO: Por que ficar com um foco tão radical, né? Porque a gente acha que isso é muito produtivo. É lógico que é preciso avaliar o quanto qualquer alternativa está distante do foco. Então, se você perguntar por que a gente não faz um multimercado... Bom, é outro mundo.

BR: Talvez até seria assim a usurpação da marca Dynamo.

Mas *long and short* tudo bem?

LO: Talvez seja a coisa mais pertinho, né? Ou então um fundo de *private equity*. Essa coisa de um fundo só dá um jeitão assim um pouco vietcongue pra gente. Não é à toa que os caras ganhavam dos franceses, dos americanos. Eles só tinham uma briga pra brigar, se perdessem... *Private equity* parece uma coisa muito pertinho do que a gente faz, mas é bastante diferente. É a diferença entre você comprar um pouquinho e ir vendo e você comprar um "poucão". Em vez de você ser um avaliador de management, você é o management, de certa forma. Então seria um desvio bastante grande. O *long and short*, a gente aqui tem uma opinião não muito homogênea. Eu não gosto do *short*, em especial no Brasil, por várias razões. Porque aqui as empresas que têm tudo para ir mal às vezes descolam um BNDES, um negócio do governo, algo assim... Elas sobrevivem muito mais inesperadamente do que em outros lugares. E outra coisa: o *short*, sobretudo no Brasil, como o mercado é muito passional, te afasta muito da companhia. Você não vai lá na empresa e diz: "Olha, eu estou shorteando vocês e vim aqui confirmar se eu estou mesmo certo". E o nosso jeitão sempre foi essa coisa de ser assim meio... bundão [risos]. Somos o investidor que tenta ajudar a companhia a ter um ativo no mercado mais valorizado, mais reconhecido. Isso não quer dizer que a gente não possa fazer um *short* no fundo, porque a gente faz.

BR: O argumento que a gente sempre escutou é que, dada a profundidade de conhecimento que a Dynamo tem da companhia, vale para o *long* e, portanto, também deveria valer para o *short*. Deveria, mas na prática é muito diferente. Além da questão específica de que, no *long*, deu errado, naturalmente tua posição vai diminuindo; e no *short*, deu errado, tua posição vai crescendo, a forma de pensar é muito diferente. No *long*, da forma como a gente investe, a gente está olhando a companhia dois anos para a frente, três anos para a frente, com a preocupação lá no management, nas coisas de mais longo prazo. No *short*, as preocupações têm de ser sobre os próximos três meses, seis meses, o que vai acontecer com o resultado. Você corre o risco de deixar o analista que está pensando ali no *long* com a cabeça meio maluca. Quer dizer, eu tenho de olhar lá pra um negócio e aqui pro outro. E aí se perde esse foco. E eu tenho obrigação de procurar um *short* para fazer um *long and short*.

LO: Você entende? Tudo isso parece perto, mas não é. E esse complexo de vietcongue, de norte-vietnamita, foi muito saudável pra gente sempre. E está por trás desse conservadorismo, nerdismo, bundonismo... [risos].

Caminhando para o fim, queria só que vocês me contassem um pouco do nascimento da Dynamo...
LO: Eu não estava aqui. Cheguei três, quatro anos depois.

Nem vocês dois...
BR: O Pedro estava.
PD: Eu cheguei junto com o Lula.
LO: Ele só vinha se eu viesse. Eu só vinha se ele viesse.

Ai, que romântico... [risos].
LO: Aqui é cheio de romance. Um parêntese: sabe que na Dynamo a gente nunca teve uma separação... de casamento? Mas a Dynamo foi fundada por três pessoas. Pelo Bruno Rocha, pelo Pedro Eberle, que não está mais na gestora, e pelo Pedro Damasceno. Isso foi uma coisa chata na carta de vinte anos, não foi muito justo com ele, por-

que a ideia foi dele [Eberle]. Uma pessoa apresentou ele ao Bruno. A ideia era começar a investir em ações com recursos próprios, estudar companhias. Foi muito despojado e despretensioso...

PD: Era o que eu ia falar. Não era um plano grande, sonho grande... Não teve uma coisa muito estratégica: vamos fazer a Dynamo.

Vocês eram amigos na época?

PD: O Bruno e o Pedro tinham se conhecido no Garantia, e o Bruno, quando voltou pro Brasil — ele trabalhava no Garantia fora —, tinha uma ideia de investir em companhias. Lá fora, ele ficou um tempo na Goldman, superperto do pessoal da área de gestão. E o Pedro tinha mais experiência que todo mundo, tinha sido da *asset* do Garantia e trabalhava na época com o que se convencionou chamar de fundos de segunda linha, de ações de segunda linha. Na época, início da década de 1990, havia várias companhias emergentes no Brasil. Havia um mercado de *eurobonds*, era a primeira vez que as companhias brasileiras tinham acesso ao mercado internacional de crédito. Coteminas, Gradiente, foram várias as companhias que surgiram naquela época, mas o mercado não prestava muita atenção nelas. O mercado era muito concentrado... A bolsa era mais usada para *tradings* mais macro. A liquidez era muito concentrada em poucos nomes. E acho que o intuito era tentar olhar pra essas companhias que tinham pouca atenção e por consequência tinham *valuations* muito atrativos, mas ainda de uma forma muito experimental, muito "tentativa e erro".

LO: O grande salto acho que aconteceu no fim dos anos 1990...

PD: O grande salto foi 1997. Em 1994, o fundo foi muito bem e começou a chamar a atenção de pessoas mais próximas. O fundo começou a captar, crescer.

BR: Lembro que o período inicial da Dynamo, de 1994 até 2001, foi de crise atrás de crise. Houve um 1994 muito bom, que foi do Plano Real. Logo depois veio o México, crise da Ásia, Rússia, Argentina, aí o Brasil em 1999. Depois de 1999, aí, sim, a gente pegou um período de uns três anos com algumas companhias muito baratas, tivemos uma performance muito boa. Tem uma história curiosa. A gente tinha o Cougar, que era um fundo com resgate em D+3, que era a praxe do mercado. E tinha o Puma, um fundo de sete anos, prazo definido. Era quase como um *private equity* em companhia listada. Tendo um pouco de sorte e um pouco de sucesso de 1999 a 2001, o Puma teve uma rentabilidade espetacular, muito maior do que a gente imaginava e certamente do que os cotistas imaginavam. Alguns investidores inclusive chamavam o fundo de mico. Porque eles colocavam a posição mico na carteira deles, e a gente tinha de trabalhar para gerar valor e liquidez. Então o fundo teve um sucesso enorme, e a gente naquele momento olhou e disse: "Talvez tenhamos achado aqui o passivo ideal: o investidor de longo prazo no Brasil". Dado o sucesso do Puma, vai haver a possibilidade de ter um Puma 2, um Puma 3. Vamos desenvolver a Dynamo por ali. E a gente teve uma enorme surpresa quando, no fim do Puma, fomos levantar o Puma 2 e foi uma dificuldade enorme.

Porque não há investidor de fato de longo prazo no Brasil?

LO: O ambiente dos fundos de pensão aqui é um ambiente muito complicado. Aí a gente teve a chance de pegar os *endowments*, que são os fundos de sustentação das universidades americanas, e aí foi muito mais fácil. Eles têm uma linguagem muito mais técnica, compreendiam muito mais o que a gente fazia.

BR: Acho que aí uma decisão muito importante pra gente é que, num determinado momento, na captação do fundo que seria o sucessor do Puma, algumas instituições até se predispuseram a investir. Mas tinha havido o problema com Opportunity e alguns fundos de *private equity*. Os investidores queriam ter a maioria do comitê de investimento e queriam que o comitê de investimento de fato aprovasse todos os investimentos ou não. De certa forma, era nos manter afastados da gestão do fundo. E acho que ali a gente tomou uma decisão que foi muito importante, de dizer: esse tipo de produto não faz sentido, não queremos.

LO: Houve uma desconfiança muito grande dos fundos com relação à gestora. Então eles começaram a fazer muitas exigências de fiscalização e tal. A gente fazia tudo certo, então não contava com o benefício da malandragem — se é que isso tem benefício —, mas a gente ia ter o malefício da falta de liberdade.

E até hoje vocês não têm fundos de pensão entre os cotistas, né?
LO: Não.

Os fundos de pensão têm muito pouco em renda variável no Brasil. Isso não é um problema?
BR: Problema pra quem?

Para o investidor. Para quem está lá dentro do fundo de pensão.
BR: Enquanto você tem, no Brasil, NTN com inflação mais 6%, mais 7%, eu consigo entender os fundos não terem tanta exposição à renda variável. O gestor vai correr risco desnecessário. Ele não ganha mais por investir em ações, e, se der errado, ele tem problemas infindáveis. Então a gente viu isso claramente nas concorrências. Mesmo os caras que iam pra renda variável estavam mais preocupados em terceirizar pro gestor que cobrasse menos do que pro gestor com a melhor capacidade de gerar retorno. Havia gestor que cobrava abaixo do custo, a gente sabe, provavelmente pra ganhar de outras formas. Se ele tem a opção de entregar o atuarial sem correr risco, eu entendo que ele não queira correr o risco de renda variável. É só *downside* pra ele...

Para fechar, como vocês mantêm esse clima de pesquisa e estudo constante aqui dentro?
LO: A gente gosta de ler. Fazemos reuniões aqui quando alguém leu um livro, e aí essa pessoa apresenta, porque não dá pra todo mundo ler tudo. Eu brinquei que dizer que nós somos de mercado é ofensivo, o trabalho da gente tem um lado bastante acadêmico, intelectual, sei lá como é que se chama isso, de investigação, de "modelação", de hipótese... Não é o que o pessoal pensa, assim, uma coisa muito de dinheiro, de *trade*.

BR: É engraçado que o nosso negócio tem muito um quê jornalístico também, de ir atrás das informações, sair das informações comuns...

LO: Um trabalho de investigação... Jornalista, gestor, detetive... A gente lê muito, direta e indiretamente, aqui.

Ler indiretamente é alguém ler e compartilhar?

LO: É. Isso é comum. Bem comum. É quase que regular. E outra coisa que fazemos é chamar gente pra falar aqui, num espectro que vai de antropólogo a físico, técnico de vôlei... Chamamos praticamente todos os grandes gestores pra falar aqui. De Stuhlberger a Armínio [Fraga], Daniel Dantas... Temos uma atividade, assim, de estudar, pensar e trocar ideias entre nós. É por isso que, em termos psicanalíticos, a gente está mais no princípio do prazer do que no do civilizatório, que é o negócio do pense grande, em fazer um grande negócio. Não tem muito essa vibe aqui, não.

PD: A vibe aqui é mais pensar fora da caixa do que pensar grande. Sair um pouco do meio comum, do que está todo mundo falando, todo mundo pensando.

LO: Acho que uma coisa muito ilustrativa, fora o fato de que o *turnover* da gente é ridiculamente baixo, são os casos de sócios que saíram, que foram muito *friendly*, uns dois ou três, é irrelevante, o *turnover* é zero, eu diria. Pô, em 23 anos, outra coisa muito bacana é — eu posso estar errado — quantas pessoas a gente tem trabalhando aqui?

BR: Vinte e duas ou 23.

LO: Tem pouca gente que trabalhou em outro lugar antes de vir pra cá. Na análise, então, quase ninguém.

BR: Acho que só o Pedro e você.

LO: É, mas o Pedro veio criança pra cá. Tinha feito estágio, só. O resto, todo mundo foi estagiário. Porque a gente chegou à conclusão de que esse nosso jeito, como ele não é muito típico, se você traz alguém já formado... A gente só contrata aqui — é até bom colocar isso aí — estagiário ou formado há muito pouco tempo.

Ou seja, se você já é mais velho, desista, porque já passou sua hora de trabalhar na Dynamo.

LO: Isso. Faz o seu [risos].

3. Nova geração: da meia-calça à bolsa

Gustavo e Rodrigo Heilberg fizeram seu primeiro investimento aos treze anos. A aplicação foi estimulada pelo pai, que incentivou os filhos a alocar o dinheiro ganho de presente na cerimônia judaica do bar mitzvah no fundo Verde. Com seu retorno elevado e consistente, o mais renomado multimercados brasileiro, gerido por outro judeu, Luis Stuhlberger, não poderia deixar de fazer escola.

Bem que a dupla poderia ter se acomodado no negócio da família, a Scalina, dona das conhecidas marcas de meia e lingerie Trifil e Scala, mas não foi o que aconteceu. Pelo contrário. Os irmãos ajudaram na busca por profissionalizar e dar perenidade à empresa, enquanto alimentavam um hobby: um clube de investimento em ações.

O que começou em 2005 com reuniões entre familiares e amigos para discutir investimentos em bolsa regados a pizza virou, sete anos depois, um fundo de investimento. Gustavo e Rodrigo convidaram Caio Lewkowicz, à época na Tarpon, e começaram assim a construir o que é hoje um dos fundos mais admirados da nova geração.

A experiência de assistir à transformação de uma empresa familiar em uma organização perene e de participar de seu dia a dia não é só passado — ela permeia toda a seleção de ações na HIX.

Se a companhia anuncia aos acionistas um plano de ação, por exemplo, os Heilberg têm faro para identificar o que de fato é executável e o que parece uma grande jogada de marketing.

Outra coisa que os jovens aprenderam com seu passado de chão de fábrica é que, se você quer conhecer uma companhia a fundo, não basta conversar com a diretoria executiva. É preciso falar com os "tocadores de bumbo", ou seja, com quem está de fato na execução.

Com sua diversificação em ações de diferentes níveis de liquidez, pitadas de inovação e a disciplina com que leva a seleção de ações, o trio tem construído um histórico de retorno consistente.

A maior parte dos gestores de sucesso tem uma carreira pregressa no próprio mercado. Vocês têm origem na economia real. Contem um pouco desse começo e de como isso influencia a forma como vocês fazem gestão hoje.

Rodrigo Heilberg: A gente sempre teve um gosto pelo mundo de investimentos. Eu tive uma pequena passagem pelo mercado financeiro, intercalada com a função de executivo, e a partir dali a gente montou um veículo de investimento nosso.

Por onde você tinha passado no mercado financeiro?

RH: Pela Skopos. Aquele foi um momento em que começamos a desenvolver mais o gosto por escolher ativamente investimentos e não apenas fazê-los por meio de gestores, que já era algo que fazíamos antes.

Vocês montaram um clube de investimentos, né?

RH: Era um clube. E era uma diversificação interessante para a cabeça, porque muito do que aprendíamos no mercado levávamos pro mundo dos negócios. E muito do que a gente aprendia no mundo dos negócios tentávamos refletir nos investimentos. Nós procurávamos investir naquelas empresas que já admirávamos do ponto de vista de negócios e tentávamos refletir o que elas estavam fazendo no nosso dia a dia. Então acho que isso foi o início.

Mas como veio o gosto por investir em ativos financeiros?

Gustavo Heilberg: Acho que a picada aconteceu assim... Logo que a gente fez bar mitzvah — na religião judaica, aos treze anos — meu pai nos estimulou a fazer o primeiro investimento. Investimos no Verde o dinheiro que a gente ganhou de presente. E, desde então, ele sempre nos levou às reuniões de acompanhamento das aplicações financeiras dele. Isso foi nos aproximando do mundo dos investimentos, nesse momento por meio dos gestores de fundos e também pelo aprendizado por osmose nas reuniões.

Foi a melhor coisa começar pelo Verde, né? Belo estímulo!

GH: Foi um ótimo estímulo! [risos]. A gente aprendeu o que era *compounding** e como isso podia ter um valor muito grande no longo prazo.

RH: E na época ele aceitava 10 mil reais de investimento!

Nossa, que sorte! Ainda estava aberto e a aplicação mínima era de 10 mil reais!

RH: Exato!

Mas então o pai de vocês tinha conhecimento de mercado financeiro, ainda que fosse alguém de economia real, né?

GH: Ele era cliente da Hedging-Griffo, mas não é que ele escolheu o Verde sabendo o que o Verde ia virar... Foi um pouco de sorte. Mas, enfim, ainda muito jovens nós sempre acompanhamos como espectadores tudo aquilo. E isso foi criando esse interesse inicial. Aí o Rodrigo começou a carreira dele na Scalina, depois foi para a Skopos, e voltou. A Scalina, fundada pela nossa família, é uma empresa do setor têxtil focada em produção e distribuição em varejo de meias e lingerie, sendo as marcas Trifil e Scala as mais conhecidas. Logo que entrei na faculdade comecei a trabalhar lá também e passei por várias áreas. Quando o Rodrigo foi pra Skopos, a gente acabou mon-

---

* *Compounding*: processo por meio do qual ganhos reinvestidos geram ganhos cada vez maiores, em uma espécie de bola de neve produzida pelos juros compostos.

tando esse clube um pouco como hobby e mantivemos assim por cinco ou seis anos em paralelo ao trabalho na Scalina.

Mas o mais natural seria que vocês tivessem seguido a carreira de economia real, não? Vocês nunca pensaram em trabalhar pra sempre no negócio da família?

GH: O nosso plano quando começamos o clube não era necessariamente que isso ia virar o nosso business. A gente estava lá tentando ajudar a transformar e melhorar o negócio. Foi quando eu e o Rodrigo de fato começamos a trabalhar todos os dias juntos. O Rodrigo na área financeira, eu na área de franquias, depois de novos negócios... A empresa passou por uma fase superpositiva e por um processo de profissionalização, e, como continuidade, a gente achava que era muito importante trazer um sócio externo, que nos ajudasse a tornar a empresa pública. Era a única forma de perenizar o negócio. Não sei bem por quê, mas a gente era muito preocupado com a história de profissionalizar o negócio. Acho que é porque nós somos sete primos — três filhos do lado do meu pai, quatro do lado do meu tio...

E é muito comum a empresa familiar acabar em um processo de passagem para uma próxima geração, principalmente quando ela tem muitos integrantes, né?

GH: Exato.

RH: Acho que esse era inclusive um dos medos que fizeram com que eu acabasse saindo de lá pra ir pra Skopos.

GH: A gente começou então um trabalho de criar regras e definiu que ninguém mais da família entraria enquanto a gente não tivesse estruturado de fato um sistema de governança. Contratamos uma consultoria pra ajudar a estabelecer os processos de gestão. Muitas coisas que buscamos pra profissionalizar o negócio aprendemos com as empresas listadas na bolsa. Olhávamos pra Ambev, pra Gerdau e dizíamos: aqui tem umas metodologias de gestão que dá para aplicar. E íamos buscar alguém pra nos ajudar a trazer isso para o negócio. Por muitos anos, esse foi o nosso foco. Em 2007 a gente contratou um *advisor* pra nos ajudar nesse processo e trazer um fundo como investidor minoritário. Veio a crise de 2008 e acabou dando errado. Focamos por mais um tempo, o que foi muito bom, porque o negócio cresceu muito entre 2008 e 2010, quando a gente acabou se aproximando do Carlyle.* Houve então uma decisão de profissionalizar cem por cento o negócio, o que significava que todas as pessoas da família envolvidas no dia a dia da companhia deveriam sair, inclusive eu, o Rodrigo, meu pai e meu tio. Ao longo de um ano nós fizemos essa saída. Foi nesse momento que a ideia de montar a gestora veio à tona. Até então, não era algo que estava muito no radar.

O clube tinha nascido exatamente quando?
RH: Em maio de 2005.

Era só o dinheiro de vocês no começo ou também da família? As pessoas confiavam em vocês para investir o dinheiro delas? Porque vocês eram muito novos na época...
RH: É, começamos com nosso dinheiro. Na verdade, foi um amigo que chegou um dia e disse: "Acho que a gente devia montar um clube de investimento". Eu disse: "Legal, tô dentro. Mas o que quer dizer isso?". E aí a gente foi estudar o que era. E fomos aprendendo ao longo do processo.

O engraçado é que a gente percebeu ao longo do tempo que aquilo que a gente achava que era uma diversificação mental — de aprender coisas no mercado e levar pro mundo real e pegar coisas do mundo real e levar pro mundo dos investimentos — nos fez enxergar investimentos como de fato comprar empresas. Percebemos que o que a gente gostava de fazer estava muito ligado a estar envolvidos em um mundo empresarial, seja avaliando excelentes modelos de negócio e tentando comprar um pedaço deles, seja se envolvendo ativamente pra transformar algum negócio.

---

* O Grupo Carlyle, um dos maiores gestores de *private equity* do mundo, anunciou a compra do controle do Grupo Scalina em 2010.

E você também tinha um pé em economia real, né, Caio? Ainda que no mercado financeiro...

Caio Lewkowicz: Sim, eu comecei minha carreira no Pátria, na área de *private equity*. E lá eles têm a filosofia de que, quando fazem um negócio e investem na companhia, a pessoa que participou da elaboração da tese vai para a empresa executá-la. E eu tinha feito o *deal* das redes de academia Bio Ritmo e Smart Fit. Na época, em 2010, a gente tinha comprado 50% e eu e mais duas pessoas fomos para a empresa. Eu fui tocar a área de planejamento financeiro e colocar toda a parte de controle e orçamento da companhia de pé.

Nessa época devia haver três unidades da Smart Fit no Brasil, hoje tem um monte...

CL: Sim, eram se não me engano quatro Smart Fit e dezessete ou dezoito Bio Ritmo. O modelo estava começando. Essa era até uma grande dúvida: "Será que quatro unidades são amostra suficiente pra gente ter certeza de que o modelo faz sentido?". E na época até fizemos a academia um tempo pra entender. Quando eu fui pra empresa estruturar a área de planejamento financeiro, foi um choque de realidade. Eu vim da Faria Lima, fazia investimentos, estava acostumado a lidar com pessoas com formação de primeira linha, muito estudadas, determinadas, ambiciosas, trabalhadoras... Quando você vai para uma empresa, tem de tudo, uma mistura de perfis diferentes. Então o primeiro choque foi esse: entender que as ambições e o jeito de fazer das pessoas são diferentes daqueles com que você está acostumado. Então você tem um desafio de liderança e cultura muito maior. E outra coisa que você entende é que planejar as coisas é fácil, mas como desdobrar isso e fazer com que elas de fato aconteçam na ponta?

Então é diferente o olhar de quem já esteve na economia real...

CL: Isso. Dessa experiência eu tirei a importância de cultura organizacional, de estratégia, de um processo orçamentário, do alinhamento de interesses dos executivos, da importância das lideranças pra fazer as pessoas trabalharem e entregarem o que elas se comprometeram a fazer... Na prática, a empresa é muito mais suor do que a gente acha que é, olhando por uma ótica de mercado financeiro. Então essa experiência foi muito rica, porque permitiu que eu conseguisse entender que a realidade das empresas é muito diferente do que a gente, na teoria, acha que é.

RH: Acho que há uma série de coisas mais palpáveis que a gente aprendeu, como ver os tipos de processos adotados, os modelos de gestão, a satisfação dos franqueados... Uma coisa que muda bastante é o senso crítico em relação às empresas, a capacidade de separar o que de fato parece um plano com fundamento e capacidade de execução e o que parece simplesmente uma grande jogada de marketing.

GH: Acho que um empresário pessimista raramente dá certo. O empresário tem que ser otimista, tem que acreditar nos seus planos, que vai conseguir transformar o status quo. E, por outro lado, o investidor em geral tem que ser cético. Talvez a principal diferença entre estar de um lado e do outro do balcão seja essa. Aqui a gente não pode transformar a maior parte dos negócios em que investe. Até tem outro, como o caso de Senior Solution, em que a gente está no conselho, tentando ajudar, mas não é a regra geral. Não somos investidores necessariamente ativistas. Em geral, a gente tem que achar investimentos que são bons, não porque vamos transformá-los, mas porque são de fato bons. E temos que fazê-lo sendo céticos em relação a tudo que o management vai vender.

Bem diferente de quando você é empresário...

GH: Quando você é empresário, tem que olhar para os problemas e pensar em como é que vai resolvê-los. E tem que acreditar que vai conseguir. Então, depois que você já esteve do outro lado do balcão, quando te vendem um projeto você sabe que pode ser uma jogada de marketing pra fazer a ação subir ou até pode ser simplesmente o otimismo do cara que está do outro lado. E que acredita no que está falando. E isso às vezes é toda a diferença entre um bom e um mau investimento. O Buffett uma vez disse que um bom gestor é o melhor investidor e um bom investidor é o melhor gestor — porque você consegue entender o papel de cada um nesse ecossistema.

Mas, com a experiência de vida real, deve dar uma tentação maior de dar uns pitacos sobre a empresa, né?

GH: Acho que às vezes é até o inverso, sabia? A gente sabe quão difícil é fazer. Respeitamos muito mais quando encontramos times de alta performance. Por termos sido executivos, não temos a pretensão de saber executar, do ponto de vista operacional, melhor do que as empresas em que investimos.

CL: Talvez o que muda é menos o nosso julgamento e mais a análise da probabilidade de execução de certas coisas dentro das companhias: saber fazer as perguntas certas pras pessoas certas pra reduzir a probabilidade de erro das nossas estimativas.

E o ativismo nas companhias, quando converso com os gestores, me parece um pouco fora de moda...

GH: O ponto é que, em primeiro lugar, no Brasil é mais difícil ser ativista do que em outros países. Aqui em geral as empresas têm controle, são poucas as *corporations* [empresas que têm capital pulverizado]. Então isso é uma barreira relevante.

RH: Você tem que ser colaborativo, né? Não dá pra ser impositivo.

GH: Exato. Então dá pra ser ativista, mas de um tipo diferente do que a gente está acostumado a ver nos Estados Unidos. Isso já é uma barreira inicial. E tem um segundo ponto: a gente não acha que esse negócio de querer transformar negócios do dia pra noite em geral funciona bem: há mais casos de insucesso do que de sucesso no Brasil. Os casos da 3G Capital* talvez sejam os de maior sucesso. Acreditamos muito mais em trabalhar de forma colaborativa, junto com o conselho ou com os controladores, para explorar pontos que são oportunidades de melhoria, do que achar que nós, do alto do nosso escritório na Faria Lima, vamos saber algo melhor do que os demais sobre todos os negócios. De tempos em tempos aparecem oportunidades em que, sim, a gente acha que pode agregar. E aí, de uma forma colaborativa, a gente vai fazer. Acho que tem valor no ativismo, mas

---

* O 3G Capital é o bem-sucedido grupo de investimentos fundado por Jorge Paulo Lemann, Carlos Sicupira e Marcel Telles.

um último ponto contra é que, quando você vai para o conselho, fica sujeito a aceitar uma iliquidez e um casamento muito mais longo com o negócio. Então você precisa de uma convicção enorme...

RH: É, o horizonte se torna muito mais longo.

Porque você não pode vender em algumas janelas...

GH: Muitas vezes você vai estar restrito no momento em que eventualmente gostaria de vender. Então temos que estar muito confortáveis com o negócio, os sócios e o preço que estamos pagando antes de tomar essa decisão.

RH: E também temos que achar que há pelo menos dez anos de crescimento pela frente. Não é que a gente evita o ativismo, só somos muito críticos sobre os casos em que queremos nos envolver, mesmo porque temos que ver um valor relevante nisso. Alguns dos nossos maiores erros de investimento aconteceram quando a nossa capacidade de colaborar teve um impacto menor do que achávamos que teria. A gente acabou perdendo dinheiro porque a empresa não mudou.

Conte um exemplo em que isso aconteceu.

RH: Acho que General Shopping... A empresa tinha uma estrutura de capital, uma estrutura de passivo, que estava mal montada. Havia um descasamento entre a receita, em reais, e a despesa, que era em dólar. Só que a companhia era muito barata e a gente achou que conseguiria convencer o acionista controlador a consertar essa estrutura. Mas ele era bastante teimoso e a gente interpretou errado os sinais que ele deu. Achamos que ele estava sendo convencido pelo que estávamos falando. E na prática ele estava basicamente sendo muito simpático com a gente. Tivemos dezenas de conversas com a companhia em que apresentamos os planos e mostramos caminhos que ela poderia adotar. A gente perdia um pouco de dinheiro com a empresa, ia lá, levava um plano, e ele dizia: "Gostei muito, achei interessante". E a gente pensava: "Bom, agora vai". E não ia. Então acho que superestimamos a capacidade de endireitar uma coisa que estava torta.

E como vocês perceberam isso?

RH: Na verdade, esse foi um grande mérito do nosso comitê de investimento. Havia um analista recém-chegado que foi muito crítico em relação à tese. Ele disse: "Olha, eu entendo que nós estamos querendo melhorar a empresa, ajudá-los e tal... mas eu acho que a gente tem que ter um prazo pra chegar à conclusão se conseguimos ou não". Isso foi muito bom porque colocamos um prazo mesmo: se até 31 de dezembro ele não começar a trabalhar na mudança, a gente vai começar a diminuir a posição. E de fato começamos a diminuir perto de 31 de dezembro. E aí me lembro de ter tido uma conversa meio clara com o controlador. A situação a essa altura já estava pior, o dólar tinha começado a se valorizar contra o real e a empresa precisaria de uma pequena capitalização pra conseguir consertar a estrutura de capital. Eu percebi que ele não estava convencido de que deveria fazer um investimento. E aí a gente tomou a decisão de desinvestir.

E o que ficou de lição?

GH: A história do management, que é uma das coisas que a gente acha muito importante olhar. É um dos quatro principais pilares de investimento. E que você vai concluindo por meio de análise de pequenos sinais, sendo que as horas mais difíceis da empresa são as melhores para se avaliar isso. Para você ter uma ideia, quando a gente fez o primeiro investimento na empresa havia um perpétuo em dólar [título de dívida sem data para vencer]. E ele emitiu um segundo enquanto estávamos tentando convencê-lo de que ele deveria pagar o primeiro. Então claramente ele foi ao longo do tempo demonstrando que não acreditava na mesma coisa que a gente — e, enfim, não tem certo ou errado. E depois vieram vários outros pequenos sinais, como o da capitalização...

Além da gestão da companhia, quais são os outros três pilares para a decisão de investimento?

GH: O primeiro, talvez mais importante de todos, é o modelo de negócio vencedor. Temos uma grande dificuldade de explicar por que a nossa forma de avaliar o modelo de negócio é diferente da dos outros, mas acho que o diferencial está realmente nos detalhes. No fim das contas, pra gente um modelo de negócio vencedor é o que tem vantagens competitivas claras — que a gente consegue explicar — e sustentáveis. É um negócio que pode crescer e reinvestir, ou crescer sem reinvestir, com alto retorno por muito tempo. Em uma das nossas cartas a gente fala em *"legacy moat"* e *"reinvestment moat"*. O primeiro é o que protege o negócio atual e o segundo, o do futuro. Um exemplo de negócio que tinha o *"reinvestment moat"* era o Wal-Mart, que tinha dez lojas em mil e novecentos e bolinha e hoje é a maior varejista do mundo. Ele claramente tinha criado um modelo com vantagens competitivas e que podia continuar crescendo por muito tempo. E que, à medida que crescia, sua vantagem competitiva se tornava mais relevante.

O que seria um negócio sem essa característica?

GH: Imagina que você comprou, por exemplo, uma fazenda que é superprodutiva, que tem uma vantagem competitiva por causa da região em que ela se encontra. Acontece que, quando você vai comprar o vizinho pra aumentar a sua produção e reinvestir, ele também já sabe disso e vai cobrar mais caro pela fazenda. E o seu retorno sobre o investimento novo não vai ser o mesmo do da primeira fazenda.

E o segundo pilar?

GH: É um negócio que a gente tem capacidade de precificar. Não necessariamente precisa ser um negócio fácil de precificar, mas a gente não gosta dos que têm uma precificação binária: que dependendo do cenário valem 50% a mais ou a menos. Gostamos de negócios para os quais a gente consegue fazer uma estimativa bem razoável das premissas e chegar a uma conclusão bem objetiva sobre preço.

O que seria eliminado nesse pilar?

GH: Companhias alavancadas, por exemplo: o valor intrínseco delas e a divisão entre a parcela do acionista e a do credor variam muito de acordo com pequenas variações do negócio. Commodities são outro exemplo. Você pode ter commodities que variam muito e o resultado da companhia varia muito junto. É o caso de projetos, como os das companhias X...

Do Eike Batista...

GH: Que não existiam... Então você teria que precificar 100% com base no futuro. E aí tem um negócio em que, como empresários, nós sabemos, um bom número de projetos iniciados não chega ao fim, em qualquer empresa. Aí entra um pouco de ceticismo de falar quais são os projetos que de fato são tão simples que vão acontecer e quais são aqueles que são mais bonitos de contar do que de fato de fazer.

O terceiro pilar você disse que é do management...

GH: O terceiro é o do management e da governança. A gente olha qual é o modelo de remuneração, quem são as pessoas, o histórico delas... Vamos tentar conhecer o maior número possível de pessoas da empresa, ter uma certa noção da qualidade do time, não só do top management, mas da empresa como um todo, de como essas pessoas estão alinhadas. Um aspecto interessante que a gente aprendeu também — de que pouca gente do mercado financeiro se dá conta — é que quem toca as empresas de verdade não é a diretoria executiva, mas a gerência. Muitas vezes, quando você conversa com a diretoria executiva ouve um discurso superpolido, de quem está preparado pra conversar com o mercado, o que não necessariamente é igual à conversa com um gerente, que às vezes até vai mostrar um certo ceticismo em relação a um projeto ou outro. Então, uma das coisas que a gente gosta muito de fazer é conversar com pessoas da organização que sejam realmente "tocadoras de bumbo". E, pra fazer isso, você precisa ir a coisas mais simples do que aos eventos de fato da empresa, como fazer uma visita a uma loja guiada por um gerente e perguntar a ele sobre os projetos da companhia.

Nessas horas você ouve um discurso muito menos institucional...

RH: Muito menos institucional. E aí você pode enxergar oportunidades extraordinárias ou empresas de que você diz: "Não quero investir". Um exemplo que a gente percebeu assim que teria potencial de ser um investimento excepcional foi Equatorial, justo quando a gente teve oportunidade de conhecer uma dezena de gerentes visitando as operações deles no Pará e no Maranhão. A estratégia definida pela diretoria executiva estava na ponta da língua dos gerentes. Eles sabiam exatamente o que tinham que fazer. E aí ficou claro: esse é um projeto que vai sair do papel, o cara sabe exatamente como vai montar. Mas a gente também já encontrou o oposto: projetos em que você percebia que a gerência não fazia a menor ideia de como seguir adiante.

E quanto à governança? O que vocês observam?

GH: Nós gostamos de ter uma visão sobre o acordo de acionistas, sobre o histórico dos controladores, sobre como eles lidaram quando houve alguma situação de conflito de interesses... E o último pilar é o do *valuation*. É óbvio que a gente prefere comprar o melhor negócio do mundo, gerido pelas melhores pessoas, em quem a gente consegue acreditar, e que seja bem barato, mas isso não acontece. Então em alguns casos fazemos investimentos mais cínicos, na linha: estou comprando um negócio que eu sei que tem seus problemas, ou que não tem uma enorme vantagem competitiva de longo prazo, ou que não é o negócio mais bem gerido do setor, mas que está tão barato que mesmo assim faz sentido. E nesses casos a gente é muito mais crítico sobre o que vai fazer esse negócio deixar de ser barato e também faz um monitoramento mais próximo da evolução dele do que quando a gente investe em um negócio que é bom e bem gerido. E que a gente olha para cinco, dez anos.

RH: O exemplo da fazenda é ótimo. No dia em que o mercado começar a acreditar que o fazendeiro vai comprar a fazenda ao lado com retorno igual ao que ele fez na própria fazenda, a gente já vai ter vendido.

As empresas também passam por uma análise quantitativa aqui, né? Como funciona isso?

CL: A gente trabalha com um *screening*.

RH: Quando você olha para a bolsa, há algumas centenas de empresas listadas. Pra escolher onde que vamos gastar tempo, usamos dois tipos de filtro. O primeiro é um filtro rígido de liquidez mínima. Com ele caímos pra 170 empresas que são, na nossa visão, mais ou menos investíveis. Dentre essas, usamos duas metodologias pra escolher as sessenta empresas que de fato acompanhamos: um filtro quantitativo, em que usamos duas métricas principais e criamos um ranking. Outro é um filtro qualitativo, que passa por conversar com muita gente, discutir grandes movimentações em mercados, em empresas e escolher casos que têm algo específico que chama a atenção.

Isso você faz para que os analistas não tenham que olhar para toda a bolsa o tempo inteiro?

RH: A gente acredita que cada analista tem uma capacidade máxima de analisar dez ou doze empresas com alguma profundidade. Dessas, vai haver cinco ou seis a que ele de fato vai conseguir dedicar muita energia. Se fossem vinte por analista, ele provavelmente seria raso na maioria delas, o que a gente não quer. É melhor ter uma informação boa de menos empresas do que uma informação ruim de muitas empresas.

GH: Mas nós, como sócios, estamos sempre olhando o mercado inteiro. Esteja ou não no nosso ranking, se uma dessas empresas aparecer em uma conversa qualitativa que chame a nossa atenção ou de algum dos outros analistas, às vezes ela fura a fila.

Falamos sobre o caso que deu mais errado para vocês. E qual foi o maior acerto até aqui?

RH: Acho que Equatorial. Foi a maior contribuição para a performance do fundo nos últimos anos. O interessante é que, quando a gente começou a investir, não era uma empresa de consenso. Ela era extremamente bem gerida e tinha uma oportunidade de fazer uma transformação na Celpa [Centrais Elétricas do Pará], que estava numa situação bem complexa, em recuperação judicial. O mercado duvidava que ela teria capacidade de fazer isso. O trabalho de ir lá e conhecer as operações, as pessoas e quão bem elas entendiam o que tinham que fazer pra transformar aquela distribuidora foi pra gente algo que mudou completamente a visão em relação à oportunidade.

Isso se juntou a um ambiente de incerteza, da seca de 2014, e a gente conseguiu comprar uma empresa muitíssimo bem gerida, com oportunidade de crescimento enorme, a um preço muito interessante. Ou seja, a Equatorial juntou todas as características de que gostamos.

Há quanto tempo ela está na carteira?
RH: Há quatro anos, já.

Voltando um pouco, quando você falou de General Shopping, mencionou um acerto vindo do processo decisório: uma pessoa que tinha acabado de chegar e que teve uma importância grande em uma decisão, por um olhar mais cético. Como é que vocês fazem para garantir que aqui dentro essa discussão seja sempre saudável, que ninguém se apaixone por um papel e que quem acabou de chegar tenha essa liberdade de se expressar?
RH: A gente trabalha fortemente aqui pra que qualquer pessoa possa ser questionada. Na época de General Shopping, o analista responsável pelo caso era eu: ou seja, havia um analista júnior questionando o gestor. Eu acho que é responsabilidade dos sócios mais seniores manter o pé no chão e pensar que podemos estar errados. Às vezes a pessoa mais júnior da companhia viu uma coisa que você não viu. Então o principal ponto é transparência e abertura para qualquer pessoa poder falar. O segundo ponto é criar processos para que todo mundo seja questionado. Hoje a gente tem um monte de processos que consistentemente colocam as pessoas em xeque. Temos, por exemplo, uma revisão trimestral de todas as posições, em que cada analista tem que apresentar pra todo mundo seu plano pra monitorar as teses que ele acompanha.

Mas o que ele precisa compartilhar? Que visitas ele vai fazer, por exemplo?
RH: Ele diz, por exemplo, que sua expectativa é de que a receita da companhia vai crescer 15% ao ano. E aí começa a descrever quais são os pilares que sustentam aquele crescimento. E se o analista disser que as lojas vão crescer tanto porque a empresa que só vendia roupa

agora vai incluir sapatos, a partir de então ele vai ter que monitorar com cuidado aquele projeto, falar com pessoas que estão envolvidas em sua criação e conversar com quem pode ter críticas positivas ou negativas àquilo, fornecedores, concorrentes... Eventualmente ele vai à loja ver como está a execução: a empresa disse que está colocando sapatos à venda, mas vamos lá ver? Ele descreve esse plano do que vai fazer. E vamos checar três meses depois se ele de fato fez isso. Esse é um ambiente em que nenhuma premissa que vai pra dentro do modelo passa sem ser questionada. Todos os analistas estão ali olhando para o que é apresentado. Se fizer sentido, ótimo. Se não, alguém vai questionar ou sugerir alguma análise adicional.

GH: É a cultura, plagiando um gestor internacional, de meritocracia de ideias...

De quem?

RH: Do Ray Dalio, da Bridgewater, o maior *hedge fund* do mundo. A gente descobriu depois de colocar em prática que a história da transparência radical era um conceito. Mas a gente faz isso talvez por ter vindo de outro mercado. Claramente não somos a casa mais experiente na largada, então temos que ser muito abertos a aprender.

GH: E, de fato, todos os sócios participam do comitê de investimento, em que o estagiário tem abertura para questionar tanto quanto um analista. Esse caso da General Shopping serviu para aquele analista que questionou crescer aqui dentro. Outra coisa que fazemos é não incentivar analista com base nas perdas e ganhos dele sozinho nem criar uma competição em que ele tem que ser melhor do que o cara do lado. Todo mundo tem que fazer o retorno do fundo ser o melhor possível. Então, não tem aquele negócio de o cara criticar só porque quer provar que a ideia do outro é pior do que a dele, já que isso não faz com que ele ganhe nada a mais. Acho que essa combinação de transparência e de não haver incentivos perversos fez com que o processo fosse melhorando ao longo do tempo. Não era exatamente assim quando a gente começou: isso foi sendo construído.

Por falar em relacionamento e em pessoas que convivem tentando se respeitar, não é difícil para vocês serem irmãos e trabalharem juntos todos os dias? No almoço de família, no fim de semana, vocês falam de mercado também?

RH: [Risos] Não. Acho que a gente aprendeu a não falar tanto de mercado em almoço de família.

GH: Eu gosto mais de falar, o Rodrigo gosta menos... [risos].

[Risos] Não dá, né, Rodrigo? Fim de semana pelo menos...

GH: Naturalmente às vezes você exagera um pouco, mas a gente aprendeu a valorizar as qualidades e a entender os defeitos do outro. Isso vale não só entre irmãos, mas vale pra todo mundo. Então eu já sei a hora em que não adianta contrariar e vice-versa. A gente é alemão também, então não tem muito o negócio de ficar refletindo profundamente sobre o que o outro quis dizer quanto disse aquilo... Somos bem pragmáticos.

RH: Acho que inclusive as pessoas que vêm trabalhar aqui têm um choque inicial. Aqui as críticas são feitas em relação ao trabalho executado e não em relação à pessoa executando o trabalho.

Não levar para o lado pessoal é uma das coisas mais importantes. Algumas pessoas têm dificuldades de se adaptar no começo, mas depois acabam percebendo que isso é superbom. Ou seja, estou criticando o trabalho, não você.

Que é uma questão cultural mesmo, né? Aqui no Brasil, por exemplo, vejo gestores que evitam falar em posições vendidas [que apostam na queda de preço de uma ação] porque os executivos da empresa levam para o lado pessoal...

RH: Tem bastante disso. E eu acho que, também no mercado de trabalho, as pessoas têm muita dificuldade de receber feedback, de ouvir: "Isso aqui que você está fazendo não está legal". Elas entendem como um ataque a elas.

GH: Às vezes a gente até peca pelo excesso e faz menos elogios do que seria ideal. Achamos que, no fim das contas, o que realmente faz a gente melhorar é discutir os problemas. Às vezes recebemos críticas por passar um pouco da linha nisso: elogiar menos do que deveríamos. Ficamos olhando o que não está bom. O que está bom, ótimo, vamos continuar fazendo. Isso vale entre nós e com todo o resto do time. E uma das coisas pelas quais as pessoas dizem que gostam de trabalhar aqui é essa autonomia, porque é como foi com a gente. Desde muito cedo, foi assim que a gente aprendeu. Nós dois fizemos engenharia, então nós aprendemos a investir lendo, indo atrás...

Alemão e engenheiro... Realmente, um perfil bem racional...

GH: Exato [risos]. Então aprendemos com a autonomia, com a exposição, com a confiança — do meu pai, no caso, na época — e acho que de certa forma a gente tenta replicar isso, que é dar espaço para as pessoas, dar feedback sobre o que não está bom e orientar sobre onde melhorar ou onde buscar fontes de aprendizado.

Essa questão da formação é muito forte em vocês, né? É muito comum ver herdeiros que simplesmente aproveitam o que a outra geração construiu. Como vocês acham que a educação financeira, do dia a dia mesmo, fez com que se tornassem tão dedicados a montar seu próprio negócio?

RH: Acho que a gente nunca se viu como herdeiro, pra começar... Não me lembro de ter crescido num ambiente em que eu me sentia uma pessoa rica. Nunca faltou nada para mim em nenhum sentido — em educação, viagens, tudo —, mas eu nunca me senti uma pessoa rica. Acho que isso é mérito do meu pai: ele mesmo sempre foi uma pessoa muito simples. E acho que a gente acabou aprendendo. A gente sempre teve um motor próprio, de querer criar os nossos negócios. O trabalho nunca foi simplesmente para gerar dinheiro, mas sim para construir alguma coisa bacana.

GH: Meu pai nunca trabalhou pelo dinheiro, nunca houve uma relação direta entre as duas coisas. Claro que o dinheiro é um jeito de medir o sucesso num sistema capitalista, mas nunca foi um negócio do tipo: estou trabalhando para comprar algo. E a gente também nunca sentiu que estava fazendo isso pelo dinheiro. Era por sentir a satisfação de estar construindo algo, de conquistar algo que planejamos. Meu pai sempre estimulou a gente a fazer esporte, então isso ajudou um pouco: transportamos para os negócios essa cultura de ter objetivos, atingi-los e sentir prazer nisso.

Que esportes vocês praticam?

GH: Eu jogava tênis, até os dezoito. Ainda jogo, mas não mais competitivamente. Hoje em dia faço musculação, corrida, o que dá tempo... E no fim de semana jogo tênis.

RH: Eu virei carateca há uns quinze anos.

É engraçado como é comum o perfil de atleta entre bons gestores...

GH: Acho que tem a ver com disciplina, né? Não sei se é uma questão de causa e consequência, mas para ser um bom investidor você tem que ser disciplinado, o que os atletas em geral também são. Você vai sentir dor ou desconforto durante um período, mas ainda assim segue fazendo e consegue enxergar valor naquilo.

Voltando um pouco na nossa história: quando foi que o clube virou um fundo?

GH: Em agosto de 2012 lançamos um fundo aberto pra investidores. Tomamos a decisão de montar a gestora em 2011, abrimos a empresa no começo de 2012 e aí veio todo o processo na cvm. Em agosto de 2012 convencemos o Caio, o terceiro sócio-fundador, a sair da Tarpon e se juntar a nós...

CL: É, foi engraçado, eu me lembro até hoje. Ele me ligou e eu disse: "A gente vai fazer esse negócio mesmo?". Ele disse: "Tá tudo certo". E eu: "Eu vou falar com o Zeca* e pedir demissão, hein?". E ele: "Pode ir". Foi supertranquilo e no dia seguinte já estávamos aqui pra começar a história.

Como vocês se conheceram?

CL: Eu sou amigo de infância do Gustavo e, por meio dele, fiquei amigo do Rodrigo. Então nos conhecemos há mais de quinze anos.

---

* José Carlos de Magalhães Neto, sócio-fundador da Tarpon, também entrevistado para este livro.

Em 2008, eu e o Gustavo fomos fazer uns cursos de *valuation* em Harvard. Moramos juntos lá por dois meses. Tínhamos uns 22 anos, éramos supernovos, mas discutíamos sonhos e pensamos em fazer alguma coisa juntos em algum momento. Só que nessa época eu ainda estava começando no Pátria e eles estavam na Scalina com o projeto de profissionalização. Quando eles venderam a empresa pro Carlyle e começaram a sair do dia a dia, eu estava indo pra Tarpon. Eles começaram as questões burocráticas de montar a gestora e foram tocando, mas começamos o namoro. Fiquei cerca de um ano na Tarpon e chegou o momento em que as coisas estavam mais maduras. Foi um caminho um pouco natural.

Quantos anos vocês tinham quando abriram a HIX?
GH: Eu e o Caio, 25, o Rodrigo, 27.
CL: A gente tinha menos juízo até do que idade.

[Risos] Pelo que conheço de vocês, acho que sempre devem ter sido ajuizados...
GH: Mas a gente estava discutindo isso hoje. Acho que a gente era inocente, achava que ia ser fácil. Se a gente não fosse inocente, talvez a gente nem teria começado... [risos]. A gente tinha uma história que não era óbvia, não tinha experiência comprovada no mercado financeiro — apesar de investir nosso dinheiro há muito tempo e o clube já ter sete anos —, não tinha carreiras consolidadas em bancos ou gestoras, mas tinha muita vontade de trabalhar, gostava do que fazia...

Quanto havia de dinheiro investido no fundo na largada?
GH: Nesse momento, 12 milhões de reais. Quando a gente começou o clube, em 2005, eram 15 mil.
RH: Eu achava que eram 12 mil...
GH: Enfim, entre 10 mil e 20 mil [risos]. Literalmente dinheiro nosso e de outros cinco ou dez amigos. Cada um colocou, sei lá, mil reais.

Mas eles deram acreditando que vocês iam gerir bem, ou disseram: tá bom, tá bom, mil reais eu topo? [risos].

GH: Tudo começou com uns eventos de domingo, em que a gente comia pizza e discutia investimentos. Durou acho que um ano. Aí todo mundo desistiu [risos] e a gente resolveu continuar...

Sobraram só vocês dois comendo pizza...

GH: [Risos] Alguns deixaram dinheiro, outros resgataram... Nós continuamos sempre investindo mensalmente. Aí a família começou a investir também e o negócio foi crescendo. Acho que a multiplicação do capital do primeiro real investido foi de doze vezes.

Agora, quando virou fundo, como é que foi esse processo de captação? Você assumiu muito isso, né, Gustavo?

GH: No início fomos buscar investidores mais próximos. Eu demorei um tempo pra começar a me dedicar mais fortemente ao negócio porque ainda tinha envolvimento com a Scalina. À medida que a gente foi amadurecendo esse processo de investimento e ganhando confiança, começamos de fato a colocar mais energia. Aí fomos dobrando todo ano. Terminamos 2012 com 20 milhões de reais sob gestão, 2013 em torno de 40 milhões... Hoje temos 600 milhões de reais. Vou te falar, foi muito mais difícil captar do que a gente imaginava.

Por quê?

GH: Sempre achamos que, se você entregasse retorno, o dinheiro viria, mas não é tão simples assim. Aprendemos ao longo do tempo que é preciso ter um *back office* bem estabelecido, um relacionamento bem-feito com o investidor, uma equipe bem formada, uma estrutura de *partnership*... Percebemos isso relativamente rápido e começamos a trabalhar.

RH: O fato de termos tido uma experiência como empresários também ajudou: fomos construindo as coisas todas para serem robustas.

GH: Existem dois tipos de gestor: o que morre no caminho porque tentou montar uma estrutura em que a conta não fecha e o que monta um fundo e esquece que tem que ter uma empresa. Acho que a gente conseguiu fazer um balanço adequado, em que nós, como sócios, abrimos mão o máximo possível de retorno durante a fase de investimentos pra ter um negócio sólido e ao mesmo tempo sem perder a mão e gastar demais. É aquele negócio: nove mulheres não fazem um filho em um mês. Não acho que há algo que a gente poderia ter feito que tornasse nosso crescimento mais rápido e saudável. É preciso aguentar o processo de amadurecimento. Hoje temos uma base de investidores que é uma das coisas mais importantes que conseguimos construir: todos os nossos fundos têm sessenta dias de prazo. Muitos gestores nascem com quatro ou com trinta dias porque é mais fácil de captar. Nós preferimos ter alinhamento: sessenta dias para todos desde o começo.

Uma preocupação de ter tempo para vender os ativos com calma se houver caos e pedidos de resgate, né? Às vezes os investidores me pedem para convencer os gestores a reduzir o prazo para resgate do fundo...

GH: Exato. Muitos clientes falam, mas o cara que investe num fundo de sessenta dias pensa muito tempo antes de investir. Ele investe sabendo o que está fazendo, então já tem um filtro inicial. Quando um cara diz que não vai investir porque prefere um fundo com resgate em trinta dias, a gente fica feliz. Ele provavelmente não seria um bom investidor. E ele também não resgata sem pensar, porque vai demorar sessenta dias pra ter acesso ao dinheiro. E, por outro lado, se por alguma razão houver em algum momento uma debandada de investidores, um investidor não prejudica o outro em um fundo de sessenta dias. No de quatro dias, se 30% das pessoas resgatarem, isso vai forçar a gestora a vender, vai matar o preço, vai fazer a cota cair mais. E quem for investidor de longo prazo vai ser prejudicado. No nosso fundo, a chance de isso acontecer é muito menor, porque a gente tem um prazo de resgate confortável. Além disso, como a gente começou a captar com famílias, com as quais temos um relacionamento direto, temos oportunidade de explicar quando as coisas não vão tão bem. E isso faz com que a gente tenha um *turnover* [giro] de clientes superbaixo. E isso dá a tranquilidade pra ser *contrarian* ou pra comprar um negócio mais volátil, que demora mais tempo pra dar certo...

Por falar em demora pra uma posição dar retorno e dias de caos no mercado, vocês sofrem quando isso acontece?
CL: Perder o dinheiro dos outros é duro. A gente sofre, sim. A única questão é que somos altamente treinados para transformar esse sofrimento em análise tangível e tomada de decisão. Quando sofremos, dizemos: "Vamos revisar a análise pra ver se a decisão está certa ou não".
RH: Sofrimento provavelmente é uma das principais razões pro gestor perder dinheiro. Quando você toma uma decisão com o estômago, em 90% dos casos você toma a decisão errada. Esse é o lado bom de existir um comitê: um segura o outro.

Se um surta, o outro não deixa vender na hora errada...
RH: Se foi um erro, vamos ver o que a gente faz no processo pra não errar de novo da próxima vez, mas, antes de qualquer coisa, vamos ver se foi um erro mesmo.
CL: Obviamente ninguém gosta de perder dinheiro. A gente odeia perder dinheiro dos clientes e também o nosso, que está investido no fundo. Mas eu separaria a discussão assim: volatilidade pra gente não é necessariamente sofrimento. Queda no preço da ação quando a tese está sólida, validada e estamos muito confortáveis nela não é sofrimento pra mim. É oportunidade. O que machuca mesmo, que eu acho que dói, é quando cai e você percebe que houve um erro no processo. Faz parte do jogo: a gente erra, vai errar. Tenta errar cada vez menos. Faz parte do jogo, mas dói.
RH: Acho que faz parte. Sofremos muito mais com a demora para determinadas teses se materializarem do que com a volatilidade do mercado. A gente acaba se acostumando a viver com a volatilidade. A gente aprendeu a ser duplamente diligente quando o mercado vai contra nós. E se continuarmos acreditando que estamos certos, até dobramos a aposta eventualmente. O caso de Equatorial foi assim:

a gente começou em 2013, percebeu que estava indo muito bem, aí veio o risco de racionamento em 2014. Achamos que o mercado estava interpretando a regulação de forma errada e aproveitamos uma queda da ação — acho que de 24 para dezesseis reais — pra literalmente dobrar o tamanho da posição na carteira. Um dos clientes até comentou: "Isso é que é convicção, hein?". E eu disse: "É, mas a gente estudou muito, muito!". Quando o mercado andou contra nós, dobramos o esforço. Isso acaba se pagando...

Verdade...

RH: Todo investidor de bolsa tem que amortecer um pouco a volatilidade diária. Aquele negócio de subir 1%, cair 1%, subir 1,5%, cair 2%... vai acontecer todos os dias. Tem que aproveitar um pouco mais isso e separar o ruído do que de fato são sinais.

GH: Teve uma fase do clube em que a gente fazia a conta: quanto dinheiro eu ganhei hoje, quanto dinheiro eu perdi hoje. Acho que esse é um dos piores erros pra qualquer investidor. É como quando você está jogando tênis e erra uma bola. Tudo bem você sofrer ali, por três segundos. Mas se, na próxima bola, você ficar pensando na anterior, aí aquilo vira uma bola de neve e um erro puxa o outro. Pros investimentos é a mesma coisa: se você estiver tomando uma decisão hoje baseado no que aconteceu com o preço ontem, a chance de — emocionalmente falando, não pragmaticamente e racionalmente — fazer uma besteira é enorme. Acho que a gente sofre muito mais quando percebe que errou na avaliação de um negócio, como no caso que contamos, quando achamos que estávamos mais alinhados com o management do que estávamos. Ou de outros, em que achamos que o negócio era melhor do que de fato era. Daí realmente dá uma frustração maior. Mas acho que foi um processo evolutivo: você se acostuma a não ficar sofrendo demais com o que acontece no dia a dia.

Voltando à seleção de ativos: quando olhamos para o passado do fundo da HIX, o desempenho do portfólio é dividido entre *small*, *mid* e *large caps* de uma forma quase simétrica. Isso não tem nada a ver

com o processo de seleção de vocês, né? Vocês não dividem a carteira entre os diferentes níveis de liquidez. De onde vem esse resultado?

RH: Um pouco das oportunidades que surgem e um pouco do momento. Geralmente somos bastante críticos quando investimos em *small caps*, porque a capacidade que a gente tem de mudar de ideia é menor...

Porque é mais difícil achar comprador...

RH: Então o potencial de ganho tem que ser maior. E mesmo investindo um volume menor de dinheiro, os retornos são muitas vezes extraordinários, enquanto, quando a gente investe em empresas maiores, sabe que muitas vezes elas vão ser mais seguras, mais resilientes, mas, por outro lado, o retorno vai ser menos extraordinário. Então vamos olhando. Surgem menos ideias extraordinárias em *small caps*, mas o impacto delas é super-relevante.

Então o portfólio é o resultado de uma carteira mais pesada em empresas mais líquidas e menos pesada em companhias menos líquidas, certo?

RH: É, nos últimos anos isso aconteceu.

GH: Não acho que dá pra dizer que essa é a regra. A gente não planejou, não definiu que a estratégia do fundo seria assim. Acho que o resultado tem muito mais a ver com a vontade que a gente sempre teve de procurar coisas diferentes, pouco consensuais... E isso é mais fácil de acontecer nas *mid* e *small caps* do que nas *large caps*. Mas acontece nas *large caps* também, de tempos e tempos. E, quando acontece nas *large caps*, o seu conforto de colocar um pedaço maior do fundo é maior, né? Foi o caso de Equatorial, em que a gente chegou a ter 20% do patrimônio. Era uma empresa grande, com governança boa, time bom e liquidez pra vender se precisasse. Daí dá pra colocar 20% do fundo. Quando você vai pra empresas menores, a chance de não cumprir todos os pré-requisitos é maior. Então a gente monta posições eventualmente, mas não tão grandes.

Vocês definem um limite que pode ser alocado em *small caps*?

RH: Não. A gente gerencia o risco de liquidez do portfólio como um todo com muito cuidado.

GH: E a liquidez penaliza. Damos notas para cada empresa e uma delas é a de liquidez. Isso vai afetar o tamanho dela no portfólio.

Em alguns momentos você chegaram a comprar fundos imobiliários para o fundo de ações. Vocês olham para eles como qualquer outro ativo de renda variável?

RH: Nosso jeito de entender é que renda variável não quer dizer necessariamente ações, mas ativos em que o fluxo vai oscilar ao longo do tempo — e a gente tem que fazer algum tipo de avaliação sobre isso. Imóveis cabem muito bem dentro desse perfil. Quando a gente viu a oportunidade de comprar imóveis muito bons a preços de liquidação, com grande desconto para o que custaria reconstruí-los, chegamos à conclusão de que aquilo seria um excelente investimento. Então colocamos na carteira. A mesma coisa se aplica para debêntures conversíveis em ações, como já fizemos com as da Klabin.

GH: Se a gente conseguir avaliar o risco e o retorno de forma objetiva e se obviamente estiver dentro do nosso mandato, a gente compra. Tem limites. A gente não pode, por exemplo, ter mais de 10% de fundos imobiliários no fundo de ações. E também não pode ter no nosso fundo, para público em geral, não qualificados [com mais de 1 milhão de reais em investimentos financeiros].

Vocês montam eventualmente proteção para o portfólio, usam opções?

RH: Em geral no Brasil não se paga fazer proteção com opções. O juro é muito alto, a volatilidade no mercado é alta, então você acaba perdendo dinheiro se fizer isso por um período muito longo. A gente até pode fazer, mas digamos que não está no nosso dia a dia.

Chegando ao fim, de onde vem o nome HIX? O H é de Heilberg?

RH: Tem várias explicações, mas a versão verdadeira é que a gente fez uma lista de vários nomes e nem sei de quem veio a ideia de

HIX. Mas depois, quando a gente foi buscar as explicações, descobrimos que em hebraico as letras Het e Yud (similares a H e I) têm o valor de 8 e 10, que somam 18, número que representa sorte e vida. E X multiplica o 18. Aí então HIX é sorte multiplicada.

GH: E na época o Grupo X ainda era legal [risos].

Verdade [risos]. Para fechar, uma pergunta que faço para todos: se vocês tivessem que dar uma única recomendação para o investidor pessoa física de bolsa ou fundo de ações, qual seria?

GH: Pense no dinheiro que você não pretende usar agora, que vai deixar pra alguém ou que vai usar daqui a muitos anos. Pense como se você fosse fechar o olho e acordar só daqui a dez anos. Em que tipo de classe de ativo e em que gestor você estaria confortável pra fazer isso? Sempre tivemos a cabeça assim. Eu não fico confortável em fechar o olho por dez anos com meu dinheiro todo no CDI: eu não tenho certeza de que o governo vai pagar, do que vai acontecer se o imposto subir, se isso não vai afetar minha rentabilidade... A gente sempre teve uma cabeça de ter muito ativo real. Uma empresa boa contorna as dificuldades do mercado. Se há inflação ou aumento de imposto, ela repassa isso para o preço. Sobre os gestores, ao longo de dez anos eles mudam: casam, se divorciam, ficam mais autoconfiantes... bons gestores podem virar maus gestores. É mais difícil fechar o gestor por dez anos. Mas o exercício é meio que o mesmo, de tentar olhar para o longo prazo e dizer: estou confortável de deixar com esse cara. E tomar a decisão de desinvestir se algo mudar no estilo do gestor.

RH: É mais difícil confiar em pessoas ao longo de dez anos. Isso está até ligado à forma como a gente tenta montar as coisas aqui, em comitê. Uma pessoa pode estar num mau dia, tomar uma decisão ruim, mas com um grupo de pessoas existe um risco muito menor de isso acontecer.

E qual seria sua recomendação para o investidor, Rodrigo?

RH: Eu queria complementar um pouco: as pessoas têm uma vontade enorme de acertar. O que elas querem contar pro amigo no fim de semana enquanto estão jogando uma pelada é que fizeram um investimento maravilhoso. Então elas tentam fazer o market timing perfeito: acertar o ponto mais baixo do preço pra comprar e o ponto mais alto pra vender. Na prática, é difícil fazer isso, porque você sempre tem que tomar decisão com informações imperfeitas. Você não sabe se aquele é o ponto mais baixo. Então quem vai investir em bolsa ou em outros ativos de risco tem que ter na cabeça uma parcela do patrimônio que vai ter ali. E tem que sistematicamente reinvestir. À medida que há uma valorização, ele pode reduzir um pouquinho a exposição. Na hora em que acontece uma desvalorização, tem que aumentar um pouquinho. Acho que o ideal é investir um pouquinho todo mês ou todo trimestre ou todo ano, a despeito da sensação de estar em um momento em que você acha que é o melhor para investir ou não.

GH: E só uma última coisa: duvide de você, mesmo quando se achar muito inteligente. Nessa hora há uma chance enorme de você fazer a maior parte das burradas que o investidor faz. Isso é muito comum: depois de dois, três, quatro casos de acerto, o cara acha que qualquer coisa que ele fizer vai dar certo. E não vai.

E você, Caio? O que diria para quem está começando a investir em ações?

CL: Primeiro, eu acho que você tem que entender muito bem disso. Se for investir por meio de um fundo, tem que entender bem a filosofia de investimentos da gestora e ter uma visão de longo prazo. É importante a pessoa se identificar com o jeito de a gestora fazer, porque não tem certo ou errado. Existem diferentes tipos de gestores com diferentes filosofias e crenças. O importante é você conhecê-las.

4. O veterano da bolsa

Era uma sexta-feira, e o Ibovespa caía 3,7%. Dório Ferman estava todo prosa contando histórias do passado, mas espiava de meia em meia hora o celular: uma mensagem automática comunicava a cotação da bolsa e o desempenho do fundo gerido por ele.

Dório não tem descanso desde 1986, quando começou a selecionar ações para um clube que virou um dos fundos de ações mais conhecidos do país, o Lógica II, do Opportunity. Foi posicionado em bolsa que o gestor assistiu às crises mexicana, russa, asiática e argentina, fora todos os soluços brasileiros que vieram pelo caminho.

Assistir talvez não seja a melhor palavra. Dório viveu as crises. Pergunte a um gestor se ele sofre em momentos ruins de mercado, e ele talvez diga que não, que segue tranquilo e convicto de suas posições. Dório, aos 71 anos, diz o que pensa: ser gestor é uma luta, você ganha e perde quebrando pedra.

Questione um investidor de ações sobre quanto tempo ficar investido em bolsa e ele vai defender a paciência. Dório é mesmo nada convencional: "Não sei se é razoável a ideia de que ações são investimentos de longo prazo. Pra mim, quem pensa assim é quem perdeu no curto prazo", diz o bem-humorado pernambucano.

Por falar em Pernambuco, Dório é um caso de santo de casa que faz milagre. O fundo de pensão dos engenheiros elétricos do estado foi o único investidor institucional a resistir ao processo contra Daniel Dantas, sócio de Dório no Opportunity, e a permanecer investido no Lógica II mesmo no auge das investigações.

Foi um tempo difícil para o gestor, e esse é um assunto pesado, mas com o qual ele lida com transparência, da mesma forma que gosta de ser tratado pelas companhias em que investe.

Governança é essencial para Dório, e, no tema, ele é determinista: quem foi incompetente no passado vai ser no futuro; quem te enganou no passado vai voltar a te enganar.

Quem se manteve fiel ao gestor ao longo de todo esse tempo não se arrependeu. Desde 1996, quando os clubes foram combinados no Lógica II, o excesso de retorno sobre o Ibovespa é de 1356%. Ainda assim, Dório lamenta os últimos anos difíceis: não descansou, quer entregar mais.

Você gere um dos fundos de ações mais antigos e famosos do mercado, o Lógica II...

Dório Ferman: Nós temos a documentação, o histórico começa em 1986 com um clube de investimento. Em 1996, nós fundimos os clubes, e eles viraram o fundo. Clubes não podem alavancar e sempre têm algo como 10% de liquidez e 90% de ações no máximo.

E foi um dos primeiros fundos de gestora independente, né?

DF: Eu não conheço outro. Pode existir. Agora, que rendeu tanto eu não conheço mesmo [risos].

[Risos] Quais são seus princípios básicos para selecionar ações? Por onde começar?

DF: Vamos começar... Governança. Vivi várias experiências. Eu fui aprendendo sendo — vou usar o termo correto — lesado várias vezes. Expressões como *transfer price* eram usadas pra disfarçar o que eu chamo de roubo. A experiência mostrou que governança é fundamental, depois ver o negócio...

O que é o *transfer price*?

DF: É o subfaturamento, ou superfaturamento, deslocando valores de uma empresa de que você é acionista pra outra.* Eu usei um nome bonito, como se fosse legal, e é uma apropriação indevida de patrimônio alheio.

E quais são os princípios, além da governança?

DF: O histórico dos controladores e gestores: quem é capaz vai continuar sendo, quem não é também vai continuar não sendo. Aí vem a perspectiva da empresa na economia. São essas três coisas basicamente: governança, competência, perspectiva da empresa na economia. E a quantidade de ações que se tem depende da perspectiva da macroeconomia.

Quanto disso é matemática e quanto é intuição de gestor?

DF: Matemática era muito importante. Na verdade, a gente se fez muito por saber fazer conta. Hoje todo mundo sabe. Sobrou... não é bem intuição, é competência. Você tem que estar preparado, ter capacidade analítica, saber enxergar uma peça de teatro por trás do cenário.

Como avaliar a competência? A empresa vai tentar te mostrar uma fotografia linda...

DF: Pra entender a empresa, você tem que ver como ela é vista pelos clientes, pelos concorrentes, pelos analistas, pelos fornecedores, pelos bancos (pra ter noção da situação financeira), olhar o histórico de promessa e execução — esse é um dado muito importante, que ajuda a interpretar a história da competência.

A diferença entre a história que ela conta e o que ela faz?

DF: A diferença entre o que ela promete e o que consegue fazer.

---

* *Transfer price*: na teoria, preço de bens e serviços que subsidiárias de uma companhia transacionam umas com as outras.

E isso se descobre conversando?

DF: E pela história, não se esquecendo da história. Ou seja: aquele que roubou você no passado vai roubar depois; aquele que foi incompetente no passado provavelmente vai ser incompetente no futuro. O contrário também, graças a Deus, é verdadeiro. Aquele que foi correto deve continuar correto; aquele que foi brilhante vai continuar brilhante. Aí vale uma história bonita, a dissertação de mestrado do Guilherme Souto [que já foi analista de ações do Opportunity]. Há coisa de cem anos, alguém fez um estudo dizendo que as empresas cujo CEO é o fundador, ou a pessoa importante no crescimento da empresa, rendiam sistematicamente mais do que o S&P. Você estudou economia, deve saber que um camarada chamado [Robert] Lucas, um economista famoso, que ainda é vivo, fez as chamadas *críticas de Lucas*, em que ele diz de forma bem genial que toda teoria econômica deixa de ter muito sentido. Isso porque os agentes se modificam uma vez tendo conhecimento delas, diferentemente do que acontece no mundo físico. Foi talvez uma das observações mais geniais da história da economia. Bem, isso pra dizer que, uma vez publicado esse trabalho, esperava-se que as ações das empresas cujo CEO é o fundador subissem o suficiente pra render igual ao S&P. Só que isso não aconteceu. Vários trabalhos foram feitos e isso continuou não acontecendo.

Por que será?

DF: Porque parece inacreditável que um CEO brilhante possa fazer tanta coisa boa. Eu interpreto assim. O fato é que o Guilherme fez a dissertação de mestrado dele há pouco, há coisa de quatro anos, e mostrou que continua do mesmo jeito. Quando o CEO é o fundador e muito brilhante, as ações parecem caras. E afastam aquele que faz somente a conta. É um caso bem bonito, pra curiosidade.

Esse seu modelo de selecionar ativos segue alguma filosofia global? Seria um *value investing*?

DF: A gente sempre admira o Benjamin Graham, sempre vê como o grande mestre do passado, o fundador da análise fundamentalista.

E tem muito de fundamentalismo. Basicamente é isso. O que mais, além do valor, você pode ter? Você só pode ganhar se comprar algo por um preço que você acha que é menor do que vale. É a única coisa que você pode fazer. E também não comprar ou vender aquela que você acha que tem o valor acima daquilo que é razoável.

Quanto tempo dura esse processo de estudar uma empresa até ela entrar no fundo?

DF: A vida, né? [risos]. Muito tempo. Você vai aprendendo, né? Às vezes sai, volta. As empresas que você pode comprar, pode acompanhar, são poucas no Brasil. A gente está abrindo pro mundo...

Vocês estão começando a avaliar também empresas estrangeiras?

DF: Estamos analisando as empresas fora também, pra poder ter um horizonte maior de escolha.

Engraçado, quando converso com gestores, em dados momentos parece que todos estão muito investidos em algumas companhias específicas, que ficam se repetindo. Há realmente uma falta de opção na bolsa brasileira?

DF: Muito grande, muito grande... Você tem falta de opção sobretudo pra um fundo grande. Poucas empresas são realmente empresas, há muitos negócios de família. O que eu chamo empresa é aquela em que os dirigentes trabalham pro lucro dela e devem satisfação aos acionistas dela, que vivem dos dividendos dela e não de outros meios de tirar proveito.

Quantas empresas de fato existem hoje na bolsa brasileira?

DF: Poucas. Eu diria poucas, é difícil quantificar, talvez eu esteja sendo injusto. É melhor não...

Três? [risos].

DF: Não, um pouco mais [risos].

O número de opções foi melhorando ou piorando ao longo da sua história de gestão?

DF: Melhorando muito, melhorando bastante.

Então dá para diversificar mais hoje do que no passado?

DF: Sim... E a gente é menos enganado. Ah, é bem diferente!

Melhorou a governança?

DF: Melhorou bastante. Embora não seja boa em grande parte dos casos, melhorou muito.

Dê um exemplo, Dório, de algo que no passado acontecia por causa da governança ruim e agora não mais.

DF: Uma empresa exportadora, não vou dizer o nome. Ela exportava e o majoritário era dono de uma *trading* e se apropriava do lucro todo. Cada dividendo ela chamava à substituição a maior, e o fluxo de caixa do minoritário era uma soma de zeros descontada a taxa de juros. Você sabe quanto isso vale... [risos].

Zero... [risos].

DF: Você tem esse caso, que se repete de várias maneiras diferentes nas situações em que a empresa não é uma empresa, é o negócio de uma família ou de outra empresa.

E isso diminuiu?

DF: Eu acho que sim.

Falando em governança, vocês são investidores ativistas, no sentido de participar de conselhos?

DF: Não muito.

Não muito, né? E por quê? Vocês não acham que agrega valor?

DF: Não é nosso perfil, não... A nossa história de ser ativista tem passagens cômicas. Já colocamos um conselheiro fiscal em uma empresa que importava por dez e vendia aqui por sete. É o que se chama

124

de *transfer price*, e a gente pegou. Dissemos: "Isso é um absurdo, tem que devolver o dinheiro, vocês estão enganando, lesando os acionistas...". E aí veio aqui uma moça de um desses bancos grandes e disse: "A diretoria se sente confortável com a situação". E depois a gente vendeu essas ações, porque subiram muito, não sei por quê... [o celular faz um barulho e ele olha].

Se quiser, pode atender.
DF: Não, não é atender. Eu estava... De meia em meia hora o celular dá a variação da bolsa e nossa rentabilidade...

[Risos] Nossa, Dório! De meia em meia hora tem que dar uma observada?
DF: Um minutinho, não demorei mais que um minuto [risos]. Ainda mais em um dia como hoje, né? Vamos ver...

Dia terrível para a bolsa, né? Olha, não fui eu quem trouxe isso, não... [risos].
DF: Você é a única coisa boa que teve no dia até agora [risos]. Conversar sobre o passado glorioso num dia terrível, né?

[Risos] Ah, que bom! Todos esperando a bolsa decolar, né?
DF: Mas, veja: a gente sabia do risco que estava correndo e aconteceu. O risco de provavelmente o juro americano subir... Porque várias vezes não veio, né?

Mas deveria ter um impacto gigantesco na bolsa brasileira uma elevação pequena no juro americano?
DF: Não! Não, porque o mercado futuro já apontava. O [Luis] Stuhlberger foi muito feliz no último relatório do Verde. Ele disse de uma forma muito clara que a volatilidade tem sido muito baixa e que o mercado acha que o risco é baixo quando a volatilidade é baixa. O mercado acha que volatilidade é risco e, portanto, volatilidade baixa indica risco baixo. Lembro que, quando Alexandre Bassoli, nosso macroeconomista, veio trabalhar aqui, ele leu o que eu

tinha escrito há vinte anos sobre volatilidade e risco. Ele gostou, foi um dos motivos de ele vir trabalhar com a gente.

Legal, quero ler...
DF: É muito antigo, não sei, nunca mais vi [risos]. Se o Bassoli, que é muito observador, veio trabalhar com a gente é porque está bem escrito. E a ideia básica é que a medida de risco que todo mundo usa, *Value at Risk*, é muito elegante, mas está longe de ser suficiente.*

Como lidar com esse risco? Vocês montam muitas proteções para a carteira?
DF: O drama dessas proteções é que uma vez em vinte funciona ao contrário. É melhor ter menos do que hedgear [montar proteção]. É mais ou menos essa nossa ideia...

É melhor ter menos concentração em determinadas ações, diversificar, do que montar proteção?
DF: A gente concentra bastante, sabe o risco que corre, mas a alavancagem é muito perigosa. Uma coisa interessante na história da Long-Term Capital Management** é você pensar o seguinte: não é estranho que ela tenha quebrado, o estranho é ter durado tanto.

---

* O texto, ao qual tive acesso, informa que desde a fundação do Opportunity, em 1994, a gestora já acreditava na necessidade de uma postura mais simples e cuidadosa de análise de risco, estudando em profundidade os fundamentos e não confiando unicamente em modelos matemáticos formais. A maioria dos modelos de risco se baseia firmemente em premissas muito fortes, das quais se destaca a estabilidade no modo de comportamento dos ativos ao longo do tempo, escreve o gestor.

** A Long-Term Capital Management foi uma gestora americana cujos fundos operavam com alta alavancagem. Mesmo comandada por um time de gênios, que incluía dois prêmios Nobel, Myron Scholes e Robert Merton, a casa quebrou no fim da década de 1990, causando prejuízo a muitos investidores. No começo do fundo, o retorno chegava a ultrapassar 40% em um ano. A história foi contada no livro *Quando os gênios falham: A ascensão e a queda da Long-Term Capital Management*, de Roger Lowenstein.

Mas os gestores eram gênios, Dório...

DF: É o livro, né? *Quando os gênios falham.* Você tem uma hipótese muito forte por trás de toda essa teoria: a estabilidade do gerador de dados. E essa estabilidade é uma hipótese, é uma fé que pode não ser respaldada pela realidade. Você teve um caso gritante aqui no câmbio, no Brasil. Você é muito jovem, não viveu em 1999...

Eu era viva já, Dório...

DF: Viva, sem dúvida [risos]. Eu vou contar a história do câmbio no Brasil. Em 1998, a gente tinha uma situação em que o Banco Central tabelava uma banda bem pequenininha, e o dólar só variava naquela banda. Pra cima, o Banco Central atuava; pra baixo, ele atuava, quer dizer, ou comprava ou vendia. Muita gente ganhava bastante dinheiro com isso. E os fundos que faziam isso eram AAA. Com base naquela volatilidade, em que o Banco Central atuava, as pessoas calculavam o risco e a chance de o dólar subir 10%. Eram, vamos supor, vinte desvios padrão, ou seja, zero. Então elas estavam tranquilas, porque o modelo dizia isso. Só que era como um cachorro com uma coleira amarrada num poste, com mais ou menos dois metros de coleira e desvio padrão da ordem de um metro. Você podia ficar tranquilo porque o cachorro não iria andar dez metros de jeito nenhum. Só que um dia soltaram a coleira... E o cachorro andou dez metros e te pegou. E era um pit bull. Vendo de outra maneira, o gerador de dados mudou. Então, nesses modelos de risco, a conta não funciona. Você tem que questionar as hipóteses.

Mas como evitar esse tipo de risco não modelável no dia a dia da bolsa?

DF: Tendo o mínimo possível de alavancagem. Às vezes vale a pena, você faz, mas com cuidado. É o segredo da sobrevivência. Por muito tempo eu cuidava só da garantia da sobrevivência, depois vi que a média geométrica é muito ruim e perder é muito ruim. Se você perder, você tem que recuperar muito mais, você parte de uma base menor pra chegar ao ponto inicial. Então, a média geométrica é sempre menor do que a aritmética. A única chance de ela ser igual é quando você faz a média dos mesmos valores. Então é preciso ter muito cuidado pra não perder.

Agora, o seu fundo tem uma volatilidade muito grande. Tem ano de ganho de 296% e ano de prejuízo de 34%, certo?

DF: Nós já multiplicamos o dinheiro num passado longo, né? Mas também o Brasil era doido! Já multiplicamos o capital por oito...

De onde vem esse retorno de 296%, foi em 1999?

DF: Em 1999, a gente foi o único fundo que fez hedge cambial.

Dentro da sua perspectiva de que a coleira...

DF: ... poderia se romper. Aliás, foi bonita aquela operação. A gente não sabia na época que fundo de ações podia operar câmbio diretamente. Criamos um FIF, um Fundo de Investimento Financeiro, do qual nosso fundo era cotista. E esse FIF operou o câmbio.

Usando o caixa do fundo de ações?

DF: O caixa do fundo de ação subscrevia o FIF, e o FIF comprava no mercado futuro. E fez bonito, porque a gente começou a comprar em março de 1998. O rompimento do câmbio aconteceu em 13 de janeiro de 1999.* A gente vinha comprando, mas, quando rompeu, no último dia útil de janeiro, nós estávamos comprados no câmbio futuro, né? Nós deixamos vencer e antes do vencimento vendemos o último dia de fevereiro, porque a nossa ideia era que o Banco Central era o único vendido, todo o mercado estava comprado e, naquele dia em que vencesse, todos os compradores estariam órfãos de dólar. Foram buscar no mercado, o dólar subiu. Aí foi uma bela operação.

---

* Em 13 de janeiro de 1999, o Banco Central (BC) muda a banda cambial do piso de 1,12 e teto de 1,22 real, para 1,20 a 1,32 real, respectivamente. Dois dias depois, em 15 de janeiro, ao ver a saída de dólares consumir rapidamente as reservas internacionais, o BC libera a flutuação do câmbio. A desvalorização do real é veloz, e o dólar chega a 1,98 real em 28 de janeiro.

E toda a operação foi feita dentro desse entendimento de que estava todo mundo acreditando numa coisa que não se sustentaria?

DF: Desde 1998 a gente vinha fazendo hedge. Em 13 janeiro, rompeu. E a gente deixou vencer e vendeu... E o pessoal do Pactual estava esperando, né? Diziam: "Agora os vagabundos estão comprados em dólar, agora vai cair e eles vão se...". Não, a gente já estava vendido. A gente comprou de volta e vendeu de novo. Foi bela a operação. Mas, interessante, porque eu subestimei muito em 1999 o ganho das exportadoras. E não foi um ano tão bom por causa disso...

Mas foram 296% de ganho, Dório...

DF: Sim, mas... Poderia ter sido bem melhor! Olha, teve um concorrente brilhante que apostou nas exportadoras. Eu achava as exportadoras muito caras, eu tiro o chapéu pra ele...

Ah, conta quem era, vai...

DF: Conto, a Dynamo! Um dia, nessa época, o Orenstein* me chamou pra dar uma palestra lá. Eu disse: "Pô, vocês estão melhores que a gente e estão me chamando pra dar palestra?". Aí foi bem interessante, porque eles perguntaram primeiro sobre todos os casos de sucesso. Falei fácil, né? Até quando um rapaz — muito brilhante o povo deles — me perguntou: "E os grandes fracassos?".

Essa pergunta eu também vou fazer...

DF: A memória seletiva é terrível... Demorei a lembrar...

E quais foram?

DF: Os grandes fracassos? Cesp [Companhia Energética de São Paulo] foi um grande fracasso... Eu achava que ela podia ser privatizada e vi, com o apoio da cabeça fria, depois de algum tempo, que a chance de isso acontecer era zero. A esperança de ganho se fosse privatizada era de 20%, e a perda foi de 50%.

---

* Luiz Orenstein, sócio-gestor da Dynamo, também entrevistado para este livro.

E isso te ensinou o quê?

DF: Que eu... errei [risos], que nós erramos.

Como lidar com um momento desses, em que é preciso decidir que tem que vender? É muito difícil?

DF: Não!

Não?!

DF: Não, eu não me casei com a ação! [risos]. É um negócio!

Falamos do maior erro. E o maior acerto, qual foi?

DF: Vale ON [ordinária, com direito a voto], quando foi lançada, valia um terço da preferencial. Hoje vale mais, mas valia 30% da preferencial. Mas faz muito tempo. Foi uma conversão de debêntures, e o mercado era muito ineficiente! Você quer outro acerto grande? Petrobras ON, a gente teve até várias ideias, porque havia um limite por CPF ou CNPJ. Criamos várias empresas pra poder comprar um volume maior. Era muito difícil comprar. E era metade do preço da PN [preferencial, sem direito a voto].

OGX não foi um grande acerto também?

DF: Muito pequeno, o valor foi pequeno.

Uma reportagem antiga diz que OGX rendeu para você, em dois dias, 40 milhões de reais...

DF: Não sei quanto foi... O fundo é muito grande, a gente estava até sem render bem naquela época, né? Não estava tão bem assim e aquela operação em si pode ter dado isso em dois dias, mas, pro tamanho do fundo, essa rentabilidade não pesa. Não dava pra fazer um *short* tão grande. E era muito difícil ver isso na época, porque me lembro que eu dizia besteiras como: "Se essas certificadoras estiverem certas e usarem o mesmo critério pra Petrobras, a Petrobras tem mais petróleo do que a Arábia Saudita" [risos]. Mas até pra gente se convencer, na época, era difícil, porque a gente podia estar errado. O Eike [Batista] tinha tirado da Petrobras gente que era tida como extremamente competente.

Mas vocês se convenceram no fim das contas, né? E por falta de convicção montaram uma posição vendida pequena?

DF: Foi a posição máxima possível, porque tinha risco. O aluguel era uma fortuna, tínhamos os atritos normais, né? Havia risco de uma puxada, houve várias. Nada é sem sofrimento. Contada agora, parece que foi correr pro abraço. É sangue, suor, lágrimas... Suor quente, suor frio...

[Risos] E é sempre assim? É muito sofrido ser gestor, Dório?

DF: Muito! Você ganha quebrando pedra. E perde também quebrando pedra. É difícil, é uma luta, não pense que é simples...

Não acho que é mesmo!

DF: Não, não é não!

E como lidar com esse estresse do dia a dia sem vender uma ação quando fazia sentido segurar mais tempo?

DF: A ideia de segurar... Não sei se é razoável a ideia de que ações são investimentos de longo prazo. Pra mim, quem pensa assim é quem perdeu no curto prazo [risos]. Você tem que reavaliar se compraria essa posição naquela hora.

Está certo. Então não é um problema carregar por pouco tempo e vender logo em seguida?

DF: Não! Você fica com o papel enquanto acha que o preço está bom, que vale mais do que o preço que estão pagando. Quando você acha que já estão pagando um preço justo, ou acima, você vende.

Quanto tempo uma ação costuma ficar no seu fundo?

DF: Aí depende dos outros, depende de quanto eles pagam, não sei!

Pode ser pouco tempo, mas pode ser um tempo longo?

DF: Pode!

Que empresa o senhor já carregou por um longo período?

DF: Petrobras ON, uma vida. Vale ON demorou muito. Nos bancos, tivemos posição por muito tempo, Itaú e Bradesco.

Hoje o fundo tem Petrobras e Vale ainda?

DF: Não.

Por algum motivo específico?

DF: Preço. Na verdade, a gente balançou pra comprar Petrobras, o petróleo subiu, ela subiu logo, e a gente deixou passar. No caso de Vale, a gente achava que o minério não iria cair tanto, baixou, baixou muito... Hoje voltou a subir, estamos analisando.

Há algum setor ou empresa que vocês não compram de jeito nenhum ou com o qual têm realmente grandes ressalvas?

DF: A gente demora pra lembrar a resposta pra essas perguntas, né? O que a gente não compra? Tinha tabaco, mas aí é um problema ético.

Vocês não compram ações do setor de tabaco? Agora Souza Cruz fechou capital, né?

DF: Não... A gente pode ganhar sem essa história, né? Pode ganhar sem isso.

Mas, por exemplo, de setor com interferência do governo ou commodities por serem mais imprevisíveis... Nenhuma dessas vocês evitam?

DF: O que for muito previsível é muito caro. Então a gente tem que comprar o que acha que está com preço abaixo do que a gente acha que vale.

E, dado o tamanho do fundo, vocês têm algum limite de liquidez? Evitam *small caps*?

DF: Não adianta, né? Mas a gente compra às vezes, quando acha que é muito bom negócio.

Não adianta para o fundo porque a posição tem que ser pequena, você diz?

DF: Pode ser pequena pro fundo, mas grande pra capitalização de mercado da empresa.

O fato de o fundo ser grande dificulta seu trabalho?

DF: Muito, mas também permite ter estrutura pra dar suporte. Então uma coisa, em grande parte, compensa a outra.

Como é hoje a estrutura aqui? Tudo passa por um comitê ou há decisões que são completamente suas?

DF: A decisão é sempre do gestor. Por exemplo, o Luiz [Constantino] toma conta do fundo Selection. Ele toma a decisão sozinho e é responsável por ela. No Lógica, eu tomo a decisão sozinho e sou responsável pela minha decisão. Os analistas são cogestores no momento em que eles dão informação. Eles dão suporte, sugestões, mas o responsável tem que ser único.

Esse modelo tem a ver com responsabilidade então?

DF: Tem. Tem porque a decisão é quase que uma decisão de batalha, né? [risos]. Não dá pra reunir o comitê. Você pode se preparar em conjunto, mas a decisão tem que ser individual. Pelo menos é o que eu conheço. Em todos os casos de sucesso que eu conheço, as decisões são tomadas individualmente. Se você se reúne pra discutir, você divide responsabilidades, ninguém é responsável. Como é o nome daquele grande escritor que diz que a unanimidade é sempre burra?

Nelson Rodrigues.

DF: Era mesmo um gênio. Normalmente, a unanimidade é burra. E, no mercado, quase sempre: quando fica unânime é porque já passou.

Agora, ter essa visão antes de todo mundo é difícil, né? O que fazer para enxergar antes do mercado? Pergunto isso porque hoje há um debate grande sobre se o gestor é capaz de superar o mercado.

DF: Esses trabalhos sempre esbarram em que os fundos rendem igual ou às vezes menos do que o índice. Mas porque, quando o fundo cresce muito, o gestor lá fora cobra mais e acaba que o aplicador não ganha. Mas aí é outro assunto. Alguém trabalhou pra colocar o preço no lugar e esse trabalho foi remunerado. Senão, qualquer um compraria o índice e pronto. E o que faz o índice ser bem pensado? O índice é a síntese de todos os analistas e gestores do mercado.

No Brasil o fato de a bolsa ser mais ineficiente também não facilita no sentido de que um gestor ativo tem mais o que fazer?
DF: Você fez uma afirmação muito pesada, né? Será que a bolsa é ineficiente?

Não?
DF: Não sei, pode até ser, mas eu confesso que não sei. Eu não vejo ineficiência gritante, não. Nossos gestores parecem muito capazes.

O senhor acompanhou o crescimento do nosso mercado de gestão, né?
DF: Um dos melhores do mundo: [Luis] Stuhlberger, Dynamo, [Márcio] Appel [sócio-fundador da Adam, antes gestor do Galileo, no Safra], aquele menino da Atmos, bom demais...

O Bruno [Levacov] e o Lucas [Bielawski], da Atmos.
DF: O Bruno e o Lucas, bons demais! O Bruno é bem interessante, aquele moderado, e o Lucas é o falante, bem agitado, fazem uma dupla bem interessante.

Falando em Atmos, que faz bastante isso, existe uma divisão entre os gestores hoje sobre usar ou não mais o caixa do fundo de ações para investir em outros ativos: dólar, NTN-B... Você já investia em câmbio lá atrás, né? Mas existe um debate sobre usar ou não o caixa.
DF: Faz dezessete anos, né? Mais, quase dezoito.

Tudo bem usar o caixa para fazer algo completamente diferente do mercado de ações?

DF: Sim! O estatuto do fundo permite isso plenamente. Ele tem obrigação de se cuidar. Sobreviva e ganhe pra mim, é isso que o cliente quer. 1998 foi um ano terrível, uma recessão brutal, o mercado lá embaixo, várias crises juntas, né? 1995, México, 1997, Ásia, 1999, Rússia, que bateu no Brasil, e Argentina, 2001...

E aí o caixa ajudava a se proteger?

DF: Você tinha que tentar proteger e aproveitar as oportunidades. Era difícil ganhar. Sempre é difícil ganhar.

E os 125% de 2003, como você fez?

DF: 2003, eu não lembro... Mas houve retornos péssimos, também, né?

[Risos] Então, mas é isso que eu queria entender. O fundo tem alta volatilidade, né?

DF: Tem. E uma volatilidade variável. Com o tempo a gente foi cuidando de ter uma volatilidade menor, na medida em que a economia se estabilizou também. Vamos dizer... No Plano Collor, em 1990, a bolsa deve ter caído 75%. Nós fomos artistas, caímos 25%. Então era uma época muito difícil. Em 1999, o índice Bovespa subiu mais que 150%; e, em 2008, foi uma tragédia, caiu pouco mais que 40%. Agora, tinha pouca gente, todo mundo resgatou no pânico.

E essa redução de volatilidade no fundo tem a ver com isso? Com entender que o investidor não vai ficar ali esperando?

DF: Tem a ver com o tamanho do fundo, a gente tem que ser mais cuidadoso. E as pessoas têm medo de perder, mas é impossível ganhar sem poder perder. É a história do meu cunhado... O cara um dia perguntou: "Fulano tá tomando dinheiro emprestado a 5% ao mês, tem risco?". Ele disse: "Não, risco zero". Aí o outro: "Posso aplicar?". E ele: "Não, é risco zero"; certeza do prejuízo [risos]. Qualquer rendimento acima da taxa-base tem que ter risco. Senão é risco zero, é certeza do prejuízo. Sabe, estou lembrando agora de uma coisa genial da sua empresa [Empiricus]... Vocês fizeram um comentário que o governo da Dilma [Rousseff] não gostou, né?

O fim do Brasil?

DF: Sim, o fim do Brasil! Aí teve a reeleição de Dilma e apareceu o tamanho do pepino, né? Aí tem um artigo da Empiricus se desculpando porque não tinham sido cuidadosos o suficiente pra cotar o tamanho do pepino [risos]. Foi muito bom!

[Risos] E agora tem o "contragolpe", Dório, em cima da ideia de que agora vai melhorar: ter alta da bolsa, queda dos juros...

DF: Depende de muita coisa, mas é possível, sim. Nós vamos precisar da poupança externa, mas temos a melhor equipe econômica possível. Você não tem nada melhor. O [Henrique] Meirelles [ministro da Fazenda] é um caso de sucesso como administrador, gestor da coisa pública, muito, muito bom! Imagina: um engenheiro de Goiás que vira funcionário de um banco estrangeiro que era um tamboretezinho sair como presidente, transformando aquele banquinho, que era o BankBoston, num banco respeitado, com a classe média alta toda com ele? Um cara de muito valor, como gestor. Presidente do Banco Central durante oito anos, nunca alguém tinha demorado nem perto...

Isso tende a ter um bom resultado, né?

DF: Tende. Você pode ter melhores economistas do que ele, ele nem é economista, mas gestor acho quase impossível. Acho o melhor possível, a equipe é muito boa também. O gestor já mostra competência tendo uma equipe boa. É provável que a coisa se arrume. Um presidente hábil!

Quanto a macroeconomia pesa na sua decisão de comprar ações?

DF: É essencial, né? Pesa muito!

O senhor sempre quis ser gestor?

DF: Nunca pensei no assunto. Eu queria ser físico. Eu queria descobrir mais ou menos a teoria do todo... do tudo. Eu era muito pretensioso quando jovem. Aprendi a ser modesto com o tempo [risos].

Mas como o senhor foi parar nessa história de gestão?

DF: Chama de você que fica mais fácil!

Desculpa! Mas como você foi parar nessa...

DF: Acidentalmente!

Conte.

DF: Era um dia, em Pernambuco... Fiquei curioso, era engenheiro, fui ver balanços... Vi que alguns ratos de mercado estavam comprando ações do Banco do Nordeste. Imagina, era uma blue chip. A bolsa era aqui no Rio, aí eu fui ver por que compravam. E aí aprendi que eu podia comprar em Recife e vender no Rio, que tinha um spread [diferença nos preços]. Aí fiquei comprando e vendendo. Lembro que um dia perderam um malote com as ações — eram físicas —, aí, quando acharam, estava por N vezes o preço.

Nossa! [risos].

DF: Foi sorte! Aí, com o dinheiro, eu comprei Petrobras ON. Não me lembro agora o preço, mas sei que uma parte eu vendi por sete vezes, outra por cinco vezes. Multipliquei o dinheiro por 35. Aí eu achei que aquele negócio era muito bom!

É, parece! [risos].

DF: Meu pai tinha me emprestado 20 mil unidades de dinheiro, que na época eram cruzeiros, e eles viraram 700 mil, que era algum dinheiro. Não era grande coisa, mas era muito mais do que aquilo que eu tinha, que ele havia me emprestado e não cobrou. Aí então eu fiquei curioso, a curiosidade foi aumentando, daí acabei virando gestor.

Que recomendação você daria para o investidor iniciante? Será que ele vai conseguir isso tudo de retorno?

DF: Ninguém vai conseguir mais... E, veja, isso tudo foi em cima de valores muito pequenos. É muito difícil, tem que estudar muito, ter curiosidade, fazer só o que pode, nunca se alavancar.

E como escolher um bom gestor de ação?

DF: Pelo passado. É a única coisa que você tem. Você não vai escolher pela simpatia [risos].

Porque, se fosse assim, você ganharia sempre, né, Dório? [risos].

DF: [Risos] Obrigado!

Pelo passado da pessoa, né? Não da gestora de recursos?

DF: Da pessoa! Do gestor, do que ele fez na vida, se ganhou ou não. A ideia de que quem ganhou deve continuar ganhando e quem perdeu deve continuar perdendo. Se muda o gestor, o fundo é outro. Pode ter o mesmo nome, mas é outro.

Quero voltar ao risco. A sua proteção ao portfólio então está mais ligada a não concentrar em poucas empresas, é isso?

DF: Não concentrar e alavancar pouco.

Quantas empresas em geral você tem no fundo?

DF: Relevantes, menos de dez. Mais pra sete, oito.

As maiores têm uma concentração muito grande hoje?

DF: Têm. Infelizmente, porque caíram hoje [risos]. Num setor, a gente tem 30%, 20% numa empresa e 10% em outra.

Bancos?

DF: É...

Como lidar com um dia de queda como hoje? É muito sofrido? Tira seu sono?

DF: Como a gente tá aqui... [risos]. Eu vou dormir, já passamos por épocas muito piores. O Brasil já passou por fases muito piores, não é assim tão duro, não.

Qual foi o pior momento para o seu fundo?
DF: Foi o Plano Collor. Congelou o caixa, e as ações chegaram a cair 90%. Você não tinha dinheiro, você não tinha nada, o país parou. Só a Dilma agora, com esses dois anos, conseguiu superar o Collor, porque esse ano foi terrível. O Collor foi pior, mas foi curto. Agora, se você somar os dois anos da Dilma, a gente teve a maior recessão desde 1900. Mais do que na guerra... Você sabe que o Brasil já teve uma guerra, né? Os jovens não sabem, mas o Brasil já teve uma guerra, em que sofreu muito!

Que guerra?
DF: A Segunda Guerra Mundial. O Brasil entrou em 1942, a guerra não estava ganha, ficou sem combustível, não tinha refinarias, sofreu muito... Não tinha estradas, os navios eram torpedeados na costa, sofreu muito. Ninguém nem lembra! Essa época foi a da pior recessão. Em 1929, o Brasil exportava café, ninguém queria comprar café, também essa época foi pior. Teve apagão, em 2001, essa época também foi pior. E quer pior do que fizeram? Estamos vivendo a pior época em termos de crescimento. Isso vai melhorar. Dois anos seguidos... Se você soma dois anos, não teve nada pior.

E, olhando para dentro mesmo, como foi a crise aqui com a história do Daniel Dantas e a Telecom Italia, a briga com os fundos de pensão... Como foi lidar com isso?
DF: Essa Operação Greenfield* está começando a mostrar quem é quem. Na verdade, havia ali algo muito grande por trás, com ambições das quais a gente não podia ter ideia. Era só ambição política, uma forma de fazer dinheiro. E aí não foi só dos fundos de pensão,

---

* Em setembro de 2016, a Polícia Federal deflagrou a Operação Greenfield para investigar fraudes contra fundos de pensão de funcionários de estatais.

houve estrangeiros que entraram aqui também só pra tomar. Todos os estrangeiros queriam um percentual de faturamento pra assistência técnica, fantasma. É muito comum.

Agora, essa história com o seu sócio, o Daniel Dantas, criou uma exposição para o Opportunity que não tinha nada a ver com o que você vinha fazendo, que era um trabalho legal, de investir em ações com rentabilidade...

DF: Ia ser um trabalho muito legal também tomar conta dessas empresas, gerir bem, vender depois, ia ser muito legal. Só que havia uma dinâmica de mundo que estava fora do nosso conhecimento. E eram empresas que estavam em trajetórias superpositivas, que foram interrompidas... E agora é só ver a Oi, né? Tomaram a Brasil Telecom pra quebrar a Oi... E nunca tivemos nenhum processo na CVM, nem no Banco Central, nem na Receita Federal. Nunca, nunca tivemos. E numa investigação da Polícia Federal nós fomos culpados por situações como a de um professor universitário que ganhava 13 mil reais de salário e tinha 15 milhões aplicados, um absurdo!

Por quê?

DF: E de um militar aposentado, um absurdo! Esse militar aposentado, herói nacional até, já morreu, aplicou algo como 20 mil reais no Lógica e tinha algo como 18 milhões. E eles achavam que tinha que ser roubado, que não podia ser honesto, que nenhum fundo poderia render isso. E mandaram um fiscal, nós fomos fiscalizados... Outro que era físico aposentado e não podia ter tanto dinheiro. Disseram que um estagiário nosso estava infiltrado no Exército e por aí vai... Quer dizer, ter sido competente e honesto — porque quem ganhou não foi a gente, foi o militar; quem ganhou não foi a gente, foi o físico — foi visto como criminoso. Porque pra quem concebeu a operação é inconcebível ganhar dinheiro sem roubar. Então, na cabeça deles, quando abriram a porta ia haver roubo, só que não havia. Aí foi se refugiar na Suíça, pediu asilo político, diz que está sendo perseguido.* Mas havia um mundo muito feio por trás dos fundos de pensão, que talvez seja esclarecido nessa Operação Greenfield, e nos estrangeiros que chegaram aqui pra botar pouco e levar muito. E houve esses dois casos que saíram na mídia como sendo evidências da nossa desonestidade. Lembro de um fiscal do Banco Central, muito correto, que perguntou: "O fundo rendeu, e quem perdeu?". Eu disse: "Ninguém perdeu, a gente ganhou no mercado". Bom, ele entendeu depois. Era o fiscal mais competente e veio aqui pensando que ia fazer a imagem dele. Ele saiu tão triste com isso, mas ficou amigo. Veio Receita, veio CVM, veio todo mundo olhar e não encontrou uma vírgula. E aí vale dizer que os órgãos reguladores são sérios.

São sérios?

DF: Sim, são sérios. Vale dizer que os picaretas não conseguiram aparelhar, como gostariam, os órgãos reguladores. Acabou, passou... A operação foi anulada, o protagonista-mor está refugiado político na Suíça, e a Operação Greenfield deve mostrar quem é quem nos fundos de pensão.

Agora, foi difícil no meio do processo assistir a tudo isso e ter que gerir um fundo?

DF: Não é assistir, é sofrer. Foi muito ruim, quero dizer que foi... Foi muito ruim! Não desejo a ninguém, só aos próprios...

Passado isso, há uma intenção de voltar a captar mais nos fundos?

DF: A gente nunca deixou de captar, a gente precisa render. Ultimamente, a gente não tem sido tão bom, mas sempre tivemos a confiança dos clientes que ficaram. Só resgataram praticamente aqueles que tinham que resgatar porque saiu alguma coisa na mídia. Ponha-se

---

* Em abril de 2016, o ex-delegado da Polícia Federal Protógenes Queiroz pediu asilo político na Suíça. Ele defendeu que corria risco por causa do seu trabalho de investigação de corrupção.

na situação de um distribuidor, ele tem que... Restou um fundo de pensão, dos engenheiros elétricos de Pernambuco [risos].

Os resistentes! [risos]. Ficaram mesmo?
DF: É verdade, só ficaram eles.

Agora, só para amarrar a estratégia do seu fundo, Dório. Qual é o segredo do Lógica?
DF: É procurar fundamento, é trabalhar, né?

Mas muita gente por aí diz que procura fundamento e não dá retorno...
DF: Às vezes procura, mas é difícil achar o fundamento. Se fosse fácil, não existiria. Tem que estudar profundamente. É engraçada a curva de aprendizado do analista e do gestor, né? [pega um papel e desenha um gráfico de retorno versus conhecimento]. No começo ele é porra louca, não sabe nada. Aí ele vai conhecendo um pouquinho e vai caindo nas armadilhas. Depois de muuuuito conhecer, ele passa a ter a derivada do conhecimento positivo. Ele vai levando e começa a ganhar só depois de um certo ponto. Então, no começo, na fase de porra louca, o conhecimento atrapalha. Porque você vai achando que sabe... e não sabe! E vai fazendo besteira. O conhecimento rasteiro não leva a ganho, deve levar a prejuízo.

Como funciona o alinhamento de vocês aqui? Vocês só podem investir nos fundos do Opportunity?
DF: Todo mundo da empresa tem o patrimônio todo colocado dentro dos nossos fundos. Só é permitido deixar fora no fundo DI do banco em que você tem conta-corrente, pro dia a dia.

Para o giro, né?
DF: Exato. Fora isso, não pode investir em nenhum outro lugar, nem na pessoa física, tudo é no nosso fundo. A gente tem que estar alinhado.

Agora, até por estarem alinhados, vocês estão muito ligados o tempo inteiro... Você tira férias, Dório?

DF: A gente tira férias raramente, porque gosta do que faz. E, além disso, quando tira férias, está ligado. A gente é gestor. Gestor está sempre ligado.

A esposa fica muito feliz, né? Com você de férias acompanhando o mercado...

DF: Ninguém se queixa, não, há profissões muito piores. Eu também tenho que aguentar. Minha mulher é médica, da oncologia pediátrica. Toca o telefone toda hora. Então não tem problema sério, não.

Quantas horas mais ou menos você trabalha por dia?

DF: Eu trabalho o dia todo, até quando estou tomando banho. Quando você vê manifestações na televisão, você se pergunta o que significam, quanto tempo vão durar...

Para terminar, vocês dão muito valor para a equipe e têm um programa aqui de estágio bastante rigoroso, com aulas, o Student Investment Management (SIM)...

DF: É a principal porta de entrada aqui. A maioria dos funcionários, sócios e associados é formada por ex-SIMS. A turma gosta muito, aprende muito. Tem aula de micro, macro, negociação, jurídico, comercial, o programa é bem completo. São dois anos, mais ou menos, de treinamento.

Você foi SIM um dia, Dório? [risos].

DF: Eu fui SIM do Daniel... [risos]. No primeiro encontro que tivemos, eu estava um ano à frente dele na Fundação [Getulio Vargas]. Eu era nove anos mais velho, mas fiz o mestrado bem depois. E aí ele olhou minha carteira e disse: "Você é doido!" [risos]. Eu podia ter desrespeitado o menino, mas levei a sério, graças a Deus!

Hoje o Daniel Dantas fica com fundos *private equity* e imobiliários e você com ações, Dório?

DF: O imobiliário fica comigo.

Ah, também?
DF: Eu adoro mercado imobiliário, desde que eu comecei a vida.

Entra fundo imobiliário no Lógica?
DF: Não, a gente tem um fundo — Opportunity Fundo de Investimento Imobiliário — que, modéstia à parte, acho que é o melhor do mercado. Ele não é o maior porque a gente vendeu um bocado de coisa, mas era o maior até pouco tempo atrás. Não é aberto pra captação, ele é muito complexo, o risco é grande, então a gente não quis abrir. Não havia como explicar o que era, como é anterior à legislação ele pode fazer um monte de coisas, como desenvolvimento imobiliário. Hoje é o mais antigo da indústria.

De onde vem o nome do fundo, Lógica II?
DF: É... não sei! Eu lhe digo que não sei [risos]. Eu botei o nome Lógica, na verdade era DF1, DF2 e DF3...

Que eram os nomes dos clubes?
DF: É, Dias Felizes [risos]. Mas o porquê do nome Lógica, não me lembro... Fui eu que botei, mas não me lembro. Tinha o I, mas foi incorporado... Ainda é Lógica II?

Uai, Dório, é! [risos].
DF: Não vale a pena mudar, não. O histórico é muito bom. Vamos ver se a gente melhora pra honrar o passado...

5. O gestor que rejeita o óbvio

Sem dúvida, o nome mais associado à gestão de empresas de baixa e média liquidez no Brasil é o de Fabio Alperowitch. O homem que fundou a Fama Investimentos em 1993 com Mauricio Levi, quando os dois eram jovens de vinte anos, escolheu as *small caps* na partida por um motivo simples: ninguém olhava para elas.

A gestão das pequenas em um país em que a bolsa como um todo é pouco povoada, assim como a conjuntura internacional pós-2008 de apego máximo à liquidez, fez Fabio voltar atrás em seus princípios. Desistiu das pequenas? "Elas é que desistiram de mim", brinca o gestor, sem mágoa.

Em 2015, a casa abriu mão de ter um fundo exclusivo de *small caps*, fundindo o produto com o de empresas de média capitalização. Seria uma história sem final feliz, não fosse o fato de que o espírito persiste no fundo da Fama: perseguir com afinco histórias não óbvias.

Que tal tentar desvendar o que está por trás da marca de biscoitos e massas que acaba de estrear na bolsa, para a qual investidores e consumidores do Sudeste torcem o nariz? O segredo não está nas planilhas de Excel, mas na visita ao supermercado, na conversa com o consumidor, no mergulho em uma cultura regional distinta.

Quem diria àquela altura que a empresa que estreou na bolsa por vinte reais chegaria a 135 reais em menos de uma década?

De raciocínio rápido e perspicaz, Fabio conta qual é, para ele, o maior risco do ofício de gestor de longo prazo: a profundidade do estudo pode levar à paixão pela companhia. Assim como nas relações pessoais, o sentimento cega e, no limite, resulta em leniência com resultados ruins.

A solução está no equilíbrio da sociedade. Ou, no limite, no diálogo — um recurso recorrente, diga-se de passagem, no mercado de gestão de recursos. Fabio é paixão, Mauricio é razão. Daí vem o sucesso da Fama.

Você é o gestor brasileiro que mais ficou reconhecido pelo investimento em *small* e *mid caps*. Por que escolheu esse nicho?

Fabio Alperowitch: Eu diria até que foi meio acidental. Eu e o Mauricio [Levi], o outro sócio-fundador, trabalhávamos na Procter & Gamble, nunca tínhamos trabalhado no mercado financeiro. Eu tinha vinte anos, ele tinha 21, a gente não tinha *track record*, não tinha amigos no mercado... Quando começamos, gerenciávamos 10 mil dólares. A gente precisava de um nicho para ser competitivo, porque não dava pra competir com Pactual, Garantia, Morgan, Indosuez, que cobriam as *large caps*. Então escolhemos o nicho das empresas menos visíveis pra podermos nos diferenciar. Começou meio por acidente e depois a gente pegou gosto.

Na Procter & Gamble você fazia o quê?

FA: Eu era estagiário da área financeira. A Fama começou quando ainda estávamos na faculdade.

Aí você teve acesso a alguma literatura internacional de *small* e *mid caps*?

FA: Não, naquela época não existia internet, não existiam os sistemas que existem hoje, livros importados não chegavam. Pra ter acesso à cotação de bolsa, a gente usava um negócio chamado videotexto, que dava uma cotação por vez com *delay* de não sei quantos minutos. A gente se virava com o que tinha. Era muito primitivo. Na verdade, até a nossa preferência por critérios qualitativos, em vez de quantitativos, vem um pouco disso. E um pouco pela experiência do mundo real, em vez do mundo financeiro, que a gente acha às vezes que é virtual demais.

Mas o fato de você chegar à bolsa e dizer: "Vou comprar as pequenas" tem a ver com poder ter alguma intervenção na companhia?

FA: Se, na época, eu ligasse pra Telebras ou pra Petrobras ou pro Bradesco e dissesse: "Olha, eu tenho vinte anos, administro 10 mil dólares, vou comprar quinhentos dólares da sua ação e quero ser recebido", o cara ia me mandar... procurar alguém [risos]. E, por outro lado, se a gente ligasse pra empresas menores ou que fossem menos exploradas, haveria um tapete vermelho na porta. Na época, compramos ações de uma empresa chamada Metisa e fomos os primeiros analistas a visitar a companhia. É um nicho que a gente achou pra ter interlocução.

Metisa foi a primeira ação que vocês compraram?

FA: Não, nossa primeira compra foi a Embraer. Hoje, não, mas a Embraer, na época, era recém-privatizada, uma empresa completamente sucateada. Era exatamente desse tipo de coisa que a gente gostava, de pegar empresas que eram negligenciadas e completamente fora do senso comum e olhar pra cinco, dez, quinze, vinte anos à frente. E ver que a empresa tinha um diferencial competitivo pra crescer. Hoje, ao falar de Embraer, você vai dizer: "Como assim, isso é uma *small cap*?". Mas, em 1993/1994, éramos xingados por comprar a Embraer porque a empresa ia quebrar. Era desse tipo de coisa que a gente gostava.

E vocês conseguiram uma valorização expressiva com Embraer...

FA: A primeira grande tacada, nem sei se esse termo se usa ainda, que a gente deu foi a Embraer. As ações se multiplicaram por dez e foi algo bem emblemático pra gente.

E como vocês escolheram a Embraer na época?

FA: Essa eu não diria que foi por acidente, mas foi quase uma questão pessoal. O meu sócio, Mauricio, é aficionado por aviação. Desde pequeno, ele gostava e entendia do assunto. Então a gente gostou de um projeto que se chamava EMB-145, ou algo assim. Acreditávamos no desenvolvimento da aviação regional na época e aquele projeto era bom, tinha autonomia, baixo gasto de combustível etc. Entendemos que aquele projeto poderia mudar a cara da empresa no futuro. E era de fato uma empresa que, hoje é fácil falar, mas, na época, era uma brasileira que se inseriu num contexto global de mercado extremamente competitivo e dominado por gigantes do mundo desenvolvido.

Já falamos de duas situações que têm um peso do acaso: *small caps* e Embraer. Há um pouco de sorte nesse processo de selecionar ações?

FA: A sorte é necessária na vida em geral. Agora, eu não diria que é sorte pura. No caso da Embraer, eu tive a sorte de ter um sócio que entendia de aviação. Mas, fora a Embraer, a gente também teve bons resultados com Guararapes, que era uma varejista; a própria Metisa teve uma valorização expressiva, a Magnesita também. Tem um ditado que diz que quanto mais bem preparado você está, mais sorte você tem. Então, acho que a gente ralou muito pra poder achar essas empresas que deram certo.

Como é o processo da Fama de selecionar ações dentro desse mundo de *small* e *mid caps* hoje?

FA: Acho que o curto espaço de tempo em que a gente trabalhou no mundo real — eu trabalhei três anos na Procter & Gamble, o Mauricio, dois — nos ensinou que fazer mudanças numa empresa é muito mais complicado do que parece pela planilha de Excel. Às vezes, a gente vê analistas dizerem que uma empresa vai reduzir três dias do estoque, do ciclo de capital de giro... A gente sabe qual é a dificuldade de fazer isso, qual é a dificuldade de aprovar um projeto novo. A politicagem interna, no bom sentido, negociações que existem pras pessoas subirem, negociações de remuneração... O mundo real é muito mais hostil do que uma planilha de Excel, e a gente aprendeu a ser bastante cético em relação a *valuation* e a acreditar muito pouco no quantitativo, mais no qualitativo. A gente aprendeu que o mais importante era investir em boas empresas que criassem valor ao longo do tempo. Porque eu tenho certeza absoluta de que todas as minhas planilhas estão erradas. Todas. E o que a gente quer procurar são empresas que nos façam errar pra baixo, por estar subestimando a capacidade da companhia. Então, em vez de tentar adivinhar qual é o preço justo de um ativo, a gente tenta entender o que está implícito no valor atual. É uma mecânica ao contrário. Eu não tento descobrir se a ação vale na verdade trinta, quarenta ou cinquenta. Eu só quero saber se aqueles 25 que estou pagando são demais ou não. E deixar uma companhia que é eventualmente de um bom setor, bem administrada e com suas vantagens competitivas gerar valor ao longo do tempo, entrando em novas categorias, entrando em novas geografias, implementando cortes de custos, aumento de preços, fazendo fusões, aquisições.

Agora, como avaliar esse lado qualitativo?
FA: Avaliar o lado qualitativo depende de múltiplas fontes de informação. A pior fonte de informação é a própria empresa, porque naturalmente os líderes dela são sempre enviesados. Eu não estou nem dizendo que eles mentem, não é esse o caso. Estou dizendo que, se sou líder de uma companhia e acho que vou perder margem, que o mercado vai ficar pior, que a minha empresa não é competitiva, ou eu vou mudar completamente a minha estratégia ou vou mudar de emprego. Então as pessoas são naturalmente otimistas. Obter informações através do CFO ou do CEO da companhia é essencial, mas absolutamente insuficiente. Então, é natural que a gente precise buscar outras fontes de informação, sejam elas fornecedores, clientes, competidores, e principalmente fazer muito *field work*. Desculpa o anglicanismo, mas é gastar a sola do sapato na rua mesmo, passar duas, três, quatro horas num supermercado observando as pessoas pegando produtos na prateleira, tentando entender por que

elas pegam aquela marca de biscoito e não outra, se elas tomam a decisão pelo preço ou por causa da embalagem, ou porque são fiéis a uma determinada marca... Isso, pra gente, é o essencial.

Isso me faz lembrar de um evento em que você contou o caso de M. Dias Branco, de como vocês identificaram que a empresa, apesar de a gente não conhecê-la tão bem aqui no Sudeste, poderia ser um investimento interessante...

FA: Eu acho que o IPO, a abertura de capital, da M. Dias Branco foi bastante emblemático, porque foi dotado de muito preconceito. Apesar de ser líder brasileira no mercado tanto de massas quanto de biscoitos e de ter um market share maior do que o dos mais fortes *players* do mundo somados, a empresa era vista como pequena, desconhecida, tocada por pessoas despreparadas do Nordeste e bastante fraca. E a gente tentou entender como uma empresa que está baseada em Fortaleza, que tem até uma marca em São Paulo, que é a Adria, mas não é tão forte assim, pode ser líder de mercado. E essa curiosidade nos incitou a tentar entender por quê. E aí foi muito fácil se apaixonar pela companhia, pelos executivos. A força que a empresa tem, em várias vertentes — a capilaridade na distribuição, a força no Nordeste, a verticalização —, nos levou a decidir pelo investimento muito rápido. Então, salvo um intervalo de tempo de menos de um ano, a gente é acionista da empresa desde o IPO, em 2006. Já são dez anos com participação na companhia.

Mas vocês conseguiram descobrir por que o biscoito fazia tanto sucesso no Nordeste e não aqui?

FA: Primeiro, o mercado no Nordeste era muito negligenciado pelas marcas mais tradicionais, que vão buscar consumidores onde existem mais adensamento populacional e mais renda. Segundo, o Nordeste passou por um crescimento importante até 2012, 2013. Então a M. Dias Branco também estava na hora certa no lugar certo. Talvez aí haja um pouco de sorte. Mas, independentemente de o Nordeste ter se desenvolvido mais do que as outras regiões durante um tempo, ela era uma companhia completamente diferente das outras. O fato de ser verticalizada — em vez de comprar matéria-prima pra produzir o biscoito, ela compra o trigo, do trigo faz farinha, da farinha faz uma mistura etc. — leva a empresa a se apropriar de uma margem importante. Além disso, ela tem um benefício fiscal por estar no Nordeste. E, em vez de vender pro Pão de Açúcar e pro Carrefour, só uma pequena parte da receita dela estava nas grandes redes. A sua grande força comercial estava em centenas de pequenos carros que saíam todos os dias pra distribuir o produto pro pequeno comércio do interior, onde o competidor não conseguia chegar. E aí, quando a gente pensava num pacote de biscoito que custava, na época, 75 centavos, oitenta centavos ou até menos, promover um aumento de preço de 5% significava três ou quatro centavos a mais. Era quase que imperceptível para o consumidor. Os concorrentes, não. Quando eles tinham que fazer um aumento de preço, era uma queda de braço com o Pão de Açúcar e com o Carrefour.

No evento, você também contou uma história sobre o biscoito já ser amanteigado, não?
FA: Sim. Primeiro que o nordestino e o paulista tratam tanto biscoito como massa de maneira completamente diferente. O paulistano usa a massa como refeição, põe um molho e come um macarrão. O nordestino quebra o macarrão inteiro e mistura com arroz e feijão e come tudo junto. Então, lá ele é muito mais presente nas refeições do que aqui. Aqui você um dia come massa, outro dia come carne, outro dia come peixe, e lá o macarrão é quase que um acompanhamento diário, assim como o arroz e feijão aqui. Segundo, o biscoito cream cracker, aqui, é quase que um biscoito de aperitivo. Lá é o pão. O nordestino usa o cream cracker como pão diário. Por quê? Porque ele pode comprar em quantidades maiores, pode estocar, pode comprar um pacote que dura a semana toda sem estragar... O pão de fôrma é caro demais, o pãozinho tem que comprar todo dia... Ele usa o cream cracker. Então já existe essa diferença de hábito de consumo. Além disso, tem o regionalismo, porque se você for experimentar o cream cracker da M. Dias, ele é extremamente oleoso. Não é do nosso gosto. Se eu fosse comprar pelo produto, eu

não gostei do produto, o meu paladar é outro. Mas por que que é tão oleoso? Porque lá o consumidor não precisa comprar manteiga. Então ele já vem com uma gordura, vamos dizer assim, e aí o nordestino não precisa comprar a manteiga também.

Como é que você descobriu isso, Fabio?

FA: Provando! Voltando à questão do *field work*. Não adianta ver balanço e acreditar no discurso. Ah, o produto é bom? Quero ver o produto. Por que é assim? Aí você vai entendendo.

Quanto tempo demora esse processo entre conhecer a empresa e ela entrar no portfólio?

FA: Depende. Pra um bem de consumo, isso é muito mais fácil do que pra uma empresa de infraestrutura. Você vai lá e prova um biscoito. Vai ao supermercado e vê o produto, os competidores... É muito mais fácil você entender isso do que uma empresa que presta serviços de engenharia pra uma obra de infraestrutura. O fato é que a gente só investe quando sente conforto. Certo ou errado, às vezes antes da hora, às vezes depois da hora, mas o processo é tão demorado quanto necessário. Ainda que aquela empresa de que a gente está gostando pareça uma barganha no meio do processo, não vamos comprar ações enquanto não tivermos certeza de que o processo está, eu não vou dizer concluído, porque concluído ele nunca estará, mas que tenhamos o mínimo de conforto com ele. E mesmo assim a gente começa pequeno e vai crescendo à medida que o conforto aumenta.

E em geral vocês têm quantas ações no portfólio?

FA: De doze a quinze.

O que muda no processo de compra e venda pelo fato de serem *small* ou *mid caps*, ações em geral de menos liquidez?

FA: O tamanho de cada posição no portfólio depende de três coisas: risco de execução, *valuation* e liquidez. Então, uma posição ilíquida jamais será grande no portfólio. Para ser grande, ela precisa ter um baixo risco de execução, estar barata e ser bastante líquida. À medida que o tempo foi passando, o mercado brasileiro infelizmente não se desenvolveu no ritmo que a gente gostaria. Hoje o Brasil tem trezentas e poucas empresas listadas, e quase metade não tem liquidez nenhuma. Então sobram entre 150, 160 empresas, lembrando que Israel é do tamanho de Sergipe e tem seiscentas empresas listadas. É muito difícil, ainda mais com uma taxa de juros desse tamanho, desenvolver o mercado de capitais a pleno. Existe um potencial enorme, mas esse potencial ainda não chegou. Hoje existem menos empresas listadas do que quando a gente começou, em 1993. Isso é muito ruim. E, além disso, a liquidez das empresas, apesar de a liquidez da bolsa ter aumentado, evoluiu de maneira desigual. As líquidas ficaram mais líquidas, e as menos líquidas ficaram menos líquidas.

Por que isso aconteceu?
FA: Acho que por várias razões. Empresas que são cotadas em Nova York atraem os investidores de arbitragem: eles compram aqui e vendem lá, vendem aqui e compram lá. Além disso, com todos os solavancos do Brasil nos últimos anos, as pessoas não querem ficar casadas com uma empresa da qual não possam sair. Mas acho que o maior fator de todos foi a crise de 2008. Com a crise global, o mundo passou a ser muito mais seletivo com liquidez. Vários fundos tiveram problemas, alguns fundos não conseguiram pagar resgates. Então, acho que o mundo pré-2008 aceitava ativos de baixíssima liquidez. Depois de 2008 isso ficou, e acredito que vá ficar por muito tempo, mais seletivo em relação à liquidez.

Vocês mesmos ficaram mais seletivos...
FA: Nós mesmos também. Então hoje em dia as posições mais relevantes do fundo são empresas líquidas. A gente hoje não olha as gigantes como Ambev, Bradesco, Itaú, mas todas as empresas do fundo são líquidas e as maiores do fundo são bastante líquidas.

Mas você acha que isso é transitório?
FA: Não.

Por quê? Não existe, teoricamente, um potencial maior de retorno em *small* e *mid caps*?

FA: Potencial, sim, mas com o risco de não realização. Um exemplo hipotético: duas varejistas de altíssima qualidade. Uma tem liquidez e negocia a quinze vezes de múltiplo, a outra tem baixa liquidez e negocia a dez vezes de múltiplo. Então, teoricamente, a de baixa liquidez tem mais potencial do que a de alta liquidez. Só que essa de alta liquidez um dia vai crescer, e alguém pode eventualmente pagar um múltiplo até maior por ela, porque acredita que ela vá ficar maior ainda etc. Na de baixa liquidez, vai haver muito menos pessoas dispostas a investir. Então sempre vai ser um mercado cujos múltiplos dependem muito mais do comprador do que do vendedor. Então, explicando melhor, a empresa maior pode atingir qualquer público: o *trader*, o investidor de curto prazo, o de longo prazo, a pessoa física, o fundo de pensão, o estrangeiro etc. No caso da de baixa liquidez, são pouquíssimos os fundos que admitem uma compra dessas. O estrangeiro talvez não queira mais, porque, além de pouca liquidez, em dólar é mais insignificante ainda. E como o número de compradores é menor, ela está fadada a ficar com baixa liquidez. Mal comparando, um imóvel na Faria Lima, ainda que seja de pior qualidade do que um imóvel comercial em Alphaville, é de muito mais fácil realização. Tem gente que nem vai a Alphaville, que diz assim: "Eu nem quero ver, porque, ainda que seja uma barganha, eu não vou conseguir vender nunca". Então eu acho que esse mercado não volta.

Agora, você decidiu por um mix? Ou desistiu completamente das empresas muito pequenas?

FA: Das muito pequenas desisti, sim, mas a gente ainda tem empresas que são pequenas aos olhos do mercado. Investimos hoje, por exemplo, em Portobello, Tupy, Arezzo, que negociam pouco. Agora, empresas excelentes, como Grazziotin, saíram do nosso critério de escolha.

Nossa, você desistiu mesmo das *small caps* depois de tantos anos dedicados a elas?

FA: Não, elas é que desistiram de mim [risos].

Qual é o corte, para você, que define uma *small cap*?

FA: Vou fazer uma conta aproximada. Hoje a gente administra aproximadamente 1,5 bilhão de reais. Uma posição mínima no fundo é de 4%. Claro que a gente vai crescendo a posição. Se não for uma posição em que possamos ter no mínimo 4%, não vamos nem olhar. Então, 4% de 1,5 bilhão dá 60 milhões. Para termos liquidez para entrar e sair e poder mudar de posição com 60 milhões em uma empresa, ela tem que negociar no mínimo de 3 milhões a 4 milhões de reais por dia, talvez 2 milhões. Em empresas que negociam 100 mil, 200 mil reais, como já tivemos várias no portfólio — Time For Fun, Rodobens, Grazziotin —, é difícil ou impossível fazer uma posição de 60 milhões e principalmente mudar de posição se necessário.

Você sempre foi de participar de conselhos de administração das companhias. Você ainda vê hoje esse valor?

FA: Sempre fomos ativistas. Sempre. Desde o primeiro dia da Fama, em 1993. Com 10 mil dólares sob gestão é difícil ser ativista, você não é muito ouvido. Mas nunca deixamos de reclamar, escrever cartas, fazer reunião, o que fosse necessário. Durante um período, a estratégia pra ser ativista foi participar diretamente dos conselhos. Decidimos continuar com o ativismo — e isso não muda, faz parte do nosso DNA —, mas não estar diretamente nos conselhos, indicamos terceiros. A gente prefere dedicar o nosso tempo a trabalhar pros nossos investidores fazendo o melhor pro fundo.

Na história da Fama, em qual caso você se lembra de ter conseguido de fato destravar valor com esse tipo de ativismo?

FA: Voltamos à M. Dias Branco. Na época do IPO, ela era extremamente ilíquida. Apesar de a empresa ser relativamente grande, pode puxar nos históricos: ela negociava 100 mil, 200 mil reais por dia, era muito pouco. Hoje é uma empresa que negocia 10 milhões de reais por dia, às vezes 15 milhões. A empresa é bastante líquida. E eu acho que a gente teve um papel importante na educação do mercado, até na formação da área de RI [Relações com Investidores]. A área estava formada, mas a gente ajudou muito a escrever os relatórios, a fazer a comunicação com o mercado, a inserir a empresa em conferências internacionais, a trazer investidores locais e estrangeiros para conhecer a empresa etc. E acho que o mérito da execução é todo da companhia, mas que a gente ajudou bastante. O mérito é todo deles, mas a gente talvez tenha ajudado a acelerar um pouco a percepção positiva do mercado.

É, funcionou comigo. Eu conheci direito a M. Dias Branco pela sua história do biscoito amanteigado [risos]. Agora, como, nesse processo, não se apaixonar tanto pela companhia a ponto de isso dificultar a venda no momento certo?

FA: Eu acho que esse é o maior risco de um *value investor*, porque essa filosofia de já entrar para o longo prazo cria o risco de tornar você mais complacente. Se eu vou investir numa empresa por dez anos, são quarenta trimestres. É impossível ou muito difícil que uma empresa te surpreenda positivamente por quarenta trimestres consecutivos. Ou vai haver um trimestre em que ela vai errar a mão, ou vai haver um trimestre em que o cenário macro vai ser pior, ou em que o ambiente competitivo vai ser mais duro... Alguma coisa vai acontecer. E o grande risco é você olhar e dizer: "Ah, tudo bem, este trimestre foi ruim, mas eu estou investindo pra dez anos mesmo". Aí de repente vem um segundo trimestre ruim, um terceiro... E aí você acordou, viu que a história mudou, mas agora é tarde demais. Então, a grande desvantagem do investidor de longo prazo é talvez ser um pouco mais leniente com resultados ruins. E manter essa independência quando você está tão próximo do management como nós em geral estamos é mais difícil ainda. Depois de um tempo você cria relacionamentos, você conhece todo mundo. Como eu disse anteriormente, o management é sempre enviesado. Então, pra um resultado ruim, eles vão ter sempre boas desculpas. Manter a independência é fundamental.

E como fazer isso?

FA: O que a gente usa aqui é uma figura que é exercida pelo Mauricio, meu sócio, que é muito menos conectado às companhias do que eu. Claro que ele visita as companhias, mas vai de forma independente, uma vez por ano, não cria relacionamento. E, durante as reuniões, o objetivo dele é matar a tese de investimento. É como se o meu objetivo fosse comprar e o dele fosse vender. Estou exagerando, mas eu estou sempre junto com os analistas tentando construir uma tese. Se uma empresa chegou a ponto de ser apresentada no comitê de investimentos é porque não foi barrada quando olhamos governança, teses qualitativas, *valuation* etc. E, se chegou ao ponto de o analista apresentar, muito provavelmente é porque a empresa já passou por bons processos. O Mauricio esteve ausente desse processo até então pra não ficar contaminado e enviesado. Ao final do processo, o objetivo dele é destruir teses de investimento. E, se ele não consegue destruir, a gente tem mais segurança de que a empresa pode ser investida.

E, depois do investimento, o processo segue? Você é o apaixonado, ele é o pé no chão?

FA: Eu sou muito cético também, muito crítico. E eu também exerço um pouco desse papel dele em relação aos analistas. Se eu crio algum vínculo com a companhia, imagine os analistas, que têm muito mais interações do que eu. Então eu preciso ter esse primeiro filtro também. E, tendo já passado por algumas histórias nesses tantos anos, algumas coisas eu já vi...

Quantos anos de seleção de ações você tem?

FA: Vai fazer 24. Algumas histórias se repetem, eu já vi bastante coisa acontecer... Então eu tento me desapaixonar, sim. Agora, quando você está no meio do processo, a independência pode ficar um pouco comprometida.

Na sua opinião, durante esse tempo, qual foi o maior erro, o que deixou um aprendizado importante?

FA: Com 24 anos, é muito difícil eu elencar o maior erro. Eu posso falar dos maiores dez, os maiores vinte [risos]. A gente já errou muito. Então é difícil elencar o maior erro. Talvez eu possa falar do mais recente.

Pode ser.

FA: Acho que o mais recente foi a Log-In. Tivemos muita convicção sobre o desenvolvimento do setor de cabotagem no Brasil. E acho que essa tese está mantida. Apesar da produção industrial em baixa, das inúmeras dificuldades que o país tem sofrido, acho que a tese de crescimento do setor de cabotagem continua intacta. Mas essa foi a única coisa em que a gente acertou. Todo o resto eu acho que saiu pior do que a gente imaginava. A execução nesse setor é muito difícil. Não vou dizer que a empresa é regulada, mas ela é muito dependente de alguns órgãos governamentais que não se desenvolvem na velocidade que a gente gostaria: BNDES, Fundo da Marinha Mercante, autoridades portuárias etc. Isso torna o business ainda mais complexo. Tem uma questão de um grande varejão pra você poder consolidar cargas que também é muito mais complexa do que a gente imaginava. Tem o setor de estaleiro que é um entrave também para o desenvolvimento. É um ciclo muito longo pra construir o navio, são muitos anos em que muita coisa acontece: dólar subindo, juros subindo, preço do aço subindo e caindo etc. O setor de estaleiros também passou por um momento muito ruim. Tudo isso poderia ter sido previsto. E não foi. Foi uma história relativamente longa com a companhia. São quatro ou cinco anos em que, mais do que capital, a gente investiu muito tempo. E acho que esse erro foi muito importante.

E o que você aprendeu com ele?

FA: Assim, olhando a posteriori, é muito fácil. Mas, na verdade, se a gente olhar um pouco pros nossos fundamentos, em qual tipo de empresa entrar ou não, a Log-In acaba ferindo algumas coisas que a gente estabelece. Por exemplo, não entramos em nenhuma estatal. A Log-In não é estatal. Mas por que a gente não entra em estatal? Basicamente pela dificuldade de ter uma continuidade de longo prazo numa empresa pública. Vêm as eleições e mudam tudo... Apesar de ela não ser estatal, depende de muitos órgãos governamentais. Então ela tem quase a mesma exposição de risco de uma estatal. Hoje é fácil enxergar isso. Outra coisa são os ciclos muito longos. O Brasil infelizmente é um país que, na média, cresce 2,5%, 3% ao ano. Só que isso é bastante errático: são anos de 4%, depois 0%, depois -2%, 5% etc. Todos os negócios que têm ciclos muito longos, se você pega um momento bom de ciclo, têm uma performance espetacular. Em momentos de ciclo ruim... E aí eu não estou só falando de estaleiro, mas de *home builders*... As incorporadoras tiveram anos maravilhosos. Depois, quando inverteu-se o ciclo, foram anos complicadíssimos. Planejamento de longo prazo no Brasil infelizmente ainda é difícil. Não enxergamos na Log-In esse risco da maneira acentuada que é.

E qual foi o maior dos trinta maiores acertos? [risos]. Ou o mais recente?

FA: Ah, eu acho que a própria M. Dias Branco. O IPO, se eu não me engano, ajustado por dividendos, deve ter sido a quinze, vinte reais. As ações estão agora a 135. RaiaDrogasil também é uma empresa interessante. Investimos desde 2008. E é uma empresa de que o mercado inteiro gosta, mas acha cara. Nós achamos cara faz tempo e continuamos com ela, mas continua dando bons retornos. Já bateu no maior nível histórico, e a gente continua com a posição. Voltando àquele ponto: nós somos muito céticos em relação a planilhas. E, quando a gente investiu na empresa, a margem era por volta de 3% ou 4%, a empresa prometia 6%. Depois, quando chegou a 6%, a gente achava que podia chegar a 8%, quando chegou a 8% pensamos que podia chegar a 10% e assim sucessivamente. É uma empresa que, se eu fosse acreditar numa planilha de Excel há oito anos, estaria entregando metade da margem atual. E o que a gente viu foi uma sucessiva capacidade de criação de valor.

E por que os números enganam tanto assim?

FA: Não é que eles enganam. É que, no mercado financeiro, para o bem ou para o mal, as pessoas costumam perpetuar o status quo. Então, se a empresa vem em crescimento, as projeções serão de que ela vai continuar em crescimento. Se uma empresa vem em um crescimento de 6% ao ano, aí, no máximo, um analista mais conservador vai dizer: "Não, não vai crescer 6%, vai crescer 4%, mas ela vai continuar em crescimento". Para uma empresa que entrega uma margem média de 15% ao ano, tem analista que vai dizer: "Não, vai crescer um pouco mais, vai pra 16%", outro vai dizer 14%, outro 13%, mas vai ficar no mesmo patamar. É muito difícil alguém projetar um *breakthrough* em alguma coisa, quer dizer, algo que seja completamente diferente do atual. E aí estão os grandes ganhos ou grandes perdas. Eu não vou ganhar dinheiro se a margem ou o crescimento da M. Dias Branco ou da RaiaDrogasil ficar no mesmo patamar histórico, porque isso é o que todo mundo já sabe. Eu vou ganhar dinheiro se elas mudarem de padrão. E isso é o que a gente tenta entender: onde pode haver esse tipo de criação de valor.

E onde pode haver criação de valor?
FA: Pode ser a empresa entrar num segmento novo ou fazer uma combinação de negócios, gerando muita sinergia, ou ter uma vantagem competitiva tão grande que consiga esmagar todos os concorrentes. E isso leva tempo, é preciso tentar enxergar muito à frente. A gente não é melhor do que nenhum outro analista no mercado. Se a empresa está entregando um determinado patamar de crescimento, o mercado é eficiente. Ele vai precificar um pouco mais ou um pouco menos. Mas não é daí que a gente vai ganhar muito dinheiro. Muito dinheiro é tentar enxergar o não óbvio.

Voltando à sua decisão de evitar um pouco *small caps*, isso não tem a ver com o fato de o investidor não ter uma visão de longo prazo aqui no Brasil?
FA: Não, 75% dos nossos investidores são institucionais, principalmente fundos de pensão e universidades internacionais, que têm visão de longuíssimo prazo. Só dando um exemplo: neste momento nossa carteira está 100% com empresas médias e grandes e o retorno está em 70% no ano. Então não precisa de *small cap* pra gerar retorno. O retorno vem quando a gente consegue enxergar coisas boas em empresas fugindo um pouco do óbvio. Apesar de o nosso portfólio hoje ter empresas muito mais líquidas, se pegamos os dez a doze

fundos que mais admiramos, o *overlap* [sobreposição] de empresas é muito pequeno. Hoje existe muito mais consenso entre as pessoas que a gente admira em relação à M. Dias, voltando ao exemplo. Até muito pouco tempo atrás, ninguém tinha ou muito pouca gente tinha. Em relação à RaiaDrogasil, apesar de superlíquida, muito pouca gente tinha. À Localiza, muito pouca gente tinha... Então a questão não é *small*, *mid* ou *large cap*. A questão é tentar fugir um pouco do óbvio.

Que conselho você daria para um investidor pessoa física que quer investir em ações?

FA: Eu não vejo nenhum problema de a pessoa física investir em ações diretamente. Agora, eu acho que seria inteligente ele investir em ações diretamente e via fundos. Primeiro, porque ninguém é Deus. Então, uma pessoa sozinha não vai conseguir auferir um retorno melhor — pode até acontecer, mas vai ser sorte — do que vários profissionais no mercado. Segundo, porque fica bom até pra ter um parâmetro. Olha, eu invisto em quatro fundos, aquele está com 30%, o outro com 35%, outro com 40% e eu estou com 18%, por que será que eu errei? Então, pra fazer um pouco de autocrítica é sempre bom, pra poder conversar com outras pessoas, ler os materiais etc. Se eu estou com um problema de saúde, dependendo do problema, eu posso ir até a farmácia e comprar um remédio de gripe. Se eu estou com um problema sério, eu não vou me automedicar. Eu vou precisar ir a um especialista. O mercado de ações é a mesma coisa. Uma pessoa física, que tem um monte de atribuições, não tem tempo, familiaridade, estrutura ou informação, não deveria fazer tudo por conta própria, porque corre um risco muito grande de errar. Se até os profissionais erram, as pessoas físicas também estão sujeitas a erro.

Com certeza...

FA: A pessoa física deveria ser mais diversificada, investir também em fundos e tomar cuidado com decisões muito emocionais, para o bem e para o mal. E, dado que o investidor pessoa física tem menos tempo pra acompanhar, sugiro que ele invista em empresas menos cíclicas, com margens elevadas, e que ligue menos para o *valuation* e mais pra qualidade. Porque, se você está errado no *valuation*, ao longo do tempo, a empresa vai crescer. Então você pode até ter errado no *timing*, mas, um ou dois anos depois, a empresa vai chegar num múltiplo que você gostaria. Agora, se você está errado na empresa, você tem perda permanente de capital. Então, recomendo olhar muito pra margem bruta, pra geração de caixa, principalmente pra volatilidade de margens, pra saber se a empresa tem as coisas na mão. E principalmente fugir de compra de barganha. Porque se você comprar uma empresa só porque ela está barata, pode ter certeza de que daqui a pouco ela vai ficar ainda mais barata.

6. O analista trinta horas

Se você puxar um papo com Flavio Sznajder, é muito provável que se veja em pouco tempo no papel de fonte para as análises dele. Em nossas conversas, não sei como — já que em geral sou eu quem pergunta —, me peguei magicamente respondendo a questões sobre a qualidade e os preços das roupas da Le Lis Blanc. E ele, é óbvio, não estava interessado em comprar uma peça.

Das consultorias em que começou a carreira, passando por um clube, até o fundo que gere sem fazer barulho no Rio, o Bogari, Flavio é um curioso. É um homem de negócios. Estuda a vida das companhias diuturnamente. Conhece os processos, os detalhes íntimos. Prefere as empresas médias, mais fáceis de entender, diz. E não tente passá-lo para trás. Flavio entende da operação da companhia.

O sócio-fundador da Bogari é um homem que ninguém na rua conhece — ele tem aversão a tirar fotos, inclusive —, mas qualquer gestor de fortunas sabe quem é. Uma vez, perguntei a vários alocadores em que fundo de ações investiriam para seus filhos, e a resposta foi: Bogari.

O que é hoje um fundo — um só, sem invenções — nasceu como um clube para investir, em ações, o dinheiro dele, da mulher e do filho, de dois anos. A rentabilidade farta atraiu a família, uma meia dúzia de amigos, até que a Bogari virou uma gestora de verdade.

No fim da nossa conversa, Flavio lamentou não ter comprado uma parte da empresa em que trabalho assim que ela surgiu. Ficou de passar um dia para tomar um café com os sócios. Mais uma vez, eu não entrevistei apenas. Também fui entrevistada. Flavio está sempre à caça de oportunidades.

Como nasceu a Bogari?

Flavio Sznajder: Eu sempre quis ter um negócio próprio. Comecei a ler a *Gazeta Mercantil* com doze anos...

É mesmo? Você gostava?

FS: Meu pai assinava a *Gazeta Mercantil*, e o jornal ficava em cima do sofá. Aí eu sentava e ficava lendo. Não entendia nada, mas lia tudo. Eu lembro que eu lia uma parte tão engraçada, de commodities: tinha cobre, uns gráficos de como as commodities se comportavam... Sempre gostei muito disso. E a minha vida sempre foi querer criar um negócio, não era exatamente uma gestora... Na época, eu via como um banco, mas não fazia ideia do que era um banco. Eu não tinha esse conceito. Eu queria mexer com alguma coisa financeira.

Seu pai era da área financeira?

FS: Meu pai era engenheiro, trabalhava com energia elétrica. Mas ele assinava o jornal. E aí eu fui estudando coisas sempre genéricas pra me preparar pra fazer alguma coisa que eu não sabia exatamente o que era. Eu odiava engenharia, mas fiz engenharia porque era um bom curso. E aí, a partir do terceiro ano, fui estagiar em banco. Estagiei no Banco Nacional, na parte de pessoa jurídica. Aí eu não gostava de banco de varejo, fui trabalhar no BBM, que na época se chamava Banco da Bahia. Eu sempre disse: meu negócio é mercado financeiro. Eu ia ser efetivado no BBM, mas no final cheguei à conclusão de que eu não entendia nada do que acontecia naquele banco. Era uma maluquice, eu não entendia nada.

Você trabalhava na gestão?

FS: Não. Trabalhei primeiro no gerencial e depois na tesouraria internacional. Mas não conseguia entender nada do que estava acontecendo. No estágio que fiz no Banco Nacional, trabalhei com dois caras que investiam no mercado acionário. E comecei a ver que era daquilo que eu gostava. Os caras me ensinaram uma porção de coisas, eram fundamentalistas já na época, em 1993. Tinha um cara, que é amigo meu até hoje, que dizia assim: "Flávio, olha só, a Eletrobras não pode valer 2% do patrimonial" — era isso que valia. "A Vale não pode valer 3%, 5% do patrimonial. E a Petrobras não pode valer isso, tem alguma coisa errada." Eu fiz até um curso de investimento fundamentalista, mas não entendi nada, porque era um curso técnico. O tempo foi passando e, quando eu saí do BBM, passei no mestrado, no Rio. Fui fazer mestrado em administração stricto sensu.

Na UFRJ [Universidade Federal do Rio de Janeiro], né?

FS: Na UFRJ, no Coppead [Instituto de Pós-Graduação e Pesquisa em Administração]. E aí, naquela época, de forma mais estruturada — acho que antes até —, eu comecei a tomar contato com as cartas da Dynamo e da IP. Naquela época, em 1995, quando entrei na faculdade, eu já lia os livros do Buffett.

Que chegaram a você como?

FS: Eu sempre fui fuçador, né? Na época, não havia internet como hoje. E daí eu comecei a me interessar mais e mais e mais por esse negócio. Quando acabou o mestrado, eu queria voltar a trabalhar em banco no Rio. Só que o mercado financeiro do Rio mudou-se todo pra São Paulo. Aí fui trabalhar em consultoria. Trabalhei em uma consultoria chamada Booz Allen, que se transformou em Booz&Co, e hoje nem existe mais, foi comprada pela Price [PWC]. Trabalhei por quatro anos em consultoria e foi muito bom, genericamente falando, porque eu queria fazer o máximo de projetos possível, em indústrias e empresas diferentes. Então eu fiz muita coisa: por exemplo, o primeiro banco que o Santander comprou no Brasil foi o Banco

Geral do Comércio. A gente trabalhou na reestruturação de todos os processos de agências dele.

E aí você aprendeu um monte de coisas sobre bancos...

FS: Um monte. Você entende como a operação de banco funciona, como o *back office* funciona... Depois nós fizemos a maior fusão alimentícia do Brasil na época, da Seara com a Santista. A Bunge comprou a Ceval Alimentos, e foi exigido que eles também comprassem a Seara, que dava prejuízo. E aí tinha que fundir todo o portfólio desse negócio com o da Santista, que era uma empresa grande. Aí eu comecei a trabalhar mais com servir o cliente, marketing, posicionamento, outros mercados — de óleo, margarina. Depois, fiz um trabalho pra Monsanto, no Centro-Oeste, pra entender a atratividade econômica da plantação de milho. Aí fomos lá, visitamos as fazendas. Você vê uma porção de coisa real, né? Aí a gente fez toda a reestruturação de uma empresa petroquímica chamada Polibrasil, eu trabalhei num projeto de avaliação do Blue Tree.

Varias áreas diferentes...

FS: E trabalhei em telecomunicações também. Então, eu vi muita coisa, de muitos setores diferentes. Isso te dá uma noção muito boa, porque eu sempre tive um bom *business sense*.

Nesse meio-tempo, você montou um portfólio pessoal de ações?

FS: A primeira vez que eu comprei ações foi em 1992 ou 1993, no processo de privatização, se não me engano, da Cosigua. Ou Cosipa [Companhia Siderúrgica Paulista]. Eu estava no BBM. E aí, quando eu estava em consultoria, comecei realmente a comprar ações. Eu já tinha lido vários desses livros sobre investimentos. Aí pensei: "Eu já sei mais ou menos o que é, tem que comprar um negócio barato que vai melhorar e tem que manter por muitos anos. Tá bom, eu tenho paciência para isso". Em 1998, eu comprei três ações: Cyrela, que, na verdade, na época se chamava Brasil Realty, Petrobras e Cemat [Centrais Elétricas Mato-grossenses]. Aí vou fazer um parêntese sobre isso. Fiquei com as ações quatro anos, de 1998 a 2002, mais ou menos, em que a bolsa foi uma tragédia. E vendi tudo isso por volta de 2002, 2003.

Tudo com prejuízo?
FS: Tudo perdendo dinheiro. Quando veio o renascimento do mercado, a partir de 2004, e Cyrela se multiplicou, sei lá, por... trinta.

Nossa! E você tinha vendido!
FS: Aí eu disse: "Eu estava certo" [risos]. Eu não tive paciência de esperar, mas estava certo. Com Petrobras, eu ganhei muito dinheiro, vendi. Com Cyrela, eu não ganhei dinheiro. Com Cemat, eu não ganhei dinheiro.

Você não ficou traumatizado com a bolsa, depois daquele prejuízo?
FS: Cara, eu não gostei... Mas aí, quando os negócios começaram a realmente acontecer como eu imaginava que eles iam acontecer, eu reavaliei. Então o que aconteceu de fato é que eu estava certo, só não tive paciência. Não, com Cemat, eu estava errado. O Grupo Rede depois quebrou a empresa, e os caras não foram competentes. Mas, com Cyrela, eu estava certo. Petrobras, também. Aí eu comecei a ter certeza de que sabia mais ou menos por onde era o caminho. E era uma questão só de você ter uma capacidade de avaliação melhor. Porque a fórmula estava mais ou menos testada.

E tinha que esperar, né?
FS: Tinha que esperar. Pra testar mesmo esse negócio, fiquei de 1993 a 2004. Demorei dez anos pra ter certeza de que eu sabia o que eu estava mais ou menos fazendo. E, a partir dali, eu comecei a investir mais a sério.

Você fez um clube, né?
FS: Isso foi depois. Então, eu trabalhei em consultoria, na Booz Allen, e depois na construção da Gradus, que foi muito boa mesmo na minha vida, porque fizemos a fusão operacional da Brahma com a Antarctica. Nós basicamente pegamos as ferramentas de gestão que,

em 1999, a Brahma já vinha usando e implementamos na Antarctica. Eu aprendi como é que os caras controlavam uma empresa bem tocada. Essa metodologia, eu utilizei muito ao longo da minha vida.

Ferramentas para avaliar a gestão da companhia?

FS: Como criar as ferramentas de controle de um business, pra você ter um business na sua mão como gestor. Como eu crio, desenho e implemento um sistema de controle bom e fácil, pra eu ter a minha companhia na mão?

E hoje você usa isso para avaliar se os gestores têm a companhia na mão?

FS: Usei na própria Bogari. Eu defini assim como seria o plano de contas da Bogari, como as nossas despesas seriam classificadas, como eu queria ver o relatório. E também usei quando trabalhei na Andrade Gutierrez [AG]. A AG, é bom ficar claro, na época tinha três braços completamente separados. Tinha a parte de construção pesada, com a qual eu nunca tive nada a ver, tinha a de concessões — que ficava em Minas Gerais e que controlava CCR, Sanepar [Companhia de Saneamento do Paraná], Cemig [Companhia Energética de Minas Gerais] etc. — e tinha a parte de Telecom. Eu ficava na Telecom. A Telecom tinha Contax, Telemar e outros ativos pequenos. E eu, quando comecei, só mexia com os ativos menores. E tinha que fazer tudo: análise, negociação de contrato, acordo de acionistas, *due dilligence* e depois controlar as empresas. E a gente utilizava essas ferramentas de gestão pra controlar essas empresas menores.

Entendi...

FS: Foi muito bom, porque além de ter feito e conhecido vários setores na Booz Allen e ter aprendido a controlar na Gradus, é nas empresas pequenas que você sabe realmente como funciona o Brasil. É quando você tem todas as funções que uma empresa grande tem, só que sem a estrutura da empresa grande. Eu tinha um papel de conselheiro. E, a certa altura, eu comecei a ter uma experiência completamente diferente, de participar dos ativos grandes. Eu fui conselheiro da Contax, membro do comitê de finanças da Telemar... E aí você vê como é que são empresas gigantes, com estruturas societárias complexas, que têm que tratar com os vários *stakeholders*, né? Como é que se definem metas pra gestão, como é que se afere isso, como é que você se relaciona com os reguladores, tanto de mercado como de telecom, como é que você faz grandes operações de mercado de capitais, levantar dívidas, M&AS... Então, a minha experiência — sempre pode ser mais completa, né? —, ela é bem ampla em diferentes setores. Eu acho que isso pra mim sempre foi um grande diferencial.

Porque você conhece as empresas por dentro, o funcionamento...
FS: O cara vai te contar uma história, aí você olha pra ele e diz: "Cara, explica direito isso aqui". Depois eu te conto alguns casos. Tem muita coisa em que você não acredita, tem coisa em que não... entendeu?

Então conte um caso, vai. Uma situação em que você percebeu que a história não combinava com a realidade...
FS: Sem nomes das empresas?

Pode ser.
FS: Estávamos investindo numa empresa de varejo em que ganhamos muito dinheiro. E o cara estava fazendo tudo direitinho: tinha uma base pequena de lojas, uma marca boa, crescendo... Aí ele comprou outra marca muito barata, ela começou a crescer direitinho, deu um super-resultado. Um belo dia o cara disse: "Vou triplicar o número de lojas". Aí você diz: "Cara, esse negócio não vai ficar de pé. Pra você triplicar em dois anos, quer dizer que precisaria de 150 gerentes, mil vendedores... Isso não é viável, você não consegue fazer isso". Vendemos as ações. Depois, essa empresa obviamente começou a ter um monte de problemas.

Você estava certo...
FS: E tem um caso em que a gente tem investimento agora. É uma empresa no mercado de energia, que achamos que estava barata, e

o novo presidente começou a fazer um trabalho de melhorias de performance e corte de custos. E a gente bateu muito desde o início na parte de custos da holding deles. Fizemos um benchmark de várias holdings e mandamos para eles, dizendo: "Olha, seu número está completamente fora da realidade, queremos discutir isso". Aí o cara mostrou que de fato tinha uma parte que era não recorrente. Agora, tinha uma parte que a gente achava que não, que era custo mesmo. Aí, depois de muito discutir, ele defendendo o ponto dele, eu disse: "Então tá bom, vamos fazer o seguinte: pelo menos gerencialmente, pega esse custo e coloca debaixo do cara da operação, aí pelo menos o custo tem um dono". Porque custo que não tem dono ninguém olha. É difícil pra um cara que não conhece como um business é gerenciado ter, com o CEO, uma discussão dessas. E o cara no final das contas disse: "É verdade, você tem um ponto aqui, vamos ver se a gente faz esse negócio".

E você não era nem conselheiro, você vai como investidor mesmo dar um palpite?

FS: Não era conselheiro. Nosso ativismo é construtivo. E ele não é pro público. Ele é com as empresas direto. Eu não sou pago pra mudar o status quo de uma empresa. Eu posso, dentro do *case* em que eu estou, ajudar a melhorar, mas eu não vou entrar num investimento pra mudar a empresa. No Brasil esse tipo de coisa é muito difícil porque as empresas normalmente têm controlador. Isso faz mais sentido nos Estados Unidos, que têm um mercado de capitais mais antigo, mais *corporations*, com empresas que não têm um líder, um cara com uma participação grande, que se comporta como controlador.

Você prefere conversar com o executivo e convencê-lo de algo?

FS: Converso. Aí, se o cara quiser te ouvir, te ouve. E se não quiser te ouvir, não te ouve. Ninguém é obrigado a ouvir ninguém. Essa é a realidade da vida. Uma vantagem de estar num mercado onde as ações são negociadas, versus o de *private equity*, é que você sempre pode ir embora. Se você não está satisfeito, vai embora.

Mas, em geral, a receptividade das empresas às ideias é boa? Ou é comum que você tenha que desinvestir porque o cara não dá a menor bola? Ou nem investir?

FS: Não acho que a gente entre na empresa querendo mudar, entendeu? Então, eu só vou desinvestir se achar que o negócio está piorando. Com empresas médias, fica mais fácil se comunicar.

E você dá preferência a elas por causa disso?

FS: Eu gosto de empresas médias porque elas são mais fáceis de entender, são mais baratas e normalmente têm um crescimento melhor. Médias e pequenas. Mas você não pode comprá-las a qualquer momento. Mas então vamos continuar a história e depois eu te conto isso.

Isso, vamos. Você estava na AG...

FS: Em 2007, eu participei da compra da Brasil Telecom. Foi uma operação muito legal, mas muito complexa. E, na verdade, foram duas operações: a Telemar comprando a Brasil Telecom e a nova Oi se reestruturando e passando a ser controlada pela AG. E foi uma operação muito boa pra aprendizado. Acontece que eu já vinha investindo um dinheiro há alguns anos e senti uma rentabilidade excepcional. Eu comecei a ver, a partir de 2006, que era isso mesmo que eu queria fazer. E aí eu comecei a me preparar pro momento em que eu fosse sair. Em 2007, eu combinei com o pessoal que, depois de finalizar a operação da Brasil Telecom, eu ia sair. Fiz isso no final de 2007. E saí principalmente porque gostava muito do que eu estava fazendo, mas, por outro lado, não acreditava no projeto da Telemar. O que aconteceu agora... Eu não vou dizer que eu dizia que a empresa ia quebrar...

O que aconteceu agora com a Oi,* você diz?

FS: É, com a Oi, mas eu, há muitos anos, dizia que a Telemar não era viável economicamente.

---

* A Oi pediu recuperação judicial em junho de 2016.

Por quê?

FS: A telefonia fixa foi regulamentada no Brasil entre 1996 e 1998 como um monopólio natural. E o monopólio da telefonia fixa durou cem anos. A partir da quebra da AT&T nos Estados Unidos, o pessoal começa a pensar um pouco em outras coisas. Quando a McKinsey desenhou em 1996, 1998, desenhou sendo um monopólio com muitas obrigações. Quando você tem um monopólio, o regulador exige normalmente alguma coisa de volta pra sociedade, como obrigações de universalização. A telefonia móvel já existia naquele momento, mas não era o que é hoje. Era pequenininha.

E na verdade a telefonia fixa deixou de ser um monopólio...

FS: Deixou de ser um monopólio por novas tecnologias. E aí você tem competição de telefonia móvel, de voz sobre IP, de longa distância... E, o que é óbvio, a competição ocorre onde você ganha dinheiro, não onde você não ganha dinheiro. Então, quando a Telemar se juntou com a Brasil Telecom, passou a ter todas as obrigações de concessionária, em todo o Brasil, exceto São Paulo. O negócio ficou inviável pela competição por novos serviços. Era previsível que isso fosse se intensificar ao longo do tempo. Fazia muito pouco sentido eu continuar num negócio que tinha uma agenda negativa, se eu podia fazer um negócio que eu gostava de fazer.

Aí nasceu a Bogari?

FS: Aí nasceu a Bogari. Eu já tinha criado um clube chamado Bogari pra mim, que, na verdade, era meu, da minha esposa e do meu filho, que na época tinha dois anos. Tiramos um CPF para ele.

Que vantagem você viu em investir via clube, em vez de diretamente em ações?

FS: Tem duas vantagens. A primeira é você não ter o trabalho todo de apurar o imposto. A segunda é que, quando você tem um clube, você posterga todo o pagamento de imposto pro saque.

O imposto incide só no saque como em um fundo e não a cada venda de ações...

FS: Só no saque. Como eu só pretendo sacar esse dinheiro quando eu morrer... E tenho mais uns muitos anos...

Sabe que não vai ser você que vai sacar quando morrer, né? Que eu saiba não tem saque lá no céu...

FS: Então, eu não pretendo sacar esse dinheiro [risos].

Esse dinheiro está no fundo da Bogari hoje, né?

FS: Então, eu saí da empresa no final de 2007 e, em 2008, fiz todo o processo pra transformar o clube em fundo. Você transforma, existe essa previsão. Você mantém o CNPJ, só que vira uma nova figura jurídica.

Mas até então só tinha você, sua mulher e seu filho.

FS: Não. Depois entraram meus pais, meus irmãos, e eu tocava o dinheiro deles. Melhor é ter a família bem do que a família mal, né? Não existe nenhuma vantagem em sua família estar pior, né? [risos]. Tem uma história interessante: o meu pai herdou do meu avô um apartamento na zona norte do Rio. E aí eu disse: "Pai, vamos vender esse apartamento? A gente investe esse dinheiro no mercado financeiro". A gente pegou metade do apartamento e investiu num *hedge fund* e metade num fundo de ações.

Em um *hedge fund* lá fora ou aqui no Brasil?

FS: Investi tudo aqui no Brasil. O dinheiro do *hedge fund*, que era um multimercado desses, foi sendo usado ao longo da vida, mas o dinheiro em ações ficou muitos anos investido no fundo da IP.* Foi uma rentabilidade ótima. E aí eu peguei esse dinheiro e disse pro meu pai: "Olha só, eu tenho o clube. E eu não vou te cobrar nada por isso, ponha aqui o dinheiro". E aí, sei lá, o dinheiro de meio aparta-

---

* IP Capital Partners, de Christiano Fonseca e Roberto Vinhaes, este último também entrevistado para este livro.

mento na zona norte do Rio virou quatro apartamentos na zona norte. Ou um apartamento decente na zona sul.

Nossa! Isso em quanto tempo?

FS: Olha... Muito tempo. Mas a beleza do investimento composto é essa, né?

Mas dá para fazer isso ainda, Flavio, ganhar tanto dinheiro na bolsa brasileira?

FS: Sempre dá. Eu acho que a gente vai passar por um período agora, se tudo der mais ou menos certo, de uma alta de novo muito grande.

Quero entrar um pouco no seu processo de seleção de ações. Como é que funciona hoje, desde que você olha para a empresa até o momento em que ela entra no portfólio?

FS: Já vou chegar lá, estou pertinho. Eu montei a Bogari. Eu conversava muito com os caras da Dynamo na época, com outros caras do mercado. E eu perguntava: "O que eu faço? E, principalmente, o que eu não devo fazer?". E os caras diziam: "Olha, você não deve trazer cliente ruim. Tente ter uma base grande que entenda o que você está fazendo e que queira investir no longo prazo. E não tente trazer os caras que vão entrar só pela rentabilidade atual, porque eles acabam saindo muito rápido. Tente trazer caras que tenham uma qualidade de cliente muito boa, se forem distribuidores, porque alguns movimentam mais o dinheiro dos clientes". E a Dynamo dizia também: "Escreve uma carta legal. Uma carta legal dá um efeito legal". Então eu dizia o seguinte: "Olha, o que eu quero? Eu quero montar um veículo de investimento que vai durar muitos anos. E eu quero que esse veículo seja — essa é uma palavra fundamental para nós — consistente. Eu quero que a gente ganhe dinheiro de forma consistente".

E o que é para você ganhar dinheiro de forma consistente?

FS: É você evitar perder dinheiro quando o mercado vai mal, ou ter grandes concentrações. É você evitar ter grandes perdas no fundo. Se você conseguir isso, você vai ter um resultado consistente ao longo dos anos. Tudo o que a gente fez, tanto na montagem do portfólio como na montagem da gestora, é para entregar esse tipo de consistência. Nossa filosofia é absolutamente harmônica, em como a gente toca a empresa e como a gente toca o portfólio para entregar o que a gente quer — o que não é necessariamente verdade em várias casas do mercado, que querem crescer muito rápido ou têm um custo fixo muito alto.

E como entregar esse nível de consistência?

FS: Aí a gente começa a falar do que você perguntou. A pergunta é: "Como você ganha dinheiro investindo em ativos reais?". E a resposta conceitual é a seguinte: se você comprar um ativo, pagar um preço adequado por ele, preferencialmente baixo, e esse ativo melhorar no seu prazo de investimento... Por exemplo, você compra uma empresa, e ela aumenta a lucratividade, aumenta a rentabilidade, melhora a posição competitiva, gera mais caixa... Se isso acontecer, as chances são muito altas de você ganhar dinheiro na média.

Mas como encontrar essa empresa maravilhosa?

FS: Não precisam ser empresas maravilhosas. Precisam ser boas empresas. Não existe nenhum demérito na vida em você ganhar dinheiro com empresas que não sejam as excelentes. Existem várias empresas boas, que não são excelentes, entendeu? Empresas excelentes são quatro no Brasil, talvez. Não mais do que isso, não. Muitas vezes, elas estão caras. Na maioria das vezes, inclusive, elas estão caras. Na verdade, as empresas que são negociadas na bolsa brasileira já são vencedoras, né? Fazer um negócio bom é muito difícil. Então, de certa forma, aquele já é um estrato das melhores empresas. Elas podem não ser as empresas que você adoraria ter, mas elas, na média, têm boas pressões competitivas e capacidade de gerar resultados de forma consistente ao longo dos anos. Esse é o conceito. Quais são esses tipos de empresas? São empresas que têm modelo de negócio razoavelmente estabilizado. Pra isso, você precisa de indústrias que tenham uma racionalidade econômica, em que as pessoas consigam ganhar dinheiro, que tenham alguma barreira de entrada. Então, a gente quer empresas que tenham mérito no modelo de negócio, que tenham crescimento ao longo do nosso período de investimento, que tenham um bom retorno sobre o capital, que tenham um management decente e que não sejam muito endividadas. O endividamento em um país como o Brasil tem que ser tratado com muita cautela. Muitas vezes as pessoas menosprezam a complexidade de endividamento no Brasil.

Mas por que no Brasil?
FS: Ah, porque o cara acha que ele pode andar um pouquinho mais endividado. Aí, quando chega uma crise, ele está numa situação... Muitas vezes, o cara está num setor cíclico e acredita que o negócio aguenta um pouco mais de dívida. E o negócio não aguenta. Aí você vê as situações que existem hoje de alavancagem, de empresas que tinham que andar com um nível de alavancagem muito menor.

E há algum setor em que você não investe de jeito nenhum?
FS: Que eu não invisto de jeito nenhum, eu não gosto de falar. Tudo, na verdade, depende do momento e do preço. Tem coisas que a gente gosta menos...

De quê, por exemplo?
FS: De commodities, a gente tende a gostar menos. São modelos mais voláteis, que em geral dependem do limite de China. Aviação é mais complicado, porque são modelos de negócio que têm muitas variáveis, de câmbio, de petróleo. Indústrias em que você destrói valor constantemente são mais complicadas.

Como assim, destrói valor constantemente?
FS: Você pega a parte de negócios on-line, por exemplo. É difícil ganhar dinheiro nesse negócio, não tem barreiras de entrada. Setor de frigoríficos também é mais complicado, é um negócio muito alavancado financeiramente, tem uma margem muito baixa. São negócios difíceis.

E como você faz para acessar toda a informação sobre uma empresa na qual quer investir? É via leitura de balanço, conversas?

FS: Você tem que olhar algumas dimensões. Tem que entender se a dinâmica da indústria é boa ou não; entender a posição da empresa nessa indústria, como ela ganha dinheiro, como não ganha dinheiro; tem que olhar o management, fazer a modelagem correta da empresa. Aí você consegue ter uma perspectiva mais fidedigna. E pra isso você precisa falar com gente da indústria. Modelagem é a última coisa, né? A modelagem é importante, mas ela tem que ter a ver com as premissas que você coloca no modelo. E tem que falar com as pessoas.

E como é essa rede de contatos?

FS: Você fala com analistas do setor, com fornecedores, com competidores, funcionários... Você tem que se virar e arrumar. O pessoal do time tem que correr atrás.

E quanto desse processo é intuição?

FS: No fim das contas, você tem que ter capacidade de olhar e tomar uma decisão: conseguir olhar os prós e os contras, se o preço está valendo, se o vento está a teu favor ou não, e tomar uma decisão. Intuição... Não sei se é bem intuição, mas acho que é um melhor julgamento da situação à luz das informações que você tem. O que é intuição? A intuição, na verdade, é uma forma que você criou pra julgar as coisas baseado no seu histórico e no seu entendimento da realidade. Então, se você chamar aqui de intuição, de certa forma, dar esse nome pra isso... Eu não acho que é intuição. Eu acho que é a sua capacidade de julgamento.

E como o preço entra nessa história? O preço de entrada?

FS: Normalmente, a gente quer comprar esses ativos no momento em que eles estão num ponto de inflexão operacional. E o que a gente chama de inflexão operacional? Quando vai melhorar a operação da própria empresa. E, nesses momentos, a ação muitas vezes está mais depreciada. Se você conseguir entrar nesse negócio no momento em que o seu julgamento da realidade é que o management vai conseguir entregar essas melhorias — e aí eu acho que a nossa experiência, o nosso background, é importante —, a chance é muito alta de você ganhar dinheiro.

A sua experiência do passado ajuda a ver se realmente um gestor vai conseguir entregar aquilo?

FS: Se as chances são grandes. Porque você nunca sabe se ele vai te entregar ou não.

E como saber a hora de sair, de vender a ação?

FS: Essa é uma parte mais complicada. Tem três motivos pelos quais você troca uma posição. O primeiro é quando dá errado — apesar de a gente não errar muito, a gente erra também. O segundo é quando você entende que já exauriu o retorno que aquele ativo podia te dar. Então, você tem um caso que ia melhorar, melhorou e aí parece que ele não vai mais andar muito. É o momento de sair. O terceiro é quando aparece alguma coisa melhor, em termos de risco ou em termos de retorno.

Como fica normalmente a sua carteira em termos de concentração?

FS: Aí é que está. Como eu te disse, a primeira dimensão do nosso portfólio é que buscamos empresas que vão melhorar no nosso prazo de investimento e que estão em um modelo de negócio razoavelmente estabilizado. A segunda dimensão de gestão importante, quando a gente faz o portfólio, é que eu não quero ter uma concentração excessiva na minha carteira.

Para não ter uma grande perda?

FS: Exatamente. O problema é a perda, não é o ganho. Então eu tento evitar. A gente acha que tem um nível de concentração suficiente. Compramos até 10% do patrimônio em uma única ação e deixamos valorizar até 15%. A gente acha que é muito mais do que isso... O mercado brasileiro não é muito grande, você pode ficar com uma posição meio ilíquida, pode errar. Coisas inesperadas podem acontecer. Sempre acontecem. Sempre, não, mas é normal que aconteçam.

Como o quê?

FS: Tem razões exógenas e endógenas. Algumas endógenas são interessantes, como é o caso da Volkswagen. A última vez que li sobre o assunto, doze pessoas dentro da companhia sabiam daquela fraude [em testes de emissões de poluentes].

O que você quer dizer é que seria impossível um acionista saber desse risco?

FS: É impossível. E provavelmente vários dos membros do conselho não sabiam. Então, ninguém realmente sabe tudo de dentro de uma empresa. Você tem que ter isso em mente.

Então o risco de não saber de algo é um motivo para não concentrar...

FS: A gente acha que não compensa. Veja nosso histórico. Mesmo com um nível de concentração um pouco mais baixo do que a média do mercado, a gente tem um retorno muito, muito bom. Na verdade, eu acho que o mercado acaba deixando de fazer as contas. Quando você tem um gestor mais concentrado, você está correndo mais risco. E, por isso, deveria ter um retorno melhor. E eu acho que muitas vezes, no Brasil, as pessoas acabam não demandando esse adicional de risco. Estão tomando esse risco, mas não estão sendo remuneradas por ele.

Na sua opinião, qual foi o maior acerto de vocês em toda a história da Bogari?

FS: Acho que o grande acerto foi não ter feito nenhuma grande bobagem. Esse foi o maior acerto.

Mas qual foi a ação que mais deu retorno?

FS: Ah, a gente fez muito dinheiro com as empresas de construção, depois de 2008 e 2009. Na época, ninguém conhecia a Eztec. Tem uma carta nossa, de 2008/2009, explicando por que achávamos que os melhores ativos eram os menores e com controlador. Na época, a gente comprou Eztec e Helbor, foram as duas maiores posições. Ganhamos muito dinheiro com isso.

E muitos gestores não gostam do setor de construção, né?

FS: É que você tem que entender a dinâmica do setor, né? Esse é um negócio cíclico muito difícil. Você tem que sair na hora correta e entrar na hora correta, com os preços corretos.

E qual foi, nesse histórico da Bogari, o ativo em que você acha que errou mais?

FS: Eu acho que o maior erro foi um grande aprendizado. Foi a maior perda que a gente teve no fundo, eu acho: Ser Educacional. Aí foi um erro. Gostamos muito da empresa, achamos que eles são muito bons, mas a gente sabia, a gente tinha certeza absoluta de que aquela história do Fies não ia continuar como estava. E aí o que aconteceu foi que começamos a chegar muito perto, a nos envolver muito, a gostar muito da empresa.

Se apaixonaram?

FS: A gente sabia que alguma coisa podia acontecer, mesmo que não soubéssemos que, no último dia de dezembro, os caras iam mudar a regra. A gente sabia que era possível que o governo fosse mudar esse negócio, porque ele não era sustentável. A gente não vendeu. E a ação caiu 60%.

E aí você aprendeu o que com isso? A não se apaixonar?

FS: A gente já sabia disso, né? Você tem que estar próximo o suficiente da empresa pra tentar ajudá-la, mas longe o suficiente pra ir embora quando você tem que ir.

Agora, Flavio, você evoluiu de um clube para um fundo. É muito mais difícil gerir um grande patrimônio do que um pequeno?

FS: Muito. Ser um investidor pessoa física é o sonho de um grande investidor.

Isso remete a outra pergunta: muito gestor fora do país, com o tempo, para de gerir o dinheiro de outras pessoas e cuida só do seu próprio...

FS: É, eles ficaram tão ricos que decidiram tocar só a grana deles. A Bogari é um equilíbrio entre fazer um negócio solitário e envolver mais gente, ter mais troca de informação com gente boa. Como é que você equilibra as duas coisas? Eu podia ter feito a Bogari sozinho, mas ia ser muito mais chato, né?

E com a cobrança do investidor por retorno, como você lida? Não te incomoda?

FS: Não. O que incomoda é a minha cobrança.

Você se cobra muito?

FS: Eu me cobro muito mais do que os meus investidores. Os meus investidores são muito legais comigo. Eu é que não sou. Você tem que aprender a trabalhar com a cobrança interna, né? Cara, eu fico muito chateado quando não entrego retorno ao meu investidor. Muito, mas muito. Eu não olho o resultado do mês, eu olho o resultado do ano normalmente. Mas você vê, como aconteceu nos últimos anos: mesmo a gente fazendo o nosso trabalho, fazendo direito, não perdendo dinheiro, é chato você não estar ganhando o que você deveria ganhar, né?

Todo investidor sofre quando vê as ações caírem, né? Como é que você aprendeu a controlar isso ao longo da sua vida para não vender na hora errada, para não tomar uma decisão precipitada?

FS: Cara, o ideal é você não ver, né?

Mas aí a pessoa pode se sentir um pouco desinformada, né? O que está acontecendo com o meu dinheiro? Não haveria uma periodicidade para acompanhar?

FS: Eu, por exemplo, não vejo o resultado diário do meu fundo. Existe um relatório especial, pra mim, que só tem o retorno acumulado no ano. E, mesmo assim, eu não vejo todo dia. Porque senão

não dá pra trabalhar. A ansiedade atrapalha as suas decisões. Esperar o longo prazo passar é muito chato, muito difícil, né?

Você acha que a pessoa física deveria olhar de quanto em quanto tempo o retorno do fundo, por exemplo?

FS: Pra pessoa física, a gente não manda cota diária. Se ela quiser, pode entrar no nosso site. Ela vai ver a cota diária, mas eu não estimulo isso. E a maioria dos nossos clientes recebe em casa o relatório mensal. A periodicidade com que eles veem o retorno eu não sei. Eu tenho investimentos em *hedge funds* dos quais não tenho a mínima ideia. Você escolhe o gestor e é isso. Aí, a cada três anos você dá uma olhada e vê se o cara foi direito.

Nossa, mas isso é difícil.

FS: Isso é treino. Olha só: o cara que quer ganhar 10% nunca vai ganhar 100%, porque no dia em que tiver 10% ele vai vender. Você tem que esquecer um pouco o fundo. O nosso negócio é um equilíbrio entre eu estar aqui contigo conversando, falando, sem olhar o mercado e deixar as coisas acontecerem, e você olhar o mercado e saber o que está acontecendo.

Se você tivesse que dar um único conselho para o investidor de ações, qual seria?

FS: Invista, e invista sempre, principalmente quando o mercado cai, porque isso vai fazer diferença. A maior parte do meu dinheiro eu ganhei investindo. Sou um cara que ganhou mais dinheiro investindo do que tendo um negócio de gestão de fundos.

7. O investidor prodígio

Como um engenheiro elétrico, aficionado por tecnologia, nascido em Goiânia, que nem conhecia mercado financeiro até a faculdade, foi parar em São Paulo na equipe de Luis Stuhlberger, o mais renomado gestor de multimercados brasileiro, selecionando ações? Isso depois de uma curta passagem pela GP, a lendária gestora do trio de empreendedores Marcel Telles, Jorge Paulo Lemann e Beto Sicupira?

Aconteceu com João Luiz Braga, um dos gestores mais admirados de sua geração, hoje responsável, com Marcos Peixoto, pelos fundos de ações da XP.

Há algo em comum entre o João que aos treze anos foi selecionado para testar a internet no Brasil; aquele que, já na faculdade, passou dias consecutivos enviando seu ainda magro currículo para a GP — e depois dezenove horas por dia trabalhando para mostrar seu potencial —; e também o que seleciona empresas hoje para compor o fundo da XP: uma energia interminável.

O primeiro tombo, operando vendido em opções com o dinheiro que ganhou do pai, foi o MBA forçado. Também com Stuhlberger, por quem tem admiração profunda, João aprendeu dentre outras coisas a montar seguros para a carteira — uma das marcas do mestre dos multimercados. Quando está otimista e gasta dinheiro com pro-

183

teções, o gestor da XP costuma ser questionado pelos colegas: "O que você está vendo?". Ao que responde: "Comprei seguro pelo que não estou vendo".

A estratégia defensiva permitiu a ele, por exemplo, dormir sereno na madrugada em que Donald Trump foi eleito para a presidência dos Estados Unidos — enquanto a maior parte do mercado, que, apoiada em pesquisas eleitorais, apostava todas as fichas na eleição de Hillary Clinton, sofria antecipadamente com o prejuízo potencial do dia seguinte.

João tem uma boa história — de sorte, mas também de muita iniciativa — para quem quer operar ações profissionalmente e não sabe por onde começar.

Quando a professora pergunta: "O que você quer ser quando crescer?", ninguém responde: "Gestor". Você é formado em engenharia. Como se tornou gestor?

João Luiz Braga: É uma excelente pergunta, porque realmente não foi assim. A minha família tem uma certa tradição de engenharia. E tem que ser na Poli [Escola Politécnica da Universidade de São Paulo (USP)]. Inclusive vários dos meus tios ajudaram na construção de Brasília e de Goiânia, lá atrás. Eu sempre fui de exatas. Aliás, quando eu tinha cinco anos, em 1985, meu pai foi meio visionário. Eu tenho um irmão que é oito anos mais velho e nessa época meu pai comprou um computador pra ele — era um CP 400 de 16K de memória e quinze cores. E nessa época o mercado era protegido, fechado, então era um computador nacional, da Prológica, bem rústico. Meu pai nunca imaginou que era o filho de cinco anos que iria se interessar. Mas eu me interessei demais por aquilo ali...

Mas o que você fazia no computador aos cinco anos?

JLB: Pois é! Não havia ícone, tinha que digitar a linha de comando. Eu tive um estímulo gigantesco dos meus pais. Minha mãe me matriculou no inglês na hora, porque era tudo em inglês. No começo eu pegava o manual e repetia a programação. No fim, comecei a programar sozinho. Então, desde os cinco anos de idade sou um apaixonado por tecnologia. Com sete anos, meu pai me deu um MSX, bem melhor. Com onze, ele me deu um PC...

Você nunca brincou no [brinquedo] Pense Bem, então... [risos].
JLB: Não. Eu pulei o Pense Bem! E o engraçado é que meu pai não tinha nada a ver com isso...

De que área ele é?
JLB: Jornalista, publicitário... Nada a ver, foi um visionário. Quando eu tinha onze anos, ele me deu um PC com modem. E eu meio que fundei a minha BBS [uma espécie de provedora], que ficava ligada de madrugada, só para os meus amigos entrarem. Tudo muito rústico. Aí meu pai me viu empolgado com essa história de modem e foi na Embratel. Em 1993, a Embratel veio para o Brasil com o plano-piloto de internet. Eles abriram quinhentas vagas, 35 mil pessoas se inscreveram, e por acaso eu fui selecionado pra ser *beta tester* da internet no Brasil.

Você tinha quantos anos?
JLB: Treze. Eu demorei um mês pra me conectar à internet. O pessoal da Universidade Federal de Goiás ia lá me ajudar. Eles também queriam conhecer. Eu me lembro da primeira capa do UOL, que era supertosca... Isso era em 1993 e a internet abriu comercialmente no Brasil em 1995. Eu perdi várias chances de ficar milionário nessa época: qualquer coisa que eu montasse me deixaria milionário. Aí, em 1995, um amigo que conheceu a internet na minha casa montou um servidor e me chamou pra ajudar. Eu pensei: é isso, eu amo exatas! Na época fui meio hacker, invadi uns servidores de canais de televisão, fiz umas besteirinhas. Era muito mais fácil do que hoje.

Era para você estar hoje trabalhando no Google ou algo assim, não como gestor...
JLB: Totalmente. Eu imaginava que era esse o meu caminho. Por isso é estranho eu ter virado gestor. Aí eu vim pra Poli: aquela provi-

nha mudou minha vida. Entrei na Poli e um mundo se abriu na minha frente: São Paulo. Eu não sabia o que era consultoria, mercado financeiro. E digo mais... Olha o tanto que eu era tosco: minha primeira opção era engenharia elétrica, a segunda era engenharia civil. Eu não sabia o que era engenharia de produção, um caminho natural para o mercado financeiro. Fui saber dentro da Poli. E aí foi rápido meu interesse...

Qual foi o seu primeiro contato com o mercado financeiro?
JLB: Foi certamente conversando com amigos na Poli.

Seus pais investiam?
JLB: Não, zero. Meu avô e meus tios engenheiros fizeram uma incorporadora que acabou ficando grande no estado de Goiás. Até hoje eles não investem no meu fundo — só acreditam em tijolo [risos]. Eu estava com o Stuhlberger e eles não acreditavam, agora estou na XP e eles não acreditam. Só em tijolo mesmo.

E como você foi parar na GP?
JLB: Na Poli comecei a me interessar. E meu pai me deu duas coisas: 5 mil reais pra eu brincar e alguns cursos: de tesouraria, produtos financeiros etc. Essa história é importante, porque aprendi muito de gestão de risco com ela. Comecei a brincar com análise técnica em 1999, pós-privatização das teles. Aí caí nas opções [risos]. Fui trabalhar em um banco alemão, o WestLB, e tinha acesso a notícias em tempo real. Meus amigos de laboratório da Poli também sabiam que eu gostava disso, então me deixavam no computador. E em seis meses esses 5 mil reais viraram 20 mil. E eu achava...

Nossa, ficou se achando...
JLB: Sim! Pensei: sou bom pra caramba. E aí você começa a arriscar cada vez mais, né? Até uma hora que comecei a operar vendido em opções. Nunca vou me esquecer: foi a maior besteira da minha vida.

Lá se foi o dinheiro...

JLB: Era opção de Telemar. Eu nem estava tão grande na venda, mas foi uma cagada. A opção valia, sei lá, de trinta a quarenta centavos, eu não tinha que estar vendido nisso. Aí acho que foi numa quinta-feira que saiu a decisão de um juiz, nem lembro direito o que era, e o papel abriu com 5% de gap de alta. Eu operava na Ágora. O cara da mesa me disse: "Você vai depositar mais margem, João? Porque se chegar a tal valor, a partir daí você está devendo". Eu disse: "Põe um stop* aí". Bateu lá, fui stopado, perdi os 20 mil reais, e a ação continuou subindo. Ou seja: se eu não tivesse feito o stop, teria não só perdido todo o dinheiro como precisaria fazer uma ligação: "Papai, deposita na corretora um dinheiro?" [risos].

Que vergonha... [risos].

JLB: É, mas aprendi gestão de risco, foi o melhor MBA que fiz na minha vida. Quebrei na física. Descobri que...

... que não era Deus.

JLB: É. E que cautela rende muito.

Nunca mais operou vendido em opções na vida?

Opero, mas com outro patamar de risco, só pra hedge, pra baratear a estrutura. Aí no meu último ano de Poli, o WestLB estava sem vaga no Brasil. O pessoal foi muito legal comigo: disse que havia uma vaga em Düsseldorf, mas que era pra eu ficar à vontade pra procurar. Último ano é aquela coisa: você participa de dinâmicas de grupo de empresas... Meu Deus, como é chato. E meu sonho era trabalhar na GP.

Aquela era a época do Marcel Telles, Jorge Paulo Lemann e Beto Sicupira...

JLB: Isso. O escritório do Jorge Paulo era lá. Eles tinham vendido o Garantia. A história curta de como eu consegui esse emprego é a

---

* Um stop equivale a desmontar automaticamente uma posição quando ela bate um nível de prejuízo definido previamente.

seguinte: eu ficava mandando e-mail pro RH todos os dias [risos]. Na época não existia LinkedIn, essas coisas... E eu não tinha ninguém pra me indicar na Poli Elétrica. Eu ficava mandando e-mail e nada de resposta. Um dia apelei e decidi ser cara de pau e mandar meu currículo para qualquer e-mail que achasse no Google. Achei um do comercial. Nunca vou esquecer: eram umas cinco da tarde. Minha ideia era passar a escrever pra esse e-mail também todos os dias [risos]. Dois minutos depois tocou o meu celular. "Oi, João." "Quem está falando?" "Raquel." Eu tinha conhecido essa menina quando ela era recepcionista da Avanade, que era uma joint venture da Accenture e da Microsoft. Meu primeiro emprego na Poli tinha sido na Accenture e eu fui alocado em um projeto da Ambev que ficava na Avanade.

E ela estava trabalhando na GP?
JLB: "Você tá brincando!", eu disse. E ela: "Seu currículo caiu no meu e-mail". Ela trabalhava no comercial da GP! "Você tá de sacanagem! Consegue pra mim uma entrevista?" Ela conseguiu com o Marcus Martino, que era o CFO da GP (hoje é o CFO da Wiz), já na sexta-feira. Isso era quinta-feira à noite. Ela me perguntou a que horas eu podia falar...

Você disse: hoje mesmo!
JLB: Eu disse: a qualquer hora que você quiser. Eu disse pro Martino que eu não tinha muito a oferecer: "Me chama pra varrer o chão que eu venho". Fui entrevistado por outras pessoas e eles me colocaram pra varrer o chão: o último lugar do *back office*. Aí eu trabalhei pra caramba porque o pote de ouro estava ali, né? A poucos metros. Eu queria trabalhar na mesa [de operações]. Foi até curioso, porque o Martino me mandou para fundos líquidos. Se eu tivesse ido para *private equity* não estaria aqui agora.

Tinha fundo de ação líquido na GP?
JLB: De ação, não. Tinha um *hedge fund*, o Petrópolis. Foi um grande aprendizado porque ele cresceu muito, concentrado em poucos distribuidores, e caiu muito rápido. Passou de 1 bilhão de reais e voltou

a ser pequeno muito rápido, por concentração de passivo e outros problemas. E aí o fundo se desempenhou por pouco tempo mal e a galera já resgatou. Mas lá havia três caras de bolsa, entre eles o Alexandre Grzybowski, que teve uma participação muito importante na minha vida, me motivou muito. Eu achava que, como eu era engenheiro, bolsa não era a minha. Pensava: o Brasil é o país da renda fixa, eu quero ser *trader* de renda fixa ou volatilidade. Ia fazer uma planilhona...

Lá você teve algum contato com o Lemann?
JLB: Sim. Eles não eram tão próximos, mas uma vez por semana o Jorge Paulo ia lá na salinha bater papo com a gente, saber do mercado...

Há algo da cultura da GP que te marcou?
JLB: Tudo. Tudo. Por exemplo: quando eu entrei, era responsável por baixar o custo de telefonia. Tinha acabado de me formar e a conta de telefonia era minha. Depois foram os Correios. Lembro que tomei uma bronca do Martino porque ele mandou três VHLs pra fora e aquilo explodiu a minha conta de Correios. Eu disse pra ele: "Pô, você precisava mandar isso mesmo?". Fui lá brigar com o cara [risos]. Aí ele disse: "Precisava mandar mesmo e não é assim que você melhora o custo. É achando alternativas".

Você, uma criança, cobrando do diretor financeiro da GP... [risos].
JLB: Desse jeito [risos]. Isso é total cultura GP: cada pessoa tinha uma conta pela qual era responsável. Havia um painel com gráficos de meta. Estava lá: "João Luiz Braga: Correios (Vermelho)". Fica ali pra todo mundo ver. Então você leva a sério e procura melhorar. E se todo mundo procurar melhorar um pouquinho, o todo... é muito.

São metas bem estabelecidas...
JLB: Ah, no bônus era nota para tudo, supercriterioso. Aí fiquei um mês no *back office* e me jogaram pra conta da mesa de operações. Refiz todo o gerencial da mesa inteira, o que foi muito legal, porque aprendi muito. Em três meses, fui trabalhar na mesa de fato: eu ope-

189

rava FRA,* S&P... Nessa época eu ajudava muito os outros, tentando achar meu espaço, trabalhava dezenove horas todos os dias, fins de semana, porque gostava também... Em meados de 2004 o Jorge Paulo, o Marcel e o Beto saíram da GP pra fundar a 3G. O fundo começou a tomar resgate e eu comecei a achar que precisava fazer outra coisa: não sair, porque eu realmente via a GP como meu sonho e não ia largar a cadeira em hipótese alguma, mas pensei em estudar. Eu tinha 24 anos, ainda era cedo pra sair do país... O sonho da minha vida que eu não realizei era um MBA lá fora... Prestei os três MBAS que existiam aqui em São Paulo — FGV [Fundação Getulio Vargas], Insper [Ibmec na época] e FIA, na FEA [Faculdade de Economia e Administração da USP]. O pessoal da GP me aconselhou a ir pro Insper.

E você foi...

JLB: Sim. Teve uma coisa que me deixou bem triste nessa época: a chefe do *back office* saiu de licença-maternidade e me disse: "É a chance da sua vida, vai lá e toca o *back office* enquanto isso". Aí no primeiro dia de aula todo mundo se apresentava e dizia de onde tinha vindo. E eu dizia: "Eu sou o Luiz Braga, sou *trader* na GP, só que agora estou ajudando no *back office*, cobrindo uma licença-maternidade". E o pessoal dizia: "Tá gostando?". Eu respondia: "Não, tô achando uma merda" [risos]. Aí, olha que coincidência — eu admito que tive sorte na vida. No intervalo do primeiro dia de aula, uma mulher veio conversar comigo: "É você que é da GP? Eu sou do *private*, meu marido é gestor: Marcelo Cavalheiro". Hoje ele é da Safari Capital.

Que sorte... Naquela época ele era o que na Hedging-Griffo?**

JLB: Gestor de ações e analista. O Marcelo tem um viés de analista forte: ele ajudava o Verde também na alocação. Aí nesse MBA

---

* FRA (*forward rate agreement*): trata de se posicionar em um diferencial de taxa de juros entre duas datas no futuro.

** Luis Stuhlberger, responsável pelo mais renomado fundo multimercado brasileiro, o Verde, vendeu o controle de sua gestora, a Hedging-Griffo, para o Credit Suisse em 2006. De acordo com o contrato, ele não poderia montar um negócio concorrente nos oito anos seguintes.

pela primeira vez eu estudava algo que usava na prática. Eu era um bom aluno. Um dia a esposa do Cavalheiro me disse: "O Marcelo quer te conhecer. Tem uma vaga para analista de ações". Eu respondi: "Como é que é? Analista de ações? Não, eu não quero, eu quero ser *trader*!".

Mentira, João!

JLB: [Risos] Juro por Deus! Era o país da renda fixa, eu lá queria ser analista de ações? Duas semanas depois ela insistiu: "João, vai conversar com ele, porque lá é muito bacana". Aí eu fui. Conversei com o Marcelo e os dois analistas na época: o Bruno Baptistella, hoje na Brasil Capital, e o Felipe Hirai, que até há pouco tempo estava no Merrill Lynch. Foi uma conversa superboa.

Timaço, né?

JLB: Timaço. Aí eu conversei, contei essa história da internet... O pessoal da Griffo me enchia muito o saco por causa disso. Eles duvidavam que eu tinha sido um programador aos treze anos [risos]. Aí eles fizeram a proposta no dia seguinte. Voltei à GP e contei do convite pro Alexandre Grzybowski, o Griba, que era meu mentor lá. Ele disse: "Pro time do Marcelo Cavalheiro? Pede demissão agora e vai".

Nossa, ele foi superimportante pra você mesmo...

JLB: Superimportante. Pedi demissão e fui. E eu tenho muito a agradecer a ele, porque eu amei bolsa. Eu dizia: "Griba, eu quero renda fixa, eu quero operar volatilidade, fazer conta". Ele dizia pra mim: "Não, você não gosta disso, você gosta de estudar. E o trabalho do analista de bolsa é estudar. É um trabalho de pesquisa". E, de fato, a gente estuda o dia inteiro. Hoje eu dou umas aulas no Insper e na FGV, como convidado. É curioso, porque você vai dar aula pra essa molecada e o professor anuncia: "Vai vir o gestor de bolsa da XP". O pessoal já pensa no malandrão. Meu primeiro slide é: "Você gosta de estudar?". Exatamente pra desmistificar isso logo. O mercado mudou muito.

Aí então você virou analista de ações da Hedging-Griffo... Você tinha um setor específico?

JLB: Sim. Eu tinha um ano de formado. Aí o Bruno perguntou que setor eu gostaria de cobrir. Eu disse: "Ah, sei lá, eu sou engenheiro elétrico, me coloca no setor de *utilities** aí". Ainda bem que eles não colocaram. Eu disse que era de renda fixa, que não entendia nada de bolsa e que não sabia nem o que era Ebitda. "Mas, se quiserem um cara para aprender, eu vou ralar muito." O primeiro setor que colocaram pra eu cobrir foi bancos. Então eu continuei sem saber o que era Ebitda por muito tempo, porque banco não tem Ebitda [risos]. Depois eu peguei economia doméstica, varejo, consumo, teve muito IPO nessa época...

E aí foi amor à primeira vista pela bolsa?

JLB: Foi totalmente amor à primeira vista. A várias coisas, entre elas o caminho que tanto o Marcelo Cavalheiro quanto o [Luis] Stuhlberger me deram. Em poucos meses de Griffo eu fui do céu ao inferno... Logo no começo já teve o IPO do Submarino. Eu nunca vou esquecer. Saiu a 21,62 reais e eu disse que era pra comprar. Coloquei todo mundo, até o pessoal do *private banking*, no auditório pra explicar. Esse IPO, que saiu a 21,62, bateu doze reais [risos].

Que desespero...

JLB: O pessoal ficava: "Eh, Braga, o submarino afundou, né?". Aí depois voou! Bom que você aprende, né? O mercado financeiro, em geral, é uma lição de humildade. Se não souber lidar com o erro, você tem que sair. Tem várias coisas que eu admiro no Stuhlberger, mas, se eu tiver que citar uma só, é a humildade. O Luis é muito humilde. Tudo o que eu tenho, sou e sei devo ao Stuhlberger como profissional. Eu levo às vezes a performance do fundo pra ele, igual um filho leva um boletim. Quando estou mal, eu escondo...

---

* O setor de *utilities* inclui serviços como os de energia elétrica, saneamento e gás.

Você acha que essa humildade se reflete na seleção de ativos?

JLB: Sem dúvida. O Luis não tem vergonha de mudar de opinião. Por quê? Porque ele é humilde. Semana passada eu vendi Fibria a toque de caixa. Por quê? Porque a gente mudou de opinião. Foi rápido, e ainda bem. Vendemos a uns 49 reais e está a 44.

Mas muita gente diz que o segredo do Stuhlberger é proteção, né? Você aprendeu a montar proteção também com ele ou não é esse o segredo do Verde?

JLB: Eu não sei se ainda é, mas certamente foi a genialidade dele. A Griffo lá atrás era uma casa de *equity*, o Luis tinha cabeça de bolsa. Ele sabia juntar os três mundos de bolsa, câmbio e juros como ninguém. Gestores de multimercados no Brasil que fazem isso, especialmente investindo em bolsa, são pouquíssimos. Naquela época, 2011, 2012, ele dizia assim: "Ah, eu não estou nem comprado nem vendido em bolsa". Ele estava 33% líquido comprado. Um terço do Verde comprado era o neutro pra ele. Então, óbvio, ele tinha uma cabeça de bolsa gigantesca, participava das reuniões em que a gente apresentava os casos... Foi uma pista muito legal pra aprender. Eu estava nessa de ser o melhor analista de bancos do Brasil. E sugeri pra ele fazer Bradesco contra Itaú, que era meio anticonsenso. Ele perguntou: "Por quê?". Eu expliquei, mostrei... "Tá bom, vai lá no Dorival (o *trader*) e manda ele fazer 200 milhões de reais em cada ponta aí." É isso, ele te dá a pista...

Essa operação deu certo?

JLB: Deu, graças a Deus! O mais legal do Stuhlberger é que ele deu a pista, deu a chave da Ferrari e disse: "Dirige aí". Logo no comecinho, o Felipe Hirai saiu. Ele é outro cara a quem eu sou muito grato, me ensinou a fazer modelo. Então ficamos eu, o Bruno Baptistella, o Pedro Sales* e o Iram Siqueira. E aí ele nos chamou pra ser sócios.

---

* Sócio-gestor da Verde Asset, também é entrevistado para este livro.

Mas como foi esse momento? Você virou sócio do Stuhlberger! Deve ter sido um dia grandioso. Bebeu, comemorou...

JLB: Certamente. A gente tinha uma tradição de sociedade lá na Hedging-Griffo: os novos sócios pagavam a conta. Ainda bem que havia uns dez sócios novos pra dividir, mas, meu Deus do céu... Os sócios antigos não pegam leve...

Ficou três meses pagando a conta...

JLB: Exato [risos]. Mas foi algo realmente transformacional na minha vida.

Você tinha quantos anos quando virou sócio?

JLB: Vinte e seis. De novo, muita gratidão que eu tenho ao Luis. Ele tinha um percentual alto em tesouraria e distribuiu tudo. Disse: "Eu quero essa galera aqui comigo por oito anos". Ele brinca que eu "flipei" a Griffo, porque comprei uma participação e depois vendemos pro Credit Suisse. E isso mudou minha vida. Mas nessa época eu ainda era analista. No fim de 2008, o Marcelo Cavalheiro saiu. Eu e o Pedro Sales chegamos no Luis e dissemos: "A gente foi superbem no Verde, deixa a gente tocar os fundos de ações?". Nessa época a gestora tinha 150 milhões de reais de patrimônio em dois fundos de ações. Ele aceitou. Aí a gente fez várias regras de cogestão: eu, Mauricio [Felício], Iram e Pedro. Mantivemos o foco. Eu, por exemplo, gastava 60% do meu tempo em bancos, consumo e varejo. E os outros 40% nos outros setores. E cada um fazia assim também. As decisões tinham que ser consensuais, todo mundo trabalhando junto, era superlegal. Nessa época, por volta de 2011, éramos exemplo de união.

Sim! As pessoas chamavam vocês de "os meninos da Verde"...

JLB: E internamente também, o Stuhlberger via assim. De 2012 pra frente teve uma certa desunião por conta do desalinhamento de interesse. Eu acredito muito nisso: que o ser humano é incentivo puro. Se você dá o incentivo certo, vai pra um lado. Se você dá o incentivo errado, vai pro outro. Índole, caráter, são só amplificadores desse movimento... Se você dá um incentivo certo pro cara de índole boa, é muito bom. Se você dá um incentivo errado pra essa mesma pessoa, ela não vai pro mesmo lugar que iria se fosse o certo. E aí a cogestão acabou virando uma coisa de cada um por si. Foi chegando o final do contrato e a cogestão não estava mais dando certo. A performance era boa, mas mesmo assim internamente o negócio estava ruim. Dois meses antes o Patrick [O'Grady, sócio da XP na época] me chamou pra um café da manhã. Eu achei que era pra bater papo de bolsa, até chamei o Pedro Sales pra ir comigo...

[Risos] Que erro...
JLB: Ele não pôde. Fui sozinho. O Patrick disse: "Olha, João, eu sei que o seu contrato acaba no fim do ano...". Eu disse: "Patrick, não posso nem conversar, cara". E ele respeitou. Aí a Ilana [Bobrow, na época head de vendas da XP Gestão] ajudou, disse pra eu ir em busca dos meus sonhos. Fui jantar com ela e com o [Guilherme] Benchimol [presidente da XP]. Tenho muita coisa pra dizer do Benchimol também: ele é impressionante. Odeia falar em público, mas é encantador em um nível... Ele me aconselhou a ir em busca dos meus sonhos. Foi uma conversa tão surreal! Eu lembro de voltar a pé pra casa desse jantar. Pensei: "Esse cara está muito certo. Deixa pra lá a Griffo, mas também deixa pra lá a XP, vou seguir meus sonhos... Eu queria fazer o MBA lá fora".

[Risos] A conversa com o Benchimol bagunçou sua cabeça...
JLB: Ele me deu uma certeza: que não tinha problema não ter chão. Dois meses depois eu saí da Griffo, mas não poderia trabalhar em lugar nenhum, por causa do *non-compete.** E o Luis foi nota mil comigo.

Por quanto tempo era o *non-compete*?
JLB: Era pelos oito anos do contrato. Isso terminava no fim do ano, faltavam mais uns seis meses. E você sabe como é esse merca-

---

* Ao assinar um contrato com cláusula de *non-compete*, o sócio se compromete a não entrar nem criar um negócio similar ao longo de um período.

do, né? É igual correr: se você parar de correr, corre pior. É igual jogar tênis: se você parar de bater na bolinha, vai bater pior. O Luis me chamou na casa dele várias vezes pra bater papo depois disso... Eu tentei mostrar pra ele as coisas que eu achava que estavam erradas. Um dia ele me chamou lá e disse que tinha falado com o José Olympio [presidente do Credit Suisse no Brasil] e que eu podia já ir me assentando em alguma gestora. Ele queria que eu fosse trabalhar com o Luis Soares [sócio-gestor da Nucleo Capital]. Ele me deixou ficar acompanhando o mercado em gestoras de amigos. Eu sou muito grato ao Ralph, da Perfin. Ele me cedeu um lugar na gestora por seis meses, sem cobrar um real de aluguel. Pra mim foi muito legal. Eu não participava de nada, mas estava ali acompanhando, discutindo uma coisa ou outra e operando pra mim na física. Foi mais uma das vezes em que o Luis me ajudou.

Mas aí você foi estudar fora?

JLB: Não, não fui [risos]. Aí abri para conversar, inclusive com a XP. Eu tive mais de vinte propostas, fiquei muito feliz...

Mas a XP foi uma virada importante, né? Você tinha clientes de altíssimo patrimônio na GP e no *private banking* da Hedging-Griffo. Você não teve preconceito contra o varejo no começo?

JLB: Excelente pergunta. Antes de aceitar, fiquei quatro meses estudando a XP. Eu sou analista. Eu não seria analista da empresa em que vou ser sócio na física? É óbvio que vou. Acho que pouca gente que entrou na XP fez o processo de diligência que eu fiz. Pra você ter uma ideia, eu bati papo com advogado... Com o Benchimol eu tive várias reuniões. Com o Patrick e o [Marcos] Peixoto, sei lá quantas... Além disso, conversei com um monte de distribuidores, que eram meus amigos da Griffo. Aí, quando entrei, foi uma grande surpresa, porque eu não sabia como era o comportamento da pessoa física nesse caso, da XP, que é muito espalhado, né? Tem a XP, os escritórios e os clientes no Brasil inteiro. Hoje eu tenho 70 mil clientes nos fundos.

Bastante! Só nos fundos de ações, né?

JLB: Sim. Eu não sabia direito como era. Entrei em janeiro e em maio a gente foi mal, principalmente no *long and short*. O Peixoto tinha tido dois meses negativos na história do *long and short*. Um com -0,1% e outro com -0,3%. Em maio a gente tomou -2,4%. Pensei: "Pronto, meu Deus do céu...".

Pensou que os investidores iam sair correndo, como quem não conhece o varejo costuma pensar...

JLB: Todo mundo vai pensar que o menininho novo chegou e estragou o fundo do Peixoto, que estava indo muito bem, obrigado [risos]. A gente voltou bem rápido: os dois meses seguintes foram os melhores da história do fundo. Mas acabou que esse foi um teste de três coisas pra mim. Primeiro, do passivo da XP: fiquei muito positivamente surpreso. O fundo teve pouquíssimo resgate. O segundo teste foi em relação à recuperação: a gente foi ágil ali. E o terceiro foi o teste da minha relação com o Peixoto, porque, quando todo mundo está indo bem, tudo é lindo. E quando está indo mal? Depois eu falo melhor sobre ir mal, até porque não há constrangimento nenhum. Se eu tenho uma certeza na minha vida é que, se eu quiser fazer isso pra você por dez, vinte anos, eu sei que vou mal em vários períodos.

Você entrou na XP como cogestor do Marcos Peixoto, né?

JLB: Sim! Aquilo foi um teste de como a gente ia trabalhar junto. E foi muito bom! Você sabe que eu sou mega-hiperativo...

Sim, e ele parece ser mais tranquilo...

JLB: Ele é mais zen, e eu sou calmo, mas também sou hiperativo. Fico querendo tomar uma decisão logo.

Mas funcionou os dois juntos...

JLB: Funcionou superbem.

Mas por que será? Porque vocês são complementares ou porque os incentivos funcionaram...

JLB: Então quero abrir um capítulo para o Peixoto. Eu não quero ter minha *asset* sozinho. Eu prefiro trabalhar com ele pro resto da vida: é nesse nível. E isso já foi testado: nós temos três anos juntos. Então já tivemos fase boa e fase ruim... Conheço esse cara há muito tempo: ele estava no Itaú e foi pra XP em 2013, a gente se encontrava, batia papo e tal. Quando, em 2014, teve essa história de eu ir pra lá, ele foi o primeiro a se animar, porque ele meio que fazia cogestão com o Patrick, mas ele estava alçando voos maiores, na diretoria. O Patrick abriu mão da posição dele pra eu entrar. Na época havia mais ou menos 500 milhões de reais de patrimônio no *long and short*, uns 300 milhões no *long only*, e o *long biased*, que é meu fundo preferido, tinha uns 10 milhões...

O meu preferido também é o *long biased*... Era ridículo de pequeno.
JLB: Sim. Hoje todos os nossos fundos têm quase 4 bilhões de reais, já.

Mas vamos voltar às perdas. Como é que vocês lidam com elas? Sofrem muito?
JLB: Acho que o primeiro grande desafio de todo mundo que monta uma gestora é esse. Se os dez melhores caras do mercado montarem uma gestora, eu tenho certeza absoluta de que eles vão mal em algum período. Não tem como ir bem sempre. Nem tenho constrangimento de falar porque é do negócio. Só que muita gente tem visão de curto prazo. Eu já vi acontecer muito de gestora de um único produto — sobretudo no começo — começar a ir mal e levar resgate de cliente. E, especialmente se o fundo estiver concentrado em poucos distribuidores, eles começam a cobrar: "O que você vai fazer a respeito?". Aí o gestor dorme mal... É o ciclo ruim. Eu vi isso acontecer com muita gente boa, inteligente. Então, a primeira coisa que você tem que fazer é controlar o risco do negócio. Porque aí, se um cliente perguntar o que você vai fazer, você diz: nada, vou continuar fazendo o que sempre fiz. Isso a gente faz bem na XP: te-

mos quatro produtos, dois mais institucionais. Nesses 4 bilhões de reais tem fundo de pensão, *family office*,* pessoa física... Isso ajuda a somatizar menos quando a gente vai mal, mas não tem como. Isso acho que o Peixoto faz melhor do que eu, de ficar mais tranquilo. O que eu faço para aliviar isso é esporte...

O que você faz?

JLB: O meu esporte preferido é *snowboarding*, mas não posso fazer sempre. Então eu faço jiu-jítsu, academia... E tenho começado a meditar, o que nunca achei que ia dar conta, por ser hiperativo. Na primeira vez, quinze minutos pra mim pareceram três horas. Hoje esse é um momento de prazer.

Você tenta relaxar para não ter o impulso de vender na hora errada?

JLB: Não é nem por isso. É pra não ter ansiedade. Esse impulso de vender na hora errada, acho que pelo meu DNA e o do Peixoto, a gente segura bem. E é uma vantagem em ter cogestão: não existe impulso, existe sempre uma discussão. O Peixoto tem diversas vantagens. A primeira coisa que ele diz é: "Eu não acredito em um *one man show*"...

Mas você trabalhou com o Stuhlberger...

JLB: O Stuhlberger não é *one man show*, ao contrário do que muitas pessoas dizem. Eu acho ele um gênio, mas tem quarenta pessoas geniais em um time macroeconômico gigantesco. Ele sozinho não ia dar conta de ver tudo. Isso ajuda a formar a cabeça dele. É óbvio que no final é ele que toma decisão, mas não é *one man show*. Tem o time do Pedro Sales com oito pessoas de ações, tem o time do Artur [Wichmann] no internacional, tem o Luiz Parreiras, que olha isso tudo e ajuda ele. Se Stuhlberger fosse sozinho numa sala operando, eu não teria dinheiro no Verde.

---

* *Family office*: escritório que aloca as fortunas de uma ou mais famílias ricas, em geral com mais de 10 milhões de reais em patrimônio financeiro.

Agora, dividir a chefia mesmo é bem complicado...

JLB: Concordo, vamos lá. Agora, se eu acho isso para o Stuhlberger, imagina pra mim que sou um mulambo tentando ser analista [risos]. Eu fiquei dez anos trabalhando do lado dele e ele ainda me surpreendia. Não é qualquer um.

Mas mesmo em bolsa? As especialidades dele são outras, né?

JLB: De 2012 pra frente, o Stuhlberger deu uma bela desiludida com bolsa... Mas, voltando, quando estava conversando com o Peixoto pra entrar na XP, eu tinha vivido os lados bons e ruins da cogestão. E decidimos discutir todas as posições. Eu entrei como sócio abaixo dele, que tinha entrado dois anos antes, não tinha o menor problema com isso. Mas disse que, a partir daquela hora, achava que a gente tinha que fazer tudo igual. O Benchimol motiva muito as pessoas. É surreal. Você senta com ele pra conversar e sai querendo trabalhar o dobro. E nem entende o porquê. E ele tem uma coisa muito legal: sabe delegar. Como eu e o Peixoto fazemos? A gente recebe a demonstração de resultado exatamente como se fosse uma empresa, mas só dos nossos fundos. Se o resto da XP inteira foi bem ou mal, impacta zero nosso bônus. Impacta por outro lado, porque somos sócios da empresa inteira. Então eu e o Peixoto pegamos aquilo e abrimos para os liderados todos os meses, pra mostrar que eles são sócios daquela empresa chamada fundos de bolsa da XP Gestão. Eles vão ajudar o coleguinha, pra ver o bolo crescer. Bolsa não é aquele trabalho que eu tenho que motivar o cara a sair ligando. Às vezes não tem nada a fazer mesmo. Imagina se eu premiar só pelo resultado de cada analista!

Todo mundo vai assumir muito risco...

JLB: Exato. Eu vou fazer a galera tomar risco desnecessário. Eu e o Peixoto sentamos, definimos o bônus de todo mundo e o resto a gente divide por dois. A gente não perde um segundo discutindo. O lado ruim desse modelo é que pode haver um caroneiro: o Peixoto trabalha pra caramba, eu vou parar e ganhar no sucesso dele. Isso não aconteceria com a gente, por perfil, amizade, proximidade. O lado bom disso é que não tem discussão, não tem tempo ruim. Está no fundo e deu dinheiro: é nosso. Está no fundo, perdeu dinheiro: é nosso também. Então essa é a primeira parte: não tem nada de João Luiz Braga. É João Luiz Braga mais Peixoto. E isso é muito importante. E eu acredito muito em *turnover* baixo, em time que fica por muito tempo junto, tipo a Dynamo,* o melhor exemplo disso. Então na xp a diferença de sociedade e bônus dos líderes para os liderados é a menor possível. E também acho que é uma das menores desse mercado de bolsa, pelo que ouço do que gestores e analistas normalmente ganham. E não é porque a gente é socialista. É porque sabemos da importância do time, de ficar um bom tempo juntos pra crescer... Dos cinco analistas, quatro são sócios. O quinto só não é porque entrou este ano. E eu vou brigar muito pra ele virar também. Nosso analista de commodities virou sócio da xp com 23 anos.

Nossa, que legal...
JLB: Entregou pra caramba: virou sócio. Acho difícil qualquer gestora roubar um cara como ele. E a gente acha que tem que ser horizontal... Por que ser horizontal? É o viés do Kahneman:** wysiati, ou *"What you see is all there is"* [O que você vê é tudo que há]. Ou seja: qualquer decisão que você toma na sua vida é baseada no que você está vendo. Qualquer decisão mesmo, de qualquer pessoa que está neste andar, nesta cidade: se você vai casar ou não, virar na avenida Juscelino ou não... Você está olhando, o farol está aberto, não tem nenhum carro, você vira à direita. Mas pode ser que esteja vindo uma moto, você não viu... É por isso que a gente é horizontal: queremos que todo mundo participe de todas as decisões.

Que todo mundo veja tudo...
JLB: Exato. Então o analista de consumo pode perguntar sobre Sanepar pra todo mundo. Não existe pergunta burra, às vezes o cara

---

*   Os sócios principais da Dynamo, também entrevistados para este livro.
**   Daniel Kahneman é um psicólogo reconhecido por seus trabalhos na área de finanças comportamentais, ganhador do prêmio Nobel de economia em 2002.

está vendo uma coisa que ninguém viu... É para aumentar o WYSIATI: bolsa é uma lição de humildade, a gente sabe que vai errar e vendo mais talvez a gente erre um pouco menos.

E como fazer para ter um time que respeita isso, como a pergunta boba?

JLB: Nossa contratação tem dois eixos. Um é o da competência: todo mundo que é contratado é competente. E tem o outro eixo que é literalmente o cara ser gente boa. Não estou falando de ser ético, porque isso aí é premissa. Se o cara não for ético, não tinha nem que ter passado na porta. Estou falando gente boa mesmo: aquele cara com quem você vai tomar uma cerveja sexta à noite. Você não vai gastar sua sexta à noite com um cara chato. Acho que 95% das empresas contratariam um competente mala. Por quê? Porque ele é competente, vai trazer dinheiro, melhorar a empresa. Você não tem a obrigação de tomar cerveja com ele sexta-feira à noite. Eu discordo muito disso: a gente busca o carinha competente e gente boa. Por quê? Não é por um ambiente bom de trabalho — essa é só uma consequência muito legal.

Então por que é?

JLB: O que a gente quer é o WYSIATI. Imagina se você coloca um mala na equipe. Aí o analista está falando de saneamento, o outro faz uma pergunta e o mala diz: "Que perguntinha imbecil". Esse cara vai fazer a pergunta de novo? Nunca mais. A gente já teve problema de comportamento no time. É salinha na mesma hora!

Grande parte do que conversamos até aqui já esbarrou na forma como você seleciona ações, mas eu queria detalhar mais esse processo. Como é que você olha para as centenas de ações e escolhe as que parecem ter mais potencial de retorno?

JLB: Pra começar, a gente não olha pra centenas de ações. Na Hedging-Griffo, eu olhava, tinha um universo gigantesco. Aqui a gente tenta focar em sessenta, mais ou menos.

E como vocês escolhem as sessenta?

JLB: Não necessariamente dentro de um processo... Não há um juízo de valor no que eu vou dizer, tá? Mas eu vejo uma galera superpurista no mercado. O Mauricio Bittencourt,* por exemplo, quando compra varejo compra Renner, a melhor do setor. Tem outros na outra ponta, que chamo de cachorro louco: aqueles caras que ficam negociando sem parar. Tem gente que faz muito bem-feitas as duas coisas. Nós navegamos pros dois lados. E ser purista não tem nada a ver com ser *value investor,*** tá? Nós achamos que nós somos *value investors.* O cara da ponta purista acha um absurdo eu ter Sanepar. O cachorro louco acha um absurdo eu ter Sanepar há um ano.

O da ponta purista acha absurdo você ter Sanepar porque você não tem condições de controlar todas as variáveis...

JLB: Porque é estatal... Como é que você vai ter uma empresa estatal?

E você não tem esse preconceito.

JLB: Nenhum preconceito.

E, para você, isso continua sendo *value investing*?

JLB: Sim. O pessoal confunde no Brasil ser *value investor* com comprar a ação mais *premium*... Não é isso. *Value investing* pra mim é olhar pra empresa e perceber um valor muito acima do que aquele que está sendo negociado no mercado. E é bom quando tem alguma coisa que vai fazer esse valor fechar, um gatilho. Porque se não tiver, talvez você caia na história do *value trap* [armadilha de valor]. E aí nada vai fazer essa diferença fechar. Se existe um gatilho — um evento, um resultado —, aí você tem um bom investimento. Copasa

---

* Sócio-fundador da M Square, também entrevistado para este livro.

** *Value investor*: seguidor da filosofia de investimento *value investing*, apresentada por Benjamin Graham (1894-1976) e disseminada atualmente pelo megainvestidor Warren Buffett.

[Companhia de Saneamento de Minas Gerais] e Sanepar são dois exemplos disso: não existia um marco regulatório que garantia o retorno sobre o investimento que elas faziam. E os investimentos marginais em saneamento têm retorno muito baixo, né? Você não precisa colocar mais saneamento na Faria Lima, precisa colocar na favela. Como é que o Estado faz pra incentivar a empresa a investir na favela? Diz que isso vai entrar na base de ativos e ser remunerado na conta de água de todos. Isso não existia na Copasa e na Sanepar. Até existia, mas não de uma forma estruturada. Quando vi que isso seria feito pras duas, imaginei que seria muito relevante: uma tentativa de garantir o retorno sobre investimento é muito transformacional. Eram empresas muito baratas e que tinham um gatilho. Acabou que foi um processo superatribulado...

... em que vocês fizeram um papel ativista para destravar valor, né? O termo é polêmico no Brasil, as pessoas têm um pouco de preconceito...

JLB: Então vamos qualificar esse termo. A gente gosta de fazer o que eu chamo de ativismo positivo. Que é isso? É não buscar o conflito. É óbvio que existem casos em que se busca o conflito e que têm valor também, mas não é muito a nossa. A nossa é ver o ativismo fácil de fazer, aquele em que a gente consegue de fato colaborar. No caso da Copasa, por exemplo, fizemos mais de dez contribuições na audiência pública do marco regulatório. Foi um processo politicamente impecável, mas tecnicamente, na primeira versão, muito ruim. O que é supernormal: eles soltam uma primeira e ouvem nas audiências públicas. Então fomos lá e contribuímos: o nosso analista, Rodrigo Dias, praticamente morou em BH, contratamos consultoria, advogado... Entramos pra ajudar a empresa. Esse é o ativismo que a gente gosta, o positivo, em que todo mundo ganha. A população ganha porque a empresa vai conseguir investir muito mais na penetração de água e esgoto, a empresa ganha porque tem menos risco de ser sucateada e a gente ganha também porque tem segurança pra investir.

E você acaba ajudando também o investidor minoritário, já que o que sai dali vale para todos os acionistas, né?

JLB: Vale pra todo mundo. A gente gosta de atuar onde dá mesmo pra colaborar. A empresa passou por muitas fusões e aquisições, está uma bagunça? A gente gosta muito de um cara, que foi sócio da PWC, e que certamente vai olhar isso bem? Então a gente chega para a empresa e sugere para o conselho. Eu participei de conselhos no passado. Hoje eu evito ao máximo, porque acho que tem gente muito melhor do que eu com mais tempo.

Voltando à filosofia de investimento, também há quem diga que, assim como não compra estatal, o *value investor* não compra empresa de commodity. E diz que quem compra não é *value investor*...

JLB: Eu discordo também... No caso das commodities, primeira coisa: quanto mais velho a gente fica, mais tem certeza de que não sabe de um monte de coisa. Isso é muito importante pra bolsa: a humildade de saber que você não sabe tudo. Então, uma das coisas que a gente reconhece é a incapacidade de prever preço de commodity. Isso significa que as ações não são investíveis? Discordo. Tem commodity mais fácil e tem mais difícil, mas vamos dizer que o minério esteja a 75 reais. A gente calcula qual é o preço do minério implícito na Vale: vamos supor que esteja a cinquenta reais. Olha a diferença! Isso é *value investing*: está precificado a cinquenta reais e a gente sabe que está a 75. Só que a gente sabe que a chance de o minério cair a menos de cinquenta reais existe. Então tendemos a ser mais ariscos com esse tipo de investimento. Por exemplo: Fibria, a gente tinha uma posição gigantesca e vendeu em um dia na semana passada, quando o cenário mudou. Mas dá pra operar sabendo que não dá pra prever o futuro da commodity, procurando essa diferença entre o preço da commodity e o intrínseco no ativo.

Quando faz a análise de qualquer ação, o que você gosta de observar?

JLB: Análise de ações é um painel de avião: tem um milhão de coisas pra olhar. A gente tenta olhar pro máximo possível delas. Então a gente olha pra múltiplo, fluxo de caixa descontado... mas a gente dá menos peso pra eles do que outros analistas. Por exemplo, pra Sanepar, Copasa, Transmissão Paulista, eu confio mais no fluxo de caixa descontado. E não me importo muito com múltiplos. Por quê? Porque são empresas superprevisíveis. Já pra Lojas Americanas, Renner, a gente até calcula, mas confia menos, porque o futuro é mais incerto. Quanto que eu coloco para vendas de mesmas lojas daqui a cinco anos?

Não faço ideia...

JLB: Exato. A gente confia menos. Tem uma coisa que a gente gosta muito de olhar, que é o *free cash flow yield*. Quando vou dar aula, eu brinco: o que importa no fim do dia? É o dinheiro no bolso. E dinheiro no bolso é o *free cash flow yield*.[*] Outro índice de que eu gosto muito é o ROIC.[**] E também o ROIC marginal: quanto é que cada loja nova está dando de ROIC? Isso não é muito fácil de fazer, mas dá pra tentar estimar. Se gera caixa per se e tem um ROIC bom, não distribua de caixa, não, pode reinvestir! O [José] Galló [presidente das Lojas Renner] sempre diz que ele consegue um ROIC de 25% em uma loja nova. Então investe em uma loja aí! — só pra citar como exemplo. Por que o varejo negocia a múltiplos altos? Depois que você acha um modelo bonito, ele se replica muito rápido. É tipo RaiaDrogasil, uma das ações aparentemente mais caras da bolsa — talvez tenha tanto valor que nem seja cara. Só que é lógico que a primeira loja vai ser na Faria Lima, a milésima em Anápolis — aí não sei se o retorno marginal vai ser tão bom. Tem que ver essa curva, mas se a empresa gera caixa e tem retorno marginal sobre o investimento bom, que reinvista. Outro exemplo: Fibria. Ela está colocando em funcionamento a Horizonte 2, que é a planta nova de celulose. Se eu olhar o *free cash flow yield*, ele é ruim. Então tem que expurgar

---

[*] *Free cash flow yield*: estimativa do fluxo de caixa por ação esperado de uma companhia em relação ao preço de mercado dos seus papéis.

[**] ROIC (*return on invested capital*): retorno que a companhia tem sobre o capital investido.

isso aí para saber quanto seria a geração de caixa de verdade. Esse é um tipo de trabalho que a gente gosta de fazer e que não sei se muita gente faz.

Do ponto de vista qualitativo, João, tem alguma coisa que faz muita diferença?

JLB: Várias coisas. Fizemos um *framework* de coisas que pedimos pra todos os analistas seguirem sempre. É óbvio que sempre fazemos análises como SWOT,[*] Porter...[**] Além disso, o analista deve se perguntar qual é o seu diferencial, qual é a sua vantagem. Por que essa sua opinião não está refletida no preço? E essa é uma coisa que eu amo na minha profissão: ainda acho que o mercado é bem ineficiente. É supernormal notícias públicas não estarem refletidas no preço. Eu repito sempre esta frase: "Nunca subestime a ignorância do mercado". Não tem como...

É muita informação...

JLB: É muita informação sobre muitas coisas. Por isso eu acredito no modelo de estar próximo da companhia — e por isso a gente só olha ações brasileiras, por enquanto. São sessenta empresas, cinco analistas: dez a quinze para cada um. Ficamos muito próximos das companhias, dos fornecedores, dos clientes, dos concorrentes, de todos os elos da cadeia. Se eu quero estudar, por exemplo, Qualicorp, a gente fala com todos os fornecedores e com todos os concorrentes pra saber o que está acontecendo com a indústria, quem está forte, quem está fraco, quem está atuando em cada segmento, pra tentar entender a dinâmica do setor. Aí a gente vê que o custo médico só aumenta e isso pode trazer um colapso pro setor, por exemplo... Enfim, tenta entender um mundo gigantesco pra no final do dia comprar ou vender a ação.

---

[*]   SWOT (*strengths, weaknesses, opportunities, threats*): análise que tem em conta as forças, fraquezas, oportunidades e ameaças de um negócio.

[**] O modelo das cinco forças de Michael Porter, publicado na *Harvard Business Review* em 1979, é usado para avaliar um negócio do ponto de vista da competitividade.

Qual foi o seu maior acerto nesse tempo todo de gestor e analista de ações?

JLB: Em primeiro lugar, eu não acho que tem acerto meu...

Certo, você sempre trabalhou muito em equipe. Mas deve haver um que é um achado seu...

JLB: Só mais um ponto qualitativo... Onde as pessoas que não concordam com você estão? Procure gente que não concorda com você...

Difícil isso, né? Normalmente preferimos conversar com quem concorda conosco...

JLB: É. Você quer o conforto cognitivo. Por isso está lá no nosso *template:* "Quem discorda de você pensa o quê?".

Esse *template* é tipo um *check list*?

JLB: É. É um *template* das coisas que a gente pede pro analista entregar. O que mais tem lá, deixa eu pensar... Com quem você falou, com quem você vai falar, quais são os próximos passos? Mas voltando ao meu maior acerto, deixa eu pensar... Meu maior acerto foi ter ido para a xp [risos]. A história da xp é curiosa, porque ela aconteceu muito mais rápido do que eu imaginava. E ela me lembrava muito a história da Griffo lá em 2004: uma galera nova, cheia de gás, *partnership*, crescendo pra caramba, todo mundo trabalhando muito... Até é curioso porque o negócio é parecido com o que os quatro diretores da Griffo fizeram lá atrás. Todo mundo lembra do Stuhlberger, mas o Eduardo Brenner, o André Freitas e o Leo Figueiredo têm uma participação muito grande no sucesso daquilo ali.

Eles eram diretores na Hedging-Griffo?

JLB: Isso. Os quatro diretores. Eles tinham 50% da empresa e nós, minoritários, tínhamos os outros 50%. O Leo, por exemplo, quando viu que tinha um produto ali que era muito desejado e que o pessoal queria muito, decidiu vender outras coisas junto. Assim criou o *private*. E junto com o Stuhlberger eles fizeram uma plataforma de fundos: a Tarpon começou lá, a Skopos estava lá, a própria M Square...

Como funcionava isso? Essa época é famosa na história das gestoras de ações. Todas as gestoras ficavam juntas? Vocês discutiam ações?

JLB: Só a M Square ficou incubada lá. O que o Luis fez, que foi genial? Ele era muito mais dinâmico do que os bancos. Então, se você ia nos bancos grandes querendo vender seu fundo, havia o processo de diligência. Na Griffo, não: vamos conversar aqui e tal... E colocava o fundo dentro da plataforma. É óbvio que isso gerava inteligência: os gestores trocavam ideias. É muito curioso isso. Por exemplo, a Riachuelo e a Renner se veem como concorrentes, né? Eu não me vejo como concorrente do Luis Soares, da Nucleo Capital: ele é meu amigo, a gente troca e-mail pra caramba e isso ajuda a testar minhas convicções, a me mostrar coisas que não estou vendo. E ele tem o fundo dele e eu tenho o meu. E esse é o tipo de coisa que acontecia lá na Griffo: era uma plataforma aberta, que oferecia um monte de produtos legais pro cliente no *private* e tinha o Verde e os fundos de ações da Griffo. Então, o que ele fez ali? Plataforma aberta — o que a xp fez bem depois. Só que ele fez ali e focou no *private*. A xp fez aquilo pra todo mundo e focou nos escritórios...

Nos agentes autônomos...

JLB: Sim. Então as duas histórias são similares. Essa história de brincar de plataforma aberta vale para os dois lados: valia pra mim na Griffo e vale hoje na xp. Eu sou vendido pela xp, mas também por alguns dos *private bankings, family offices*... No começo, quando eu entrei, a xp já era grande, mas estava em um ponto de virada: os gestores não queriam necessariamente que seus fundos fossem vendidos por ela. De repente, a xp virou o que virou. Hoje a galera faz questão de ser vendida pela xp. E aí vira outra dinâmica positiva. E, de fato, o passivo é muito bom. Eu acho que talvez seja o melhor passivo, porque é tão disperso que você não toma resgate rápido quando vai mal. E o pessoal confia. É difícil, porque são 70 mil clientes, então eu escrevo uma carta mensal, eu e o Peixoto falamos na tv para os agentes autônomos, tentamos ficar muito próximos. Essa também é uma vantagem da cogestão: sempre tem tempo pra fazer as duas coisas...

Tem tempo dobrado...

JLB: Eu sou de Goiás, né? E lá a gente fala que o olho do dono é que engorda o gado. Então sempre tem alguém lá... Agora, você perguntou do meu maior acerto. Fracassos eu tenho vários, tá? [risos].

Então me conte um que te ensinou algo importante.

JLB: A gente aprende muito mais com os fracassos do que com os acertos...

Mas você podia contar um acerto também...

JLB: Ah, mas os acertos têm mil donos... Na estatística, existem os erros do tipo I e os do tipo II, né? O do tipo I é aquele que eu cometo quando fiz algo e deu errado. O do tipo II é o que cometo quando não fiz algo que daria certo. Então, por exemplo: RaiaDrogasil. Logo depois da fusão da Raia, ela bateu doze reais. Eu olhei e disse: "Hummm, acho melhor não...". O negócio se multiplicou por várias vezes. Esse foi um tipo II clássico meu. Magazine Luiza... Eu vi ela valer 200 milhões de reais de capitalização de mercado. Hoje vale quase 15 bilhões. Eu vi, fiz a conta e disse: "Hummm, será?".

Mas falar depois é fácil, né? Você poderia ter fugido de uma arapuca também...

JLB: É, ex post a gente sabe que não... Eu olhei a 200 milhões de reais, fiquei meio assim e o negócio voou... Eu peguei só um trechinho, quase nada. Então eu tenho vários erros do tipo II pra contar. Mas a gente lá é meio enviesado para a defesa. E isso é uma coisa que eu queria acrescentar, que a gente gosta muito de fazer, voltando para o fundo: comprar seguro. Essa é a genialidade do Stuhlberger: o seguro barato. Ele tem mais opção do que eu, porque a gente só faz bolsa, mas sempre temos alguma coisa pra fazer.

Por exemplo?

JLB: Na eleição do [Donald] Trump, nos Estados Unidos. É um exemplo um pouco mais fácil porque tinha data, né? Mas duas semanas antes o mercado deu uma bela acalmada porque o Nate Silver, que faz aquelas estatísticas sobre eleição e nunca tinha errado, soltou umas duas semanas antes que a Hillary [Clinton] já estava com quase 80% de chance de ganhar. Eu não tenho análise de política nos Estados Unidos, então minha opinião era a dele. Eu também achava que ia dar Hillary. E o mercado naquela época era mais pró-Hillary, né? Nesse dia, o mercado deu uma bela acalmada e as "vols" desabaram — e volatilidade é o preço do seguro, né? A gente montou uma posição gigantesca pra proteger o fundo. Na madrugada do Trump, você pode imaginar como estava meu WhatsApp de amigos gestores, né? Todo mundo desesperado. A gente estava 100% comprado na carteira, só com essa defesa...

E você fez a defesa contra o Trump mesmo achando que a Hillary ia ganhar, né?
JLB: Você tem carro?

Sim.
JLB: Você faz seguro do seu carro?

Sim.
JLB: Você faz o seguro do seu carro pra enfiar ele no poste?

Não mesmo.
JLB: É o mesmo conceito. Eu não faço seguro no carro pra enfiar o carro no poste. Eu não faço um seguro no fundo esperando que... Ninguém tem que torcer pelo hedge [proteção]. Naquela madrugada, o s&p estava caindo 5% (até fechou subindo), mas a galera estava desesperada. Aí eu peguei a calculadora e fiz uma conta: vi que se ele caísse 7% ou mais, o nosso fundo *long biased*, mesmo estando 100% comprado, ia subir! Então eu dormi sereno. É esse tipo de coisa que a gente gosta de fazer. Não é sempre que a gente tem, porque é caro. No dia do Joesley [Batista],[*] eu não tinha seguro. Fiquei supertriste,

---

[*] No dia 18 de maio de 2017, o vazamento de gravações de uma conversa entre o empresáro Joesley Batista e o presidente Michel Temer levou a prejuízos expressivos

porque essa queda me pegou em cheio e eu tinha seguro até duas semanas antes. Venceu e eu não renovei. Não dá pra ter sempre, porque é caro, mas geralmente eu faço. Todo mundo pergunta: "João, você disse que está otimista e comprou seguro? O que você está vendo?". Eu digo: "Não, eu comprei seguro pelo que eu não estou vendo". É normal eu ter seguro quando estou otimista: depende só de o seguro estar barato. Eu tinha cotado no dia anterior ao Joesley, mas não comprei porque achei que estava caro. Então eu quis bater a cabeça na parede quando aconteceu.

Para fechar, dê uma recomendação para o investidor pessoa física de ações.

JLB: A primeira coisa é: não pense que é fácil. É só se lembrar da minha história lá do começo, quando eu quebrei com meu dinheiro, na física. Naturalmente, todo mundo vai ganhar por algum tempo. Aí passa a achar que é fácil. É a pior coisa!

---

nos mercados de risco brasileiros, causando as maiores quedas históricas de vários fundos. Na véspera, os gestores estavam bastante confiantes em um movimento positivo nos mercados causado pela esperada aprovação da reforma da Previdência.

8. O gestor *old school*

Se o ativista é o investidor chato, que a empresa não quer ver nem pintado, então o rótulo não vale para Guilherme Affonso Ferreira, sócio-fundador da Teorema. A defesa elegante do interesse dos minoritários é o modus operandi do gestor que já fez parte de mais de trinta conselhos de administração. A missão: transformar a companhia de que é investidor.

Conselheiro independente, a última moda do universo da governança corporativa, para Guilherme, é balela. O conselho, defende, precisa ter pessoas que perdem o sono quando a empresa vai mal. E o acionista tem de participar da vida da companhia.

Ser conselheiro nos tempos de hoje exige uma boa dose de altruísmo. Tanto que cada vez menos gestores se dispõem a exercer o papel. Participar do dia a dia da companhia é em grande parte um ônus — cria travas para a negociação de ações, além do risco de dores de cabeça com a Justiça.

Guilherme é definitivamente um gestor à moda antiga. Não apenas quer estar nos conselhos, mesmo ciente dos riscos, como defende que as companhias devem criar laços com seus funcionários, além dos simplesmente monetários. A meritocracia precisa ser limitada, e não há nada de errado com ambientes com certo viés paternalista, em que as pessoas trabalham pela vida toda e sonham em ver seus filhos no mesmo lugar.

O guru do gestor da Teorema? Warren Buffett, como de grande parte dos gestores de ações brasileiros. A diferença é o motivo. A admiração não se deve às suas proezas como investidor, mas sim ao pé no chão. O megainvestidor americano mora na mesma casa desde que se casou, muito antes de ter a fortuna que acumula hoje. A simplicidade é também uma marca de Guilherme. Muito longe da arrogância que impera em parte do mercado financeiro, é um legítimo gentleman.

Em 33 dos seus 65 anos, Guilherme caçou empresas problemáticas e setores em uma conjuntura ruim. O ponto alto dessa jornada foi o Unibanco. Em 1986, quando o senso comum era de que grande parte do setor financeiro estava fadada à falência, o gestor começou a comprar os papéis do banco (ou embarcar nele, como costuma dizer sobre as empresas em que investe) e a participar do dia a dia da instituição.

O Unibanco, que valia 50 milhões de dólares a essa altura, chegou a 18 bilhões de dólares em 2008, ano da fusão com o Itaú.

Não mais que de repente, Guilherme tinha 1,2% do Itaú. Assim nasceu a Teorema. E o gestor não se impressionou com o foguetório, como ele mesmo diz.

Como você se tornou investidor de ações?
Guilherme Affonso Ferreira: Super por acaso. Meu pai tinha uma revenda Caterpillar,* em que eu era o gerente financeiro. E tínhamos o seguinte projeto: a revenda Caterpillar, no mundo inteiro, é formada por territórios. E meu pai tinha uma ideia de que, no Brasil, havia territórios demais: eram nove revendedores, sendo que, na Europa, era um por país; no Japão, eram dois. Meu pai entendia que, em algum momento, aconteceria algum processo de consolidação, uns reven-

---

* Caterpillar: uma das maiores fabricantes do mundo de equipamentos para construção, como cavadeiras e retroescavadeiras.

dedores iam comprar os outros. E minha infância foi toda isso: como é que a gente se prepara pra esse processo. E obviamente queríamos ser caçador, não caça, quando essa concentração viesse. O que acontecia é que, quando nós estávamos bem e dispostos a comprar nosso vizinho, ele, que vivia do mesmo negócio, também estava bem. Por isso, ele não queria vender. E quando ele estava mal, disposto a vender, nós também estávamos mal e não tínhamos condição de comprar. E esse jogo não acabava nunca. Aí eu surgi com a ideia de fazer o seguinte: "Quando houver sobra aqui, vamos ter que aplicar em indústrias que tenham comportamento completamente diferente do nosso. Quem sabe num outro ciclo dê certo de o vizinho estar mal, precisar vender e nós termos um negócio que está bem". Foi um chute grande em termos de ciclos econômicos e como eles se comportam.

Mas isso foi uma intuição ou você tinha estudado algo nessa linha?
GAF: Eu gostava de finanças, fiz engenharia de produção, gostava de bolsa, de renda variável, mas nunca tinha tido chance de operar. De repente, me pareceu que aquilo seria um bom caminho. Foi então que começamos, na tesouraria do revendedor Caterpillar, a fazer uma carteira de ações com as sobras. Na verdade, fomos montando o avião à medida que ia começar a voar [risos]. Não houve um planejamento, não era uma gestora, nada disso. Era uma operação de tesouraria. Mas fomos criando alguns balizadores. Por exemplo, queríamos estar sempre em indústrias que estivessem em um momento conjuntural ruim. A gente imaginava que, assim como precisávamos de um *turnaround*, isso dependia de um momento ruim no nosso segmento. Nós esperávamos que uma empresa em momento ruim fosse uma boa candidata. E quem sabe o momento bom dessa empresa coincidisse depois com o momento ruim do nosso segmento...

Mas como diferenciar um momento ruim de uma história ruim?
GAF: É fácil. Há indústrias que estão malvistas, mas que entendemos que têm futuro. O nosso investimento no Unibanco, o mais importante que fizemos, foi isso. Em 1986, quando o Brasil chegou à conclusão de que os bancos todos iam quebrar e de que não valiam

nada, como a gente nunca tinha visto um país sem banco, dissemos: "Não sabemos no que vai dar, mas algum jeito eles vão dar" [risos].

E na revendedora Caterpillar, você começou comprando ações de bancos?

GAF: Não. No início — começamos a pensar em carteiras de ações em 1984, 1985 —, a ideia era ser sócio de uma empresa que estivesse mal em termos conjunturais. A segunda ideia que apareceu: ter um volume suficiente que nos tornasse importantes pra poder palpitar na solução, já que a empresa estava mal, mas não ser tão grandes lá dentro a ponto de que isso se tornasse um problema nosso. E tinha a bolsa, que a gente julgava ser um caminho próprio pra entrar e sair, a hora que quiséssemos. Depois a vida foi nos mostrando que não era bem assim que as coisas funcionavam. O Unibanco foi a segunda investida nossa. Nós tínhamos uma fazenda na Bahia e fizemos uma sociedade com uma empresa de capital aberto. Era um *trader* de cacau, Correa Ribeiro... estava indo mal, foi o primeiro que começamos a olhar, em 1985. Em 1986, quando veio o Plano Cruzado, apareceu pra nós uma chance óbvia. A inflação era de 80% ao mês. De repente, veio por decreto pra zero, era proibido aumentar preço.

Foi o congelamento de preços do [José] Sarney...

GAF: Isso. O [Dilson] Funaro era o ministro da Fazenda. Mas o mercado fez a seguinte conta: os depósitos à vista não eram remunerados, assim como hoje. E eles emprestavam cobrando inflação mais uma taxa de juros. Então, a inflação em cima do depósito à vista era parte importante do lucro do banco. O mercado fez uma conta óbvia e concluiu que, se não tem essa parte, o banco vai dar prejuízo. Assim, os bancos vão acabar [risos]. Bem, acabar, acabar, não vão, pensei. Algum banco vai acabar sobrando. Começamos a pensar nessa situação.

E por que o Unibanco?

GAF: Olhamos, primeiro, pros grandes bancos: Itaú, Bradesco, Banco do Brasil. Tínhamos definido que 5% era um número bom pra cumprir aquela premissa de ter uma participação grande, mas não suficientemente grande pra quebrar junto. Então, 5% do Bradesco e do Itaú, mesmo a preços deprimidos, era muito. Na época, pra você ter uma ideia, Bradesco e Itaú valiam 200 milhões de dólares ou algo assim. Era uma fração do que valem hoje. Ainda assim, a gente não tinha 10 milhões de dólares pra comprar uma participação desses bancos. Então, fomos pro segundo grupo, que eram os bancos médios abertos. E aí tinha Nacional, Bamerindus, Econômico... e o Unibanco. Tinha um monte de banco, tudo quebrou depois. O Unibanco foi o único que sobrou [risos].

Foi sorte ou foi...
GAF: Talvez um pouco de competência, mas também uma boa dose de sorte. Não há dúvida. Olhamos pra esse grupo e pensamos: vamos neste aqui. Ficamos muito tentados pelo Econômico, porque era uma empresa baiana, sediada em Salvador, a gente tinha muito relacionamento com eles. Na época, não existia empresa sem controlador. Todas as empresas tinham um controlador com nome, endereço, telefone. E, no caso do Econômico, os controladores eram dois caras que brigavam que nem loucos. Brigavam, se odiavam, se detestavam... A gente não gostava daquela situação. Foi muito mais por isso que não compramos Econômico do que por achar que as finanças do banco não estavam bem. Tivemos dúvida sobre o grupo controlador.

Mas os problemas financeiros podiam, no fim das contas, ter a ver com o problema no controlador, não?
GAF: Lógico que sim. E até hoje essa regra vale. Gostamos de controladores que entendemos ser confiáveis, competentes, uma porção de coisas. Quando existe controlador, gostamos de encontrar essas qualidades. Mas o fato é que, um pouco por sorte, um pouco por competência, escolhemos o Unibanco. E tivemos muita sorte. Nos três anos que passamos comprando ações do Unibanco — as compras grandes mesmo foram em 1986, 1987 e 1988 —, o banco valia entre 50 milhões e 80 milhões de dólares. Na hora em que foi incorporado pelo Itaú, ele foi avaliado em 18 bilhões. Mais ou menos

350 vezes o valor dele. Nem tudo foi crescimento vegetativo, mas eu diria que pelo menos metade disso foi crescimento orgânico.

E como se deu a fusão do Unibanco com o Itaú?

GAF: Foi em 2008. De 1986 até 2008, nós fomos acionistas, conselheiros, uma porção de coisas. E aí tem vários movimentos. Um dos quais participamos — e talvez até lideramos — foi a formação da Unibanco Holding. Ela surgiu das ideias de que interessava ter um controlador competente, de que o sistema financeiro tendia a uma concentração enorme e, no caso do Unibanco, do problema de que a família tinha o controle por uma margem muito pequena. Eles não podiam incorporar outros bancos com a emissão de ações, porque iriam perder o controle. Eles teriam essa dificuldade. Como a gente confiava neles, dissemos: "Se vocês quiserem criar uma holding pra aumentar o seu poder de alavancagem, nossas ações estão disponíveis pra isso. Ou seja, nós não temos nenhum incômodo em migrar para uma companhia e ser sócios de vocês em vez de ser sócios do banco como um todo".

Por que era importante a holding?

GAF: Porque eles queriam manter controle sobre um volume de ações ordinárias muito maior do que 50%. Eles tinham 51%, que eram insuficientes. Na hora em que eles juntaram as ações e puseram em uma companhia onde eram controladores e essa companhia passou a ter 80% do capital do banco, era como se eles tivessem 80% do capital do banco, 80% das ordinárias. O que motivou a criação da Unibanco Holding foi isso. E aí a SulAmérica e outros sócios estrangeiros entraram porque, a essa altura, já estavam visualizando a hipótese de incorporação do Banco Nacional. E, de fato, ela foi feita. Foram criadas ações ordinárias e preferenciais. Quer dizer, foi necessária essa alavancagem pra viabilizar a incorporação do Banco Nacional.

E na fusão com o Itaú vocês tiveram alguma participação?

GAF: Nós não acompanhamos essa operação em 2008 por alguns motivos. Em primeiro lugar, porque não era necessário. Não havia a menor necessidade de os nossos 5% das ações ordinárias entrarem junto porque o montante da família Moreira Salles já era suficiente.

E você deixaria de ter a participação de 5% de que gostava...

GAF: Isso. Veja que, no Itaú, nós teríamos virado 1,2%. Iríamos perder a participação estratégica. Nunca cogitamos — e acho que nem eles — ser parte do grupo controlador do Itaú. Acho que eles nunca pensaram também em nos convidar. Então foi o momento de fazer a liquidez. Recebemos um monte de ações do Itaú, o que no fundo é a Teorema hoje, a conversão dessas ações em valor sob gestão.

E hoje vocês ainda têm Itaú?

GAF: Sabe que é a nossa maior posição hoje? Mas é a ação preferencial do Itaú Unibanco e não tem, portanto, nada a ver com aquelas ações que nós recebemos. O que recebemos foi a ação ordinária, que fomos vendendo aos poucos.

O fato de a maior posição do fundo da Teorema ser a PN do Itaú tem a ver com o fato de vocês conhecerem muito o banco?

GAF: Na verdade, até 2008, conhecíamos mais. Fomos do conselho por muitos e muitos anos. Teve um episódio engraçado inclusive. Uma vez, o Pedro [Moreira Salles] foi me comunicar sobre honorários de conselheiros, um reajuste... Eu disse: "Pedro, agora você já deu, está dado, eu agradeço. Mas, pra ser sincero, poder participar da reunião com você, Armínio Fraga, Pedro Bodin, Pedro Malan... Se fosse o contrário e você viesse me dizer: 'Agora nós vamos cobrar pra você participar', talvez se não fosse caro eu aceitaria [risos]. Eu ia ponderar, pedir um desconto, mas aceitaria" [risos].

Você é conhecido por participar de forma elegante dos conselhos de administração das companhias. Pode-se dizer que você é um ativista? O nome, em certos círculos, ficou associado ao de um acionista chato, não?

GAF: O termo ativista tem esse problema, porque os americanos caracterizaram isso como uma coisa negativa. Mas acho que é muito importante que outras frações do capital estejam representadas e que participem ativamente. Um dos problemas que eu vejo hoje é gente que é acionista, vive daquilo e não tem posição a dar. E é passivo em relação às coisas. Eu me lembro no Submarino, quando eu fui conselheiro, vinham dois caras dos Estados Unidos com um monte de procurações — 60% das ações da companhia estavam lá — e quando chegava na hora de votar, se abstinham. O cara provavelmente vinha de executiva ou primeira classe, gastava um dinheirão pra vir, por que não se abstém por telefone, que é muito mais barato? Isso é coisa de regra da SEC,* ele tem que dizer que está presente. Até que ponto chega a esculhambação... Como é que pode uma companhia viver com 60% se abstendo? Eu acredito que o acionista tem de participar da vida da companhia.

Mas qual é a melhor forma de o acionista participar? Tem como ajudar sem incomodar?

GAF: Nem sempre tudo é muito tranquilo. Mas, em geral, você encontra dentro da companhia muita gente bem pensante. Eventualmente, não é a pessoa que está sendo ouvida. Na Gafisa, por exemplo, passei dois anos ouvindo uma história no mercado e outra nas reuniões do conselho. Duas histórias totalmente diferentes. Nas reuniões do conselho, tudo era bonitinho: "As coisas vão se corrigir e tal". E no mercado, tudo era uma desgraça. E a história verdadeira era a do mercado. Levei um tempo pra descobrir que a verdadeira não era a que eu escutava lá, mas a do mercado [risos]. E esse era o meu papel lá. Dizer: "Olha, não é isso que estão falando por aí. Não sei o que está acontecendo, mas provavelmente vocês estão numa encrenca séria". Tem esse tipo de resistência, mas sempre tem vetores positivos. Meu papel é tentar incentivar os vetores positivos. Agora, por exemplo, eu estou na Petrobras. Pra não dizer que não tenho nenhuma, acho que tenho 250 ações da Petrobras. Mas, pelo meu

---

* SEC (Securities and Exchange Commission): órgão regulador americano, com função equivalente à Comissão de Valores Mobiliários (CVM) no Brasil.

histórico todo, era imperdível esse caso. E o que eu estou encontrando, com a maior sinceridade, é só coisa certa.

É o maior desafio que você já assumiu em conselho?
GAF: Ah, sim. Dificílimo. Ouvi muitas vezes o [Luis] Stuhlberger e o Armínio Fraga, que são pessoas que eu respeito como oráculos, dizerem que a Petrobras não sobrevive sem uma nova capitalização do governo. E eu já disse lá na companhia umas cinco ou seis vezes: "Graças a Deus vocês não escutaram isso". Porque o pessoal não sabe o malefício que está causando em defender uma história dessas. Essa companhia só vai se salvar no dia em que ela entender que é um ente por si só, que é ela que tem de cuidar da sua vida. Não tem um paizão que vai salvar... Mas graças a Deus e a pessoas muito competentes, Ivan Monteiro, Pedro Parente, a empresa está conseguindo andar com os próprios pés.

Você tem ideia do número de conselhos dos quais já participou?
GAF: Talvez uns trinta.

Já houve alguma situação em que você enfrentou muita resistência?
GAF: Ah, sim. Teve situação em que a barreira era intransponível: Bardella. Nós fomos acionistas, fui convidado pras festas da Bardella e jamais o Cláudio Bardella me recebeu, jamais. Ele sempre tinha uma razão...

Você chegou a ser conselheiro?
GAF: Não. Tínhamos ações preferenciais na época em que a lei não dava direito aos preferencialistas de eleger um representante pro conselho. Mas ele era refratário de uma maneira... Acho que ele até era uma boa pessoa, talvez bem-intencionado. Mas morria de medo porque o caixa da empresa era maior que o valor de mercado. E todos os analistas chegavam pra ele pra mandar distribuir o caixa. E ele tinha horror a essa conversa. E tinha certeza de que eu ia dizer pra ele distribuir o caixa. Eu não ia! [risos].

O que você ia dizer para ele?

GAF: Eu ia dizer apenas pra tentar dinamizar. Não era possível que uma empresa que estava no fundamento da infraestrutura no Brasil não iria aproveitar a virada que os anos 2000 iam representar pra infraestrutura. Embora essa virada tenha ainda hoje ficado mais pra promessa do que pra verdade. Mas a Bardella ficou...

E hoje? A governança das empresas brasileiras tem melhorado?

GAF: Ah, sim. Tremendamente.

O que melhorou desde que você começou a ser um ativista?

GAF: Tudo. A ação preferencial no Brasil era um papel que a empresa nem lembrava que tinha emitido, mas que, de vez em quando, pagava um dinheirinho pros caras. Não é mais assim hoje. As empresas levam a sério, respeitam o acionista. Isso foi um fenômeno no mundo inteiro, liderado pelos Estados Unidos. As empresas estão não só melhorando muito nesse aspecto como, forçosamente, a sucessão das gerações foi acabando com essa coisa de toda empresa ter um dono conhecido. Então o que era uma pessoa vira famílias, com opiniões diferentes. E as coisas vão ficando muito mais complicadas. Existir a governança e os acionistas muitas vezes até convém pra perpetuar a empresa.

E isso mudou as premissas que você tem para selecionar ações?

GAF: Encontrar setor que tem problemas continua sendo uma regra. Olhamos com carinho tudo o que está indo mal. Uma premissa que tínhamos e que não temos mais é a do controlador. Hoje a gente olha empresas sem controle com maior interesse. Participamos de um caso excelente, que foi Eternit, durante muitos anos. Foi o primeiro caso que era um processo democrático mesmo, em que eram medidos quantos votos cada um tinha pra chegar a um acordo. Depois desse caso, participamos de muitos outros. Foram todos profícuos pra nós. Então, esse receio a gente não tem mais. Ao contrário. Das empresas das quais eu ainda sou conselheiro, talvez a mais bem tocada seja a Valid, cujo maior acionista muda todo dia, mas em geral tem 9%, 10%.

Então funciona sem controlador...
GAF: Funciona muito bem sem controlador.

E sobre a premissa de deter pelo menos 5% das ações?
GAF: Isso a gente abandonou. A maioria dos gestores, hoje em dia, entende que participar da empresa é um ônus, porque dificulta a negociação; eventualmente causa responsabilidade. Por exemplo, por ser conselheiro da Petrobras, já fui citado pelo Ministério Público. A maioria dos conselhos de que eu participo hoje é por consenso de alguns acionistas, em geral fundos. Quando eu entrei no conselho do Pão de Açúcar, foi porque o pessoal da Dynamo, da Tarpon e nós mesmos tínhamos as ações. Mas nenhum de nós tinha, sozinho, ações suficientes pra indicar alguém.

De fato, cada vez mais, os gestores dizem que estão delegando para outros a participação em conselhos... Então tem tudo recaído sobre você... [risos].
GAF: Alguns poucos estão pegando. Ao pessoal da Dynamo, por quem tenho um baita respeito e admiração, eu tenho dito: "Quando vocês mesmos participavam dos conselhos, era muito melhor. Não se iludam de que vai ser a mesma coisa. Não queiram se esconder". Recentemente estávamos pensando em indicar, junto com a Dynamo, um conselheiro pra BM&FBovespa. Essa é a nossa segunda maior posição e a Dynamo também tem uma posição muito grande. Eu me lembro de discutir com o Lula,* que disse: "Nesse caso, nós vamos abrir uma exceção e vamos ter alguém daqui de dentro". Mas acabou não dando certo. Eu disse que valia a pena, porque é outra história. Isso não se delega, não vai ser o mesmo empenho.

Você tem preconceito contra algum setor? Tem gestor que não gosta de comprar empresa de commodities...
GAF: Nós não temos nenhum preconceito. A única coisa que a gente quer é ação com *upside*. Tenho preconceito contra carteiras

---

* Luiz Orenstein, sócio-fundador da gestora de fundos de ações Dynamo, também entrevistado para este livro.

muito diversificadas, eu não gosto. Acho que tira o foco, e a carteira acaba se comportando como um índice.

O que é ser muito diversificado?

GAF: Eu luto um pouco contra isso aqui. Eu gostaria de ter cinco papéis e olhe lá. O pessoal aqui da gestora já gosta de uns dez. Mas vejo carteira que tem vinte, trinta... Não tem sentido. Em Itaú, por exemplo, que é a nossa maior posição hoje, temos uns 20%. Eu não vejo problema de ter 25%, 30%. Se a tese está certa, você deveria ter tudo em uma ação. Se você tem certeza de que é boa, por que não?

E o caixa? Tem gente que usa o caixa para comprar NTN-B, para dólar. O que você acha disso?

GAF: [Risos] Eu tive, por muito tempo, sociedade com a Rio Bravo. E um dos elementos que acabaram dificultando a nossa sociedade é que eu batia muito na tecla seguinte: você é remunerado pra investir em ações. Se você acha que é hora de ter dinheiro em caixa, devolva o dinheiro pro investidor e ele faz esse papel. Não é você que tem de fazer esse papel. O único sentido de ter caixa é quando você vai comprar outra posição, mas está caro, tem de esperar, ou seja, transitoriamente, tudo bem. Agora, ter caixa como princípio, acho horrível. Mas aí tenho de me penitenciar: estou sendo voto vencido aqui. Estamos com uma posição de caixa enorme hoje.

Agora, essa sua resistência ao caixa e seu desejo de estar sempre em renda variável não se chocam com a aversão a risco do investidor brasileiro? O caixa não ajuda a diminuir a volatilidade do fundo em momentos ruins de mercado?

GAF: É importante observar o seguinte: o passivo é tão importante quanto o ativo. Às vezes, você tem de tomar cuidado ao selecionar o seu investidor. Aqui, nós temos sorte que a maioria é a família ou pessoas tão próximas que temos controle e que, portanto, não sacam a qualquer problema. Mas é preciso ter alguns vetores que orientem nesse sentido. Um dos vetores, por exemplo, é ter um prazo de resgate alto. O nosso é sessenta dias. E acho que o efeito mais importante que isso causa é que quem estava querendo muita liquidez não entra num fundo que é pra sessenta dias.

O investidor brasileiro em geral não tem essa cultura de longo prazo. Por quê? Por causa do CDI?

GAF: Acho que, antes de não gostar do longo prazo, ele não gosta da renda variável. O Brasil é pouco afeito à renda variável. Eu não entendo um mundo que vive só de renda fixa. Mas o capital é escasso no Brasil. Se é escasso, por que o pessoal vai trocar um título do governo que rende, seguramente, o dobro da inflação por um risco? Tentando olhar o lado dele. Eu não concordo, mas...

E como você faz para lidar com um momento ruim de bolsa? Você sofre também?

GAF: Sofro... Mas se você teve a chance de selecionar seus investidores, eles vão entender que momentos ruins acontecem. Pode ser o momento de aplicar mais. Vão entender que os momentos bons são melhores pra sacar. Acho que o mercado precisa crescer pra essa volatilidade melhorar. Tem que haver mais investidores e mais dinheiro aplicado nas companhias abertas, regulação mais bem aplicada, governança. Essas coisas todas vão criando um ambiente de mais estabilidade. Enquanto a bolsa da Inglaterra sobe ou desce 0,5%, a do Brasil sobe ou desce 5% ou 10%. Por quê? Porque tem pouca gente.

Mas você como investidor... Você vê seu patrimônio encolhendo e faz o quê?

GAF: Eu não ligo. Eu não faço essa conta todo dia. Pelo contrário. Eu fico mais preocupado em realizar quando acho que os preços estão muito altos.

Você sofre então mais na alta do que na baixa? [risos].

GAF: Não é que eu sofro. Mas me angustia mais ver um preço errado, fundamentalmente errado, pra cima do que pra baixo.

E como não carregar muito tempo uma posição que está em alta? Como escolher o momento de vender?

GAF: Geralmente, quando entramos numa empresa, temos uma *wish list* [lista de desejos]. É uma lista com tudo o que eu gostaria que a empresa fizesse — lembrando que a gente entrou numa empresa ou num setor que tem coisa errada. Tentamos fazer um diagnóstico de tudo o que está errado: precisa aumentar liquidez, precisa de política de dividendos mais generosa, tal e tal. Essa *wish list* vai ou não sendo completada. Em geral, quando chegamos na companhia, eles já pensaram em todos os pontos da nossa lista. Por que não realizaram? Por diferentes razões. Mas aí tentamos ajudar na realização. À medida que isso vai sendo preenchido, chega a hora de vender.

É uma avaliação bem qualitativa a sua, né? Tem um pouco de intuição?

GAF: Tem um pouco de intuição. Procuramos ser qualitativos e um pouco quantitativos. E aí faz parte da discussão de quanto caixa tem, de quantas empresas participar. Não são só flores, não. A gente tem diferenças mesmo dentro da gestora.

E essa escolha qualitativa no processo de colocar uma nova ação dentro da carteira leva quanto tempo? Como é esse processo?

GAF: Pode ser um processo longo ou curto. Pode levar um ano. Tem empresa que a gente olha por mais de um ano.

E como vocês fazem essa avaliação?

GAF: Vou dar um exemplo. Estamos agora embarcando em Guararapes. A gente olhou o setor de comércio, porque achou que a crise brasileira ia afugentar os investidores da área. E isso acabou acontecendo mesmo. Entendemos que o comércio terá uma sobrevida no Brasil e será importante assim que o país der uma virada. Dentro do comércio, fomos procurar aquelas empresas que já tinham todas as suas virtudes bem medidas e bem reconhecidas e as que não tinham. Lojas Renner é o mundo perfeito, reconhecida, todo mundo adora, está tudo certo... E Guararapes, não. O pessoal acha que tem um monte de erro. Mas eu ainda acho que, de certa maneira, não tem por que as empresas não serem parecidas. Elas vivem num ambiente parecido, podem fazer coisas iguais ou parecidas. Mas o processo foi longo, porque todos os problemas que afastam o mercado da empresa são verdadeiros, como a concentração do poder na mão de uma figura que, por sua origem no Rio Grande do Norte, gosta de tudo verticalizado. Ele é dono do posto de gasolina, da revenda de automóveis, da frota de caminhão... [risos].

É regional isso?
GAF: Eu estou brincando, mas no Nordeste é assim. Se você chegar em Petrolina, eles estão em tudo. E a Guararapes tem um pouco esse viés: compra shopping, compra outra coisa... E a gente acha que tem um monte de bobagem lá dentro por causa disso.

Mas como você descobre esse tipo de viés?
GAF: Vai visitando, conhecendo, ouvindo... A gente escuta muito os analistas e troca muita figurinha. E é fácil avaliar quem conhece melhor, quem conhece pior, quem está no caminho certo, quem está no caminho errado. Vamos usando a própria rede de contatos que a gente tem. Agora, esta semana, eu vou falar com o Flávio Rocha [fundador da Guararapes]. Vai ser a terceira vez nesse processo. E a gente tem muito pouca ação ainda.

E você vai construindo sempre aos pouquinhos a posição?
GAF: Em geral, aos pouquinhos. A não ser que apareça uma oportunidade muito grande.

E depois que você compra a ação, fica acompanhando a empresa de perto o tempo todo, as cotações?
GAF: Depois que compramos, é aí que a nossa vida começa a ficar mais intensa, vivendo as questões da companhia. A *wish list*, que eu citei, é uma coisa dinâmica e que a gente vai reescrevendo à medida

que vai conhecendo mais da empresa. Vai cortando alguns itens, ao passo que você conhece mais da empresa, e vai adicionando outros. Então é muito dinâmico.

Agora, essa postura do gestor ativista está em extinção no Brasil. Isso vai acabar? O ativista virou *old school*?

GAF: Eu torço pra que não. Mas, de fato, essa questão das regras... Eu tenho algumas diferenças com a CVM. Uma diferença básica é a questão do conselheiro independente. Acho isso uma balela de um tamanho... Conselheiro independente é o cara que fica lá vendo pra onde o vento sopra. Eu não acredito mesmo. Eu lembro que isso me causou um problema enorme no conselho da Gafisa... Um dia, eu disse pra uma repórter que eu achava que um dos problemas da Gafisa é que muito pouca gente na empresa perdia o sono quando a empresa ia mal. Aí os caras queriam me matar [risos]. A verdade é que não perdem, que aquelas pessoas tinham pouquíssimas ações.

Você acha que o conselheiro tem de ter participação, né?

GAF: Tem de ter participação. Tem de perder o sono por aquilo. Tem de perder dinheiro com a história se vai mal e ganhar se vai bem.

Essa sua forma de selecionar ações segue alguma filosofia de investimento?

GAF: Ah, Warren Buffett. Mas não é que eu seguia, eu descobri o Buffett muitos anos depois. Sabe quando você descobre a sua religião? [risos].

Você já foi à assembleia anual da Berkshire Hathaway?

GAF: Fui uma vez. Vou te contar um dado dessa visita. O Pedro Moreira Salles conseguiu organizar um almoço com o Ajit [Jain], que cuida da área de resseguros e é tido como um sucessor do Buffett. E ele ficou um terço do almoço detonando remuneração variável [risos]. Eu disse: "Ué, nós viemos ao lugar errado".

Por que ele é contra remuneração variável?

GAF: [Risos] Sabe qual era a filosofia, no fundo, da história? O ser humano é, por natureza, covarde. Eles trocam, sim, remuneração fixa por variável, mas na base do um pra três ou um pra quatro. Eu abro mão de um de remuneração fixa na perspectiva de receber quatro de variável. E é bom que essa perspectiva se confirme, porque, se não se confirmar, estou fora desse jogo. Então, ele acha que, pra empresa, acaba saindo mais caro [risos].

Você aplica na Teorema?

GAF: Uso a remuneração variável. Não dá pra não usar hoje. Mas acho que é preciso ver os limites da meritocracia, porque isso está exagerado no mundo.

E como você faz para alinhar isso aqui?

GAF: A empresa do meu pai que é a origem disso tudo é uma empresa super "das antigas". Havia participação nos lucros, essas coisas, mas as pessoas tinham trinta anos de casa. Eu gosto desses ambientes. Não há nada de errado com esses ambientes um tanto quanto paternalistas, em que as pessoas ficam muito tempo, em que pensam em ver os filhos trabalhando no mesmo lugar... [risos].

Não é o que pensam em geral as novas gerações...

GAF: É. Não existe mais isso no mercado de trabalho. Mas eu acho que um pouco disso deve voltar.

Por quê? Para a empresa é importante?

GAF: A empresa precisa criar laços além dos simplesmente monetários. Nesse mundo de remuneração variável, as pessoas recebem a gratificação e no dia seguinte mudam de emprego ou esperam a bonificação pra mudarem de emprego. As pessoas mudam de emprego muito rapidamente e muitas vezes. No Japão, que deu certo, as pessoas nascem e morrem na mesma empresa.

No mercado de gestão é assim também, né? As melhores gestoras têm pouco giro: a Dynamo...

GAF: Isso, a Dynamo, não roda ninguém. Eu acho ótimo isso. Tem de ter um jeito de prestigiar a antiguidade. Não pode ser, simplesmente, o desempenho daquele semestre.

E como foi a sensação do contato com o Buffett, na assembleia?

GAF: Foi ótimo. O que me impressionou foi o show da história. Às seis da manhã, você vai pra fila. Um estádio com capacidade pra 35 mil pessoas lotado. Aí chegam aqueles dois velhinhos: o Buffett e o Charlie Munger. Sentam lá às nove da manhã, levantam meio-dia e meia. Voltam à uma e meia e levantam de novo às seis da tarde, tomando Cherry Coke e chupando balinhas... Não levantam nem pra ir ao banheiro. E só dão respostas inteligentes. Eles têm um traquejo fenomenal. Não vi nem uma resposta mais ou menos. E na área VIP da plateia, tinha Bill Gates...

O que no Buffett mais te inspira?

GAF: O que mais me inspira é o pé no chão. O Meio-Oeste americano é uma sociedade basicamente puritana e séria. O pessoal acorda cedo, trabalha muito. Então, esses princípios continuam. Ele mudou pro mundo de Nova York — dos investidores, do chá chá chá —, mas preservou seus valores. Então, o fato de ele morar na mesma casa desde que se casou... Ficou rico e mora na mesma casa até hoje... Isso é um grande mérito pra pessoa. Ele não se corrompeu. É isso. Ele não se corrompeu pelo dinheiro.

Isso é um pouco você, não?

GAF: Você acha? [risos]. Obrigado.

E por que você acha que esse pé no chão faz diferença para o investimento em ações?

GAF: Você não se impressiona com o foguetório.

Há um debate muito forte hoje no mundo sobre a capacidade do gestor ativo de gerar retorno acima da média de mercado e sobre a alternativa dos ETFs,* de baixo custo. O gestor brasileiro em geral é capaz de gerar alfa?

GAF: Sou meio suspeito pra falar sobre essa discussão, porque é como perguntar pra um macaco se ele gosta de banana. Eu gosto dessa função de ver a recuperação das empresas. Então é meio assim... Eu sou um bom marceneiro, continuo sendo marceneiro. Mas marcenaria não dá mais dinheiro. O que eu vou fazer? [risos]. É o que eu sei fazer.

Seu maior acerto como investidor de ações foi Itaú Unibanco, certo? E qual foi o maior erro?

GAF: Nós tivemos alguns. Poucos, mas tivemos. Bardella foi um erro. Mas é como um marchand de quadros, que vai procurar gente nova. Quando ele acerta, o acerto é tão grande que, quando erra, o erro é pequeno.

E o que você aprendeu com esses erros?

GAF: Os erros foram sempre de profundidade de julgamento.

E na hora de desmontar isso, é muito sofrido? É difícil o passo de assumir que errou?

GAF: Difícil é assumir. Mas, depois que assumiu, não é sofrido.

Mas como ter certeza para assumir?

GAF: Esse é o ponto. É muito capaz que eu esteja sentado em cima de erros hoje. Sempre discutimos isso aqui: se vale a pena ou não continuar com uma empresa. E eu insisto muito que, ao longo dos 25 anos que tivemos Unibanco, o número de vezes que ouvimos que o banco ia quebrar... Tivemos trezentas razões pra sair no meio do caminho. Algumas boas, outras ruins. E graças a Deus tivemos

---

* ETFs (*exchange-traded funds*): fundos que replicam índices e são negociados em bolsa.

a sorte de não olhar tanto pra fumaça e de conseguir olhar à frente e atravessar...

Mas você sabe o que te move nesses momentos de tensão? O que faz você se segurar e manter a racionalidade num momento de pânico em bolsa?
GAF: Acho que é como nas relações humanas: quanto mais você conhece, mais você confia nas pessoas. Ou não. Não confia. Mas, quanto mais você conhece, melhor será o seu julgamento.

Então para o investidor a lição é: ele tem de conhecer muito bem o que escolheu.
GAF: Isso. Conhecer o máximo possível.

Você faz algum esporte para ajudar a aguentar a pressão?
GAF: Eu corro desde os 25 ou 26 anos.

Faltou o fim da história... O que aconteceu com a revenda Caterpillar do seu pai?
GAF: Vou te contar uma coisa engraçada do meu pai. Ele era um cara bem com o perfil do Meio-Oeste americano. Ele só acreditava em acordar cedo e trabalhar. Essa era a função do homem no mundo. E ele sempre olhou pro que eu fazia com um pouco de desconfiança, entendendo que poderia ser especulação. Aí eu dizia pra ele: "Pai, pensa o seguinte. Nós temos aqui quinhentos funcionários. Você não acha importante a empresa crescer, criar mais empregos? O Unibanco tem 18 mil funcionários. Na hora em que nós temos 5% do banco, é como se nós tivéssemos mais novecentos funcionários". Mas o fato é que, até morrer, ele olhava meio desconfiado pra esse negócio, achando que não era bem assim a história [risos]. Mas, de qualquer forma, ele foi um apoiador muito bom. Principalmente nos momentos difíceis, de estar na hora de cair fora... Ele sempre deu um apoio, me dizia pra continuar.

E acabou acontecendo a consolidação da Caterpillar em que ele acreditava?

GAF: Sabe o que aconteceu? Em 1998, aconteceu aquele momento que a gente achava o ideal. Estava tudo certinho. O mundo Caterpillar indo mal, nosso vizinho querendo vender e a nossa carteira de ações bombando, indo bem pra burro. Aí começamos a negociar com esse cara. Na segunda ou terceira engrossada que ele deu — e numa negociação com uma empresa fechada, é normal esse tipo de coisa —, eu disse: "Quer saber? Nós vamos vender um negócio que está indo tão bem?". Foi o contrário. Nós vendemos a representação Caterpillar uns anos depois [risos].

E investiram tudo em ações?

GAF: Foi aí que veio a Bahema Participações. Fizemos um *spin-off*. Quando, uns três anos depois, nós vendemos a revenda Caterpillar, ela valia exatamente 1/25 do que valia a carteira de ações. E a carteira de ações era uma parte da tesouraria dessa companhia.

A tesouraria ficou muito maior do que a própria empresa...

GAF: Ficou 25 vezes maior do que a mãe. O processo que o meu pai imaginou de consolidação na Caterpillar aconteceu realmente no Brasil. Mas não foi o meu pai que comprou...

No fim, vocês foram caça...

GAF: Isso [risos].

9. O gestor que dá o sangue

Curse uma boa faculdade, faça um mestrado, um doutorado e um ph.D. Aí então encare um emprego que lhe permita: fazer um vestibular por semana; matricular-se em uma faculdade e deixar de pagar para ver se te ligam da cobrança; ser revendedor Natura e Avon e conferir se os pedidos chegam em perfeito estado; e — por que não? — tirar sangue em diferentes laboratórios da cidade para avaliar o serviço.

Isso é trabalhar com Florian Bartunek na Constellation, gestora de ações fundada por ele, que tem como acionistas minoritários o fundo americano Lone Pine Capital e ninguém menos do que Jorge Paulo Lemann (sim, aquele mesmo da 3G Capital, Ambev, Burger King, Ketchup Heinz etc.).

A análise das companhias a se investir é tão rigorosa — os analistas literalmente dão o sangue pelo negócio — quanto o escrutínio pelo qual a própria Constellation passa. Em sua maior parte, os investidores dos fundos da casa hoje são grandes investidores institucionais e estrangeiros, que dão uma aula de como selecionar fundos. Fazem perguntas do tipo: se o prédio cair ou pegar fogo, os fundos seguem rodando?

Na busca por investidores, Florian dispensa namoricos de verão. Também não quer ser o comentário da sauna do clube. O gestor quer se casar com o investidor. Um casamento seguro, estável, duradouro.

Qual é a fórmula que costuma dar certo na Constellation? Investir na companhia líder de mercado. Comprar o segundo ou o terceiro é como adquirir um sapato apertado no outlet só porque estava barato e acreditando que vai lassear, compara Florian.

O fundador da Constellation tem uma perspectiva bastante crítica sobre o próprio mercado. Os números estão longe de explicar tudo. Grande parte da justificativa para o retorno histórico está na personalidade do gestor. Vale para o fundo e vale para a companhia.

E, antes que me esqueça: como o Florian conheceu o Lemann? Ligou para ele. Simples assim.

Você é um dos filhos do Pactual que seguiram carreira solo. Como nasceu a ideia de abrir a Constellation?
Florian Bartunek: Eu saí do Pactual e fui trabalhar num negócio meio proprietário, pra fazer os investimentos líquidos dos sócios que tinham vendido o Banco Garantia. Eu sempre tive o desejo de ter clientes.

Era um *family office*?
FB: Era um *hedge fund* proprietário. Eu sempre quis ter clientes pra diversificar um pouco a base, mas acabou não acontecendo lá. Saí, virei majoritário na companhia e o Jorge Paulo [Lemann] virou minoritário. Isso foi em 2002. Ano difícil, porque havia a perspectiva de o Lula ser presidente e uma incerteza em relação ao que seria o governo dele. A bolsa não estava em um dos melhores momentos. Decidi abrir o meu negócio pra ter uma base mais diversificada de clientes. Começamos com um viés no fundo *long and short*. Meio sinal dos tempos: naquela época, a gente tinha uma impressão, que se provou depois equivocada, de que, com o Lula, a economia ficaria muito mal. E a gente abriu um fundo *long only* também logo depois.

Hoje vocês têm os dois, né?
FB: Sim. Então a ideia saiu um pouco disso: da vontade de ter clientes. Nunca tive esse espírito de querer abrir o meu negócio. Sempre quis trabalhar em equipe, com time, com gente, acho melhor.

Mas então a relação com o Jorge Paulo Lemann vem lá de trás ainda?
FB: De 1998.

Hoje ele é sócio minoritário da Constellation.
FB: Sim.

Vocês se conheceram como?
FB: A gente se conheceu porque eu tocava a parte de ações da gestora do Pactual. Eu peguei o telefone e liguei pra ele. E eu acho que, por curiosidade, ele me recebeu. O Jorge Paulo, naquela época, já era uma figura superimportante no mercado financeiro, obviamente, mas não era a figura global que é hoje. Então, acho que foi mais fácil ele me receber naquele momento.

E hoje ele tem alguma participação nas decisões internas?
FB: Não. Obviamente tê-lo como sócio cria uma governança legal, positiva pra companhia. A gente sempre ficou muito embaixo do radar.

Vocês acabaram se tornando uma gestora que gere muito mais dinheiro de estrangeiros do que de brasileiros, né?
FB: Totalmente, 90%, um pouco mais que isso, é de estrangeiros. Tem muito pouco dinheiro de brasileiros.

Por que isso aconteceu?
FB: Fizemos um grande esforço em captar lá fora. Não que o cliente brasileiro seja pior ou melhor do que o americano, mas dados o CDI alto e uma cultura de liquidez praticamente diária nos fundos de investimento, o cliente brasileiro é de certa maneira um pouco mais volátil. O próprio mercado é mais volátil, né? Pra ser um investidor de bolsa com um prazo de dez anos... Então dissemos: "Vamos tentar focar no estrangeiro, fazer o trabalho lá fora, que tem boletas grandes, capital de longo prazo" — nós temos, como investidores, países, faculdades, fundos de pensão, seguradoras, capitais praticamente perpétuos.

O que o investidor brasileiro deveria aprender com o estrangeiro? Como é a interação com ele? Ele liga menos ou mais, pergunta menos ou mais? Como é essa relação?

FB: Eu não quero soar negativo sobre o brasileiro...

Mas aqui existe a concorrência com o CDI, como você disse...

FB: Sim, aqui tem o CDI. E o investidor americano é engraçado porque, não é que ele confie mais no gestor, mas ele diz: "Olha, eu investi em você pro longo prazo, não vou ficar perguntando toda hora por que a cota caiu ou subiu". Ele não quer ver a cota diária. Alguns investidores brasileiros exigem cota diária. O estrangeiro não está interessado na cota diária. Ele tem uma relação legal porque é muito ciente do seu tempo. Então, não é que o cara liga pra ficar batendo papo — não tenho nada contra, eu gosto de conversar com os investidores, acho útil —, mas você perguntou a diferença entre os brasileiros e os estrangeiros, né?

Isso.

FB: Isso na média, né? Tem de tudo, obviamente. O investidor estrangeiro leva mais tempo pra decidir pelo investimento, mas também fica mais tempo. Pela nossa experiência, quanto mais tempo o investidor leva pra investir, mais tempo ele fica. Conhecemos todos os nossos investidores. Já teve o caso aqui de entrar um investidor: "Fundo não sei o quê. Quem é esse cara?". A gente tentou descobrir. Não quero que tenha um cara aqui que não me conheça. Era um fundo que estava em um *wealth management* [alocador de fortunas]. Aí, com razão, o *wealth* não quis abrir o nome do cliente. Aí tudo bem, né? Ficou seis meses e pediu resgate. A gente deve ter ficado, por acaso, no topo do ranking em algum período, alguma janela, e o cara mandou dinheiro para cá. Aí deve ter caído do topo do ranking depois de seis meses, e o cara tirou o dinheiro. Entendeu?

Entendi...

FB: A diferença do investidor estrangeiro pro brasileiro é um pouco isso. Há investidores ótimos aqui e investidores péssimos lá, mas a gente fez esse investimento no estrangeiro, que foi muito bom pra nós, obviamente. Você tem de imaginar também que nosso fundo é noventa dias [prazo desde que o resgate foi pedido até o dinheiro cair na conta]. Isso, hoje em dia, é normal, mas naquela época — 2005, 2006 — não era tão normal pro brasileiro. Então, nosso prazo não era dos mais amigáveis. Engraçado, porque eu tenho a percepção de que o prazo de resgate longo é favorável ao investidor.

Sim, mas os investidores fazem muito essa pergunta: por que investir em um fundo com resgate em trinta, sessenta, noventa dias? Por que o gestor quer segurar o meu dinheiro? Acho que é uma boa pergunta para você responder.

FB: Imagina namoro e casamento. Você está viajando, em Cancún, e conhece um americano. Você sabe que provavelmente não vai se casar com um rapaz que você conhece lá, né? A chance é baixa. Você sabe que é potencialmente um namorico de verão, uma coisa assim. Então a sua barra tende a ser menor. Agora, se eu disser o seguinte: "Olha, essa pessoa é pra casar. Você vai ter que ficar muito tempo com ela". Você diz: "Opa, então pera aí, deixa eu pensar melhor" [risos]. Então, o fato de o fundo ter um período de liquidez mais longo te força naturalmente a, primeiro, colocar menos dinheiro, o que é bom. E te força a pensar duas vezes, o que é bom também. Tem amigo meu que diz: "Vou comprar apartamento, vou me casar em seis meses. Você acha que deixo o dinheiro na bolsa?". Não, de jeito nenhum. Então a liquidez restrita força uma *due diligence* do investidor.

Isso é mais determinante para definir um prazo longo para resgate do que o tempo que você precisa para liquidar as posições que tem no fundo?

FB: Esse é o segundo ponto. Tem crises e crises, né? Mas a parte aguda dela em geral leva poucas semanas. E, na parte aguda da crise, o ser humano naturalmente é levado a querer fazer alguma coisa. Não tem jeito, porque o mundo está acabando, está tudo ruim, está todo mundo sacando, todo mundo fazendo alguma coisa, você diz: "Eu não posso ficar aqui parado vendo aquela sangria diária no meu portfólio". É do ser humano. Diferente é o cara que não pensa assim. Ou você diz, pelo menos: "Pera aí, o que está acontecendo? Deixa eu ver". Louco é o cara que está dizendo: "Tudo bem, tudo vai dar certo" [risos]. Então, se eu dou pro cara liquidez em poucos dias, a chance de ele resgatar no meio da parte aguda da crise é grande, entendeu? "O mundo está acabando, caceta, tenho que fazer alguma coisa. Que fundo tem aqui?" Tem um fundo XPTO, tem liquidez. Saca de lá, depois eu vejo. Qualquer coisa eu volto. Se o meu prazo de liquidez não dá a chance de o cara mudar de ideia, isso evita que ele tome uma atitude muito...

... precipitada?
FB: Precipitada é a palavra ideal. E, como você mesma comentou, em um fundo de liquidez mais longa, eu não vou ter resgate no meio da crise, que é quando as coisas estão geralmente baratas. Então eu não vou ter que fazer o que eu não quero, só porque os clientes estão sacando: vender na baixa. Só que isso, no Brasil, há mais de dez anos, era incomum. A gente evitou também pagar rebates* grandes no começo. Isso, é óbvio, também te torna um pouco menos atraente em relação à concorrência.

E por que você evitou pagar rebate?
FB: Evitamos pagar o rebate — não é nenhum pecado pagar rebate, sinceramente — porque achamos o seguinte: "Poxa, vamos esperar um pouco mais, vamos mais devagar, mas vamos talvez um pouco melhor". Então acho que o que explica, em parte, nossa pouca captação do Brasil é o menor foco nisso. A gente também nunca foi, eu acho, o fundo *hot*. Sabe aquela história: "Nossa, você viu o fundo tal?, temos que estar lá", que um comenta com o outro na sauna do Harmonia?** "Tem um fundo novo de um garoto aí, os ca-

---

* Rebates: comissões pagas pelos gestores aos distribuidores dos fundos, calculadas como um percentual da taxa de administração.
** Sociedade Harmonia de Tênis: clube situado no Jardim América, bairro nobre de São Paulo.

ras estão bombando, deu 3000% no ano e tal." Nós nunca vamos ter o fundo que deu 3000% no ano, entendeu? Nós fizemos a conta pro nosso histórico: a gente ficou na média no segundo quartil e no acumulado no primeiro quartil. Sabe aquela teoria de que, se você ficar sempre no segundo quartil, você vai pro primeiro quartil, porque o pessoal vai morrendo? Essa conta tem que ser feita com os gestores daquela época, né? De dez anos atrás. Não adianta você mudar os gestores sempre.

Só com os fundos sobreviventes, né?
FB: Exatamente. Então acho que tem outro fator. A gente nunca foi o fundo *hot*, que todo mundo tem de ter.

Antes de entrar na seleção de ações propriamente dita, qual é a pergunta que um investidor gringo de fundos sempre te faz e que o brasileiro, por exemplo, não costuma fazer?
FB: Nossos investidores brasileiros hoje são bastante sofisticados: são famílias, fundos de pensão. Eles são tão sofisticados quanto os investidores internacionais. A diferença, às vezes, é o passivo deles, né? O relacionamento que a gente tem com os bancos é excepcional, mas, às vezes, o cliente do banco é um pouco mais volátil. Você entende? Não é que o sujeito do banco pense só no curto prazo. Às vezes, o cliente dele pensa no curto prazo.

Então vou mudar a pergunta: vamos pensar em um investidor que precisa escolher fundos de ações. O que você acha que ele deve perguntar ao gestor?
FB: Show. Vou te responder de uma maneira diferente, mas que tem o mesmo espírito. Um gestor lá fora está muito preocupado com o quê? Em primeiro lugar, com consistência. Como ele vai ficar vinte, trinta anos, o que ele quer saber? Ele quer saber do comprometimento da equipe de gestão e da nossa capacidade de gerir a companhia. Então, se ele vem falar com a Constellation, ele quer saber se eu sou um bom gestor de gente. Porque, se eu não souber gerir bem meu time, meu time vai embora, e a performance vai cair lá na frente. Ele

está preocupado em saber se eu sou um bom gestor de portfólios, mas ele está também muito preocupado em saber se eu sou um bom gestor da companhia, o que é mais difícil pra pessoa física em geral avaliar. Lembre-se, também existe uma questão de — e aí eu vou puxar a sardinha pro seu lado [risos] — assimetria de informações. O investidor pessoa física brasileiro, ou até o americano, não tem o mesmo acesso a informações que o investidor institucional tem. Quando o investidor institucional vem à Constellation, abrimos uma quantidade de informações tremenda pra ele. Se a pessoa física viesse, a gente também trataria dessa forma. Mas a pessoa física vem aqui? Não vem. Lá embaixo, no prédio, a gente não tem nem o nosso sinal na porta. Até tiramos, pra ficar mais discreto. Quando a pessoa física vai ao banco pra escolher um fundo, o gerente não tem as mesmas informações que você tem, entendeu? Então há realmente uma assimetria, não tem jeito. Claro que a CVM tenta diminuir essa assimetria, mas ela é natural, no mundo inteiro. Se eu sou a Localiza e quero comprar 2 mil carros na Fiat, a conversa vai ser diferente daquela que você vai ter se for à concessionária comprar um carro. Voltando à sua pergunta, como um investidor institucional pensa mais no longo prazo, ele pensa muito na companhia. O Florian é um bom gestor de pessoas? O Florian é um bom gestor da empresa? A empresa é sólida? Você pode ter um *track record* melhor do que o meu, mas a sua empresa não ser tão elegível pra um investidor institucional quanto a Constellation. A *due diligence* é muito longa, eles se preocupam com coisas como as nossas redundâncias.

Redundância no sentido de se as informações dos fundos estão na nuvem, né?
FB: Se está na nuvem ou se não está, qual é o nosso seguro, se estamos registrados na SEC... Eles se preocupam com coisas a que um gestor pessoa física infelizmente não tem nem acesso, nem sabe, né? Tem redundância ou não tem redundância? Se eu chego aqui amanhã e o prédio caiu, eu continuo operando ou não? Se eu chego aqui e o prédio pegou fogo, a empresa para ou não? O prédio tem gerador ou não? Essas coisas também são importantes, com razão,

né? Quem é meu administrador? É um banco xpto da vida, ou é um banco sólido? Quem é meu auditor? É um auditor xpto? Eles tentam entender não só qual é o seu *track record*, mas de onde ele veio, como ele foi construído. E se o seu discurso está em linha com o seu histórico. Tem um discurso bonito e um discurso verdadeiro, né? O discurso bonito é: a gente investe pro longo prazo, somente em empresas de qualidade...

... o dinheiro dos sócios está no fundo...

FB: Isso, o dinheiro dos sócios está no fundo... E, às vezes, o cara só comprou o índice e deu uma "porradinha". Eu vou insistir nisso porque eu acho que é importante: e isso não é do estrangeiro, acho que é mais do investidor institucional versus a pessoa física. A diferença é o acesso à informação.

Então vamos passar da seleção de fundos para a de ações. É parecida? A qualidade da gestão da companhia tem um grande peso?

FB: O processo é bem diferente do que as pessoas imaginam. Pra nós, análise de balanço é uma pequena ferramenta, eliminatória, mas pequena. Pra nós investirmos na Natura ou não, por exemplo, a discussão aqui não é o lucro do trimestre que vem. A discussão é a seguinte: a Natura anunciou uma iniciativa de abrir lojas físicas. Ela tem as pessoas lá com as competências necessárias pra isso? Vai dar certo? É uma pergunta que não tem uma resposta matemática. Pra nós investirmos na Equatorial, a pergunta não é: como é que vai ser o lucro da Equatorial no quarto trimestre do ano? A pergunta é: as pessoas que estão lá vão ter a capacidade e a diligência de fazer boas alocações de capital? É uma questão qualitativa, requer experiência e conhecer as pessoas. Pra nós investirmos nos bancos brasileiros, a pergunta não é: vai aumentar a inadimplência no terceiro trimestre? A pergunta é: ter um banco no Brasil nos próximos dez anos é um bom negócio ou um mau negócio? Como é que vai ser a competição com as empresas de tecnologia? Como é que os bancos vão administrar a queda de juros? Pra investir na Localiza, a pergunta é: a Movida e a Unidas vão ser competidoras mais agressivas ou menos agressivas? O Uber vai fazer diferença ou não vai fazer diferença? Assim como nossos investidores, a gente também pensa em dez, quinze anos. Esse é o nosso estilo. Cada gestor tem um estilo diferente: tem um cara que faz mais curto prazo, tem um cara que gosta mais de longo prazo. Cada um no seu quadrado. Não adianta o cara ter dois metros de altura e querer ser jóquei. E não adianta o cara ter um metro e meio e querer jogar basquete, né?

Como é isso na prática? Como você consegue realmente acessar as perspectivas para a empresa?

FB: A gente tem um time de investimentos grande, de onze pessoas. Elas têm que saber fazer as perguntas certas, têm que estar na rua. O valor agregado está na rua, não está aqui. E eu respeito realmente que cada um é cada um, mas, se você me perguntar como é que está meu fundo no mês, eu não sei. Eu tenho uma noção, é óbvio, eu não sou maluco, né? Mas, se está subindo 2% ou 4%, eu não sei. É uma coisa entre 2% e 4%. Se me perguntar como está o fundo hoje, eu tenho uma noção, porque eu vejo o mercado, mas estou aqui com você e não estou preocupado. Até porque nada que acontecer lá vai fazer com que eu tome uma atitude. Se for uma coisa muito grave, vão me interromper. Então, não é que eu esteja alienado do que está acontecendo...

Mas você faz isso para se proteger ou por quê?

FB: É engraçado. Você me pergunta: "O que vocês fazem?". Muito simples: a gente escolhe as empresas. "E o que você olha?" Ah, eu olho o P/L. Simples, né? Penso se a Natura vai ter sucesso em abrir as lojas, olho o P/L, vejo se o balanço está alavancado, conheço as pessoas, converso com os caras, invisto. Mas, poxa, isso qualquer moleque faz. Pra que o MBA, o ph.D.? Porque, até pra simplificar com competência, você tem que ir pro mais sofisticado. Você precisa perceber o que do sofisticado é importante e simplificar, entendeu? Eu olho três, quatro coisas nos gráficos. Bato o olho e já entendo. Eu estou dizendo isso pelo seguinte: conseguimos depois de tanto tempo ir às empresas e saber a chave da questão: quais são as duas ou três coisas que vão fazer diferença nessa companhia. A utilidade marginal das informações vai diminuindo ao longo do tempo. E estar na rua é importante. Fizemos 2 mil e poucas reuniões neste ano.

Não necessariamente nas empresas em que vocês investem, né?
FB: Tudo. Concorrentes... Na análise de Kroton, observamos cem instituições de ensino no Brasil. Os nossos analistas viraram alunos. Imagina a situação: são dois politécnicos que olham esse setor. O cara, que é politécnico da USP, chegou um dia e disse: "Preciso sair mais cedo porque eu tenho vestibular da faculdade XPTO".

Ele fez mesmo o vestibular para decidir se investia na ação? [risos].
FB: Sim! Eu disse: "Poxa, cara, melhor sair logo, está chovendo muito". E ele: "Ah, está chovendo muito, não vou fazer hoje, não, vou fazer semana que vem...".

Tem vestibular toda semana na faculdade? [risos].
FB: Sim! Aí o cara foi lá, assistiu a algumas aulas e parou de pagar. Pra quê? Pra gente ver como é a cobrança, se ligam pro cara ou não. É claro que tivemos a preocupação de não deixar o nome dele sujo, né? Pro caso de Natura, a gente sempre tem um analista, normalmente é o estagiário, que é representante de Natura e Avon. A galera adora, sempre quer que ele venda pelo mesmo preço que compra. Não é pra ganhar dinheiro com isso, né? Então as pessoas fazem pedidos na Natura e na Avon. Teve um dia em que o da Natura chegou todo bonitinho e o da Avon amassado, coisa errada... A gente aprende alguma coisa com isso sobre a empresa, né? Aí ele vai a vários eventos dos promotores, conhece essas pessoas...

Isso permite a vocês descobrir detalhes que de outro jeito não descobririam, né?
FB: É o seguinte: as ações vão cair. Uma coisa de que você pode ter certeza é que você vai perder dinheiro em algum momento. Agora, o que você faz quando está caindo é que faz a diferença: se você compra mais ou se você se apavora. Se você conhece o negócio, compra mais.

Se não conhece, fica paralisado, fragilizado. E se você conhece e está caindo, e você sabe que realmente é porque o negócio ficou feio, você sai com convicção. Então, nós precisamos ter essa convicção. Por que as pessoas falam tanto em empresa de qualidade? E por que tem de estudar tanto pra investir numa empresa? Empresa de qualidade vai te dar menos dor de cabeça, é menos volátil, e, no longo prazo, você vai estar melhor. O cara que comprou Ambev há vinte anos está melhor do que o que comprou o Ibovespa: tomou menos susto e ganhou muito mais dinheiro. As empresas de qualidade em geral são mais robustas, né? E por que tem que ficar visitando empresa? Uma vez, acho que, em um evento, alguém perguntou: "Florian, qual é a ação de que você mais gosta?". Eu disse: Fleury. A pessoa sai dali e compra um pouco de Fleury. Ela vai ganhar a mesma coisa que eu. E você vai dizer assim: "Por que o cara trabalhou que nem um louco? O analista foi fazer exame em tudo quanto é lugar (porque tem de fazer nos concorrentes também) para ver como é o serviço... O bobão gastou um tempão, comprei Fleury e ganhei igual". Agora, se Fleury subir ou cair, você vai ficar assim: "E agora, o que eu faço? Será que vendo?". Se sobe está tudo fácil, eu sou um gênio, né? Quando cai, é o desafio. Essa é a diferença de ter convicção.

Agora, por outro lado, vocês conhecem essa empresa tão a fundo que não correm o risco de se apaixonar e ter dificuldade de desmontar a posição quando devem?
FB: Esse é um grande risco, mas a gente, graças a Deus, tem conseguido evitar isso.

Como evitar isso? Essa paixão?
FB: Estou convencido de uma coisa: 90% dos casos de sucesso ou insucesso se devem à personalidade dos gestores. Poucos conseguem mudar.

Dos gestores das companhias, você diz?
FB: Não, personalidade dos gestores dos fundos. Não vou citar nomes, mas há casos claros de gestores que sempre têm caixa. E eles

sempre têm caixa não porque têm uma teoria matematicamente comprovada pra isso. É porque o cara é medroso. O que foi muito bom pra ele no Brasil. Ele diz: "Eu tenho caixa porque quero ter uma margem de segurança pra, quando cair, eu comprar...". Ele não vai comprar [risos]. Há outros gestores que estão sempre comprados, que dizem: "Meu fundo de bolsa hoje é 100%, mas, se subir, eu vou vender". Não vai vender. Mesmo no *high* ele vai ficar com 100%. É a personalidade do cara que é assim. Talvez ele nem saiba. O cara que tem caixa sempre tem uma personalidade, tem uma vida pessoal diferente do cara que tem 100% sempre comprado. Eu conheço as pessoas na física, obviamente.

[Risos] É interessante essa sua teoria...
FB: É sério!!! Se o gestor é volátil, o fundo é volátil. Se o gestor é conservador, ele tem um cagaço de errar: não pode errar, não pode errar. Aquilo se reflete no fundo. Aquilo é a pessoa física. O cara vai racionalizar e dizer que é cultura, estilo, não sei o quê... Acho que é um pouco genético com o meio: família, criação, pai, mãe, irmãos. Dá pra fazer um estudo da diferença entre o primeiro filho e o segundo filho. Estatística, obviamente, tem exceções. Mas dá pra perguntar: "Gestor, você é o primeiro ou o segundo filho?". "Segundo filho." "Ah, entendi!"

[Risos] Você é o primeiro ou o segundo filho?
FB: Eu sou filho único. Eu te digo: fundos geridos por gestores que são primeiro filho tendem a ser mais conservadores do que fundos geridos por segundo filho. Eu não fiz essa conta, mas eu te garanto. Porque o segundo filho geralmente é mais empreendedor.

Eu sou a terceira filha, então seria uma gestora arrojada...
FB: Então é mais empreendedora. O primeiro filho costuma ser mais cê-dê-efe. Há exceções. As grandes ideias são do segundo filho, porque o cara tem que pensar fora da caixa. A gente viajou um pouco agora, mas eu acho que, é sério, há uma questão da pessoa física, que o cara às vezes não entende. Você perguntou: "Como você consegue

não se apaixonar pela empresa?". Nós aqui temos pessoas físicas que têm um viés mais conservador. Você assistiu ao filme *A grande aposta?**

Sim, muito bom...

FB: Você percebeu que os caras ali eram diferentes? Meio birutas, meio desconfiados. Tem um cara que briga com todo mundo, que acha que todo mundo quer roubá-lo. Lembra-se disso?

Lembro.

FB: Ele é assim. Ele começou a ganhar dinheiro porque — é a psicologia — ele é assim. Se ele fosse um cara sempre otimista, não teria pego aquele *trade*.

Mas o gestor tem que tentar domar um pouco essa psicologia? Ou não tem como? O investidor tem que escolher o gestor com o perfil adequado mesmo?

FB: Eu acho que o sábio tem que tentar domar. Ou tem que se cercar de pessoas complementares, entendeu? Mas é difícil. Então como é que o investidor pessoa física vai saber? O cara não sabe. Você vê: o [Luis] Stuhlberger também é um cara diferente. Diferentão. Pro bem, né? Acho que a gente conseguiu criar um time complementar na Constellation. E a gente não se apaixona porque... Se você pega o Ibovespa de trinta anos atrás e o de hoje, pelo menos metade das empresas morreu. É natural. Então não adianta querer achar a noiva perfeita pra você ficar trinta, quarenta anos, porque é difícil. Precisa ter visão de dez, vinte anos e estar sempre se adaptando, entendeu?

Quando você está escolhendo uma empresa, essa personalidade do gestor da companhia também pesa para você?

---

* *The Big Short*, filme dirigido por Adam McKay, adaptação de um livro de Michael Lewis. Ele conta a história, baseada em fatos reais, de gestores que ganharam dinheiro ao apostar na crise do setor imobiliário americano, às vésperas da crise financeira de 2008 e 2009.

FB: Totalmente. Há casos extremos. Veja o Eike [Batista], Ultrapar, Weg... As pessoas físicas da Weg e da Ultrapar, controladores e gestores, têm uma personalidade muito mais pé no chão e conservadora do que, pegando um exemplo bastante conhecido, o Eike. Isso faz diferença.

Quanto da sua seleção de ações é técnico e quanto é intuição mesmo?

FB: O técnico é eliminatório, né? Então, se a empresa tem uma dívida muito alta ou um retorno sobre capital baixo, ela é excluída. Mas se todo o técnico estiver o.k., lembre-se: um negócio bom pode ser destruído por um gestor, como em uma má alocação de capital. Então, os números fazem diferença, mas não são só os números. É tipo um gestor de fundos. O cara tem um histórico bom, estou vendo os números, mas, se o cara é um biruta e diz: "Agora vou colocar todo o meu dinheiro em Marfrig... Ou Saraiva"...

Mas quanto disso você consegue acessar realmente, mesmo sendo qualitativo e não quantitativo, e quanto é o que você olha para a empresa e diz: hummm, não gostei...

FB: Dois terços são intuição, um terço é cognitivo.

E qual foi o seu maior acerto dentro desse formato de seleção da Constellation?

FB: Vou te contar duas boas histórias: Kroton e Linx. A Linx é uma empresa que veio ao mercado a um múltiplo alto [preço da ação elevado em relação aos resultados da companhia]. Então, poucos brasileiros entraram no IPO, porque era um negócio percebido como caro. Mas a gente percebeu a qualidade única da companhia líder no seu segmento, com gestores focados, diligentes... O cara não quer dar um passo maior que a perna. Ele vende software pra varejo e está focado naquilo. As Lojas Americanas são clientes e vão abrir X lojas por ano. A Linx vai participar do crescimento. Então, eu estou comprando Lojas Americanas sem o risco varejo, de certa maneira. Acho que fomos o único grupo de brasileiros que entrou no IPO com rele-

vância. E foi um grande retorno! Então pagar caro por algo de qualidade e crescimento, às vezes, faz sentido.

E Kroton?

FB: Kroton foi diferente. Essa nossa *due diligence* que comentamos, de umas 3 mil reuniões por ano... Quando a gente olha pra um
setor, fala com empresas que não são listadas também, né? E a gente conversava com uma empresa chamada Iuni. Conhecemos um
cara chamado Rodrigo Galindo, que tocava essa empresa. Era um
garoto, um cara legal, bom e tal, mas a empresa era fechada. Aí vem
a Kroton, que é listada na bolsa, e compra a Iuni. A gente: "Opa!". Aí
o Galindo vira o CEO da companhia. A gente: "Opa, eu conheço esse
cara!". A gente compra. E aí o cara começa a fazer aquisições. A gente já conhece ele, sabe que é um bom integrador de companhias, é
metódico, focado em gente, preocupado com o minoritário. E ainda
pegamos a onda do Fies favorável. E aí foram anos. Uma coisa que a
gente aprendeu aqui foi o seguinte: quais são as características de
cases que deram certo e que deram errado?

Boa pergunta.

FB: Isso vale pra nós, né? Eu não quero ser proselitista ou dizer
que só o que eu faço é o correto. Eu sempre lembro que isso dá certo pra nós. O que deu certo pra nós? Comprar a empresa líder. Comprar a segunda, a terceira deu errado geralmente. É aquele cacoete
brasileiro, né? O cara vai ao outlet em Orlando, vê que tem aquele
sapato bonito, mas nunca tem o tamanho dele. O sapato aperta,
mas vai lassear e tal. É barato, o cara não aguenta. E não vai usar
nunca, machuca...

**[Risos] Então tem que comprar o sapato do tamanho certo, a em-
presa líder do setor.**

FB: Não é que tem de ser, mas pra nós o líder sempre deu muito
mais certo. No Brasil, o mercado é muito cruel. Às vezes, só dá pro
líder ganhar dinheiro. Em aluguel de carro, por exemplo, só a Localiza ganha dinheiro hoje. Então, o que deu certo? Pegar o melhor

gestor do setor. O pior, mais barato, geralmente deu errado. O que também deu certo pra nós? Nas ações em que ficamos mais tempo, tivemos um ganho anual maior. Nas ações em que ficamos pouco tempo, ganhamos menos.

Por que isso?

FB: O que acontece? Tem uma frase ruim no mercado, que é: nunca ninguém quebrou tirando dinheiro da mesa. Ou seja, nunca ninguém quebrou realizando lucro.

É. Não faz sentido?

FB: É verdade isso, mas é uma cagada, né? Por quê? Imagine se você comprasse o passe do Michael Jordan. Aí o cara bombou no primeiro ano, vou vender! Ninguém nunca quebrou tirando dinheiro da mesa, não é verdade? Mas imagine o que você teria perdido por não ficar com o Jordan mais cinco, seis, sete anos. Assim é o cara que vendeu a Brahma depois de ter subido. O Jorge Paulo recebeu uma oferta da Anheuser-Busch pra vender a Brahma, acho que um ano ou dois depois da compra, pelo dobro do que pagou. Imagine se tivesse vendido? Alguém deve ter dito assim para ele: "Ninguém nunca quebrou tirando dinheiro da mesa". Mas ele não vendeu. Graças a Deus. Na Kroton, em que ficamos muitos anos, conseguimos pegar todo o ciclo da companhia. Essas empresas têm a beleza de ter capacidade de crescer, gerar caixa e reinvestir esse caixa a uma taxa muito favorável. Isso vai compondo o crescimento, entendeu? Então esse negócio de o cara entrar e sair, entrar e sair... A minha experiência pessoal é a seguinte: tem gente que acerta, é óbvio, mas normalmente você compra o papel a cem, vai pra 110, você vende. Ah, vou comprar mais barato. Aí vai pra 108, você não compra, você compra a 115. Compra a 115, vende a 120 (subiu muito, vou vender). Aí vem alguém: "Você falou da empresa X e subiu de cem pra duzentos, parabéns, deve ter dobrado seu patrimônio". E você diz: "Não, não dobrei, porque eu comprei a cem, vendi a 110 etc. Ganhei menos do que deveria".

Quanto tempo mais ou menos uma ação fica na carteira da Constellation?

FB: Umas quarenta, cinquenta semanas mais ou menos.

E para entrar, quanto tempo demora?

FB: Olha, isso mudou muito, porque a gente conhece todas as empresas já, né? Tem empresa que a gente olha há três anos e ainda não investiu, mas geralmente uma empresa nova demora uns seis meses.

Agora, voltando à questão da qualidade: há alguma parte do portfólio em que dá para ousar mais? Experimentar uma *small cap*, por exemplo?

FB: Dá pra fazer! Tem que ser limitado, pra não ser um grande erro. *Small caps* são *small caps* por uma boa razão. Na verdade, às vezes o negócio é pequeno mesmo. É o caso de Technos. Relógio no Brasil é um mercado pequeno, não tem jeito. Às vezes, o negócio e o mercado são pequenos, mas o cara vende muito bem, o mercado dele está ótimo. Mas, muitas vezes, o negócio não é bom e vira uma *small cap* esquecida. É preciso tomar cuidado pra não cair nessa armadilha, entendeu? As *small caps* são atraentes, mas ao mesmo tempo perigosas, porque elas em geral têm a margem baixa. Elas saem de lucro pra prejuízo ou de prejuízo pra lucro muito rapidamente, com uma pequena mudança no faturamento. É muito difícil dobrar o lucro de uma Ambev, porque a margem é muito alta, mas também o lucro não cai pela metade. No caso de uma empresa que tem a margem líquida de 1%, às vezes uma pequena mudança no faturamento dobra o lucro da companhia. Ou o contrário. Às vezes, uma queda pequena faz sair de lucro pra prejuízo. Aí o pessoal joga o preço lá embaixo. Então, não há dúvida de que as melhores oportunidades de ganho estão nas *small caps*. Mas, como tudo na vida, não tem moleza. Os maiores riscos também estão nas *small caps*. Tem que ser bem diligente. O maior ganho é quando a *small cap* deixa de ser *small* e vira *mid* ou *large cap*. Aconteceu com Brahma e Hering. E as *small caps* são menos acompanhadas, têm assimetria de informação, né? Estão largadas ali, ninguém olha.

Mas você tem um pedaço do portfólio em que se permite ousar mais?

FB: Sim. Tem um pedaço do portfólio em que a gente se permite ousar: 10%, 15%... Agora, nunca abrindo mão da competência e da honestidade do gestor da companhia ou do controlador. Porque esse é um pecado mortal.

Agora, procurando empresas líderes de setores, com bons gestores, a bolsa brasileira dá espaço suficiente para agir? Ou você fica com um número pequeno de companhias elegíveis?

FB: Dá! Quer dizer... sessenta, oitenta companhias, mas dá, sim.

Dessas sessenta a oitenta, você fica acompanhando os preços para saber a hora boa de entrar ou sair?

FB: Exatamente.

O número de boas opções tem aumentado com o tempo?

FB: Melhorou com os IPOs, né? Muitas empresas novas: RaiaDrogasil não existia, Fleury, Linx, Totvs... Nos últimos dez anos, veja a quantidade de empresas que abriram capital. E a maior parte dos IPOs foi em setores legais. Não foi assim: ah, mais uma mineradora... Geralmente não foi em setores intensivos em capital.

Você costuma ter muito ou pouco caixa no fundo?

FB: Temos, na média, 10% em caixa historicamente.

Para fechar, Florian, se você tivesse que dar um único conselho para um investidor de ações, qual seria?

FB: Esse negócio é: ou seis horas por semana ou entrega pra Luciana escolher um fundo.

[Risos] Obrigada, Florian...

FB: Não, é sério! Porque se ficar nessa meia-foda, desculpe pelo termo, você não vai conseguir. Ou você se dedica, vai lá e estuda, olha, ou não vai dar certo. O cara está sempre comprando no *high* da bolsa [no pico, quando a valorização já aconteceu]. E esse é o pico dos fundos também, né? Porque os fundos também são cíclicos, né? Muitas vezes, eu prefiro comprar o quarto fundo mais rentável, desde que consistente, a comprar o primeiro.

10. O gestor de qualidade

Sabe aquele discurso de mercado de que a empresa é ótima, mas já está cara demais? Dificilmente você vai ouvir essa frase de José Zitelmann, gestor do Absoluto, fundo de ações do BTG Pactual. A principal tese do gestor é que uma empresa de qualidade, com uma boa gestão, vai sempre te surpreender positivamente.

Isso faz a carteira do Absoluto parecer sempre meio óbvia, quase monótona. Ambev, Lojas Renner, Cielo... Nenhum nome desconhecido, nenhuma aposta de virada de mesa.

Um portfólio concentrado, em empresas bem conhecidas e bem geridas, é a fórmula de Zitelmann.

O fato é que, com uma carteira de ações tão focada na qualidade, o Absoluto tem um dos históricos mais consistentes da indústria de fundos de ações. Mercado vai mal, mercado vai bem, o fundo está lá, entregando retorno, batendo historicamente não só o Ibovespa como também o CDI.

A carteira com ações bastante líquidas e com alta aceitação no mercado ajudou a enfrentar os resgates de 2015, ocasionados pela prisão do então controlador do BTG Pactual, André Esteves, investigado na Operação Lava Jato. O fundo perdeu grande parte do patrimônio, mas seguiu impávido.

Se um gestor, para se provar, precisa de um teste de estresse, Zitelmann está validado. E saiu da crise fortalecido, como chefe global da gestora do BTG Pactual, além de integrante do grupo de controladores.

Ah, se você já foi reprovado em alguma entrevista de emprego, fique tranquilo. Zitelmann nunca foi a primeira opção. Hoje é rei no BTG.

Você segue alguma filosofia de gestão no Absoluto?

José Zitelmann: Seguimos estritamente uma filosofia. Não é que a gente se sentou numa sala e disse: "Vamos escrever os princípios do investimento". Eu não acredito muito nisso. Ela surgiu da nossa experiência, do dia a dia, de ver o que dá certo e o que dá errado. A gente já faz isso há bastante tempo. Estou no banco desde 1998 e comecei a acompanhar ação em 2000. É bom colocar no papel pra ter bem claro e apresentar pros investidores, mas não é que a gente disse assim: "Vamos sentar aqui na sala e escrever três princípios que todo mundo vai gostar". Primeiro você tem que praticar aquilo. Se você pegar as histórias de sucesso que a gente teve ao longo do tempo, as características que estão na filosofia estão presentes.

E quais são essas características?

JZ: Primeiro, um portfólio concentrado, pra você não acabar gerando retornos medianos. Quando você encontra uma empresa em que tem uma convicção grande, faz uma posição pra fazer diferença.

Qual é o nível de concentração do portfólio?

JZ: Nós, em geral, temos de dez a doze posições totais, e as cinco maiores são 50%, 60%, até 70% do fundo. É um portfólio concentrado, pra gerar retornos acima da média.

E quais são as demais características da filosofia?

JZ: Depois, entra a questão do conhecimento. Você tem que mexer com o que já conhece. As principais contribuintes pra performance do fundo são empresas que a gente já conhece há muito tempo, com as quais já temos um relacionamento. Então, por exemplo, Ultrapar, a gente já olhou tantas vezes... O conforto que a gente tem pra comprar uma Ultrapar, Renner, Ambev, Cielo é muito maior do que, por exemplo, em um IPO. Pode ser uma empresa muito boa, o management parece muito bom, mas você não tem a mesma vivência, experiência, conhecimento... Quando surgem as histórias novas, como naquela época do Eike [Batista], não somente dele, mas de todas aquelas empresas de óleo que eram startups, é complicado. É outro modo de fazer avaliação. A gente fica um pouco com um pé atrás de fazer grandes posições. A gente não conhece esse negócio de óleo. Eu não sou geólogo. Então, os caras mostravam aquelas figuras: "Tem óleo ali". E todo mundo já colocava probabilidade, e o preço era tanto. Isso é que o ponto do conhecimento quer atacar. Você tem que conhecer, ter experiência.

E o terceiro princípio, qual é?

JZ: O terceiro ponto é a qualidade do negócio, que é muito importante. Pela nossa experiência, as empresas que têm um management muito bom, que está na empresa há bastante tempo, que conhece o setor, empresas que têm uma cultura forte, pela nossa experiência, tendem a performar muito bem. E aí eu acho que é um diferencial nosso. Talvez a gente esteja mais disposto do que a média do mercado e vários outros dos nossos concorrentes a acreditar que aquela empresa vai nos surpreender positivamente.

Você nunca é o gestor que diz: "A empresa é boa, mas já está cara demais".

JZ: Aí é que está a arte do negócio. Lógico que tem casos de umas ações em que a gente diz: "Putz, já foi muito". Sempre preferimos investir numa empresa de qualidade, uma empresa *premium*, quando ela está num *valuation* atrativo a investir numa outra, mediana, mesmo que ela esteja mais barata. Ou seja, se a empresa de que a gente gosta está num *valuation* atrativo, preferimos essa, mesmo que a empresa mediana esteja mais barata. Pela nossa experiência, essas empresas *premium* em geral entregam aquele *upside* que a gente está vendo ali e ainda surpreendem positivamente. Então, se estamos vendo uma empresa de qualidade que, até o fim de 2017, tem um retorno esperado de 25%, 30%, 35%, se tudo o que nós prevemos ocorrer, o que acaba acontecendo, pela nossa experiência, é que essas empresas acabam indo um pouquinho melhor. Isso é que dá esse retorno adicional aí pra gente.

Isso seria um modelo *growth*, um modelo de crescimento? Ou é um *value investing* mesmo?

JZ: Eu não gosto de rotular nada que a gente faz. Outro dia, estávamos conversando sobre isso aqui. Esse pessoal que é dito ativista, por exemplo, entra numa armadilha de que, pra fazer um investimento, tem que ser ativista. O que a gente tem que fazer é dar retorno pro cliente. É *cool* dizer: "Olha, estou fazendo ativismo, estou mudando a empresa...". E o retorno é horroroso! Ou então o cara tem uma única história de um investimento que foi maravilhoso e em que o retorno aconteceu por razões específicas daquele negócio. Eu sou um pouco cético com isso. Pra mim, você tem que conseguir replicar. Às vezes, nesse negócio do ativismo, o cara tem uma história que deu certo e depois tem quatro, cinco que não foram tão boas. Voltando ao ponto, é *growth* ou é *value*? A gente gosta de comprar coisa boa com *valuation* atrativo. Então, você pode dizer que é crescimento, com *valuation* atrativo. Aí a pessoa diz: "Ah, é valor intrínseco". É lógico que há valor intrínseco, mas eu não vou comprar só pelo valor intrínseco. Se há valor intrínseco, e a empresa é muito mal gerida, eu não vou querer ter. Você só vai extrair aquele valor intrínseco se tiver gente boa ali. A ação estar negociando abaixo do valor intrínseco, que seria a justificativa pra você comprar, não é uma condição suficiente. Ela pode ser necessária, mas não é suficiente pra você fazer o investimento. Tem que ter gente boa. A filosofia é essa. Agora, como você rotula, se é *value investing*, eu não sei. A gente gosta de comprar coisa boa com *valuation* atrativo.

E como encontrar esse negócio realmente de qualidade? Qual é o trabalho diário para poder ter certeza de que tem gente boa ali, sendo que você não está dentro da empresa?

JZ: É um bom ponto. É por isso que é importante você ter um histórico bastante longo com aquela empresa. É uma combinação de você conhecer mesmo o management daquela empresa e ter essa vivência do casamento do discurso sobre o que está sendo feito com os resultados que estão sendo apresentados. As pessoas podem contar uma história muito boa e na prática o resultado não mostrar aquilo. Isso é que vai gerando a percepção de que a empresa é boa ou não. O trabalho é isso: você vai interagindo com o management da empresa, ele vai te contando a história e vão vindo os resultados. Aí você vê: realmente está acontecendo isso, a estratégia está fazendo sentido, ele está executando da forma correta. Você está em constante contato com o management das empresas e estuda toda a cadeia: vai entrevistar os fornecedores, os clientes... E o que vai te dando essa convicção de que a empresa é boa é isso: se, ao longo do tempo, ele vai entregando o que diz que vai fazer. Outra característica que a gente valoriza muito é há quanto tempo as pessoas estão lá. Uma empresa mudar muito de executivo logicamente não é um bom sinal. Outro negócio em que a gente não acredita muito é: trouxemos o bambambã do não sei o quê pra ser CEO da empresa e agora ele vai transformá-la. Pode dar certo, mas será que, no longo prazo, é por aí mesmo? A gente gosta de ver gente formada dentro da própria empresa, uma política de formação de talentos, de atração de gente. Preferimos que a empresa tenha esse pool de talentos internos que vai crescendo. No caso da Renner, por exemplo, as pessoas dizem que o [José] Galló é o cara. É, mas vai conhecer embaixo também como a turma é boa, a preocupação que eles têm com a formação de gente...

Lojas Renner é uma posição importante do fundo de vocês há um bom tempo. Seria o maior exemplo da aplicação desses princípios?

JZ: É um grande exemplo, já maior, eu não gosto de falar. Lojas Renner é um exemplo, a Ambev é outro exemplo... A própria Kroton, que é de um setor supercomplicado, porque o pessoal diz que está ganhando dinheiro nas costas do governo, pelo Fies. E aí você viu: quando esse vento a favor parou, com as mudanças do Fies, ficou clara a execução da empresa, entendeu? A Kroton é um exemplo disso no setor de educação, a Equatorial é um exemplo no setor de distribuição de energia...

Agora, é engraçado. Esses princípios, muito ligados à qualidade, fazem a carteira de vocês parecer sempre meio óbvia, né? Você olha e diz: era óbvio que isso tudo ia dar certo. Seria uma lição de não inventar muito?

JZ: Não inventamos de jeito nenhum. É engraçado que as pessoas, quando veem que você trabalha com ações, querem sempre saber qual é a ação que vai dobrar. Eu não acredito muito nisso. A empresa vai subir 15%, 20% ao ano e, com o tempo, ela dobra. E, às vezes, ela vai subir 25%. Se você pega uma empresa que tem condições de dobrar, está embutido um risco ali de que, em vez de dobrar, a ação caia 30% ou 40%. Não existe almoço grátis. Se você quer uma coisa que vai dobrar em um ano, dezoito meses, saiba que o risco de o negócio não dar certo também é bastante grande. Pode ser que ela caia 30%, 40% enquanto você está esperando que ela vá dobrar. Então a arte do negócio é você ter as empresas que não sejam tão óbvias, que tenham algo a mais, mas é o que a gente estava falando: talvez o nosso diferencial seja acreditar que essas empresas vão efetivamente entregar e talvez até mais do que você esteja imaginando. Talvez outras digam: acho que é isso, acho que aqui já foi. Mas também não vou ficar falando muito não, deixa o pessoal fazer o que achar... [risos].

Não! Pode contar todos os segredos... [risos]. Você falou rapidamente de ativismo. Vocês nunca indicam conselheiro? Nem nas empresas com posições grandes, como a Renner?

JZ: Indicamos... Na Renner, por exemplo, não é uma indicação oficial do BTG, mas a gente conversou com a empresa e entrou um ex-sócio do banco no conselho. Na Equatorial, quando saiu o fundo de *private equity* da Vinci [Partners] e houve uma reorganização dos acionistas, a gente indicou também uma pessoa. É um ativismo cooperativo. No caso da Renner, que é uma empresa maravilhosa — eu não quero mudar nada, quero é aprender com eles —, o conselho tinha um perfil muito de *corporation* mesmo. Faltava alguém que tivesse a ação, com sentimento de dono. O Galló logicamente tem a ação, mas faltava... sabe aqueles conselheiros profissionais? São ótimas pessoas, muito capazes, mas, se a ação da Renner cair 10%, o bolso de ninguém ali vai ser afetado. Lógico que todo mundo vai ficar mal, vai ficar preocupado, mas é importante o sentimento de dono, de urgência, sabe?

Entendi...

JZ: Então, a nossa colocação pra empresa foi: "Acho que é bom ter alguns acionistas no conselho". Os gringos, que eram os outros acionistas grandes, por razões várias, não procuravam indicar conselheiros. Eles até apoiavam, viam quem era, mas não tinham essa postura. Então foi isto: talvez trazer um pouquinho mais de sentimento de dono, mas não pra alterar, querer mudar a estratégia, talvez só pra cobrar um pouquinho mais de urgência, exercer mesmo um pouco esse olho do dono. Como um acionista relevante, com 10% da Renner, a gente acha que tem que haver no conselho alguns representantes desses acionistas. E, na Equatorial, é muito parecido. Eu não quero mudar nada. É muito mais no sentido só de garantir que aquele cenário positivo que a gente vê vá se materializar. O que a gente não gosta muito desse negócio de ativismo é que você fica preso no negócio, são vários graus de liberdade a menos que você tem. Aí você passa a dizer: "Então, se eu sou um ativista, tenho que ter empresas em que eu vou fazer um ativismo". Você tem que dar retorno pro seu cliente, cara! Não tem essa. É o que você tem que fazer. E retorno logicamente não é retorno de curto prazo, é de longo prazo. Pode pegar qualquer janela: três, cinco, sete anos. A gente acredita nesse negócio porque dá retorno. Se não der retorno, a gente vai ter que mudar. O objetivo final é dar retorno pro cliente.

Agora, você chegou a ter um número muito grande de investido-res no Absoluto, é um fundo que está em várias plataformas de vare-jo e tudo o mais. Como é lidar com essa pressão do investidor num momento ruim de mercado, por exemplo? Como lidar com a con-corrência com o CDI e com o fato de o investidor ser superconserva-dor no Brasil?

JZ: Mas daí é o nosso trabalho, né? Lógico que o ideal é ter o in-vestidor que está cem por cento alinhado. A gente está sempre con-versando com os clientes, explicando a nossa filosofia... Eu acho que, quando você já tem um histórico — claro que tem que conti-nuar dando retorno, o histórico está mudando todo dia —, como no caso do Absoluto, desde 2007, você diz: "Cara, é isso aqui, agora dei-xa a gente fazer o trabalho". Agora, é lógico que, ao longo do tempo, há períodos em que você vai dar mais retorno, menos retorno, mas o negócio de longo prazo, em todos os cenários, se paga. Então é um trabalho de educação. Cada investidor é um investidor. Há investi-dores que fazem um trabalho mais longo, demoram mais tempo pra tomar a decisão de investir com você. Então, quando eles tomam a decisão, estão mais convictos ou mais certos daquilo. Não é porque você teve um ano ruim que o cara te liga dez vezes. O cara quer en-tender o que está errado, você tem uma perenidade porque ele tam-bém fez um trabalho prévio maior. O investidor estrangeiro é assim. O fundo de pensão aqui deveria caminhar nessa direção, mas está caminhando, acho que está caminhando...

No caso do fundo de pensão, as ações concorrem com juros mui-to altos ainda, né?

JZ: No Brasil, sem dúvida o juro não ajuda. Acho que os investi-dores institucionais aqui têm que passar por um processo de maior profissionalização. Como você disse, acho que os juros acabam dei-xando esse investidor mal-acostumado. E, no caso da pessoa física, acho que os investidores que estão com a gente há mais tempo en-tendem bastante do produto. Eles já têm retorno, já viram acontecer. Então é mais fácil entender a filosofia de que às vezes está muito bom, às vezes não está.

E você passou por um evento recente, alheio a todo o trabalho que você fazia, de perda de patrimônio no fundo.* Como você fez para lidar com isso sem ter que fechar o fundo para resgates?

JZ: Acho que isso foi muito dos fundos de pensão, porque, com o investidor externo, a gente sofreu muito menos. A pessoa física também já voltou muito mais rápido. Eu acho que o evento mostrou a força da filosofia. Tivemos os pedidos de resgate no início de dezembro, alguns iam ser liquidados no final de dezembro, outros em janeiro, fevereiro, e o fundo continuou performando. No último dia em que tivemos que liquidar resgate, o fundo estava com a composição dele exatamente do jeito que queríamos estar. Isso mostra que a gente não teve que não vender papel porque não conseguia vender. Aí volta a filosofia: olha as empresas de que a gente está falando: Renner, Cielo, ABI [Anheuser-Busch InBev] lá fora, Ambev aqui, Kroton, Equatorial... São ações que a gente levantava a mão e tinha uma fila de gente querendo comprar. Eu acho que isso mostra a consistência da filosofia. Então, como foi lidar? Foi isso. A gente honrou todos os resgates, os clientes receberam tudo, pra quem ficou o fundo continuou performando, continuamos entregando. O fundo está exatamente do jeito que está. E aí depois de março, abril os clientes começaram a voltar. Por toda a *due diligence* que passamos, sobretudo os gringos perguntam: "E se você tiver um cenário de estresse?". A gente passou por um megacenário de estresse e se provou. A gente nunca teve 10%, 15% do fundo num negócio totalmente ilíquido, do qual a gente não consegue sair, e aí, quando você vai honrar os resgates, aquele negócio que era 10% vira 20%, 25%. Nada disso.

E como você trabalha o caixa do fundo? Tem gestor que põe em NTN-B ou dólar... Dá para fazer isso e mesmo assim ter liquidez para honrar resgates, por exemplo?

---

* Em novembro de 2015, o ex-controlador do BTG Pactual, André Esteves, foi preso no âmbito da Operação Lava Jato, da Polícia Federal, o que desencadeou uma onda de saques nos fundos geridos e administrados pelo banco.

JZ: O caixa tem oscilado em torno de 15% a 20% do fundo. Nos fundos que têm o passivo em IPCA mais 6%, quando a NTN-B tem um retorno interessante, a gente pode alocar uma parte do caixa nesses títulos, mas de forma nenhuma... Nesse período de resgates, por exemplo, não é que a gente usou o caixa do fundo pra honrá-los. A gente vendeu os papéis de forma que não alterasse o percentual de caixa do fundo. Se eu honro o resgate só com o caixa, eu vou alterando o fundo, o fundo vai ficando mais investido em ação, porque eu estou diminuindo o caixa dele. O que a gente vendeu foram os papéis mesmo, todos bem líquidos. O que foi bacana? No dia seguinte ao último dia em que a gente honrou os resgates, o fundo estava exatamente do jeito que a gente queria estar: ele tinha o percentual de Renner que a gente queria, o de Ambev que a gente queria. Estava tudo ali. Acho que também tem uma coisa: na própria indústria brasileira, lá atrás, não existiam fundos D+30 [em que o resgate só é efetivado trinta dias depois de pedido]. Eram todos fundos D+3. Isso também foi uma coisa interessante, a maior parte dos nossos fundos era D+30. Então você tem um prazo, dado o volume de resgate, pra ir se adequando.

A carência se mostrou muito importante naquela hora então, né? Muitos investidores perguntam por que o dinheiro deles vai ficar preso por trinta dias. Isso protege o próprio investidor, né?
JZ: É pra protegê-lo, lógico, sem dúvida.

Voltando ao portfólio, você tem o costume de montar proteções para a carteira?
JZ: De vez em quando a gente faz hedge, mas, sinceramente, ao longo do período do fundo nunca foi uma fonte que a gente dissesse: "Isso aqui foi determinante pra performance do fundo naquele ano específico". O determinante é a performance das ações. Então a gente faz algumas proteções, mas nem em 2008, que foi um ano de crise, foi assim determinante, salvou 1% ou 2%, mas o fundo caiu 30% em 2008. Não é assim um *game changer*. Até porque a gente tem uma filosofia, você tem que ser fiel ao que você está escrevendo. E acho que

a forma de ser fiel é, em primeiro lugar, você acreditar e saber que aquilo ali dá certo. Até quando vê os erros que aconteceram a gente diz: "Hum, tá vendo?, o ponto é que a empresa não era tão boa assim. No fundo a gente achou que era, mas não era tão boa. Ou o acionista não era tão alinhado quanto a gente imaginava". Entendeu?

Qual foi o maior erro da história do Absoluto?

JZ: Não tem um... Quando você diz assim: "Mas essas ações aí são meio óbvias, então por que todas as pessoas não têm?"...

Não falo como um demérito, tá? Eu acho interessante ver isso em um fundo com desempenho tão consistente...

JZ: Não, mas eu vou te dizer... Uma coisa que acho que diferenciou a gente nos últimos anos foi não ter cometido grandes erros. A gente, às vezes, ouve do investidor, até do gringo: "Ah, mas esse papel de que você tá falando aí, todo mundo tem". E aí eu digo: "Mas como é que a performance não é igual à minha?". Acho que é um pouco por causa dos percentuais que a gente tem e também por esse fato de não termos cometido grandes erros. Há erros — eu vou te dizer quais são —, mas não houve um grande erro. A gente errou com Telemar em 2009/2010, mas você sabe quanto ela tirou naquele ano? Foi o maior erro, mas deve ter sido 1% do fundo.

... porque você não estava muito concentrado naquele papel?

JZ: É isso, a gente faz pequeno. A história era que a Telemar tinha acabado de se fundir com a Brasil Telecom e era um exemplo de acionistas não alinhados... Foi um erro de análise. A gente viu que eles aumentaram a participação e pensou: "De repente, agora tem um *case*". E aí seis, sete meses depois veio uma provisão horrorosa que eles tiveram que fazer e jogaram pro minoritário. Foi na época do Daniel Dantas. Eles já tinham feito a fusão e havia a relação de troca do controlador. O controlador da Brasil Telecom já tinha recebido, acho, as ações. Aí eles descobriram a provisão na Brasil Telecom depois já da relação de troca ter sido anunciada e resolveram mudar o *ratio* de troca pro minoritário só, como se o minoritário fosse receber menos por causa daquela provisão. E aí o controlador já tinha recebido... Era um horror! Erramos, o papel caiu, mas, materialmente, pra performance do fundo, não foi um horror. A própria Brasil Foods [BRF], que não está bem neste ano, gerou muito resultado pro fundo ao longo do tempo. Mas, se você for pensar, a história lá ainda tem que se provar. Dissemos: "Vamos dar um voto de confiança e tudo". Mas é difícil. Se você olhar no todo, deve ser a quinta ação que mais contribuiu com o fundo. A gente chegou a ter uma posição relevante e ainda pode acontecer, mas está se mostrando mais difícil do que eles próprios imaginavam. Eu não colocaria como um erro, mas estou dizendo que as coisas são difíceis, entendeu?

E como você faz para saber a hora certa de sair? Não há um viés ali de tentar segurar sempre um pouco mais para ver se aquela posição não dá certo?

JZ: Lembrei de outro erro, mas também foi pequeno: B2W. Um negócio muito mais difícil, internet, tecnologia... E aí você se pergunta: "Qual foi o erro?". Pode até ser um pouco aquele negócio do conhecimento, a gente não conhecia tanto. Acho que o management até era muito bom, mas é aquela questão do conhecimento. Aí é de novo o que eu acho um mérito nosso: quando a gente faz esse negócio, é pequeno. A B2W deve ter sido uma posição de 1% ou 1,5%. Pode dar muito errado, mas o impacto no fundo vai ser pequeno.

E como saber a hora de desmontar?

JZ: Acho que aí é um pouco você voltar: lá atrás, quando a gente investiu, o que a gente estava vendo? O que a gente estava buscando? Aconteceu? Então vamos agora olhar pra frente: a empresa foi melhor do que a gente imaginava, será que dá pra extrapolar isso pra frente? São coisas estruturais? Temos que fazer essa avaliação: se pra frente você continua tendo uma possibilidade de ter o *upside* igual ao que você tinha quando investiu. Esse é o primeiro *check*. O segundo é uma análise relativa: esse *upside* absoluto parece o.k., mas como é que ele se compara com outras posições que eu tenho? Ah, ele até tem uma expectativa boa de retorno, mas há várias outras ações no mercado que caíram mais, estão mais atrativas. Então elas ficam um pouco menos atrativas no relativo. Se for esse o caso, aí você diminui. E aí tem um terceiro *check* também muito importante, que é o seguinte: como a sua visão difere da visão do mercado? Talvez um dos nossos maiores acertos tenha sido justamente por manter uma posição por muito tempo: as adquirentes, tanto Redecard quanto Cielo. O mercado era muito negativo em acreditar que a competição entre Redecard e Cielo seria destrutiva. Se houver essa possibilidade de surpresa, então é razão pra manter a ação. Se não houver, pra diminuir.

Você falando assim faz parecer tudo muito tranquilo agora, mas como lidar com esse estresse? Você não sofre com o fato de o mercado estar andando contra a sua tese?
JZ: É lógico que a gente sofre...

Ah, você é tranquilo, não?
JZ: Eu sou tranquilo? Minha mulher não me acha nada tranquilo! Pergunta pra turma que trabalha comigo se eu sou tranquilo [risos].

[Risos] Só parece tranquilo, então...
JZ: Acho que eu finjo bem [risos]. Agora, por exemplo, uma das nossas principais posições, que é a ABI, não está performando bem — está subindo 2%, 3% em dólar. Você tem que entender: sua tese mudou? Não, não mudou. O que está acontecendo? Existe uma incerteza lá com relação à aprovação de uma aquisição, mas a gente tem uma convicção grande de que o negócio vai sair. O que talvez a gente tenha errado, mas que não muda a tese, é que a aprovação do *deal* foi mais conturbada do que a gente imaginava. Como é que a gente ia imaginar o Brexit [referendo para a saída do Reino Unido da União Europeia]? Temos tanta convicção no *upside* da história e que vai ter sinergias que isso aqui vai ser uma oportunidade única, mas aí você diz... E se tivesse investido em outra coisa? Então, assim, é lógico que a gente sofre, mas o importante é como você lida com isso. Você tem que saber se a sua tese mudou, se está er-

rada ou se no fundo está sendo postergada. Você tem que lidar com isso. No fundo, as coisas não estão acontecendo, mas por quê? Você errou? Se errou, você tem que corrigir o erro. Se não, tem que ter paciência.

E quanto você acompanha as notícias, o mercado? Vinte e quatro horas? Tem como se desligar em algum momento do dia?

JZ: A gente dorme, né? [risos]. E você vai se acostumando. É lógico que alguns períodos são mais tensos, outros são mais tranquilos... Quando a gente faz o que gosta, é mais fácil. Não é aquele negócio que você diz: "Putz, é um negócio estressante!". É estressante, mas é uma coisa de que você gosta. Todo o pessoal que está ali comigo... A gente não se vê fazendo outra coisa.

Qual foi o momento mais difícil de mercado para você desde o começo do Absoluto?

JZ: De mercado? Hum... Tem dois tipos... Lógico que a crise de 2008 foi um momento marcante. Mas tem dois momentos no nosso tipo de investimento que são difíceis: um é esse, quando está tudo acabando, como foi a crise de 2008. Lógico que é um negócio horroroso, você vê a destruição de riqueza. Por mais que você saiba — putz, o fundamento não está mudando —, se você vê o patrimônio dos seus clientes caindo... Acho que, sem dúvida, 2008 foi um ano complicado, mas acho que tem aquele negócio que é complicado pra todo mundo e tem o específico do seu fundo, do seu negócio. O negócio de novembro...

A prisão de André Esteves...

JZ: Mas, sinceramente, não é da nossa estratégia. Foi um negócio que aconteceu no banco, então eu não coloco como... Talvez no nível pessoal, sim, mas no do fundo, não. Euforia, sim, às vezes é difícil pra gente. Tudo sobe, tudo sobe e aí não tem diferenciação, entendeu? É aquele negócio: todo mundo é brilhante, então sobe tudo, não tem diferenciação. O driver de geração de valor é outro: é fluxo, expectativa... Não é o nosso jogo, que é descobrir empresa. Na euforia total, às vezes o que sobe é o que tinha sofrido muito, o que é alavancado... São histórias que não se encaixam muito na nossa filosofia.

Você falou um pouco de paixão pelo que faz. Você se lembra como foi que decidiu ser gestor? Como você desenvolveu essa paixão pelo mercado?

JZ: Meu pai, né? Meu pai sempre trabalhou em banco. Então eu acho que havia um pouco esse negócio de casa. Eu sempre quis fazer alguma coisa ligada a administração e economia... Sempre tive isso claro. Consegui fazer numa faculdade legal, na FGV. E aí, dentro da faculdade, finanças foi o que me despertou mais interesse. Quando eu entrei na faculdade, achei que ia gostar de marketing. Quando você é estagiário, não tem ideia, não sabe... Meu sonho era trabalhar no J. P. Morgan porque tinha uma sede linda... Nunca consegui entrar no J. P. Morgan...

[Risos] Você chegou a participar do processo seletivo?

JZ: Sim, pra área de crédito. Era a mesma sede do Banco Francês, que era o mesmo prédio do Pactual. Era uma sede toda bonita... Aí a menina que passou no meu lugar acho que ficou um mês lá e disse: "Ah, não é isso que eu quero". E quanto à vaga aqui do banco... Engraçado, acho que eu não era muito bom de entrevista [risos], fiquei em segundo. E o cara que foi selecionado hoje é meu amigão. Ele foi escolhido, mas não quis. E aí eu fui chamado. Eu não vou falar quem ele é, mas a gente brincava porque eu era muito melhor aluno que ele, mas o cara era bom de entrevista. E hoje ele está superbem na Ambev.

Uma última pergunta: se você tivesse que dar um conselho simples para o investidor pessoa física, qual seria?

JZ: Não queira as coisas que dobram... Vá no que dá 15% ao ano.

11. Um investidor com propósito

Em meio a 250 gestoras brasileiras de fundos de ações, José Carlos Reis de Magalhães Neto teve a proeza de montar um bicho completamente diferente. E grande. A Tarpon. Detalhe: aos 24 anos.

Zeca, como é conhecido, começou a investir em bolsa no mesmo escritório do pai e do tio, Luiz Alves Paes de Barros, um dos maiores investidores individuais da bolsa brasileira, mas criou um estilo próprio. Difícil classificá-lo como acionista ou gestor de renda variável. Ele é um empreendedor à caça de boas companhias. Só que faz isso por meio da bolsa.

Se a empresa está ruim, a ordem para o investidor de bolsa é vender. Já para Zeca, se a companhia tem problemas, a regra é consertar. Na Tarpon, o longo prazo é levado ao limite do eterno enquanto dure. Se o casamento está ruim, a solução é terapia, não separação.

Por que não concentrar o fundo inteiro em quatro ou cinco empresas se você tem plena convicção de suas escolhas? Sem dúvida, uma perspectiva diferente do risco: você se arrisca menos se tem controle das variáveis. Controle total. Nas empresas em que tem grandes posições, caso de BRF, a Tarpon gosta de colocar os próprios executivos e até nomear o presidente.

O investidor deve criar os próprios óculos, diz Zeca, mas, se puder haver um conselho, é o de comprar uma empresa que já tenha um sistema bem estruturado — não dependente de um único gênio — e que esteja preparada para os próximos vinte anos, não para a economia do passado.

E como será o novo mundo? Estaremos todos nus! Serão anos em que a transparência vai deixar de ser somente um valor bonito. Ela vai aparecer nos preços. Zeca, em sua genialidade, é mais que um investidor. É um homem de propósitos.

Não compreende os playgrounds para galinhas da BRF? Talvez você precise limpar seus óculos.

A Tarpon é uma gestora de ações completamente diferente do restante, não?

Zeca: O objetivo final aqui não é investir em ação. O objetivo final é, por meio da aquisição de ações, construir negócios, construir empresas — direta e ativamente. Ou seja, é não perder uma perspectiva de investidor, mas, sem dúvida, ter como plataforma principal gerar valor no longuíssimo prazo. Essa é uma trajetória que, se fizermos um bom trabalho construindo poucas e boas empresas, que se tornam excelentes, achamos que tem muito a ver com o nosso propósito de impactar a realidade. Fomos ficando velhos e vendo que temos capacidade de nos mover do mundo essencialmente financeiro pro mundo real, no sentido de decidir de fato que produto da BRF vamos lançar e quando, por exemplo, ou qual é o papel do professor na sala de aula nos próximos anos... E efetivamente tocar isso. Da Tarpon, por exemplo, três viraram professores só com esse negócio.

É mesmo? Três analistas da Tarpon viraram professores?

Z: É. Depois que a gente comprou Somos Educação, que era a Abril Educação, três sócios da Tarpon foram dar aulas lá. São executivos da Somos. Obviamente, dão aula de madrugada [risos], um dá no fim de semana, no cursinho. Mas o ponto é que o nosso negócio se tornou, nesses quinze anos de existência, bastante distante daquele original de escolher ações passivamente. Essa é uma atividade muito boa, porém ela se tornou muito pouco representativa em relação ao que a gente vem fazendo nos últimos cinco a dez anos.

Vocês deixaram um pouco de ser gestores e viraram empreendedores na prática? Ou a Tarpon ainda tem a essência de uma gestora de recursos?

Z: Ela tem vários traços de gestora de recursos. Talvez o principal deles seja que o capital não é majoritariamente nosso, mas de terceiros. Então, nesse assunto, é parecido. Não conseguiríamos empresariar na dimensão que a gente faz hoje com capital próprio. Precisamos de outros capitais de longo prazo alinhados. Ou o mais alinhados possível, porque o único cem por cento alinhado é o proprietário. Mas, enfim, pra gente atingir e conseguir impactar as empresas, que é o que a gente veio fazendo nos últimos anos, precisamos de capitais muito além do proprietário. Então, sim, nessa dimensão é muito parecido com a gestão de recursos. Tem toda essa parte de investidores, de levantar recursos, de se comunicar com eles, como é que a gente se alinha... No aspecto do investidor, de selecionar empresas de qualidade, na época de fazer o investimento, antes da alocação, também não é muito diferente, não. A diferença é que, já nessa fase, os elementos que você vai tentar construir pra gerar valor — ou seja, boa parte da sua tese de por que aquilo vai ser bom e vai te gerar uma melhor relação risco/retorno no futuro de longuíssimo prazo — não têm a ver com uma questão passiva, mas com uma questão ativa, em que você, diretamente, por meio das suas pessoas, vai entrar numa jornada de transformação da empresa.

O que é muito mais do que o ativismo que outras gestoras de ações fazem, né?

Z: É. Não tem nada a ver com ativismo. Os ativistas são *shakers*, no sentido de que chacoalham o status quo: você tem que vender essa divisão, o CEO é muito ruim, contrate outro... O ativista é um chacoalhador de instituições, ele não é um construtor de negócios. Não é, não é, não é. Nem no Brasil, onde há obviamente muito poucos, nem nos Estados Unidos. Não existem construtores de negócios ativistas. Eles vão lá, muito focados numa situação específica, numa imagem daquela empresa, numa complexidade, numa performance abaixo da média que eles identificaram e, por meio de um trabalho de ir pro conselho, de se consorciar com outros acionistas, eles pressionam por mudanças. Eles dão um chacoalhão, muitas vezes necessário, muitas vezes criando valor para os acionistas de curto e médio prazos, e às vezes de longo prazo também. Simplesmente não é nossa abordagem. É outra abordagem, que dá supercerto quando bem executada.

A Tarpon também não é um *private equity* porque vocês compram a empresa em bolsa, mas tem um perfil de *private equity*, não?
Z: Não, também não é *private equity*. Claro, na vida a gente tem duzentos mil desafios, como todo mundo. E tem a graça de você tentar superá-los. Mas, nas companhias em que avançamos, temos não só o papel de conselheiros, de liderança empresarial, como também de liderança executiva por meio de pessoas da Tarpon. São pessoas que saem da Tarpon executivamente e se tornam executivamente ligadas à empresa em posições-chave. Temos quatro investimentos hoje, por exemplo: BRF, Somos, Omega (que é fechada, de energia renovável) e Cremer. As quatro têm quase cem pessoas originalmente da Tarpon.

Em que funções?
Z: Em funções que vão de CEOS — todas têm CEOS que são sócios da Tarpon — a CFOS, diretores comerciais, diretores de conteúdo, diretores de inovação... Enfim, varia de acordo com o business, mas vai de cargos-chave a cargos muito jovens, de gerência. Mas pra que isso? Tem a discussão: "As suas pessoas são melhores do que as outras?". Não necessariamente, mas nosso jeito de olhar a empresa é como um projeto de longuíssimo prazo. Pra de fato transformar aquela empresa, você não pode fazer mais do mesmo melhor. Você não pode fazer apenas melhorias marginais, reestruturações financeiras ou alavancagens, esse tipo de coisa. Você tem que realmente

entrar no *core business* [núcleo do negócio] e tentar criar um sistema que inclui o propósito da empresa, a cultura, como as pessoas se relacionam, como elas se comunicam, qual é o sistema de gestão, quem são os atores — como pessoas, ativos. Temos de criar um novo sistema que funcione muito melhor do que o sistema antigo. Então, quando vemos essa oportunidade, vamos lá e tentamos construir esse novo sistema. O lado bom é que, quando esse sistema começa a funcionar, em geral ele tende a ser muito mais potente e muito mais alinhado com o futuro do que o sistema velho. O lado ruim é que é muito difícil construir esse sistema. Demora tempo, são vários *trade-offs* [conflitos de escolha] em que você tem de incorrer ao longo da construção. Você tem que desconstruir diversas coisas dentro da empresa. Suas pessoas têm que começar a entender do negócio, o que toma tempo. São diversos negativos, principalmente nos primeiros três anos, a não ser que você tenha o que a gente chama de *quick wins*, ganhos de alocação de capital ou de simplificação de negócios tão relevantes que aparecem nesses primeiros três anos. Mas em geral é como aquele avião que sai do porta-aviões: ele primeiro dá uma caidinha pra depois pegar a velocidade de cruzeiro. Temos de estar preparados pra que essa caidinha seja algo de uns três anos.

Agora, você tem de estar preparado para vender algum dia aquela ação? Ou não necessariamente?

Z: Na nossa cabeça, não necessariamente. Não há dilema nenhum. Se um dia chegar o momento, a gente vende. Chegar o momento por quê? Porque às vezes não somos o melhor grupo empresarial pra estar tocando aquele negócio dali para a frente. Ou porque a gente não se mostrou competente o suficiente pra tocar aquele negócio, ou porque a gente não acha que há mais valor adicional relevante pra ser construído, ou porque as coisas se deterioraram a ponto de mudar a nossa percepção, e a gente não tem as condições pra jogar um jogo de alto nível nesse novo mundo que se apresentou... Enfim, porque depois em uns dez anos as condições mudam, as razões pelas quais uma empresa tem ou não sucesso num determinado segmento mudam. Então, a gente não tem esse drama de sair. Já saímos de várias empresas diversas vezes. Mas o propósito é ficar e construir.

O que se parece com a Tarpon no exterior? A Berkshire, do Buffett?

Z: Há várias potenciais comparações e inspirações. Mas o que a gente tentou fazer na Tarpon desde 2002 foi ser diferente, ter a nossa própria rota, por mais que isso possa, em diferentes períodos, ser a rota mais difícil. E em geral é a rota mais difícil. Mas a gente acredita muito que, na diferenciação, você pode ter uma proposta de valor realmente relevante.

E por que vocês decidiram abrir o capital, listar a Tarpon em bolsa?

Z: Pra ganhar mais flexibilidade e perenidade na base de capital da Tarpon. Todos os recursos levantados foram reinvestidos no fundo, ou seja, viraram capital permanente, com o qual podemos contar nos tempos bons e especialmente nos maus, o que é muito importante pra suportar nossa filosofia de investimentos *contrarian*, de longo prazo, e nossa abordagem empresarial, de transformação.

A maior parte dos gestores do mercado tem entre dez e vinte ações no fundo, dificilmente uma posição representa muito mais de 20% do patrimônio. Você tem muito menos. Qual é a tese para tanta concentração?

Z: Cada um entende risco de uma forma. Eu tendo a olhar risco sob uma dimensão de perda permanente de capital de longo prazo. É óbvio que, mesmo sob esse olhar, a gente já dimensionou risco de forma ruim e insuficiente, como foi o caso de Gerdau recentemente. Gerdau foi um último caso que pertencia a uma Tarpon em que ainda fazíamos grandes investimentos com outros controladores. E ficávamos num "mata-burro". A gente não era ágil, independente ou pequeno o suficiente para fazer o que a maioria das gestoras faz: seus *stock picking*, suas análises... você entra, se não está bom, sai... E, ao mesmo tempo, a gente não tinha capacidade de mudar a realidade e ajudar a transformar a companhia como nos quatro investimentos que temos hoje, que são 90% do portfólio: Cremer, Omega,

Somos e, a maior de todas, BRF. Então, se você for pensar, poxa, BRF é mais de 50% do portfólio? Sim.

Já está em mais de 50% a participação em BRF?

Z: Já. Mais de 50% do portfólio. Então é muito arriscado? Não sei, por qual prisma? Eu gosto de olhar pelo prisma de que é uma empresa supercompetitiva no Brasil e fora, está em mais de cem países. A BRF faz uma coisa superbásica, que todo mundo quer todo dia. Mesmo a plataforma produtiva, que, quando a gente assumiu lá, era essencialmente no Brasil, cada vez mais estamos colocando em outros países. Então vai se transformar em uma empresa não só exportadora, mas em uma empresa global de alimentos, supercompetitiva, bem posicionada... Então eu vejo como uma proposição de menos risco do que investir, por exemplo, no índice no Brasil que tem 50% — que é o que eu tenho em BRF — em algumas empresas que eu diria: "Isso, sim, é muito arriscado". De repente muda um governo e essas empresas... Como agora mudaram pro bem, de repente podem mudar pro mal, dependendo do que acontecer. Então é mais um olhar de risco, talvez empresarial, do que de um analista de portfólio.

Agora, para isso, você precisa ter muita convicção naquela empresa em que você investe. Como construir essa convicção?

Z: Você precisa ter convicção, sem dúvida. E a gente aprendeu com o tempo — e muitas vezes *the hard way* [da forma mais difícil] — que não adianta ter só convicção. Muitas vezes, você pode estar certo, mas elementos externos à sua capacidade de operação podem, no meio do caminho, mudar a história. E você realmente fica o campeão intelectual, mas, na prática, teve uma péssima jornada enquanto investidor. Foi justo desse meio do caminho que a Tarpon tentou sair nesses últimos sete anos: de um início de investidor essencialmente minoritário, que comprava partes importantes de empresas, mas ainda não na figura de controlador, para, em tempos mais recentes, um empresário e executivo das empresas, o que, no exterior, é conhecido como *owner-operator*. Ou seja, não é só ter a liderança societária, mas também a liderança executiva de operação. E essa dimensão, obviamente, pode ser um risco se você não fizer bem. Mas, por outro lado, você tem a prerrogativa de ter as grandes questões da empresa na mão. Por exemplo: vamos fazer aumento de capital a um real e diluir todos os acionistas minoritários? Não vamos. Isso está na minha mão. Em outras situações, não estava. Vamos vender aqui tais e tais ativos porque é melhor do que fazer aumento de capital e diluir o minoritário? Então, quando esse tipo de decisão está na sua mão, diminui muito o risco. A gente aprendeu ao longo dos anos que ir pra dentro da empresa e construir um negócio não somente te dá um *upside* se você fizer direito, construindo um sistema vencedor, mas também te tira de muitas frias de um investidor que é muito grande e concentrado e, portanto, tem dificuldade de entrar e sair do negócio. Então a gente preferiu sair desse "mata-burro".

Agora, isso não é um pouco de quebra da fé no modelo de companhia aberta? No sentido de você não poder confiar no respeito ao acionista minoritário...

Z: Obviamente tem situações em que existe um desalinhamento de interesse brutal entre controladores e acionistas minoritários. E, talvez, até má-fé. Mas tem situações em que você simplesmente não agiria como o cara agiria, porque, enfim, é um ativo da família há 150 anos. O cara, às vezes, pra preservar coisas do passado, não necessariamente pra articular um futuro promissor pro negócio, pode tomar decisões de que você simplesmente discorda. Mas, dentro da lógica dele, aquela é a coisa certa a fazer. Então, essa segunda situação eu respeito muito, óbvio. Mas, quando você tem uma participação tão grande numa empresa — estamos fazendo todo um trabalho, uma mobilização, uma quantidade de capital muito grande envolvida —, você não pode estar à mercê de ter alguém olhando pra esquerda e você pra direita. Tanto que, se você me perguntar qual é o pior modelo societário, eu acho que é a joint venture 50%/50%. Porque ninguém manda nada. Um quer ir pra esquerda, o outro pra direita. E aí? A única solução é brigar? E não quer dizer que seja má-fé, desalinhamento de interesses, que nesse caso não tem de aliviar... Às vezes, é simplesmente uma questão de visões diferentes de mundo, né? E aí não tem muito certo e errado no curto prazo. O longo prazo vai provar se era melhor pegar pra direita ou pra esquerda. E, se há uma liderança dúbia e dupla, quem sofre é a empresa, quem sofre é o investimento, o potencial daquele negócio de ir pra frente. Porque existe uma dicotomia. É aquela história: não dá pra servir a dois senhores. Isso é péssimo do ponto de vista organizacional, péssimo do ponto de vista de construção de cultura, de ter uma visão, de ter um norte estratégico, de ter um propósito, de ter um conjunto de atributos que forma uma liderança e tal. Então é esse "mata-burro" que a gente tentou evitar nesse movimento de ir cada vez mais pra dentro da empresa.

Há quanto tempo vocês seguem esse modelo mais forte de participação na empresa?

Z: Ele foi crescendo com o tempo. Nesse modelo mais puro, o primeiro investimento se deu em 2008 pra 2009, que foi Cremer. São sete anos e meio, quase oito. E Cremer foi muito bem. Apesar de ser um investimento não tão grande, do ponto de vista de capital que colocamos lá atrás, vem compondo pra nós taxas interessantes. Infelizmente não foi tão grande, mas é um investimento que deu muita alegria ao longo do tempo. Já estamos no nosso terceiro CEO. O primeiro foi o Alex Borges, que é sócio nosso e hoje é CFO da BRF. O segundo CEO foi o Leo Byrro, depois de quatro anos do Alex. O Leo Byrro ficou três anos na Cremer e acabou de fazer a transição pra outro CEO da Tarpon, que é o Flavio Bau. E o Leo foi ser gerente-geral Brasil da BRF, junto com o Rafa Ivanisk... Cremer, apesar de ser um negócio muito menor do que a BRF em termos de tamanho e complexidade, já é um modelo que vem sendo desenvolvido, testado, com erros, aprendizagem, acertos, há oito anos praticamente. Daí teve Omega, que já tem sete anos. É um negócio de energia renovável, com o qual estamos muito satisfeitos. Achamos que está num vento a favor agora e a companhia conseguiu, afinal, se diferenciar como competente operadora de energia renovável e construtora de projetos. BRF, apesar de a gente já estar há algum tempo lá, como operador e liderança junto com todos os sócios e conselheiros que nos apoiam, é um assunto de três anos. Então, é mais recente nesse formato.

Mas quanto tempo faz que as empresas que eram somente uma posição tradicional em bolsa deixaram de estar na carteira?

Z: Na verdade, elas simplesmente ficaram muito pouco relevantes. Elas foram perdendo relevância. Hoje, essas quatro empresas que eu citei, somadas, são mais de 90% do portfólio.

Mas o resto não é só caixa, então?

Z: Tem caixa, tem um restinho de duas posições que a gente ainda não conseguiu vender, mas o *core* é esse assunto dessas quatro jornadas empresariais de construção de negócios.

Agora, pensando em recomendações para o investidor de bolsa, pela sua experiência com todas as empresas em que vocês já investiram, quais são as características comuns entre as ações que deram muito certo no portfólio da Tarpon?

Z: É difícil dizer, todo mundo tem de desenvolver o seu olhar. Porque, se você simplesmente pegar os óculos emprestados de outra pessoa, pode ser até perigoso. Você não tem todos os predicados ou o jeito de pensar e de formar uma opinião iguais aos da outra pessoa. Sim, acho muito legal ter inspirações aqui e ali, no Brasil, fora do Brasil. Acho legal buscar inspirações, mas, no fim do dia, a grande jornada é criar os próprios óculos, é criar o próprio jeito de olhar. Posso dar algumas sugestões que, pro nosso jeito de olhar, ao longo dos anos foram se provando mais eficazes do que outros jeitos ou outras características que a gente buscava no começo.

Isso, ótimo...

Z: Vou falar uma coisa aqui até um pouco controversa, ou que pode ser interpretada como controversa. Claro que a gente tenta construir todo o nosso sistema baseado nas melhores pessoas possíveis dentro daquela cultura. Eventualmente, outras pessoas que podem ser tão boas quanto não são potencializadas dentro daquele sistema. Por que eu estou falando tanto em sistema (e sistema engloba propósito, cultura, atores, que são as pessoas, os ativos, toda essa rede que compõe um negócio vivo, que está se transformando)? Eu recomendaria duas coisas. Primeiramente, o investidor olhar muito mais o sistema, se ele está funcionando, se ele já está pronto. Porque o sistema sempre vence no final. Não é a pessoa que vence, é o sistema. Há sistemas muito vencedores, como, por exemplo, o da Ambev. É muito difícil você tirar pessoas desse sistema e fazê-las funcionar em outros. Aliás, o *track record* não é bom, é mais pra negativo do que pra positivo, porque o sistema favorece demais determinados traços de pessoas que estão dentro de um negócio que está funcionando e, a partir daí, conseguem alçar voos e criar façanhas espetaculares.

Então a pessoa não funciona tão bem em outros sistemas...
Z: É mais importante o sistema do que a pessoa.

Mas o sistema funciona sem a pessoa?
Z: Se o sistema está funcionando muito bem... Por exemplo, na Cremer, que é muito mais simples do que a Ambev e muito mais simples ainda do que a BRF, que eu considero a empresa mais complexa do mundo. E isso não é dito só por mim. Mas, lá na Cremer, depois que o sistema foi construído, tiramos o Alex, que a gente achava que... putz... vai tirar o Alex, o primeiro CEO? Aí veio o Leo, que era uma pessoa de trinta anos. Papapá... o sistema já estava começando a aflorar e... foi! Agora colocamos uma pessoa de trinta e poucos anos, que nunca tinha sido nem executivo de empresa... Primeiro mês ou dois meses... aquilo já foi de novo! O sistema vai. Por outro lado, se o sistema está podre, você pode botar o Jack Welch* pra tocar e não vai! A não ser que você entre numa jornada muito dura, que é o que a gente faz, aliás, de construir um novo sistema. Mas aí não é uma andorinha que faz verão. Obviamente, você tem de ter uma pessoa

---

* Jack Welch foi CEO e presidente do conselho da General Electric por vinte anos, período marcado por uma valorização expressiva da companhia.

com visão sistêmica, com uma liderança cultural e uma visão de futuro, que vai se cercar de gente que vai potencializar todo esse movimento e depois vai angariar todo tipo de aliados internos... Mas, no fim do dia, o grande projeto é montar esse sistema. E, pra mim, o grande sintoma de se esse sistema já está funcionando bem ou não é quão dispensável é a pessoa. E eu não estou aqui fazendo apologia de que pessoas boas não são relevantes. Muito pelo contrário, elas são definidoras, mas muito mais na montagem do sistema do que depois que o sistema está pronto. Então, o investidor ali, pessoa física, deveria olhar: será que essa empresa ainda não está indo bem, mas o sistema já está montado pra ela ir bem? Às vezes, aspectos conjunturais não fazem o resultado dela aflorar, mas como o propósito da empresa está articulado? Como as pessoas estão realizando seu trabalho? Elas conseguem gerar movimento ao pôr energia no negócio e não simplesmente gerar calor, e a coisa não anda para a frente, só vai ficando de lado e perdendo tempo e espaço pro concorrente? Eu olharia muito mais aí do que os tais *rainmakers*. Porque, às vezes, pode ter um sistema que não está funcionando e "Agora entrou o fulano de tal, vai funcionar"... Eu não acredito muito nisso, não.

Então, para a pessoa física que não conseguiria interferir tanto no negócio quanto vocês, o ideal seria entrar em uma empresa que já tem o sistema pronto?

Z: Claro que o *sweet spot* [situação em que a combinação de fatores resulta na melhor resposta possível, dado o esforço] seria entrar num sistema antes de o mercado perceber que ele está pronto. Se você acha que a empresa já está funcionando bem e tem, por fatores conjunturais, o tal do "cavalo gripado", ou seja, o mercado ainda não percebeu que aquele é um sistema vencedor, esse pode ser um grande ângulo de investimento. E aí um sistema vencedor em que contexto? Essa é a segunda mensagem pro investidor: um sistema vencedor do mundo dos próximos vinte anos, não do mundo dos últimos vinte anos. Isso também é importante. Com tecnologia, informação, transparência, tantas coisas novas e muitas delas disruptivas que a gente tem enfrentado, você não tem que procurar qual sistema deu certo.

Porque, muitas vezes, o sistema que deu certo não é, necessariamente, o sistema que dará certo. A rigidez é uma característica de sistemas que estão sendo implodidos e atropelados. Por exemplo, o Wal-Mart é um sistema super-rígido, até pelos ativos físicos e grandes, cada vez mais desocupados e pouco competitivos, versus a agilidade de outros competidores, não só os on-line. Então, qual é o sistema mais talhado e adaptável pro mundo novo que está vindo (que é um mundo muito mais ágil, com muito menos planejamento de dez anos e muito mais capacidade de reação e adaptação de curto prazo)?

Boa pergunta...

Z: Um sistema muito mais fluido, muito mais vivo, muito menos comando e controle e muito mais distribuído. E isso tem a ver com a empresa e tem a ver com os mercados. Veja o Brasil de vinte anos atrás e o dos próximos vinte anos. Empresas que não fizerem as coisas do jeito certo vão ter, nos próximos vinte anos, muito menos chance de ter o sucesso que tiveram nos últimos vinte anos fazendo as coisas de um jeito bastante questionável. Tem toda essa história de Lava Jato, mas isso é só a ponta do iceberg. Estou falando de como as empresas operam no Brasil em particular, mas também em muitos lugares do mundo. Quais são as empresas já capazes e adaptadas e que têm na sua filosofia, nos seus valores, no seu jeito de operar, no seu sistema, na composição do seu sistema, operar a partir de uma transparência, de fazer as coisas do jeito certo? A partir daí você constrói uma diferenciação. E a partir daí os seus *stakeholders* e o cliente — talvez esse seja o principal de todos — conseguem traduzir isso em lealdade, em pagar mais pelos seus produtos, em te diferenciar. E isso acontece com os próprios funcionários, fornecedores. E cria um círculo virtuoso muito grande que não era possível no passado pela falta de transparência total. Existiam mundos muito distantes entre a realidade e o que era percebido. Esses dois mundos estão colapsando. E muitas empresas vão colapsar junto, porque têm estruturas e sistemas tão rígidos que, ao abrir a tampa da panela, a coisa não vai funcionar, seja pela cultura, pela liderança, seja pelos ativos fixos rígidos. Não sei se ficou muito complexo.

Não, muito interessante...

Z: Então, o sistema vence a pessoa, principalmente o conceito desse...

... *showman*?

Z: Desse *rainmaker*, desse *showman*... Eu acho o sistema muito mais importante. E, se o *showman* está servindo à construção de um sistema, em primeiro lugar, ele vai ter menos chance de ser *showman*, porque ele está a serviço, ele não está sendo servido. Mas o grande objetivo é construir um sistema — e aí indo pro ponto dois, um sistema de futuro e não de passado — que é capaz de se adaptar, agir e vencer nesse jogo dos próximos vinte anos. Aí eu acho que o investidor terá visto o importante... E o que isso tem a ver com *trading*, né?

Nada!

Z: Nada. Então, eu vou desajudar as pessoas que estão buscando ganhar um dinheiro no curto prazo, porque obviamente isso é uma jornada. Não é um *trade*.

Voltando um pouco ao ponto dois: ele envolve a empresa ser leve, não ter uma estrutura pesada, mas você também tem a impressão de que a ética vai se tornar cada vez mais valiosa na avaliação da companhia, é isso?

Z: Claro, porque é transparência. Ouvi vários líderes que dizem: "Aqui tem uma régua de ética que é: não posso fazer o que eu não tenho coragem de contar pros meus amigos ou pra minha mãe, ou que não posso subir no telhado e gritar: 'Eu fiz isso'". Ninguém tem mais essa opção. Não precisa ter mais essa régua. Todos estamos nus. Crescentemente nus. Então, a ética é essa. Você vai ficar nu. Então, é melhor...

É melhor você ter algo bom a mostrar?

Z: É melhor você estar preparado pra estar nu. Nu no sentido de a quem você está servindo. Você está servindo a uma causa da empresa, do sistema que você está montando, do cliente, um propósito? Ou sua causa é pessoal? Esse é um ponto em que você fica nu muito rápido hoje. E as pessoas, particularmente das gerações mais jovens, não vão aturar quem se serve da empresa versus uma pessoa que serve à empresa. Então, a ética vira uma coisa... Se não for ético, vai morrer.

Então a empresa vai ter de ser ética não só porque é bonito ser ético?

Z: Não é um diferencial. É uma precondição de vida. É quase que o oxigênio pro novo mundo que vem aí. Obviamente, há nisso um conteúdo de utopia, de idealismo, mas há muita crença e aposta concreta no que a gente está fazendo. Muitas vezes, estamos jogando fora padrões, atitudes, comportamentos, o que está nos custando bastante, na clara aposta de que tudo isso vai se reverter de maneira positiva muito mais do que custou ao longo dos próximos anos, diferenciando essa empresa das demais que, eventualmente, não se adaptarem ou não atualizarem os seus sistemas, suas organizações e seus poderes. E que não estiverem capazes de ser translúcidas nesse mundo novo que vem aí.

Bonito isso, forte...

Z: É forte, mas é muito duro [risos]. Com certeza é o caminho difícil. Não é o caminho fácil.

Quantas empresas se encaixam nesses dois critérios hoje na bolsa brasileira? Só as quatro em que vocês investem?

Z: É difícil falar por terceiros. Eu não sei.

Mas são poucas, você acha?

Z: O que eu posso dizer é que são a minoria.

Mas por que você busca essas empresas em bolsa? Que diferença faz? Não faria mais sentido montar um *private equity*, buscar empresas nascentes, que já tenham esse espírito jovem?

Z: Não... Já estivemos com empresas bem menores, bem maiores, e achamos até que tivemos mais dificuldade de articular tudo isso com empresas menores. Às vezes, para nivelar o jogo em mercados muito informais, por exemplo, é mais difícil do que em empresas muito maiores, com mais exposição, mais capacidade de atrair as melhores pessoas, construir uma cultura moderna, baseada no ser humano, em servir à sociedade, ter um propósito... É mais complexo você articular isso em empresas menores. Não estou dizendo startups, porque essas têm muito o papel do fundador, não têm a ver com o que a gente faz. Eu vou te dar um último elemento aqui que talvez, esse, sim, o investidor pessoa física possa absorver mais concretamente, mas talvez ele venha a absorver de um jeito diferente do que eu quero colocar...

Qual seria o terceiro elemento?
Z: Existe uma variável bastante subestimada por empresas como importante para o sucesso, para o êxito. Vou trazer aqui um estudo, uma apresentação, de um dos maiores investidores do Vale do Silício, Idealab — não é dessa nova safra, já está lá há décadas fazendo investimentos em todo tipo de empresa, startups, *growth capital*, saúde, educação, a maior parte de tecnologia. Eles resolveram olhar pra trás, pra cem investimentos que já tinham feito. É óbvio que alguns deram muito errado, alguns deram mais ou menos e poucos deram muito certo. É o jeito de *venture capital* e *growth capital*, né? O que dá certo compensa, e muito, o que não dá. Eles tentaram ranquear e ver quais eram os critérios que estatisticamente explicavam e tinham uma correlação grande com aquelas empresas que foram boas, os grandes investimentos. Eles colocaram cinco critérios e um deles era funding: se a empresa tem ou teve acesso a funding ao longo do processo versus uma concorrente que não teve acesso e o quanto isso foi determinante pro sucesso dessa empresa. E dos cinco elementos que eles avaliaram, esse foi o menos importante.

Por quê?
Z: Aí você olha isso e pensa: bom, então dinheiro é um pouco commodity. Claro que é importante. É um dos cinco fatores mais importantes, segundo esse cara e a experiência dele.

Funding seria a capacidade de captar recurso?

Z: É ter o dinheiro certo pra você executar as coisas que você quer fazer na sua empresa.

Então, o dinheiro pouco importou no fim das contas?

Z: Importou, mas não foi mais importante que os outros quatro fatores mais determinantes.* Até ter as pessoas certas, com a visão certa e a execução certa, era mais importante que o funding.

E qual era o fator que mais explicava o sucesso das empresas?

Z: O primeiro fator, o mais importante de todos — com alguma distância dos outros quatro, e com certeza o mais subapreciado —, é o timing. Não é o timing do *day trader* (é por isso que eu digo que aqui tenho o risco de ser mal interpretado). É o timing do mundo, da sociedade, das pessoas. Se uma ideia fantástica está sendo concebida dez anos antes de a sociedade estar pronta, ela não vale nada. Se ela é concebida seis meses antes, ela vale o infinito. Se ela é concebida três meses depois, não vale nada também, porque alguém já se posicionou. Obviamente, isso é mais fácil de a gente entender do ponto de vista de um investimento em tecnologia, mas eu começo a extrapolar isso pra tudo o que a gente faz aqui na Tarpon. Por exemplo, você disse: "Ah, Zeca, tudo o que você falou aí é muito bonito, esse negócio de empresas transparentes...". E é mesmo! E a gente aposta tudo nisso. Agora, qual é a grande questão?

O timing?

Z: Se a gente estivesse fazendo isso no Brasil de vinte anos atrás, morreríamos na praia. Porque empresas que não trabalhavam dessa

---

* No estudo do fundador da Idealab, Bill Gross, os fatores que se mostraram mais determinantes para o sucesso das companhias foram, em primeiro lugar, o timing (que respondeu por 42% da diferença entre sucesso e fracasso); em segundo, o time e a execução; em terceiro, a originalidade da ideia; em quarto, o modelo de negócio; e, por último, o funding. Sobre timing, o exemplo dado pelo autor do estudo é o Airbnb, que ganhou tração durante a recessão pós-crise de 2008, quando as pessoas estavam mais dispostas a alugar suas próprias casas para estranhos porque precisavam de dinheiro extra.

forma teriam sempre um diferencial competitivo ou vários diferenciais competitivos muito mais fortes. A gente ia ficar no tempo ou ia ter de encolher muito e seria atropelado. Obviamente, é muito auspicioso não só o advento da tecnologia, da informação, da transparência, mas também por conta de todo esse fenômeno do Brasil hoje — e, de novo, não só do Brasil. Então, eu acho que a gente não está tão errado assim no timing. Mas estar muito errado, vinte anos antes do timing, é sem dúvida o grande risco nosso. Ou a grande potência nossa. Acho que o timing está a nosso favor: empresas concebidas a partir desses diferenciais competitivos e desse tipo de construção vão superar a concorrência, gerar mais valor para a sociedade e gerar também muito valor para os seus acionistas como consequência. Mas estou falando do timing de anos e não de meses. Acho que o *macrotiming* de cinco anos próximos está mais jogando a nosso favor do que a favor das empresas que — e infelizmente ainda são a maioria — ou têm práticas do Brasil velho ou são rígidas e não preparadas pra esse tipo de mundo que vem aí. Qual é o nosso risco? Pra mim, muito mais do que qualquer outro risco, é esse de timing.

Agora, pode ser ignorância minha, mas o seu discurso me faz pensar numa empresa como o Uber, algo mais moderno, tecnológico... Como todo esse discurso se encaixa no maior investimento de vocês hoje, que é BRF, uma empresa de alimentos?
Z: Total, total, total!

[Risos] Então me explica.
Z: A indústria toda de alimentação, principalmente o que a gente chama de *big food*, está hoje em declínio. A sociedade, à medida que vai ganhando consciência, vê que muito do que as *big food companies* ofereceram ao longo da história ou não tem ingredientes e processos transparentes ou que não há consciência do tipo de mal que aquela comida faz. Ou, um terceiro ponto, que é mais sutil, dentro da nossa questão de trabalhar com vidas animais, que é: eu vou terceirizar pras empresas — e eu acho que o mundo terceirizou isso nos últimos cinquenta, sessenta, setenta anos — esse olhar de

passagem de vida. Ou seja, de uma galinha que tem de morrer pra alimentar um ser humano, por exemplo. Então, hoje as pessoas não querem se envolver com isso. Quando, na verdade, existe um processo muito bonito e importante na natureza de uma vida servir a outra vida, de um jeito legal e respeitoso, bacana. E aí vem toda a parte anterior da nossa cadeia produtiva, que é: qual é a sua conexão com a natureza, com os animais que lá estão? Como você vai transformar todo esse processo em algo realmente respeitador? E que, ao ser respeitador, você não precise mentir nem impor uma mega-alienação ao seu consumidor? Ele também quer ser alienado. Ele não quer nem ouvir falar que está comendo um nugget, mas que, na verdade, ele enxerga...

... uma galinha que morreu?

Z: Isso. É uma alienação ruim da consciência, que involui o ser humano. Na BRF, a gente tem uma possibilidade de juntar três coisas — e isso obviamente é uma jornada, não é que a gente tenha condição de hoje mudar tudo. Uma é o que chamamos de indústria natural, que se conecta com a natureza e não que se serve dela. Só que, pra isso, você precisa elevar muito a barra do que e de como você faz. Por exemplo, hoje estamos trabalhando pesado em tirar de vários processos de criação o uso de antibiótico. E estamos tendo boas e inesperadas novidades, conseguindo, em muitos casos, com tecnologias, processo e experiência, ter um frango tão ou mais competitivo até do que se a gente tivesse usado antibiótico, na base da prevenção. Outro ponto é a qualidade do produto. Vários estudos mostram que animais que morrem de forma estressada têm um sabor pior. Sem contar o aspecto moral: pra que você precisa não honrar o animal e sacrificá-lo de forma agressiva ou bárbara? Existe todo um projeto, que lá fora é conhecido como Certified Humane, de você tratar humanamente a morte do animal, seja enquanto ele está vivo, seja no processo em que ele vai morrer, em que ele vai perdendo a consciência, tem todo um relaxamento anterior... Antes a criação era superadensada. Agora, até pelo efeito de doença, está sendo desadensada. Antes eram gaiolas fechadas e agora estão sendo abertas.

Tem até um projeto recente que fizemos com o Jamie Oliver, que é um superativista, e a equipe dele em uma fábrica nossa, há um ano e meio. Eles revolucionaram: colocaram playground pras galinhas. Dá pra fazer isso? Dá. Não dá pra fazer tudo de uma vez, mas esse é um norte. E tem como você agregar toda a comunidade do entorno, usando parcerias com fazendeiros que criam essas galinhas, porcos ou perus pra você. Isso é uma parte anterior da cadeia de criação e abate dos animais. E tem a parte de realmente você saber o que está comendo: dos ingredientes corretos, de usar tecnologia pra, muito além da régua permitida pela lei, trazer cada vez mais alimentos verdadeiros pro consumidor. Nossa aposta é que isso vai ser reconhecido em melhor preço, mais lealdade e mais percepção de marca. No caso de tudo o que a gente exporta pra Europa, a régua do consumidor já está lá em cima — ele consegue eventualmente precificar isso e você não tem prejuízo. E, à medida que a transparência vem, você vai conseguir precificar sempre e vai sair na dianteira.

E o terceiro ponto?
Z: Por último vem o negócio de *feeding the world*, de alimentar o mundo. Não usamos *food* e sim *feed*, porque queremos, além dos alimentos pro estômago das pessoas, o que é superimportante, trazer toda uma parte de valores, do que está além da comida, que é uma refeição, que em muitos países é um momento de estar com a família, de estar alegre, conviver. Então, você ir além da comida, além de alimentar o estômago, alimentar almas e mentes, além de alimentar corpos. Então, dá pra fazer isso na BRF? A gente faz todos os dias. Custa? Custa muito. É duro? Duríssimo. Especialmente quando as coisas vão mal, você é questionado. E aí tem a ver com timing. Que timing é esse? Se eu for fazer tudo isso de uma vez, eu quebro a companhia. Porque o consumidor não vai pagar por isso hoje. Mas essa é a jornada... O nosso papel é ir fazendo sabiamente, porém com firmeza, uma jornada nesse sentido. Eu poderia me alongar bastante, mas só queria te dar uma ideia de que dá pra fazer isso em tudo.

Ouvindo você falar, vem à mente um risco muito reconhecido pelos gestores de fundos de ações, que é o risco de se apaixonar pela empresa em que se investe. Se apaixonar é um risco para você?

Z: Não. É uma precondição. Isso pra fazer esse tipo de trabalho que a gente faz. Se for pra investir passivamente, se algo está errado, você troca de empresa. Tem que ser não apaixonado, desapegado, fluido. Já aqui, se está errado, você conserta. Somos nós que estamos tocando. A nossa abordagem é diferente. Talvez eu até invista desapaixonadamente, mas em quem é apaixonado pelo propósito.

12. A paciência é um dividendo

Tome seu café, diz calmamente Leivi Abuleac, interrompendo minha primeira pergunta ansiosa. Foi em grande parte por saber dar o peso certo ao tempo que ele, Américo Breia e Sérgio Carettoni construíram o histórico da GAS Investimentos.

A gestora de ações, fundada em 2003 pelos filhos de três famílias do setor de confecção — um pé no mercado financeiro dava status —, foi incorporada em 2010 pela Vinci Partners, hoje uma das maiores gestoras brasileiras. Esse foi o caminho encontrado pelos veteranos da renda variável para deixar a burocracia de lado e fazer somente o que amam: escolher empresas na bolsa.

No princípio, o acaso deu uma força. A representação da personagem Hello Kitty no Brasil, para estampar roupas infantis, alavancou o interesse de Leivi pela economia japonesa e pela empresa de maior valor daquele país, a Nippon Telegraph and Telephone. A paixão foi transferida para o setor de telefonia brasileiro. E, com ela, veio a lida com o tempo.

Haja convicção para carregar ações da Telesp [Telecomunicações de São Paulo] por dez anos sem qualquer sinal de valorização e na contramão dos amigos mais admirados do mercado financeiro, que não viam valor algum em fios e postes — convicção favorecida pela falta de comprador para o papel.

Ao menos a antiga empresa paulista de telefonia pagava dividendos, característica que acabou se tornando uma marca da gestão de ações da Vinci. Carettoni ainda se lembra dos calos nas mãos da época em que as ações eram físicas e era preciso cortar os cupons dos clientes.

A privatização veio para provar o valor da paciência, que também foi um dom necessário para lidar com companhias quando a governança corporativa estava longe de ser expressão da moda. Que tal um presidente de companhia que, ao ser questionado em uma reunião com conselheiros sobre por que não comprava ações da própria empresa, responde: "Deus me livre"?

Como nasceu a ideia de criar a GAS?
Sérgio Carettoni: Eu, o Leivi e o Américo sempre gostamos de ações. A origem dos três é mercado têxtil. Meu pai tinha fábrica de fios; o do Leivi, de confecção; e o do Américo trabalhava na Têxtil Renault. Depois ele foi sócio da Ellus. Mas nós sempre gostamos do mercado de ações.

Leivi Abuleac: O Américo tinha uma tia no Rio com quem ele foi morar quando veio de Portugal. Ela já comprava ações em 1966, 1967. Comprava o que havia na época: Banco do Brasil, Vale do Rio Doce, Belgo-Mineira, Acesita. Ela dizia pra ele pegar as economias e comprar ações. E ele pegou gosto a partir daí.

E você, como pegou gosto?
LA: Eu fazia um curso técnico de administração de empresas. E, na época, uns vinte patrícios se juntaram e fizeram uma empresa de crédito, financiamento e investimento e um banco. Cada um era de um setor diferente. Um era dono de transportadora, outro era dono de uma fábrica de camisas, meu pai era atacadista de confecção. E pra todo mundo era uma questão de prestígio fazer algo no mercado financeiro. Cada um pôs um pouco de dinheiro no banco e na financeira. Era um negócio pequeno, mas um belo cartão de visitas. Uma forma de dizer que você não era dono de loja,

dono de confecção [risos]. Então, eu fui trabalhar nessa empresa. Era moleque, estava estudando.

E decidiu seguir no mercado financeiro?

LA: O presidente da companhia, um médico, me chamou um dia e disse: "Escuta, tem um negócio aí que chama bolsa de valores. E acho que isso aí vai ser o futuro". "Mas o que é isso?", perguntei. "Imagina um balcão grande, os caras sentam de terno em sofás, e negociam Banco do Brasil, Vale, uma meia dúzia de ações." Ouvi essa história e disse: "Será?". Eu não entendia direito nem o que era uma empresa. Fiquei com isso na cabeça. Uns dois anos depois, eu devia ter uns dezessete anos, fui trabalhar numa corretora. Fui ser auxiliar de operador de pregão na Título.

Mas, aos quinze anos, você chegou a ir à bolsa, ver como era o tal do sofá?

LA: Fui ver, mas não fiz nada. Aos dezessete, fui trabalhar. Ia ao pregão, a boleta era preenchida na mão. Trabalhei uns dois, três anos.

Como funcionava a negociação naquela época?

LA: Chegava e dizia: "Eu compro ou eu vendo". Quando encontrava alguém interessado, discutia o preço: "Custa 12,30, pago 12,20. Vamos fazer o preço pelo meio?". Quando a operação era fechada, o comprador e o vendedor assinavam um papelzinho e entregavam em uma central. Era uma boleta em que colocávamos o nome da ação, o número da corretora que estava vendendo, o da que estava comprando e o preço. E, assim, o negócio era fechado. À tarde, você atendia os clientes ou cortava os dividendos pra dar ao cliente...

Os dividendos eram cupons de verdade?

SC: Sim. Cheguei a ficar com bolha na mão de cortar cupom de dividendo [risos]. Na época, as ações eram ao portador. O comprador da ação ia à Vale ou ao Banco do Brasil com esse papel, dava entrada e recebia o valor do dividendo.

LA: Depois de uns dois anos e meio trabalhando lá, eu resolvi me casar. Tinha uns 22 anos. Meu pai me chamou pra conversar e me perguntou o que eu achava de ele tentar comprar uma participação na corretora. Eu achava que não estava pronto pra ser sócio desses caras, eu era operador de bolsa. Então, ele sugeriu que eu fizesse uma fábrica de roupas pra vender pra loja dele. Achei que isso poderia andar melhor, ia casar, precisava levar dinheiro pra casa... Foi então que fiz uma indústria de lingerie e roupa infantil. Chegou a ser uma empresa grande. Mas, por ter trabalhado esse tempo na corretora, peguei gosto pelo mercado de ações, estudei... E toda a minha poupança eu investia em ações.

E já tinha uma preferência por boas pagadoras de dividendos?
LA: Tinha. Não era assim uma preferência específica por dividendos, mas eu acabei me especializando em ações de telefônicas, que pagavam grandes dividendos, não tinham liquidez. Essa foi a operação mais importante pra dar o *start* no meu crescimento. Várias delas eram negociadas no balcão, como a Telebras.
SC: Tinha aqueles caras na rua com tabuletinha: "Compro Ações". Na época, todo mundo tinha ação de telefônica porque, quando você comprava a assinatura do telefone, também estava comprando a ação.

E às vezes as pessoas nem sabiam o que era a ação...
LA: Exatamente. E isso é uma história legal, eu tinha dificuldade de comprar esses papéis porque eles tinham pouca liquidez. Fiquei observando o mercado e percebi que o único jeito era ficar atento ao lote de ações que aparecia pra vender no banco Bradesco uma ou duas vezes por mês. E fiquei pensando como eu poderia ter acesso ao Bradesco pra ser um dos primeiros a saber do novo lote. Fui na minha agência do banco no Brás e disse que queria operar pela corretora. Consegui falar com o operador do pregão pra que ele me avisasse quando fosse vender, porque o sistema não era eletrônico. Não tinha uma tela onde você via o que estava rolando.

Mas de onde veio essa fixação pelas telefônicas?

LA: Ah, essa fixação foi o seguinte: eu li um artigo grande que dizia que a ação mais valiosa do mundo era a da japonesa Nippon Telegraph and Telephone...

SC: E, na época, você já tinha um negócio com a Hello Kitty.

Você era representante da Hello Kitty no Brasil?

LA: Sim [risos]. Era pra fazer as roupas infantis na fábrica. Mas isso é outra história... Eu comecei a estudar as telefônicas e a Telesp não valia o preço do prédio da sede dela na rua Treze de Maio...

Aí você comprou?

LA: Eu pensava: "Como pode a empresa mais valiosa do mundo ser uma telefônica e a telefônica de São Paulo valer menos que o próprio prédio?". Sabia que isso iria mudar, porque o Brasil, em algum momento, teria que ir na direção do que acontecia no mundo. Mas, nesse ponto, cometi um erro de avaliação. Tinha na minha cabeça que isso ia virar fortuna na mão dos meus filhos. Achei que eu não veria as empresas telefônicas valendo, que eu não veria a privatização, que era meu sonho.

E veio a privatização...

LA: A surpresa foi que veio depois de uns dez anos. E, olha, uns dez anos em que ela não valia porra nenhuma [risos]. Só pagando dividendos. E tinha gente me chamando de louco, gente do mercado financeiro, que eu respeitava. Porque eu contava pra todo mundo. Uma vez, um amigo meu, um cara inteligente, bem formado, veio falar comigo: "Você se deu conta de que, com essas ações, está comprando fios e postes? Como você vai monetizar isso um dia?". Mas eu respondia que acreditava que o mercado ia se regular, que as coisas iriam mudar, que a sociedade não vive sem telefone. Era um raciocínio simples, sem sofisticação.

Com toda essa pressão, não houve nenhum momento em que você quis se desfazer?

LA: Mesmo que eu quisesse, não dava [risos].

Faltava liquidez.

LA: Isso. Ninguém queria comprar. Então eu tinha essa vantagem [risos].

O retorno com as ações veio com a privatização?

LA: Sim. Eu era conselheiro de administração da Telebras durante a privatização. E aí teve histórias maravilhosas.

Conta uma.

LA: A Telebras já era o principal papel da bolsa, com mais liquidez. Era o que hoje é a Petrobras. Fiquei três anos no conselho, e, nesse período, a diretoria da companhia mudou umas sete ou oito vezes. Eu tinha sido eleito representante dos minoritários. Em determinado momento, a Telebras fez uma subscrição que acabou ficando sub judice. As reuniões do conselho, antigamente, serviam só pra assinar os documentos, com as decisões já tomadas, já votadas. Faziam de uma forma educada pra você não ficar muito ofendido, mas era isso.

Você chegou e disse: "Nada disso"...

LA: Comecei devagar. Porque, quando você é minoritário, você é um em sete, um em dez. Se você começa a estrebuchar muito, vai ser pior. Eles passam a te enganar, a não te mostrar mais os documentos. Então, sempre com educação, com jeitinho, fazendo amizade com os caras... E um novo diretor financeiro tinha acabado de entrar na empresa. Chamava-se Iran Siqueira [Lima], professor da USP, trabalhava no Banco Central e mandaram pra Telebras. Numa reunião, ele disse que iria pegar o dinheiro — porque os acionistas já tinham pagado 15% da subscrição — e depositar no Banco Central. "Mas quanto rende depositado lá?", eu perguntei. "Zero", ele respondeu. "Mas com essa baita inflação? Como você vai responder ao acionista que ele subscreveu um determinado valor que vai valer menos por causa da inflação?", questionei. E ele respondeu que precisava fazer o depósito, porque, se um juiz decidisse contra a operação, a empresa não teria como devolver os recursos aos acionistas. "Como não?", eu questionei. "A Telebras é a maior empresa da bolsa, como não vai ter condições de devolver o dinheiro?" "Ah, você não sabe como as coisas funcionam por aqui", ele me respondeu. "Liga um governador e diz: 'Me deposita Z'. O outro liga e pede outra quantia. Se não estiver no Banco Central, o caixa some. Se não estiver no Banco Central, eu não vou ter como devolver o dinheiro." Eu disse: "Mas você está louco! Como você vai justificar um negócio desses?".

E o seu dinheiro estava nas ações dessa empresa...

LA: Aí eu tive um verdadeiro chilique. "Vamos pensar uma semana e depois voltar a falar no assunto", eu disse. Nos dias seguintes àquela reunião, pensei, estudei o assunto e, depois, voltei a falar com ele. "Iran, o que os acionistas querem é ter liquidez desse recibo." Então, sugeri que a gente registrasse o recibo na bolsa. Assim, quem quisesse comprava, quem quisesse vendia, e a gente esperava a Justiça decidir. "Mas a bolsa vai permitir?", ele me perguntou. "Por que não? É o papel mais importante da bolsa. Liga lá." E assim foi feito. Esse é um episódio que me marcou. Nessa semana, eu fui pra casa pensando: "Nossa, meu dinheiro... virou pó. Olha a desgraça onde eu me meti".

E, mesmo assim, você não vendeu as suas ações?

LA: E nessa época já havia comprador. Mas, como eu estava lá no conselho, eu nem podia, tinha informação privilegiada. No fim, quem ficou com esses recibos ganhou dinheiro. Porque, a partir daí, começaram a vir as notícias boas, veio a privatização. E acabou sendo bom pra todo mundo.

A essa altura, seu portfólio só tinha Telebras ou tinha outros papéis também?

LA: Nessa época, tinha Telesp, Teleceará [Telecomunicações do Ceará]... E essa foi uma fase em que participei de vários conselhos. Tive histórias aqui na Telesp também...

Conta.

LA: Numa reunião de acionistas da Telesp, tinha uns caras que trabalhavam com compra e venda de ações, assim como hoje tem os caras que anunciam em placas de "Compro Ouro"...

Como na rua Vinte e Cinco de Março...

LA: Exatamente. Uma vez, nós nos sentamos com o presidente da Telesp em uma reunião numa mesa como esta aqui. Eu sabia que ele tinha muito dinheiro. Era um cara que, por acaso, era meu cliente num empreendimento imobiliário do qual eu era sócio. O patrimônio dele não era muito compatível com a função que ele exercia. Num momento da reunião, estávamos falando sobre investimentos e perguntei a ele: "Vem cá, por que o senhor não compra ações da companhia?". E ele respondeu: "Deus me livre!". E eu: "O quê?" [risos]. De pronto, ele me soltou um "Deus me livre"...

E nem nesse dia você vendeu suas ações? É muita paixão pelo setor...

LA: Não, não vendi... Mas isso acontece quando você percebe um negócio que vai precisar se arrumar por si. Eu via esses sinais, eu precisava sair correndo, não podia comprar. Mas eu pensava: "Não é possível, isso vai precisar se organizar, é o futuro. O Brasil não vai andar sem isso, nós vamos usar cada vez mais telefone, comunicação". Naquela época, você comprava telefone fixo. Eu lembro o preço, custava 4 mil dólares.

SC: Em Alphaville, chegou a valer 15 mil dólares. Tinha gente que vivia do aluguel de linha telefônica.

Mas então era uma época em que não dava para dar peso à governança da companhia, né?

SC: Governança? Que governança? [risos].

LA: Imagina. Se o presidente dizia "Deus me livre" sobre comprar ações da própria companhia...

SC: Naquela época, não existia governança.

Hoje melhorou?

SC: Melhorou bastante.

Mas vocês ainda buscam ter esse contato mais direto com a empresa, fazem ativismo?

SC: Sim.

Porque já tem muito gestor que não quer mais gastar tempo com isso, que diz que esse tipo de relação trava a possibilidade de comprar e vender a ação...

SC: Isso acontece mesmo. Tomamos mais cuidado. Normalmente apoiamos um conselheiro externo.

LA: Às vezes, ficamos longe da companhia de propósito pra não saber algo, pra não correr o risco de travar todo o movimento por causa de uma informação que às vezes nem é relevante. Não dá pra ter a proximidade que a gente tinha no passado. Nós mesmos não participamos mais de conselhos hoje. Uma coisa que nós tínhamos quase que como uma especialidade...

SC: Nós fomos uns dos fundadores do IBGC [Instituto Brasileiro de Governança Corporativa] no comecinho, com a ideia de virar conselheiros dos bancos. O Leivi queria ser conselheiro do Sudameris. Eu, do Real. Mas aí o Ary Oswaldo Mattos Filho, numa conversa num hotel, disse: "Vocês estão loucos? O patrimônio de vocês vai todo em jogo. Se o banco quebra, vocês perdem tudo".

Por que o conselheiro do banco fica mais exposto?

SC: De bancos, corretoras, distribuidoras...

LA: No caso de empresas financeiras, você fica com seu patrimônio exposto. Imagina o risco que você ia assumir pra ser conselheiro. É delicado.

Mas, sobre a escolha de um setor estratégico, como o de telefonia, até hoje é assim que vocês selecionam como vão comprar ações?

SC: É isso mesmo. Sempre começamos assim. A melhor empresa do pior setor vai se dar mal. E a pior empresa do setor certo vai se dar bem. Foi o caso da telefonia. Daqui para a frente, pode ser o caso do setor de informática ou de energia solar. Estando no veio certo, 90% de chance de sucesso. A empresa é mais um detalhe. É preciso ver qual é a melhor empresa na hora de selecionar. Mas o principal é: se você estiver no setor errado, você está perdido.

Mas, nessa metodologia, o resultado pode demorar muito para vir, mais do que os dez anos do caso da telefonia?

LA: Pode.

SC: Pode. Pensa no caso da biotecnologia.

Esse é um setor do futuro? Quais são os setores promissores da bolsa hoje?

SC: Remédios e biotecnologia são setores que têm futuro. E do setor de remédios, na bolsa, só tem a Hypermarcas. Não tem nenhum laboratório farmacêutico. A margem de lucro é enorme, o volume vendido é crescente, a população tem ficado mais velha e passado a consumir mais medicamentos.

E o setor de farmácias não segue a mesma lógica?

SC: Sim. A RaiaDrogasil está indo superbem, porque profissionalizou um setor que era muito mal explorado.

Existe algum outro setor que vocês entendem que tem potencial?

LA: Seguros.

SC: Achamos que o setor de seguros tem tudo pra crescer. Não existe nenhuma corretora de seguros com capital aberto.

LA: Há muito por fazer. Mesmo seguradora, só a Porto Seguro e a SulAmérica têm capital aberto.

SC: E tem o Bradesco e o Itaú Unibanco. Cerca de 30% do lucro desses bancos vem do negócio de seguros.

LA: Na parte financeira, o ramo de cartões é vibrante.

E telefonia? Não vale mais a pena?

LA: É um setor que ficou meio sem graça.

SC: Virou commodity.

Tem algum setor em que vocês não investem de jeito nenhum?

LA: Aviação.

Por quê?

LA: Todas vão quebrar um dia. É um setor que tem uma história desgraçada. Depende de uma série de fatores.

SC: Vive uma guerra de preços brutal, depende muito do preço do petróleo, que, quando sobe, acaba com a rentabilidade.

Mas as pessoas não têm que voar? Não é a mesma lógica das telefônicas?

LA: Claro. Mas a lógica não é assim pura. Você olha os balanços e vê cada catástrofe... sendo que tem algumas empresas que são bem administradas.

SC: Quando as companhias aéreas começam, elas ficam três anos sem ter de pagar o leasing dos aviões, por conta da carência, e sem custo de manutenção. Nesse início, as empresas racham de ganhar dinheiro.

LA: Mas depois elas precisam começar a crescer, entram no segmento dos voos internacionais, e qualquer problema, como um aumento no preço do petróleo, prejudica a empresa. É um setor difícil.

Quanto dessa escolha é quantitativo e quanto é intuitivo?

SC: A escolha começa pela parte intuitiva e depois vai pro quantitativo. Sem a análise quantitativa, o investimento não sai.

LA: O processo começa pela escolha do setor, do entendimento do que o público quer. Isso depende muito de leitura, de estudar o que está acontecendo no mundo.

SC: Porque foi assim que nós nos conhecemos...

Então vamos voltar ao começo da história...

SC: Eu estava na faculdade de engenharia. Eu sou engenheiro civil. E meu pai tinha um amigo, o David Blinder, que tinha uma indústria de guarda-chuvas e quebrou. Foi então que o meu pai disse: "Vem pro meu escritório e fica aí". Isso era 1969, mais ou menos. Eu estudava no Mackenzie, e o escritório do meu pai ficava na rua Frei Caneca. Eu estacionava o carro no escritório do meu pai e ia a pé pra faculdade. Nessa época, o David propôs montar um negócio pra operar na bolsa. Ele disse: "Esse negócio de ações é bacana. Vamos montar um negócio". E foi assim que eu comecei.

Vocês montaram uma corretora?

SC: Não. Éramos um agente autônomo. Não tinha empresa, nada. E foi indo até a bolsa quebrar em 1970. Do dinheiro que me restou nessa época, sobrou tudo em ações. Lembro que, quando eu me casei, estava sem dinheiro e, pra viajar de lua de mel, vendi as ações da Ultralar. Teve uma época em que eu gostava muito de banco, e, então, passei a direcionar minha carteira pras ações das holdings dos bancos. O Banco Mercantil de São Paulo tinha uma holding. Na época em que o Brizola podia ser presidente, ele quis tirar os imóveis do banco, falava em estatizar. Aí o banco montou uma empresa que era a dona dos imóveis. Só que o Brizola não ganhou, e o negócio ficou no meio do caminho. O banco ficou dono dessa empresa e tinha umas ações. Eu ia às assembleias dos acionistas no prédio ali na avenida Paulista e pensava: "Essa empresa vale menos do que esse prédio". E foi um dos grandes acertos que tivemos na vida.

LA: E o Real...

SC: Isso. A holding do Banco Real também. Essa foi mais divertida. Eu ia em todas as assembleias e fiz amizade com um dos diretores. Conversando, consegui convencer o diretor de que era uma bobagem o que eles faziam de pagar pró-labore em vez de pagar dividendos maiores e recomprar as ações pra Tesouraria. As ações valiam 7% do valor patrimonial. Por que não comprar pra Tesouraria e ir cancelando? Eles começaram a comprar e foram até 50% das ações que estavam no mercado. Foi então que vendemos.

De quanto foi a multiplicação de patrimônio nessas ações?

SC: No caso da holding do Banco Mercantil, foi algo como 5 mil vezes. Mas é difícil fazer essa conta, tinha muita inflação também. Podemos falar com clareza sobre Banespa. Entramos na faixa de cinco reais e saímos a mais ou menos oitenta. E foi rápido. Em questão de seis meses, o preço andou tudo isso por causa da privatização do banco.

Vocês compraram essas ações como investidor pessoa física ou pela GAS?

LA: Nessa época, não existia a GAS. Depois que passou a existir, deixamos de ter carteira na pessoa física.

O investimento de vocês hoje é feito todo nos fundos?
SC: Isso. Nos fundos da Vinci GAS. Nós só somos sócios na área de bolsa da Vinci, não temos nada a ver com a área de *private equity*.

E como é a participação de vocês na seleção de ações?
SC: Temos um comitê que se reúne toda terça-feira. E participamos ativamente, visitamos as empresas.

LA: O que a gente adora fazer é estudar a empresa, visitar, conversar com os diretores, com os concorrentes, com o fornecedor, com o cliente... É isso que a gente realmente gosta de fazer. Além, claro, de ganhar dinheiro com essas empresas.

SC: Nós viemos da economia real. Vemos no chão de fábrica se o empresário é sério.

Por isso a associação com a Vinci?
LA: Sim, isso é o que a gente gosta de fazer. Toda essa parte chata, que é contratar, mandar embora, questões trabalhistas, aluguel, participação, bônus, nós não sabemos fazer. Não é o que a gente gosta de fazer. E a GAS estava crescendo. Estávamos ficando obrigados a ter muita reunião pra discutir a parte chata, que é a administração da empresa. E começou a haver uma concorrência eficiente. Começaram a aparecer fundos que fazem o trabalho como tem de ser feito. E nós não podíamos ficar pra trás. Daí, começou-se a pensar em uma fusão com uma empresa que tivesse uma estrutura moderna de contratação, de administração, de *compliance* e de distribuição, que também não era o nosso foco. Pra não ficar pra trás, a gente entendeu que era preciso encontrar alguém com uma parte administrativa e comercial muito bem-feita. Foi isso o namoro e o casamento com a Vinci, em 2010.

E os fundos nasceram com foco em dividendos?
SC: Não, isso surgiu depois. Nós sempre gostamos de dividendos, mas o produto específico de dividendos surgiu depois.

LA: Nasceu junto de um fundo que nós fizemos com o Stuhlberger.[*]

A GAS ficou incubada na Hedging-Griffo?

SC: Isso. Nós começamos dentro da Griffo. Tinha várias. Nós, a Tarpon, o Cerize,[**] a Claritas. Todas essas foram incubadas na Griffo. Era um sistema bem legal. Nós montamos um fundo antes de existir a GAS, em 2000, o Lotus. E a GAS começou em 2013. Era um fundo aberto, a Griffo distribuía e era a gestora, e a gente só fazia parte do conselho. Depois de um tempo, eles nos convenceram de que era preciso montar uma estrutura profissional, porque o fundo era grande. Acabamos montando a GAS por conta disso.

E o namoro com a Vinci, surgiu como?

SC: Por causa do que nós não gostamos de fazer [risos]. Eles tinham saído do Pactual, a gente tinha saído da Griffo. Nós éramos clientes deles. Tínhamos colegas, amigos, conhecidos que trabalhavam lá...

O Gilberto Sayão tinha saído do Pactual, né?

SC: Isso. Quando eles se separaram, chegaram a ficar no nosso escritório por um período, até alugarem o deles. Foi aí que começou o namoro.

O fundo de ações que foi para a Vinci é o fundo original de vocês?

SC: Todos vieram para cá.

E hoje vocês participam das decisões junto com os gestores?

SC: Isso, com o Gustavo Kataguiri e o José Rolim. Nós temos poder de veto.

LA: Hoje dedicamos o nosso tempo ao que gostamos de fazer. Por causa disso deu muito certo essa parceria. Se você parar para anali-

---

[*] Luis Stuhlberger é o gestor do fundo Verde, o mais reconhecido multimercado brasileiro.

[**] Pedro Cerize, sócio-fundador da Skopos, também entrevistado para este livro.

sar se ganhamos mais ou menos dinheiro com essa parceria, isso não importa tanto. Porque ganhamos uma qualidade de vida legal, que é poder fazer o que gostamos.

SC: E não teve dinheiro envolvido. Na época, disseram: "A Vinci comprou a GAS". Mas não teve compra. Foi uma associação. A Vinci é nossa sócia nessa parte de ações.

De onde vem o nome GAS?

SC: É uma história antiga [risos]. O Leivi tem três filhos: Gabriela, Samanta e Alexandre.

LA: Eu me lembro perfeitamente dessa conversa. Estavam os sócios todos e pensamos: "Precisamos de um nome curtinho e que soe bem". Aí um disse: "Precisa ser tipo o nome do teu". No caso, era o meu fundo, que tinha a sigla GAS. "Então, vamos botar o nome do meu fundo."

SC: Mas, no começo, sugerimos três nomes. A primeira sugestão era Lotus, o nome do fundo. Só que nenhum passou na Junta Comercial. Mas sabe que GAS ainda dá problema? Tem gente que coloca com a letra Z. Ou confunde com gás do setor de energia. Até porque o nosso logotipo no início tinha um elemento como se fosse um fogo, uma chama [risos].

Voltando à seleção de ações, como vocês lidam com um período ruim de bolsa?

LA: Tem épocas em que tomamos decisões estratégicas no conselho, como aumentar o volume de caixa. Só em momentos de crise ou quando estamos extremamente preocupados ou extremamente comprados. A gente defende muito melhor do que ataca. Nos anos ruins, os fundos vão bem, ganham dinheiro. Quando a bolsa fica no zero a zero, o fundo rende 10%, 12%... Porque o fundo investe em ações mais específicas. Uma decisão de comprar Petrobras, por exemplo, é rara...

SC: Não é o tipo de papel para os nossos fundos.

LA: Eventualmente, nós compramos para passar um período, porque entendemos que não vale a pena ficar fora. Está vindo uma festa aí, a perspectiva de o investidor estrangeiro voltar para a bolsa brasileira. Mas, se der, não vamos estar. A prioridade é estar em empresas de mais qualidade, mais governança. Temos também uma discussão que é a seguinte: nosso cliente não precisa da gente pra comprar Petrobras e Vale.

Mas ele sabe a hora de entrar e sair?

LA: O ponto é o seguinte: é muito difícil você se diferenciar na análise que todo mundo já fez. Nós gostamos de, preferencialmente, conhecer mais as empresas em que investimos do que o mercado. Esse é o negócio pelo qual brigamos muito, cobramos muito. Nós temos de conhecer em detalhe as nossas empresas.

E nessas empresas vocês concentram ou preferem manter posições pequenas?

SC: Temos um limite de concentração. Seguimos bem rigidamente essa questão de limites. Depende do fundo, mas nossa participação não pode ultrapassar uma determinada parte do *free float*, de quanto a ação negocia por dia. Tem uma série de regras que a gente segue.

Quantas empresas vocês têm geralmente no portfólio?

SC: De quinze a dezesseis papéis por fundo.

E tem um giro grande, ou vocês carregam os papéis por bastante tempo?

SC: Ultimamente, a gente tem girado um pouco mais do que o normal. Mas, em geral, giramos muito pouco. As corretoras até não gostam muito de nós porque geramos pouca comissão [risos].

E o que vocês fazem com o caixa? Muitas gestoras hoje fazem caixa em dólar, em NTN-B...

LA: Acho que isso é coisa de fundo multimercado. E não somos multimercado.

SC: Não posso explicar para o meu cliente que perdi dinheiro com caixa.

LA: O que é muito comum e fazemos forte, às vezes, é como com Cetip agora. A gente considera que Cetip é caixa. É um caixa turbinado. É uma empresa que a gente conhece muito bem e que sempre teve uma participação relevante. Mas, assim, ela não vai dobrar de valor. Mas ela vai dar talvez duas vezes o CDI. Então é uma forma de você ter um caixa turbinado, mas em uma empresa que você conhece.

E proteção mesmo, vocês fazem para a carteira?

SC: Temos feito algumas proteções. Montamos uma opção de venda e uma de compra com o papel no meio, limitando, por exemplo, até 10% para cima e 10% para baixo.

É muito sofrido concorrer com o nosso elevado CDI?

LA: O Brasil tem uma falha estrutural na renda fixa. É como a história das telefônicas, uma hora esse negócio vai ter que se resolver. Nós dormimos muito mal com renda fixa. Dormimos bem com ações. É um conceito simplista, as empresas se defendem melhor das crises. Companhias que têm cuidado com o caixa, que se preocupam em preservar a marca e com os consumidores não vão parar.

Mas o investidor brasileiro ainda é muito apegado ao CDI. A pressão dele por retorno não incomoda? Às vezes não dá vontade de gerir somente o próprio dinheiro?

SC: É bom ter gente te cutucando o dia inteiro. Isso te obriga a não ser displicente. Ter uma equipe, trabalhar com jovens também é muito bom.

Falamos de alguns acertos de vocês na seleção de ações. E qual foi o maior erro?

SC: Acho que em construção civil, com Rossi. Achei que vinha uma melhora, mas não veio.

LA: O setor de infraestrutura é complicado no Brasil. Ainda vai dar certo, mas vai ser preciso ter paciência.

Que conselho vocês dariam a um investidor de renda variável?

LA: Investir individualmente hoje é muito difícil. Levamos anos para nos profissionalizar. O conselho é escolher um bom gestor e não precisar do dinheiro.

SC: Pode ser saudável que ele negocie algumas ações, para pegar o gosto do manejo, mas seria bom ele usar o tempo dele para escolher três gestores e investir com eles. Tem vários bons no Brasil, e o mercado é razoavelmente controlado. Ele vai ter mais segurança e menor risco.

13. O gestor que não se abala

Siga o plano. Esse é o conselho que Leonardo Linhares, responsável pela área de gestão de ações da SPX Capital, dá para o investidor. Talvez esteja no mix de pai militar e mãe professora a raiz da principal característica do gestor: a disciplina. É hora de comprar, compra. É hora de vender, vende. Sem chororô.

É assim que Leo pilota a equipe de alguns dos mais reconhecidos fundos de ações do mercado: Apache, Falcon e Patriot.

Estourou uma bomba ao seu lado, tem sangue nas ruas? É um ruído ou um sinal? Assim como nos momentos de excesso de otimismo, é hora de se perguntar: em que eu acredito? Não é para se fechar em uma sala escura, mas mudou algo nas premissas? Não? Então é só deixar passar a explosão, ensina Leo.

Para aproveitar-se dos fartos retornos, o investidor precisa entrar no compasso. O fundo vive fechado para recrutas, com raras janelas de abertura de poucos dias.

Há uma necessidade de controlar o volume — sendo otimista, a bolsa brasileira não tem muito mais do que 150 empresas elegíveis, segundo Leo —, mas há também um desejo de disciplinar o investidor à volatilidade: pediu pra sair? Não adianta voltar chorando depois. Vai ter que esperar a porta abrir.

Na seleção de ações, os números revelam muito. Não por ser a contabilidade uma ciência exata. Muito pelo contrário. Você sabia que o zero e o cinco aparecem mais nas casas decimais dos balanços das empresas do que estatisticamente deveria ocorrer?

Não se deixe enganar por tamanho metodismo. Leo, um dos brilhantes filhos da escola BBM, é de fato discreto e disciplinado, porém também é uma simpatia.

Os fundos de ações da SPX estão hoje entre os mais reconhecidos do mercado. Qual é a fórmula?

Leonardo Linhares: Todo gestor e todo investidor têm o sonho de comprar uma empresa que tenha um bom management, que esteja em um bom negócio, com fortes barreiras à entrada, crescimento elevado, retorno elevado nos seus investimentos, boa governança e em que o controlador seja sério. O problema é que, quando há um consenso sobre isso, a ação deveria estar precificada. É o que torna esse processo mais difícil. E mais interessante. A nossa tentativa aqui começa sempre em entender o preço do mercado. E, a partir dele, entender se temos alguma vantagem, dada a nossa opinião, dado o nosso conhecimento, pra comprar ou vender. O que eu quero dizer é: apesar de a gente fazer um trabalho enorme no sentido de procurar empresas que tenham um negócio atraente, com todas essas características, temos sempre que comparar nossa visão com o mercado e ver se é uma oportunidade de investimento. É óbvio que a história nos ensina algumas coisas... Primeiro, uma empresa que está fazendo certo tende a continuar fazendo certo; uma empresa que está fazendo errado tende a continuar fazendo errado.

Não há possibilidade de transformação?

LL: Não é isso... Geralmente, quando você acerta, continua acertando e, quando erra, continua errando. São aprendizados que tivemos que permeiam um pouco a nossa procura de investimentos. Segundo, acho muito difícil você investir de forma duradoura e por longo prazo em negócios ruins. Se o negócio tem um retorno de 6% ou 10% ao ano, que é um retorno baixo, e você investir nele por cinquenta anos, quase independentemente do preço que você pague, esse negócio irá render, mais ou menos, de 6% a 10% ao ano. Se você investir em um negócio que cresce e reaplica seus resultados de 15% a 20%, o seu retorno no longuíssimo prazo vai convergir pro retorno que o negócio tem. É matemático esse argumento.

Você está dizendo que o preço de compra da ação é irrelevante?
LL: Não. Até porque a gente sabe que os negócios mudam, têm risco. Você pode dizer que, em alguns negócios, existe reversão à média, porque entra a concorrência, mas o que eu quero dizer é o seguinte: na vida, a gente gosta de investir mais em bons negócios. Com preços atrativos. Geralmente esse preço atrativo vai aparecer por alguma situação em que estamos discordando do mercado na interpretação em relação a algum evento, a algum risco, a alguma questão que eu chamo de falha institucional, ou seja, uma venda forçada... O motivo pouco interessa.

Venda forçada, você diz, de alguém que precisa se livrar de uma posição às pressas?
LL: Isso. O gestor teve saque ou todo mundo estava comprado no papel e, por acaso, o cenário mudou, e as pessoas tiveram que vender o que tinham pra diminuir risco. O que tentamos aqui é procurar bons negócios em que a gente se sinta confortável em virar um acionista, virar um parceiro durante um prazo de tempo aceitável. Só que a um preço razoável. Isso é o que a gente tenta fazer todo dia. E a nossa procura incessante é entender cada vez mais cada negócio, conhecer as pessoas, mas tendo claro na mente também que existe um retorno decrescente na informação. O que eu quero dizer com isso? É só não ter aqui a ilusão do excesso de confiança, né? Muitas vezes, o maior conhecimento que eu vou adquirir sobre uma ação me ajuda pouco no investimento que eu vou fazer, a partir de um certo ponto.

Mas isso te daria uma desvantagem em relação ao investidor estreante?

LL: A nossa graça em relação ao investidor estreante é que ele não tem a disciplina que a gente tem. Disciplina de investimento é seguir: seguir as nossas regras, seguir coisas que vêm dando certo há muitos anos, entender que existem ciclos no mercado... Por mais que eu tenha dito que, se a empresa está entregando, existe um indicativo de que ela vá continuar entregando, existem outras forças, que são ciclos econômicos, concorrência, tecnologia, seres humanos que cometem erros, como soberba, autoconfiança... O que a gente tenta é estar sempre próximo das empresas, sempre acompanhando o que a competição está fazendo, entendendo o cenário macro e, a partir disso, juntando todas as informações e checando o que as pessoas do mercado estão fazendo, falando e colocando no preço. Voltando à sua pergunta, eu acho que a desvantagem do investidor pessoa física ou amador é que ele não tem a disciplina que a gente tem e não tem o acesso às companhias, que é muito difícil: exige um investimento de tempo e pessoas que torna difícil competir nesse nível. E outra coisa: acho que ele tem muitos vícios. Ele olha demais pra cota, pro retorno... São seres humanos iguais a nós, mas eu acho que a gente, por ter regras internas, por ter maior história, vai cometer, de certa forma, menos erros do que um investidor amador.

Qual é o seu conselho para o investidor de ações, então?

LL: Se você não for dedicar uma quantidade razoável do seu tempo, se não for ter a disciplina necessária pra investir no mercado brasileiro, em que você tem muita volatilidade, muito ruído, dificuldade de diversificar os seus investimentos... Hoje existem umas 150 empresas em que dá pra investir de fato no Brasil. No máximo. Acho que o melhor conselho que eu posso dar pra uma pessoa física é: se você quer fazer esse investimento, você vai ter que dedicar uma quantidade do seu tempo. A decisão de investir não deveria se misturar com a decisão de ter prazer no desafio. Qual é a graça de um mercado mais desenvolvido como o americano? Você tem de 6 mil a 7 mil empresas, institucionalmente o nível de distribuição da informação é igual, o acesso à informação é mais barato e fácil...

Quero voltar à história do excesso de confiança. Às vezes, uma pessoa física investindo sozinha pode começar a conseguir muita informação e achar que aprendeu tudo de bolsa. Como vocês fazem internamente para lidar com esse excesso de confiança e não deixar que ele atrapalhe na seleção de ações?

LL: Tentamos evitar ao máximo o chamado *groupthink*.* Existe uma literatura enorme sobre isso. Pra evitar o *groupthink*, você deveria buscar algumas coisas. Apesar de a gente procurar trabalhar com pessoas com formações diferentes, que pensam de forma diferente, pelo fato de a gente trabalhar há tanto tempo juntos, ter os mesmos valores, se você não tratar isso muito bem, se não tiver uma regra de incentivos apropriada, todos acabam pensando da mesma forma. E existe por parte do ser humano uma tentativa de procurar informações que sempre corroborem o que ele está achando. Existe uma probabilidade enorme de você acabar chegando a situações em que você terá um excesso de confiança e vai tomar decisões erradas. Então, o que a gente tenta é, primeiro, ninguém toma decisão sozinho. Ninguém! Ao ter mais pessoas no processo decisório, apesar de termos sempre um líder, você diminui a chance de cometer erros por excesso de confiança. Vai ter uma pessoa que vai olhar de fora, com a cabeça aberta, e talvez chamar a atenção pra algum erro que a gente esteja cometendo. Outra coisa é que a gente costuma determinar alguém na discussão que vai ser quase que o advogado do diabo, que vai fazer as perguntas difíceis, que vai ser o cara cri-cri e que vai sempre tentar falsear o seu argumento. Geralmente, essa pessoa nas nossas discussões sou eu, por ser o mais experiente, o líder, digamos. Então, assim, fica mais fácil de eu fazer esse papel.

---

* *Groupthink*: fenômeno amplamente estudado pela psicologia que ocorre em decisões colegiadas, em que o desejo da conformidade e de evitar o conflito entre os participantes leva a resultados irracionais ou altamente prejudiciais.

Que é o papel de chato, no fim das contas...

LL: Que é o chato! Eu sou o chato, eu sou aquele que faz muitas perguntas. Eu tenho que tentar tirar o melhor das pessoas, colocando-as em posições desagradáveis, entendeu? Até o limite. Existe também o desagregador. Eu, não. Sou o que faz o papel do chato, tá? Tento trazer pessoas, às vezes, de fora, de outras áreas, pra discussão. Sempre pessoas que tenham os mesmos valores, acreditem nas mesmas coisas. Precisamos ter no grupo pessoas que pensem de formas diferentes e incentivar a discussão, tentar sempre falsear as nossas hipóteses, as nossas premissas e os nossos cenários.

Como isso funciona na prática?

LL: Se alguém diz que uma empresa é muito boa, eu deveria ficar procurando as coisas, sinais ou fatos que, mesmo que eu não tenha convicção deles, busquem falsear a premissa. É conversar com a competição, com o analista, com o *buy side*, com quem seja o pessimista sobre essa história. A gente tem todo o processo de análise, de construir cenários, precificar a empresa, mas buscamos entender o que o mercado e os outros investidores estão falando, fazendo e pensando sobre a empresa. Isso é uma forma de você pegar alguém que não está aqui no nosso ambiente, que pensa de forma diferente, e ir lá testar a nossa ideia.

Entendo...

LL: No mínimo, vamos discutir o que achamos. Se você entra com a mente aberta e a pessoa também — ou seja, ninguém quer operar ninguém, a gente quer discutir, é um cara que tem a sua confiança e você tem a confiança dele —, é uma troca positiva. E que, no fim das contas, volta pra aquele ponto: vamos testar a nossa certeza, entendeu? A regra número um seria a seguinte: é difícil pra caramba ganhar dinheiro! Você tem por aí pessoas extremamente capazes, competentes, com os incentivos corretos tentando fazer a mesma coisa que você, procurando a mesma informação que você, o mesmo diferencial e o mesmo entendimento. Então, você deveria trabalhar muito, pensar o máximo sobre qualquer assunto, sobre qualquer conclusão que você tenha e testar essas hipóteses, essas ideias, entendeu? É muito fácil na teoria, mas a verdade é que nada como uma ação subindo, nada como dando tudo certo pra confiança explodir e você, no fim das contas, achar que sabe mais ou controla mais do que realmente controla.

No fim das contas, na seleção de vocês, quanto a leitura de balanço, matemática, os números da empresa pesam e quanto é um pouco de intuição?

LL: Acho que a gente dá mais importância pro balanço e pros números do que a média do mercado. Por vários motivos. Eu acho que, dependendo da forma como a empresa coloca a contabilidade, já pode aparecer a oportunidade.

Dependendo da forma como ela conta a história?

LL: Dependendo da forma como ela reconhece resultados e seus passivos. Uma empresa mais conservadora tende a ter uma contabilidade mais conservadora; uma empresa mais agressiva está pensando mais no curto prazo. A contabilidade, além de obviamente ser a foto do lucro líquido, da geração de caixa, da alavancagem, não é uma ciência exata. Existe alguma liberdade na forma como você utiliza a contabilidade. E há informação na forma como a empresa utiliza essa liberdade. A outra coisa é que sobre os resultados dos próximos cinco anos existe uma variabilidade enorme, mas muitas vezes esse fluxo de caixa que será produzido, esse resultado futuro, por mais que a gente saiba que existe uma incerteza enorme sobre ele, é uma das formas que a gente tem pra comparar coisas diferentes. Se uma empresa é muito boa, mas a gente não tem alguma ideia do resultado que ela vai produzir nos próximos anos ou ao longo do ciclo, você tem muita dificuldade em comparar com outras oportunidades de investimento, seja com o custo de oportunidade, com o CDI ou com outras empresas. Ter algum controle e conhecimento dos números é importante. Mas, olha, os grandes investimentos não são feitos porque você acertou exatamente o número. Não é nada disso. Mas existem grandes erros que são cometidos pelo desconhecimento da contabilidade. Isso eu posso te garantir!

Interessante...

LL: Uma coisa legal de você ter números e tentar fazer projeções, de ter algum acompanhamento, é que, ao sair algum resultado, ao você ter que mexer com premissas, com o seu cenário, com o que você acredita, você geralmente ganha informação de como funciona a empresa: o que afeta menos, o que afeta mais sobre a alavancagem operacional e financeira. É óbvio que, no caso normal e no caso médio, isso não faz muita diferença, mas principalmente quando a gente vai para os extremos, ou seja, empresas mais alavancadas, empresas de margens menores, isso pode se tornar mais relevante.

O próprio release de divulgação costuma puxar pelo número mais bonito...

LL: Exato. Existe até uma literatura hoje sobre isso, livros muito legais que analisam os relatórios anuais e trimestrais das empresas e que, por ali, dizem onde tem mentira...

Literatura estrangeira?

LL: Literatura estrangeira. Quer ver uma coisa superlegal? Estudaram uma amostra enorme lá fora e, ninguém sabe muito bem por quê — a gente até sabe —, o resultado das empresas, o *earnings per share* [lucro por ação], tende a ter mais o cinco e o zero nas casas decimais do que estatisticamente deveria ocorrer.

Por que as empresas arredondam?

LL: Por quê? Porque, como eu disse, as empresas acabam tendo a liberdade pra colocar o número que elas querem, pra bater o *guidance* [perspectiva para os resultados divulgada pela companhia], esse tipo de coisa. E existe uma literatura que diz que quanto mais a empresa tem esse número arredondado, digamos, martelado, maior a chance de ela estar com problemas. Então, o que eu quero dizer é que a contabilidade bem tratada tem muito mais informação do que a opinião média diz.

Interessante...

LL: Agora, isso nunca pode ser uma religião, tá? Tratar da contabilidade às vezes te salva de grandes arapucas, mas ela é uma forma de você aumentar o seu conhecimento, acompanhar melhor o que está acontecendo, entender o efeito macro, o efeito de curto prazo e o efeito do cenário sobre o resultado das empresas. Existem 150 empresas mais ou menos com condições de investirmos no Brasil. Talvez até menos, tá? E eu não consigo ter a possibilidade, que muitas vezes existe em mercados mais desenvolvidos, de diversificar o risco macro, o risco do governo, o risco de taxas de juros... No caso brasileiro, de forma específica, acho que você tem não que controlar, mas pelo menos ter ideia de como mudanças no cenário, ou o que você pode chamar de risco Brasil, ou cenário político, afetam o resultado e o valor daquela empresa.

A SPX é uma casa forte em macroeconomia, com fundos multimercado reconhecidos. O aspecto macro pesa muito nas decisões para os fundos de ações?

LL: Eu acho que ajuda, porque eu posso ter uma ideia aqui que vai demorar dez anos pra ocorrer ou se desenvolver. Agora, eu posso ter uma ideia da qual o mercado vai se tocar ou que vai se desenvolver em dois anos. Teoricamente, a segunda ideia é melhor do que a primeira. Estou buscando o mesmo retorno, digamos, só que não vou ter de carregar dez anos. Quanto maior o prazo, maior é o risco que eu não controlo, né? Às vezes, o cenário macro, por preguiça dos investidores, nos permite alguma vantagem inicial no investimento.

Vantagem, você diz, no sentido de comprar mais empresas que estão atreladas a câmbio, por exemplo, quando há perspectiva de uma desvalorização do real?

LL: Vou te dar um exemplo: a gente estava olhando as trinta de uma amostra de 140 empresas brasileiras que conseguiram bater o CDI nos últimos cinco anos. Apenas quatro empresas nessa amostra tinham uma sensibilidade realmente positiva ao dólar. Só que o dólar, nos últimos cinco anos, andou acima do CDI. E numa amostra de 140 empresas, só quatro bateram o CDI com o dólar do seu lado...

Pouquíssimas empresas...

LL: O que eu quero passar é o seguinte: mesmo se eu tivesse o cenário macro de que o dólar ia ser bom e tivesse comprado as exportadoras, eu teria perdido dinheiro. Então eu acho que é muito mais do que isso. Acho que o cenário macro é sempre um suporte, uma ajuda, mas o nosso principal papel aqui é sempre, no fim das contas, entender a empresa, o que ela está fazendo, quem são as pessoas, saber avaliar o negócio, em que ponto do ciclo nós estamos, saber o que está pensando quem está comprando aquela ação no mercado, o que está esperando e o que a gente tem de diferente. O nosso desafio principal é esse. Mas, se a gente puder utilizar uma alavancagem macro pra ganhar algum diferencial ou mesmo melhorar a nossa análise, nada mau, né? Nós vamos utilizar, mas dificilmente vamos fazer uma alocação baseada no macro, porque, em termos históricos, se eu não estou muito à frente, isso pode ser até muito ruim, porque existe uma série de investidores que operam basicamente o macro, o momento.

Mas quem opera o cenário macro? O gestor do multimercado compra pouca bolsa no Brasil, né? Eles usam o cenário mais para operar juros e câmbio.

LL: Mas acaba que tem sempre um Leo Linhares lá dentro que faz isso, pela facilidade de contar interna e externamente que está comprando uma empresa exportadora porque o dólar está subindo ou vai subir. Ele acaba fazendo isso, mas muitas vezes sem discussão de preço. Então vamos dar um exemplo: o setor de celulose no ano passado [2015].

Todo mundo comprou...

LL: O setor de celulose teve o melhor desempenho do ano. Basicamente foi o quê? O câmbio surpreendeu, e, ao contrário das outras commodities, a celulose tinha uma estabilidade por questões específicas: o setor não tinha participado no boom de investimento chinês, você tinha um movimento de aumento de consumo na China... E a gente surfou muito bem, ao longo dos seis, nove primeiros meses, os ganhos nesse setor. O ponto é que, à medida que foi passando o tempo e foram anunciados novos projetos, que foram se concretizando, a oferta cresceu. A pessoa que não teve essa precisão em saber a hora que a gente ia entrar num ciclo de dois, três anos de preço ruim de celulose e não saiu teve resultados catastróficos. Então eu chamo a atenção pro fato de que, provavelmente, ao longo do ano passado, em algum momento, esse setor de celulose era um péssimo investimento. Agora, o que tinha de gente que, por ter um cenário pessimista, como a gente tinha, achava que, se o dólar continuasse se apreciando, o setor ia continuar andando bem... Em termos de retorno, olhando os riscos que havia no cenário, olhando a oferta de celulose que provavelmente estava vindo e olhando os ciclos do negócio, era um péssimo investimento. E, nesse ano, de fato, elas foram algumas das piores ações. E são empresas que não fizeram nada de errado.

Então, a orientação exclusivamente macro nesse caso não funcionou...
LL: Ela às vezes gera problemas enormes.

Agora, avançando um pouco mais no trabalho de vocês: você gostou da ação e compra. Como saber o momento exato de sair?
LL: A gente tenta ser extremamente disciplinado. Não compramos a ação só porque a empresa é boa, porque a história é boa. Compramos porque achamos que existe, ajustado ao risco, um *upside* acima do nosso custo de oportunidade. Basicamente a gente constrói um preço-alvo, baseado num custo de oportunidade que a gente acha razoável ao longo do ciclo, e compara com o preço que o mercado está operando. Atingiu esse preço? Com muita disciplina, em geral a gente vai embora. E, obviamente, as nossas posições e os tamanhos vão ter muito a ver com a nossa convicção em relação a esse retorno esperado, ao risco e à diferença de opinião que a gente tem em relação ao mercado.

Se a convicção for muito grande, a posição é maior?

LL: Isso, é maior. Quando você tem algo muito diferente do que as pessoas estão falando e fazendo, com uma confiança vinda de todo o trabalho de *due diligence*, de checar, de entender aquilo e uma expectativa de retorno significativo, é aí que você deveria ter posições maiores.

Mas até onde vai essa concentração? Pode ser grande?

LL: A gente tem regras internas. Conhecendo o nosso cliente, o nosso apetite pra perdas e o mercado brasileiro, temos certas regras de bolso de tamanho de posição. Obviamente, uma carteira bastante concentrada em que você acerte vai acabar tendo mais retorno do que uma carteira menos concentrada, em que você vai ter ideias nas quais tem menos convicção, mas é claro que existe uma concentração ótima que faz com que os erros — a gente, que está aqui há muito tempo, sabe que vai errar — não sejam de tal tamanho que te obriguem a mudar a sua forma de pensar, de operar, de alocar risco. Tentamos ter uma concentração que nos faça ficar tranquilos de que, mesmo que a gente erre, não teremos perdas significativas e permanentes de capital. Eu quero estar sempre vivo, sempre preparado pra, mesmo errando, estar lá no dia seguinte, no ano seguinte, na década seguinte, pra me aproveitar das oportunidades que eu acho que vão aparecer. Geralmente as grandes ideias precisam de três coisas para serem aproveitadas.

Quais são as três?

LL: Primeiro, você vai precisar ter esse trabalho que a gente faz aqui de entender a empresa, conhecer, saber precificar, construir cenários. Muitas vezes, são até perguntas simples a que você precisa responder, mas você vai precisar ter uma resposta e um entendimento diferente do mercado. Senão provavelmente já vai estar precificado. Segundo, o mercado em geral vai te produzir — porque tem uma opinião diferente, porque está com medo excessivo ou por alguma falha institucional —, além dessa vantagem que você tem, outra vantagem que, no aspecto técnico, vai te colocar num preço mais atrativo ainda.

E em terceiro?

LL: Por último, vem a condição de você executar essa ideia. Geralmente, pra isso você precisa estar com a cabeça boa, precisa estar dentro dos riscos aceitáveis... É muito mais fácil você fazer um investimento contrário relevante, em que você está pensando de forma independente, diferente do mercado, quando você está com a casa ajeitada, quando seu cliente está convicto e satisfeito e entende o risco que você toma. Você não está preocupado se vai perder ou errar aquele próximo movimento, você está em condições de olhar o ciclo, o longo prazo... Então pra isso é que eu acho que você tem que dar o conforto pras pessoas em volta — pro time, pro seu investidor — de que o tamanho das suas posições é apropriado pra você sobreviver ao longo do ciclo. Porque, no fim das contas, eu tenho que contar com meus erros. E eu tenho que contar com os erros do mercado. E, por mais que eu diga aqui que eu ensinei ao meu investidor o que a gente faz, que eu explico direitinho, ele é um ser humano igualzinho a nós, que vai cometer erros, vai ter seus momentos de tristeza, vai querer descarregar no gestor o mau desempenho algumas vezes... E ele tem esse direito. Eu trouxe ele como sócio. Ele tem todo o direito de chegar e dizer: "Não quero mais ser seu sócio". E ir embora. O meu dever é sempre dizer o que eu estou fazendo pra ele. Se a gente fizer algum processo diferente do que historicamente a gente faz, ele tem todo o direito e o dever de procurar outro gestor mais capacitado.

E o risco que vocês tomam tem a ver com concentração, mas tem a ver também com montar proteções para a carteira?

LL: Tem. Às vezes, a gente vai sair um pouco cedo do mercado, por mais que as pessoas continuem achando que a ação vai continuar subindo. Você tem que se retirar talvez um pouco antes, por disciplina. No fim das contas, provavelmente a gente nunca vai até o *target* [preço-alvo]. Por mais que a gente tenha muita confiança, se o retorno está diminuindo, vamos vender. Então, o que a gente vai sempre tentar fazer é calibrar o risco, o tamanho da nossa posição, de acordo com o retorno que a gente está vislumbrando, mas sempre com o objetivo de evitar perda de capital, sempre tentando procurar proteção.

Vocês usam opções eventualmente para proteger a carteira?

LL: Opções são a maneira mais simples de seguro que existe. Obviamente, eu poderia falar aqui que a gente gosta de procurar seguros baratos, mas quem não quer um seguro barato? Faz você dormir tranquilo. Mas então é um negócio meio óbvio. Tem muita gente boa aí, muita gente competente. Então a gente vai ter que trabalhar mais pra concorrer. Eu não posso contar que eu e os meus sócios somos mais inteligentes e mais espertos do que a concorrência. Isso é fácil de dizer, mas é quase impossível de provar. Agora, eu posso afirmar que a gente vai trabalhar igual ou mais que a concorrência, porque é só trabalhar muito, tá? Então isso é uma coisa que a gente faz: trabalha muito pra fazer as perguntas corretas. E, nesse processo, a gente acaba encontrando, às vezes, algumas situações de risco/retorno, ou mesmo que envolvem opcionalidades, que quase se transformam numa situação do que eu chamei de seguro barato.

Como assim? Uma ação que funciona como um seguro?

LL: Uma ação, às vezes, que tem um valor escondido, que ninguém está vendo, mas que, se houver uma mudança de cenário, me protege. Foi o caso, em 2015, de empresas que tinham um percentual relevante das suas receitas ligado ao dólar. O mercado não tinha essa percepção e não pagava o prêmio por isso. Um exemplo: a BM&FBovespa tinha uma participação relevante na CME [Chicago Mercantile Exchange, a bolsa de Chicago] lá fora. Ora, a CME, como a gente sabe, é um negócio muito estável, muito bom, de alta previsibilidade e em dólares. A gente tinha um cenário aqui de alta imprevisibilidade, com uma chance razoável de o dólar subir. O mercado, quando fazia a precificação da BM&FBovespa, parecia pagar um prêmio muito baixo por esse valor embutido da CME, esquecendo que quase 25% a 30% do valor, em termos teóricos da BM&F, estava advindo da participação que ela tinha na CME. E o que aconteceu? Você teve um mercado muito ruim, ao longo de 2015 e no início de 2016, e a bolsa se comportou muito bem. E, quando o mercado foi bom, ainda em 2016, ela andou muito bem também. Então, não é só opção que a gente procura. A gente, às vezes, procura opções reais.

Um gestor num setor X — eu até não gostaria de falar sobre ninguém específico — que seja muito ágil, inteligente, preparado pra lidar com situações adversas, às vezes é mal precificado. E causa uma enorme diferença quando aparece um cenário difícil...

Pensei no José [Galló], presidente da Renner...
LL: Ele, por exemplo, aproveitou, nos últimos anos, uma situação bem complicada no varejo pra ganhar market share. Lojas Renner foi um exemplo. Esse tipo de coisa que a gente está sempre procurando. Às vezes está precificado, às vezes não. Então, o conceito de proteção obviamente envolve opção, mas, no limite, é sempre procurar situações de retorno que, na situação correta, vão ligar e diminuir o seu *downside* ou aumentar o seu *upside*, numa situação específica pela qual ninguém está pagando. É isso que a gente chama de procurar opções reais, embutidas.

Na sua história como gestor, qual ação você considera ter sido o maior acerto?
LL: Na vida, eu acho que a gente deveria procurar coisas simples, né? Coisas simples em que você tenha uma resposta diferente da do mercado, que o mercado esteja vendo de forma equivocada, e que você esteja superembasado pra se aproveitar dessa resposta errada e ganhar dinheiro.

Fácil de achar, né? [risos]
LL: É difícil, mas às vezes é melhor do que procurar coisas extremamente complexas, em que você vai ter uma possibilidade de errar a resposta porque são mais difíceis. Dados os vícios, o excesso de confiança do mercado, os investidores olham excessivamente pro curto prazo. Às vezes todo mundo olha pras mesmas coisas. Acho que um dos maiores acertos que a gente teve foi ter surfado por muitos anos, lá no BBM ainda, no rali de commodities chinês. Ele nos permitiu investir em situações de retorno muito atrativo.

Via o quê? Petrobras, Vale?

LL: Principalmente via setor siderúrgico. Foi uma situação simples, de olhar e dizer: não vai haver essa reversão de cenário que está precificada. Uma série de gestores, por excesso de preconceito, não se aproveitou dessas oportunidades. No setor de commodities, é muito difícil você acertar, você não tem vantagem nenhuma, mas eu acho que às vezes surgem situações assim. Outra situação de que eu me aproveitei muito bem — eu ainda estava na mesa proprietária do BBM — foi quando comprei títulos da Bovespa. Na vida, eu gostaria de mais situações assim. Basicamente o mundo estava abrindo o capital das bolsas, a bolsa da Espanha tinha aberto, a bolsa americana estava abrindo. E assim ia. Ora, existia uma bolsa aqui no meio de um processo de quase exuberância do mercado, mercado crescendo, os IPOS... E não existia a discussão da abertura de capital da Bovespa. O que a gente fez? Foi ao mercado de balcão da Bovespa, comprou títulos...

Títulos de dívida?

LL: Títulos de valor patrimonial da Bovespa. Eu era, na época, o gestor da carteira proprietária do BBM, mas eu poderia ter feito isso via fundos. Conseguimos comprar muitos títulos na época. Eu achava que mais dia, menos dia a abertura de capital ia ocorrer. O resultado que eu achava, na época, que ia ser de 200% a 300%... demos sorte — vou chamar de sorte —, se você lembrar, o volume da Bovespa, que era de 2 bilhões, 3 bilhões de reais, foi pra quase 8 bilhões na época, e você teve uma explosão de margem e uma explosão de resultado. Então esse retorno inicial pra gente deu quase oito vezes o valor aplicado. A gente tinha um negócio diferente, simples, fácil, estava à frente das pessoas e teve a capacidade de execução. Ninguém acreditava que a Bovespa ia abrir capital... Quando as corretoras viram a quantidade de dinheiro que iam ganhar — lógico que o negócio de corretagem ia piorar, porque a Bovespa ia começar a se preocupar mais com o resultado, ia cortar alguns subsídios —, não pensaram nem um segundo e abriram o capital. A gente teve a habilidade de conseguir títulos muito baratos, próximos do valor patrimonial. Na época, também conseguimos comprar no mercado de balcão títulos da CBLC [Companhia Brasileira de Liquidação e Custódia], cujo retorno foi maior ainda.

Você falou em sorte. O quanto do que você faz tem uma dose de sorte ou azar?

LL: Vou usar uma frase que escutei de pessoas a que dou muito valor e respeito: "A sorte geralmente vem para quem trabalha muito". Quando você trabalha muito, diminui a chance do azar. Agora, coisas inesperadas, eventos que você não tinha previsto, irão ocorrer. Às vezes, trabalhar bem, ser cauteloso, preocupado e conservador fazem com que, quando você tiver azar, ele não te afete tanto quanto você, no fim das contas, aproveita a sorte. A sorte é importante, mas eu não tenho a mínima ideia de quanto do nosso resultado na vida foi por causa dela. Eu sei que a sorte me ajudou, não tenho dúvida nenhuma [risos]. Como Napoleão dizia: "Entre ter um general azarado e um general sortudo, vamos ter um general sortudo". Então, se a gente está há vinte anos aqui fazendo isso, acho que a gente mais acertou do que errou, claramente, mas acho que a gente teve um pouco de sorte também. Não reclamo dela, não. A gente parte do princípio de que, sorte ou azar, tem muita informação sobretudo pra aprender quando a gente erra, muita informação...

E qual foi o maior erro?

LL: Tudo começou com uma história simples, que tinha dado muito retorno, que foi comprar um pequeno banco médio porque ele tinha muitos títulos da Bovespa e da BM&F, que estavam mal precificados. A gente sabia que o negócio era de caráter duvidoso, que não era sustentável, mas achava que a história era tão simples que a gente fez o investimento. O próximo passo foi que a gente acreditou — estava havendo movimentos expressivos de fusões e aquisições dentro do setor — que esse banco poderia ser comprado. A gente manteve a alocação, apesar de ele já ter atingido o cenário, porque achava que o banco tinha uma chance de ser vendido. No fim das contas, a verdade do negócio que a gente achava ruim, da contabilidade agressiva, apareceu, e o banco teve um retorno bem ruim. A graça foi que a gente conseguiu sair de forma significativa e ágil quando percebeu que nossas premissas não iriam ocorrer. No primeiro evento inesperado, a gente foi e zerou. E o legal foi que a empresa botou um programa muito agressivo de recompra, e a gente foi inteiro. Apesar de um erro significativo, tivemos uma perda muito baixa, que poderia ter se transformado num prejuízo relevante, já que esse banco acabou quebrando. Então, a gente investiu num negócio que achava ruim, com uma contabilidade que a gente achava de certa forma agressiva. É aí que eu valorizo a habilidade de conseguir se mexer e de ter a disciplina de reconhecer quando está errado. E vai embora. Aqui ninguém tem vergonha de reconhecer um erro, não.

Mas tem um sofrimento nesse processo?
LL: Não, não tem sofrimento.

[Risos] Nenhum?
LL: Só tem aprendizado. Se tiver sofrimento, está errado. Eu sofro porque a gente está perdendo dinheiro, mas, assim, eu não sofro pelo erro em si. Eu acho que o erro vai ocorrer, gente. A graça é que provavelmente você cometeu algum erro ali — não é só azar, muitas vezes não foi só o imponderável — com o qual você deveria aprender. E evitar cometê-lo. Eu olho muito o erro pra tentar extrair aprendizado dele. Na vitória, no acerto, o que não falta é pai, tudo deu certo, quando às vezes é sorte. No erro é que eu acho que você tem o aprendizado. Não tem sofrimento, não. Tem é que eu não gosto de perder, não sei perder nesse sentido. Não queremos também que aqui haja uma cultura de aceitar tranquilamente o erro. A gente aceita o risco tomado de forma correta, em que foi feito todo o processo, bem embasado, e que dá errado. Natural, né? A gente tem que aceitar, senão não vai tomar risco nenhum, a gente vai dar até um incentivo errado. A gente sofre se tomar risco de forma não embasada, não se cercando em áreas em que não se sente confortável. Por isso eu chamei a atenção pra aquele erro. Ele acabou não produzindo uma grande perda porque a gente foi muito diligente e rápido na execução. Nisso a gente tem muita disciplina. Você perguntou: a gente sai de uma posição por

quê? Porque ela atingiu nosso *target*, porque o cenário mudou, porque as premissas que a gente tinha não valem mais ou porque a gente tem outras oportunidades muito superiores, aí a gente sai...

E, falando em sofrimento, você sofre em um momento de mercado ruim? Ou com o tempo você aprendeu a não sofrer?

LL: Existe uma regra na literatura de finanças comportamentais de que o investidor tem aversão à perda. Então, é natural que o investidor sofra na perda mais do que comemore o ganho. Ele deveria entender isso e controlar seus movimentos. Pra quê? Primeiro, pra não vender quando está perdendo dinheiro: "Não aguento mais". Segundo, pra também controlar seus ganhos, deixar seus ganhos correrem mais. Se uma empresa acertou ontem, geralmente a história me diz isso, ela vai acertar amanhã. Até ela errar ou até aquilo estar precificado. E tem o outro lado. Se ela errou ontem ou hoje, há grandes chances de ela continuar errando amanhã. O investidor tem que entender esse sentimento e tentar controlá-lo.

Mas é difícil...

LL: Sim. O que eu consigo passar, olhando um pouco a história do mercado de bolsa e principalmente os últimos cinco ou dez anos, é que quem foi paciente e disciplinado encontrou coisas positivas. A indústria de gestão brasileira, a de bolsa e mesmo a de multimercados, fez um trabalho bastante decente. Quem conseguiu dedicar aos seus investimentos algum tempo, quem teve a disciplina necessária e evitou casos em que não conseguia comprovar a história, não conseguia "matematizar", transformar num valor, encontrou resultados positivos. A gente falou muito aqui de management bom, honesto, com a governança correta, bons negócios... Quem seguiu essa cartilha, mesmo que não tenha tido retornos excelentes — e a gente tem uma base de dados que mostra isso —, teve retornos o.k., ajustados pelo fato de que o país não foi a lugar nenhum nos últimos anos. O que eu quero dizer com isso? Que os resultados das empresas, na sua média, cresceram.

Entendo...

LL: Quem conseguiu evitar empresas que não tinham um bom negócio, que tinham um management altamente discutível na qualidade e na honestidade, incentivos errados, empresas alavancadas, teve um retorno o.k. e positivo, muitas vezes acima do CDI, por incrível que pareça. Acho que tem uma mensagem otimista pra esse investidor que é: se você fizer o seu trabalho, dedicar algumas horas a isso, tentar entender um pouquinho dos números, olhar o histórico da empresa, o comportamento ao longo dos ciclos, quando parecer que está muito caro, diminuir quando parecer que está muito barato, aumentar — mesmo que não tenha muita convicção —, se você fizer isso com muita disciplina, vai melhorar seus retornos. Controle a sua vontade de, ao ver um vídeo ou uma noticiazinha, um chat, uma história de baixa qualidade, pouco embasada, que não faça muito sentido, ir nela... Vá nos fundamentos. Eu acho que você melhorará muito a sua possibilidade e o seu risco/retorno ao longo do ciclo. Desde o início do primeiro governo Dilma, que foi uma catástrofe, um começo da piora do Brasil, a bolsa rendeu aproximadamente ao ano, já considerando os dividendos, 5% ou 6%. Fazendo o devido ajuste no índice, você conseguiu retornos muito superiores a esse, tá? Fazendo um trabalho que não é um negócio muito difícil — e aí eu estou até desmerecendo um pouco a indústria brasileira, mas ela foi disciplinada e isso já tem um valor enorme —, foi mais fácil do que parece bater o Ibovespa, os IBX da vida, se você teve a disciplina necessária.

Então o segredo é a disciplina...

LL: Acho que o investidor deveria tentar, se quer investir por conta própria, ter a disciplina de fazer as coisas com consistência. Tentar comprar quando parece que está barato, sair quando atinge algum objetivo que ele tinha lá atrás ou quando parecer que está caro ou bem precificado. Tentar sempre se cercar de boas histórias, ter alguma ideia de preço. Também não dá pra comprar histórias sem olhar preço. Aí não é investimento, é amor a uma empresa. Mas, de novo, é melhor você ter amor a uma empresa boa do que a uma empresa ruim. Eu nunca vi alguém quebrar porque comprou caro ações de uma empresa boa. Agora, eu já vi as pessoas quebrarem por comprar barato ações de uma empresa ruim. Então, é pra isso que eu chamaria a atenção do investidor. Ele tem que se conhecer. Eu tenho que me conhecer muito bem pra fazer o que eu faço.

Mas o que você faz no momento do sofrimento, em que está tudo caindo?

LL: Eu olho pro meu plano: o plano ex ante. A gente deve ter planos pra que, quando chegar a hora da confusão, se não houve alguma mudança muito significativa nas premissas, dizer: "Vamos seguir o plano?". É óbvio que não vamos entrar numa cúpula fechada, numa sala escura e ficar lá. Vamos olhar os sinais, mas assim: é ruído ou é sinal? É algo que eu acho que já não estava no preço ou não? A melhor solução nessa hora que tem sangue nas ruas ou que tem um excesso de otimismo é você olhar: em que é que eu acredito? Em que eu acreditava? Ocorreu alguma coisa que mude o fundamento em que eu acredito? Não? Ah, então deixa passar, essa é pra outro.

Quando você falou de seus ganhos com commodities, citou que alguns gestores não aproveitaram a oportunidade por preconceito. Você tem preconceito contra algum setor? Há algum que você não compra de jeito nenhum?

LL: Eu, historicamente, tenho um preconceito — um preconceito, mas que acho que deve ser sempre ajustado — contra empresas públicas, empresas altamente alavancadas e reguladas. Mas é um preconceito.

Não significa que você nunca vá comprar...

LL: Isso não é uma coisa proibida: ninguém aqui investe nisso. Tudo será sempre uma questão de preço. Mas existe um preconceito? Existe.

Um preconceito ligado a quê? À imprevisibilidade?

LL: À imprevisibilidade, à minha falta de capacidade, às vezes, de dizer o que será da empresa daqui a cinco ou dez anos... Não sei...

Vocês não fazem ativismo, né? Não participam de conselhos de companhias...

LL: Não, muito pouco. Não é nosso perfil, porque toma bastante tempo e gera certas consequências na forma com que você se movimenta e nos períodos pra comprar e vender ações. E a gente não fez o investimento necessário pra desempenhar esse papel de forma mais efetiva.

Não fez o investimento necessário do ponto de vista de tamanho da posição para participar do conselho?

LL: Não, no sentido até de entender. Tem situações em que é muito claro que o ativismo é construtivo, mas eu já vi inúmeras situações em que o ativismo foi danoso. É preciso tomar algum cuidado. O gestor brasileiro na média — e eu vou me incluir nisso — acha que conhece mais de negócios da vida real do que realmente conhece. A gente tem que reconhecer isso. Por mais que a gente faça um esforço de entender a empresa, de conhecer, falar com a concorrência, com o fornecedor, de forma geral, a gente conhece pouco de negócio.

Caminhando para o fim, os investidores perguntam muito por que vocês não deixam os fundos de ações abertos...

LL: Se deixar o fundo aberto, primeiro, eu perco o controle do meu tamanho. Existe um tamanho ótimo no fim das contas. Eu disse que tem 150 empresas em que dá pra investir no mercado brasileiro. E eu até estou muito otimista de que vai melhorar, que vão aparecer novos IPOS com o Brasil caminhando como a gente acha que vai caminhar. E o investidor não vai gostar de ouvir isso, mas, pelo fato de eu estar fechado, ajudo na decisão de investimento dele naqueles momentos de pânico. É aquele: "Olha, se você tirar, não tem como voltar, o fundo está fechado". Eu não estou proibindo o investidor de tirar o dinheiro. Eu só não dou pra ele a certeza de que pode voltar a qualquer momento. Isso me beneficia por quê? Quanto menor o *turnover* do meu cliente, quanto menor a entrada e saída de recursos, mais fácil também a nossa gestão. Se eu tenho saques e entradas muito significativos, batendo aqui de forma demasiada, dependendo do mercado, eu vou ter que, às vezes, diminuir risco. E, às vezes, há um custo elevado pra você operar, pra entrar e sair de uma posição. E eu tenho um trabalho com o cliente novo de fazer com que ele entenda o produto. Se eu ficar aberto o tempo todo, dou mais chance de entrada de um investidor que talvez não seja apropriado. Quanto mais conhecimento eu tiver desse meu investidor, quanto maior for o prazo de investimento dele e quanto menos do portfólio dele estiver investido em mim, melhor pra administração desse nosso relacionamento. Se houver um grande rali no mercado, e eu não tiver aberto, tendo a não trazer aquele investidor que está vindo pelo momento e que em geral é um investidor de qualidade um pouco pior. Então eu me considero fazendo um serviço pros nossos clientes atuais e mesmo pro investidor que está entrando. Obviamente, existe uma escala mínima pra eu ter uma equipe boa, pra remunerar as pessoas. Quem é o meu *master*? O meu cliente. O meu senhor número um é o meu cliente. Eu tenho que fazer um movimento que faça sentido pra ele.

Conte um pouco da sua história. Como você decidiu ser gestor?

LL: Eu sou de uma família de classe média. Meu pai é militar e minha mãe é professora, classe média brasileira padrão. Sempre tivemos a melhor educação que podíamos ter. São cinco irmãos. Foi a melhor educação que eu podia ter ajustada à nossa condição econômica. Vi o sofrimento que foi pro meu pai e pra minha mãe a parte financeira, no sentido de dar tranquilidade. Vi, com uma enorme satisfação, quando meu pai se sentiu com a missão cumprida: "Coloquei todos os meus filhos na faculdade, faculdades públicas ótimas, dei a educação necessária ao longo da vida, estudaram em colégios bons, tiveram acesso a tudo".

Você estudou na UFRJ, né?

LL: Fiz UFRJ. E estudei no Colégio de Aplicação, um colégio excelente na época. Eu tive muita sorte por ter acesso a uma escola muito boa, uma universidade muito boa... Mas sempre tive na cabeça a vontade de ter independência financeira. É muito mais do que você ser apenas rico. Pra mim, independência financeira é poder ter dinheiro suficiente pra fazer o que eu quero. E aí, tendo a influência muito relevante de um irmão meu, mais velho, que na época trabalhou no antigo Pactual e teve por muito tempo carreira no mercado financeiro, eu entendi logo cedo que ali era um local meritocrático, era um lugar supercompetitivo, mas em que o sucesso tinha muita correlação com o dinheiro que você vai produzir e ganhar. E aquilo sempre me atraiu muito. Sempre gostei de economia, de matemática, de história econômica, gostava pra caramba de ler. Procurei cedo estágios em bancos de investimento. Acabei começando no BBM muito cedo.

Quantos anos você tinha?
LL: Uns dezenove, estava no quarto período da faculdade. Comecei lá numa área que me foi aberta, que era a área macro, de inflação, de coleta de preço... Sempre deixei clara minha vontade de fazer uma mudança. Eu gostava da área de bolsa.

Bem chato fazer coleta de preços, não?
LL: É, bem... Não vou falar que é bem chato [risos]. Aprendi muita coisa ali, como funcionava índice de preços, o valor da informação... Na época, inflação era uma coisa muito importante, tá? Chegava o gerente da mesa de renda fixa, que na época era o Rogério [Xavier, sócio-fundador da SPX, coordenador do Comitê Executivo e responsável pelas áreas de juros e commodities dos multimercado da gestora]: "Leo, como é que está o cheiro da inflação hoje aí?". Chegava uma lista de quarenta, cem, duzentos preços, que eu tinha que digitar e depois dar qual era o cheiro do índice da inflação diária. Entendi o valor de ter a informação bem produzida, bem colocada e na frente.

Cheiro da inflação é mais ou menos em que nível ela estava?
LL: O cheiro era: a inflação está acelerando ou desacelerando? Valia muito dinheiro isso, a gente estava em meados de 1994, antes do desenvolvimento do Plano Real, antes da estabilização, antes da

URV [unidade real de valor]... Ali se ganhava e se perdia muito dinheiro com a inflação. Nossa mesa era muito boa. Era chato, mas era vital na época. Hoje você compra coleta, mas na época era vital, uma coisa superimportante. Mas, como você disse, do ponto de vista intelectual não era algo muito desafiador. O que eu fazia era digitar preços [risos], mas sempre pela minha curiosidade, pela vontade de aprender e crescer, acho que as pessoas percebiam isso e traziam desafios. Queriam saber minha opinião... Então, na época, a gente tentou estatisticamente melhorar aquilo, aumentar o grau de previsibilidade, limpar melhor a base de coleta... Nessa parte, o BBM sempre teve uma tecnologia muito bacana. Eu não me arrependo de nada. Foi uma forma de entrar no mercado, de conhecer pessoas excelentes, o Rogério, o Marcelo Muniz, pessoas excepcionais... E aí, quando apareceu a oportunidade, acabei indo pra área que eu gostava.

Isso ainda no BBM, antes da SPX, né?
LL: Isso no BBM, em 1994. Aí, quando eu tive a oportunidade, acabei conseguindo me transferir pra área de bolsa. Eu queria ser gestor, queria fazer a gestão de risco. Acho que tenho habilidade pra isso: tenho autodisciplina, me conheço o suficiente, gosto de ler, aprendo bem com meus erros, tenho uma base matemática e financeira boa, sei pensar de forma independente, uma série de características que eu acho importantes pra um bom gestor.

Mas por que a fixação em ser gestor de bolsa?
LL: Meu irmão era até de renda fixa. Eu achava que, em bolsa, sendo bem sincero, tinha mais opções de empresas pra olhar, e elas eram afetadas por todos os outros mercados... Em termos de aprendizado, conhecimento e desafio intelectual, era mais interessante. Eu te afirmo o seguinte, pode perguntar pra qualquer gestor: se você quiser estudar, aprender e ler, o que não falta é coisa. Acho que todo gestor de bolsa vai dizer que ele gostaria de ter mais tempo pra aprender e se aprofundar em certos assuntos. Meu sonho era ter quarenta horas no dia...

O meu também. Só para poder ler mais. Mas vamos terminar a historinha. Como foi a passagem do BBM para a SPX?

LL: Fiquei no BBM muitos anos, acabei indo pra área de bolsa, como eu disse, sobretudo porque, independentemente da minha capacidade, era onde eu achava que, se trabalhasse mais, faria mais diferença. E eu acho que isso é verdade. Entrei como gestor analista, fui crescendo e virei sócio da área, depois virei diretor. Acabamos fazendo a mudança, como os principais gestores na época, da mesma proprietária para a *asset*. Eu fui o responsável pela parte de ações...

Antes disso, não existia uma gestora no BBM?

LL: Existia, mas era outro grupo, a gente tinha duas equipes separadas, independentes, uma fazia a gestão proprietária do capital do banco e outra fazia gestão da *asset*. Basicamente, as pessoas que fizeram a gestão da carteira proprietária do banco durante muitos anos são as pessoas que criaram a SPX.

Eles vieram para a SPX e você veio depois, né?

LL: Eu vim um pouco depois, por motivos específicos. A gente tinha uma família extensa lá de fundos de bolsas. Seja pelo compromisso que eu havia assumido com os clientes, seja pela equipe, não passava pela minha cabeça sair naquele momento, mesmo que pra montar um negócio com os incentivos, a ideia e a filosofia da SPX. Eu provavelmente precisava desse tempo. Dois anos depois, acabei me juntando à SPX.

O histórico dos fundos não veio com você, né?

LL: O histórico não veio. Aí a gente começa aqui em junho de 2012. A vida me passou, ao longo desses anos, um ensinamento fundamental: primeiro, me cercar de pessoas boas. Acho que isso serve pra vida: quando você vai procurar um emprego, uma sociedade, busque estar cercado de pessoas boas, que tenham um padrão de honestidade igual ao seu, que, se possível, tenham os mesmos valores que você. E a gente tem os mesmos valores. São pessoas aqui completamente diferentes. Eu e meus sócios somos muito diferentes uns dos outros, mas acho que a gente tem os mesmos valores. Isso eu te afirmo: a gente acredita, no limite, nas mesmas coisas. E, no final das contas, sobretudo se você estiver numa posição de liderança, tem que tentar ter algumas coisas pra fazer dar certo. Fugindo um pouquinho do assunto, isso é o que a vida me ensinou: cercar-se de pessoas boas, ter pessoas que gostem do que estão fazendo... Isso é essencial, Luciana.

Concordo!

LL: Eu trabalho doze, treze horas por dia aqui, às vezes até mais. Eu quero me cercar de pessoas de que eu goste, que eu tenha prazer em trabalhar do lado. Dá prazer vir aqui, acertar junto com elas, errar junto com elas, estar nos bons momentos, vê-las crescer, enriquecer, se desenvolver, aprender. Tentamos criar um ambiente em que as pessoas aprendam, aprendam todo dia, sejam desafiadas e aprendam.

Como criar esse ambiente?

LL: A gente valoriza muito as pessoas que são curiosas intelectualmente, fazem as perguntas corretas, se embasam muito ao dizer alguma coisa. Eu, particularmente, valorizo muito a leitura. Não conheço um bom gestor, uma pessoa de extremo sucesso nessa carreira, que não leia bastante, que não tenha sede de conhecimento, curiosidade intelectual. Isso a gente tem que fomentar, cultivar e incentivar. Por último, damos autonomia pras pessoas. Quando eu tenho pessoas corretas, boas, com os incentivos corretos, que gostam do que estão fazendo, que querem estar aqui... Não é só gostar da SPX. É querer estar aqui, entender o que a gente faz, acreditar. Se tiver os incentivos corretos — estou falando de incentivos financeiros, de longo prazo —, você aumenta muito as suas chances de dar certo. Então, a mensagem do que eu aprendi na carreira é: cerque-se de pessoas boas, dê os incentivos corretos, dê autonomia pra elas. Você vai ser surpreendido. Você não tem que dizer a maneira de fazer, cara, elas vão te surpreender. Reúna pessoas que tenham paixão

334

pelo que fazem, que queiram trabalhar contigo, de que você goste e que acreditem no que você está fazendo. Poxa, se tiver tudo isso, acho que aumenta muito a chance de dar certo. Isso é o que eu aprendi de principal em todos esses anos.

14. *"It's all about the future"*

Ambev nunca será Natura. Natura nunca será Ambev. A primeira com o desempenho financeiro no pedestal, a segunda debruçada sobre o tripé lucro, meio ambiente, pessoas. As duas, entretanto, com negócios de sucesso. Não há fórmula, diz Mauricio Bittencourt, gestor da M Square Brasil, mas empresas com culturas bem definidas têm mais chance de sucesso.

Conhecer a cultura corporativa hoje, seja lá qual for, é mais importante do que se debruçar sobre o balanço da companhia, na opinião de Mauricio. Só assim para ter sucesso em um ambiente de investimento que ele considera muito mais difícil do que o de 25 anos atrás, quando começou a peneirar oportunidades na bolsa. O ambiente empresarial tornou-se tão dinâmico que não adianta mais olhar para trás. É preciso prever o futuro.

E agora? Tarô? Búzios? Não. Aí entra a vantagem de empresas com culturas bem definidas: elas aumentam a previsibilidade para quem está assistindo de fora. Em um mundo em que fosse obrigado a investir com base em uma só variável, Mauricio não escolheria a qualidade do negócio nem da empresa, mas sim das pessoas.

Nem o trio maravilha do mundo corporativo Marcel Telles, Jorge Paulo Lemann e Beto Sicupira seria capaz de prever, lá em 1998, que da sementinha Brahma nasceria a maior cervejaria do mundo, aposta o gestor. Ali, entretanto, havia um grupo de pessoas preparadas e ambiciosas, com a preocupação de formar profissionais semelhantes. Esse era o trailer do filme que viria à frente.

Não poderia ser diferente dentro de casa. É também de alunos nota dez, como costuma dizer Mauricio, que a M Square busca compor sua equipe. Garoto prodígio, ele próprio se tornou sócio da Investidor Profissional, a primeira gestora brasileira independente, com pouco mais de vinte anos. De lá; da Synthesis, fundada pela família Lemann; e da curta passagem pelo Pactual veio a paixão pela cultura corporativa, que permeia tanto a seleção de ações quanto a construção da própria M Square.

Mauricio trocou o Rio por São Paulo em 2007, deixando o Pactual para se juntar a Arthur Mizne na M Square, até então focada em ajudar famílias a investir fora do Brasil. Naquele momento, a casa ganhava uma curadoria de ações locais que se tornou desde então queridinha dos alocadores de fortunas. O histórico consistente — baseado em riscos selecionados — tornou o fundo objeto de desejo, infelizmente com raríssimas janelas de captação.

O que motivou você a vir para São Paulo, fazer parte da história da M Square?

Mauricio Bittencourt: Na época eu estava no Pactual, que tinha sido vendido para o UBS. Eu tinha ficado muito pouco tempo lá. Acabou que não me encaixei muito na cultura, apesar de ter um respeito enorme pelo banco. Realmente uma empresa fantástica, mas acabei decidindo vir pra São Paulo pra começar essa iniciativa da M Square de investir no Brasil. Eu tinha trabalhado em três lugares até então: fiquei doze anos na Investidor Profissional, que foi uma experiência superlegal pra mim, onde meu DNA profissional foi criado, sem dúvida alguma. Depois fui para Nova York e trabalhei por um ano e meio na Synthesis — a empresa anterior à 3G Capital, do Jorge Paulo, do Beto e do Marcel, que tinha sido fundada pelo filho do Jorge Paulo — e um ano e meio no Pactual.

A Synthesis foi criada pelo filho do Jorge Paulo Lemann, que depois montou a Pollux?

MB: Isso. Pelo Paulo. E também pelo Arthur, depois meu sócio na M Square, que conheci lá. E por que eu estou contando essa história? Eu sempre fui muito interessado em cultura corporativa, apaixonado por esse assunto. Sempre li tudo que existia sobre a Goldman [Sachs], a Ambev... E tive experiência em três empresas muito bacanas, cada uma com sua característica: a IP, o pessoal da 3G e do Pactual tinham culturas corporativas superinteressantes. Então durante quinze anos fui absorvendo essas características e pensando no dia em que eu realmente poderia fazer parte da construção de uma empresa desde o início. Eu diria que a M Square começou aí. Em determinado momento eu e o Arthur chegamos a um acordo e resolvemos nos juntar. E a M Square, que já ajudava famílias brasileiras a investir fora do Brasil, passou também a investir em empresas brasileiras diretamente. Nós dois tínhamos o objetivo de fazer uma empresa do nosso jeito, sem que seja uma pretensão, mas tentando pegar características positivas de muitas dessas experiências que a gente teve.

Criar sua própria cultura corporativa...

MB: Criar uma cultura não só do que fazer, mas em especial também do que não fazer, tá? Não tínhamos ficado a vida inteira numa empresa porque vimos algumas questões que não se encaixaram pra gente. Eu tinha muito claro o que gostaria de ter nessa empresa de cuja construção eu faria parte, mas também tinha muito claro o que eu não gostaria de ter.

E o que você não gostaria de ter?

MB: A lista é grande, mas eu posso tentar resumir. Das características positivas, uma coisa que sempre foi forte pra mim, em várias empresas pelas quais passei, foi a vontade de fazer muito, muito, muito bem-feito. Todo mundo fala do tal do espírito de excelência: esse termo quase virou um clichezão. Óbvio que a gente não consegue sempre, mas gosto de tentar fazer sempre o melhor do mundo, desde as coisas pequenas até as grandes. Quando a gente começou a M Square Brasil, precisávamos escolher um *prime broker*, que é um prestador de serviços para fundos. Eu fui visitar muitos lá fora e tinha na minha cabeça que adoraria que fosse a Goldman, porque ela foi, mal ou bem, quem começou o conceito de *partnership*, meritocracia etc. E me marcou muito o fato de que você chega lá na Goldman e ela é exatamente o que eu idealizaria pra empresa da qual eu faria parte.

Por quê?

MB: Desde a recepção, lá embaixo, o segurança de terno — que não é necessariamente um cara com curso superior — até o executivo com quem você vai conversar existe uma forma de fazer as coisas. Você vê e diz: "Olha, esses caras são realmente diferentes". Tudo que eles fazem é muito bem-feito. E eu gosto muito disso pessoalmente. Gosto de me envolver com coisas bem-feitas. Não quer dizer que a gente faça tudo muito bem-feito aqui, não tenho essa pretensão, mas posso dizer que a gente tenta o melhor que a gente pode, entendeu? Nunca nos contentamos com nota cinco. A gente costuma brincar aqui que somos um time de pessoas que sempre tentou passar com dez. Isso tem um pouco a ver com o conceito de uma *partnership* meritocrática, que aprendi no Pactual e com o Jorge Paulo, o Marcelo e o Beto. A expressão máxima disso é que um grupo de pessoas que se destacam e que geram resultados como fruto do seu mérito, gerando valor da forma certa, cresce proporcionalmente com a empresa. Isso é uma *partnership* de verdade. Eu aprendi isso na IP também, onde eu virei sócio muito jovem. Acho que eu tinha 21 ou 22 anos.

Nossa, uma criança...

MB: Exatamente, uma criança. E a empresa me deu a oportunidade de dizer que eu era sócio.

Você já estava na IP na fundação?

MB: Não, a IP começou em 1988, eu entrei em 1992 e virei sócio em 1994. Eu senti na pele o quanto as pessoas que querem fazer as coisas muito bem-feitas se sentem estimuladas em um ambiente como esse, em que são recompensadas com mais responsabilidades e com a oportunidade de dizer que são sócias. E depois, na Synthesis, apesar de eu ter tido pouca interação com o Jorge Paulo, o Marcel e o Beto, vi a referência máxima de como fazer isso, né? O conceito de uma *partnership* meritocrática. Então o que eu mais gostaria de tentar replicar numa empresa de cuja construção eu fizesse parte desde o início era esse espírito de querer fazer muito bem-feito, de ser uma *partnership* meritocrática de verdade, uma sociedade em que as pessoas que têm mérito e que trabalham de acordo com os valores e princípios da empresa geram um valor, têm de fato chance de virar sócias, independentemente do background, de serem amigas ou não do chefe, da religião, cor, sexo, não importa... O que importa é ter mérito de acordo com os valores e princípios da empresa.

E o que você não gostaria de replicar?

MB: O que fazer diferente? Eu não diria nem que todas essas outras empresas não têm isso, tá? Seria errado e pretensioso da minha parte dizer que não têm. Mas em grande parte das *partnerships* meritocráticas, quando você vira para pessoas ambiciosas e diz: "Você vai crescer de acordo com os resultados que entregar", muitas vezes traz um foco para gerar resultados no curto prazo. Surge uma competição de olhar para o outro e dizer: "Quanto é que esse cara está gerando de resultado? Se ele gera mais, vai estar na minha frente na hora de virar sócio". Então, geralmente *partnerships* meritocráticas trazem consigo também um certo grau de individualismo, em que todo o sistema cobra resultados de curto prazo.

E como é que você faz pra alongar isso?

MB: Pois é. No início pensamos: queremos fazer uma *partnership* meritocrática, com espírito de excelência, porém com uma enorme visão de longo prazo, em que a gente confie cem por cento um no outro. E é óbvio que todos querem individualmente desempenhar, mas em que o mais importante de tudo seja o nosso desempenho coletivo. Mal comparando, era um sonho de entrar naquela onda de capitalismo consciente dos Estados Unidos — tipo Whole Foods e

Patagonia —, de fazer um negócio muito bem-feito, com foco em desempenho, porém com uma visão de longo prazo, um espírito de equipe muito forte e uma preocupação de fazer o tempo todo a coisa certa.

E o que é a coisa certa?

MB: Meio clichezão, né? Mas é o jeito como a gente interage entre a gente, com uma enorme transparência e um respeito à verdade incondicional interna e externamente. A gente lida com o dinheiro de terceiros, né? Então talvez, antes da competência, o valor mais importante seja a confiança. E acho que só dá para ter confiança em pessoas que falam a verdade como hábito. Então o que é fazer a coisa da forma certa? É o tempo todo ser transparente, ser verdadeiro, nunca ficar inventando desculpinhas ou contando meias mentirinhas. Eu gosto muito de pensar nessa questão do hábito. E ter uma visão de longo prazo. Então, obviamente, se a gente quer fazer as coisas com excelência tem que ter uma mensuração, mas é importante tentar fazer isso de um jeito que não fique uma obsessão com o resultado de curto prazo, ou seja, que você tenha uma janela mais ampla.

E como criar esse olhar de longo prazo?

MB: Criamos lá atrás um negócio que chamamos de balanço da M Square. O balanço de uma empresa é o quê? Caixa, contas a receber, estoque, impostos a recuperar... Tudo muito financeiro. No passivo tem lá as dívidas... Você chega no patrimônio líquido com o número financeiro. E o balanço patrimonial é a variação disso, né? Você tem receita, custo, despesas... e chega a um lucro financeiro. É assim usualmente que se mede o resultado: tanto de lucro. E quando você olha para o lucro vê um componente muito hard, de curto prazo. E, é óbvio, eu quero fazer parte de uma empresa que está o tempo todo buscando maximizar resultados, mas não necessariamente lucro de curto prazo. Então, o que são os ativos e os passivos da M Square e como é o nosso patrimônio líquido? Os ativos são três: o primeiro é quanto a gente está gerando de resultado nos fundos para os nossos investidores; o segundo é a nossa reputação; e o terceiro é o time e a cultura.

Nessa ordem?

MB: Não necessariamente. Todos os três são muito importantes. Na nossa atividade, sem reputação você não tem patrimônio líquido. E eu acredito muito que, pra você ter uma empresa duradoura e vencedora nessa atividade com sustentabilidade, tem que haver trabalho em equipe. Indivíduos têm talento, mas quanto mais em equipe você trabalhar, mais sucesso você tem e mais sustentável é seu negócio. Quando as organizações têm uma cultura forte, aumenta muito a chance de elas darem certo. Então isso é o ativo. E do lado do passivo o que você tem? Tem complexidade. Eu acredito muito que negócios complexos valem menos. Quanto mais simples um negócio, mais você consegue crescer.

É por essa simplicidade que a M Square tem somente um fundo de ação?

MB: Pois é. Quando a gente tem uma decisão estratégica a tomar, sempre remete pra esse balanço. Isso vai aumentar o nosso valor ou não? A gente não pensa assim: "Quanto é que isso vai gerar em dinheiro?". A gente pensa: "Vamos aumentar ou diminuir nosso valor ao longo do tempo?". Então, no passivo você tem a complexidade da empresa e as distrações pessoais. Algumas obviamente não dá pra evitar, mas acho que dá tanto quanto possível, né? Temos muita preocupação de que a nossa vida pessoal seja o mais simples possível, pra que a gente possa focar o grosso da nossa energia na M Square. Quando você pega o ativo e diminui o passivo você tem um patrimônio líquido. Então o nosso patrimônio líquido, em vez de ser um jogo de números, é muito soft.

Mas, voltando ao ativo, como você mensura reputação?

MB: Não é um número. Mas, se você me perguntar quanto foi o resultado da M Square no ano tal, em vez de responder que foi de X milhões de reais, eu gostaria de responder: "A gente melhorou aqui, nosso *track record* foi bom"... Isso é dez vezes mais importante do que o que a gente coletou de taxa, honestamente. Não é o que importa, isso é consequência.

Sim, senão você não estaria com o fundo fechado há tanto tempo pra captação...

MB: Exatamente. Quando a gente decide fechar o fundo, é pra quê? Pra privilegiar o *track record* e pra diminuir o passivo da complexidade. Todas as decisões que a gente toma são pensando no balanço da M Square. Então, quando chega o fim do ano e a gente vê se o histórico do fundo foi bom ou não, essa é como se fosse somente uma linha da nossa receita. Outra é a do time. E como está nossa reputação? Ela melhorou, ficou parada ou piorou? A gente se preocupa muito que a nossa reputação melhore com tudo que a gente faz. Quando olhamos o balanço, ele não é só quantitativo, mas eu consigo dizer: "Nossa reputação em 2017 está melhor do que em 2015". Você vê pessoas fazendo comentários positivos, você vê pessoas com experiências positivas de terem trabalhado conosco — desde membros da equipe e ex-membros a investidores e empresas investidas. A gente se preocupa muito em ter um relacionamento bom e construtivo com as empresas em que a gente investe.

Falando nas empresas em que vocês investem, essa paixão por cultura corporativa e excelência se reflete na forma como vocês escolhem ações também?

MB: Sem dúvida a gente tem uma forma muito bem definida de investir, mas não necessariamente investimos em empresas que acreditam no que a gente acredita como empresa.

Até porque isso não deve ser muito fácil de achar...

MB: Não é. E uma coisa que eu aprendi como analista de negócios é que não tem um modelo único de sucesso empresarial, não tem um modelo único de cultura corporativa. É muito comum a gente receber amigos que andam pensando em eventualmente sair do lugar em que estão para fazer uma empresa nova: "Me conta um pouco da sua experiência, o que você recomenda fazer, qual fórmula você acha que eu deveria seguir?". E eu digo sempre a mesma coisa: "Pra mim o mais importante é a autenticidade. Você tem que fazer aquilo em que você acredita". Passando para investimento, qual é o ícone da cultura empresarial do Brasil e talvez do mundo hoje? A 3G. Eu não acho que todas as empresas têm que ser iguais à 3G. O modelo da 3G — e da Ambev, em especial — funciona pra eles. E funciona magnificamente bem. Nós somos acionistas da Ambev. Desde que eu comecei a investir, tenho Ambev de alguma forma e tamanho de participação. Nossos fundos sempre têm. Mas o que funciona pra eles não necessariamente vai funcionar, por exemplo, na Natura. A Natura tem a sua forma de fazer as coisas, tem sua autenticidade.

É uma cultura menos competitiva, no caso da Natura?

MB: Não, a Natura tem uma preocupação pública com o tal do *triple bottom line*.* Então ela não olha só lucro, mas também o meio ambiente e a felicidade das pessoas. É completamente diferente da 3G, que é muito focada no lucro. Essa preocupação ambiental, pelo menos historicamente, não existia lá. E é legítima. Se o pessoal da Natura tentar ser Ambev, acho difícil funcionar. E se, de uma hora para outra, o Jorge Paulo, o Marcel e o Beto disserem: "Ah, a partir de agora vocês têm que se preocupar com essas três questões", também será preciso uma certa adaptação. Então, como investidor a gente não acredita necessariamente em um único tipo de cultura empresarial. Por outro lado, o que a gente faz como investidor? Uma parte do nosso trabalho é entender qual é a cultura empresarial. E tem empresa que não tem cultura... É um bando de gente lá tentando gerar lucro.

Mas tem que ter uma cultura?

MB: Acredito que organizações que têm uma cultura bastante bem definida têm uma chance maior de ter sucesso. E, especialmente, que existe uma chance maior de uma pessoa externa poder prever o que vai acontecer. Então, se você me pergunta se eu faço um traba-

---

* John Elkington é o autor do conceito de *triple bottom line* (TBL), que expande o modelo de negócios tradicional, que considera principalmente desempenho financeiro da companhia, para um que abraça também questões ambientais e sociais.

lho de pesquisa, olho o balanço da empresa, converso com o fornecedor e com o cliente, claro, isso todo mundo faz. Mas, na minha opinião, investir está cada vez mais difícil, infelizmente. E vai ficar cada vez mais difícil. Tem cada vez mais gente muito competente fazendo. Então o que eu estou querendo dizer com isso? Que, para você investir de forma bem-sucedida, cada vez mais o que a empresa é hoje, gera hoje e faz hoje é quase irrelevante.

Por quê?

MB: Porque já está tudo lá no preço, todo mundo está vendo. Todo mundo sabe se a empresa é boa ou não. O que eu acho que faz a diferença pra você ser um investidor de longo prazo bem-sucedido é ter capacidade de prever o futuro. Não de um jeito charlatão — "vamos jogar as cartas do tarô" —, mas, infelizmente para investir bem hoje você tem que prever o futuro. Há 25 anos, quando eu comecei, você via o patrimônio líquido das empresas, o *price-to-book*...* Cara, esquece... Na melhor das hipóteses, isso vai te ajudar hoje a selecionar com quais empresas você vai gastar energia. E mesmo assim... A gente, por exemplo, não faz muito isso aqui. Hoje as coisas mudam tanto, o ambiente empresarial é tão dinâmico, que não adianta você olhar pra trás. A única coisa em que o passado e o presente te ajudam é a ter alguma forma de prever o que vai acontecer. Mas o resultado que você vai ter como investidor da Ambev, por exemplo, não tem a ver com a foto da Ambev hoje. A foto da Ambev hoje todo mundo está careca de saber. O que vai te fazer ser um investidor de sucesso em ações no longo prazo, na minha opinião, é ter a capacidade mínima de prever onde é que essa empresa vai estar daqui a dois anos, daqui a quatro anos. Não precisamente, porque ninguém tem essa capacidade, mas buscar prever se lá na frente ela vai ser uma empresa que gera mais valor ou menos.

---

* *Price-to-book value*: medida para avaliar se uma empresa está cara ou barata a partir da relação entre seu preço no mercado e o valor que ela tem de fato segundo a contabilidade.

Mas como é que você descobre o futuro? Não é olhando o balanço...

MB: Pois é, por que estou tocando nesse assunto? Porque eu disse que, quando você tem uma cultura empresarial bem definida, esse trabalho de quase prever o futuro fica menos difícil para quem está de fora. Veja o exemplo da Ambev. Lá em 1998, quando só existia a Brahma, a empresa já era espetacular, mas acho que nem o Marcel nem o Jorge Paulo nem o Beto Sicupira pensavam: "Daqui a vinte anos vamos ser a maior cervejaria do mundo, tendo comprado a Anheuser-Busch e a SABMiller". Eles sempre foram muito ambiciosos, mas acho difícil, mesmo para eles, achar que isso iria acontecer. Muito menos um acionista de mercado. Eu nunca teria a pretensão de dizer em 1998: "Olha, estou comprando Brahma aqui porque ela vai virar a AB Inbev". Seria quase que um delírio.

Verdade...

MB: Mas o que acho que dava para ver lá em 1998 era um grupo de pessoas muitíssimo preparadas e ambiciosas, e, mais do que isso, com uma preocupação enorme em cada vez formar mais pessoas que nunca estão satisfeitas, sempre querendo melhorar. E que naturalmente isso levaria a empresa, se não tivesse um grande percalço no meio do caminho — e, talvez, mesmo que tivesse —, a melhorar ao longo do tempo. E num ritmo maior do que outras empresas que tivessem também algumas características positivas. Acho que o sucesso do investimento no longo prazo não é dado pela foto da empresa. A foto é por definição estática, muita gente consegue ver, porque ela está lá: são os balanços. Isso a gente vê, é absolutamente importante, mas acho que é uma parte pequena do mosaico pra você investir. Assim você vai ver mais ou menos como está a foto. O sucesso do investimento vai ser dado pelo filme. Como a gente tem uma visão de longo prazo, gostaríamos de estar investidos em um filme que ao longo de dois, três, quatro, cinco, idealmente dez anos vai melhorar muito. Qual foi o filme da Brahma? Em 2000, ela comprou a Antarctica e formou a Ambev; em 2004, juntou-se com a Interbrew e fez a InBev; em 2009, juntou-se com a AB e, em 2016, com a SABMiller. Indo para o seu ponto, é impossível você ter capacidade de narrar esse filme inteiro antes de ele acontecer, mas eu acho que, se você conhece a cultura empresarial, consegue dizer o seguinte: "Olha, eu não sei exatamente o filme, mas eu acho que o filme vai ser mais ou menos por aqui". Entendeu?

Sim, faz sentido!

MB: Da mesma forma que, quando você vê uma empresa com valores ruins, que não trabalha bem em equipe, muito centralizada em uma pessoa só, e você vê que essa pessoa está com sessenta anos e a próxima geração familiar ou nível gerencial não tem a mesma capacidade, você pode dizer: "Esse negócio está bem hoje por um determinado fator" ou "Acho que esse filme ao longo do tempo não vai ser tão vantajoso e, em função disso, tenho que ajustar o preço que estou pagando". A cultura empresarial é muito importante na nossa forma de investir.

E como ter essa certeza, ou seja, como o investidor pode conhecer a cultura empresarial a fundo?

MB: O que nós fazemos é conversar com a empresa, com o cliente, com o fornecedor... Agora, o que eu acho que é o nosso twist é que fazemos isso em parte pra conhecer o negócio, mas em grande parte pra conhecer a empresa, a cultura, as pessoas... Sem dúvida eu posso dizer que é mais importante conhecer bem como funciona a cabeça de um líder de uma empresa do que necessariamente todas as características desse negócio.

Mas como é que você sente isso? É só sentar com o CEO e conversar?

MB: É um processo bastante longo, em que você tem que tentar fazer interações que fogem um pouco do usual. Se você diz: "Me fala um pouco sobre seu negócio, como é a margem...", aí você vai ter a mesma conversa que todo mundo tem. A gente tenta fazer perguntas um pouco diferentes pra entender como é que a pessoa pensa. E aí conversamos também com clientes, fornecedores, mas muito com essa mentalidade. Não é pra virar para o cliente ou o fornecedor e dizer: "Me explica como é a tua relação com a empresa". Não. Você diz assim: "Você conhece o CEO? Como ele é? Me conta algumas situações que vocês viveram. É fácil trabalhar com ele? Você vê ele delegando para as pessoas de baixo?". E aí você vai conhecendo a cultura empresarial. Eu acho, por exemplo, muito mais interessante ler um perfil de um líder empresarial do que um relatório de um banco descrevendo como funciona o negócio, com tantos por cento disso, tantos por cento daquilo. Tá bom, isso aí tem que fazer, a gente faz também, mas a gente acha que isso é meio básico.

Você pode dar um exemplo de uma situação em que a cultura ficou clara nesse processo?

MB: Pega uma empresa como a Cosan, um conglomerado com muitos negócios, uma estrutura societária complexa. Tentar ser aquela pessoa que conhece os detalhes de todos os negócios da Cosan pode acabar até te confundindo, de certa forma. É óbvio que você tem que conhecer muito bem. Não estou querendo, é claro, passar uma impressão errada de que a gente não faz isso, a gente faz, mas é só uma parte do trabalho, razoavelmente commoditizada. Tem muita gente inteligente e capaz no mercado pra fazer isso. Acho que o trabalho mais valioso é o de conhecer como é o empresário, como a cabeça do cara funciona. Uma vez uma revista deu uma matéria de capa sobre o [Rubens] Ometto [controlador da Cosan] que tinha coisas do perfil psicológico dele. E eu aprendi muito mais da Cosan ali para a nossa forma de investir do que lendo relatórios que falavam do ATR [Açúcar Total Recuperável, uma medida da qualidade da cana], por exemplo. Eu me lembro de uma passagem em que ele contava que, se alguém ligasse pra ele na hora em que estava vendo novela, ele dizia: "Eu não posso falar, estou vendo novela". Ou algo do tipo. É claramente uma pessoa que, se acredita que tem que fazer algo, faz. E aí você começa a entender, por exemplo, quando ele abriu o capital da Cosan no Brasil e depois criou uma empresa lá fora com uma *super voting share*. O Rubens parece um cara que diz assim: "É permitido que eu faça isso? Já prometi pra alguém que faria o contrário? Não? Então eu vou fazer e falar". E assim você começa a entender melhor a cabeça das pessoas. Pra quê, né? Porque, de novo, pra mim *it's all about the future*. É o futuro que importa. E, pra você prever o futuro sem ser um charlatão, tem que conhecer quem são as pessoas que vão fazer esse futuro, entendeu?

Sim...

MB: Eu costumo dizer aqui que, de longe, a componente mais importante na nossa forma de investir são as pessoas. Entender o negócio é muito importante, claro, mas entender as pessoas é muito mais importante — ver o nível de ambição, de apetite ao risco, de agressividade... o que esperar dessas pessoas. São pessoas que você espera que tomem uma decisão que te surpreenda em algum momento? Ou não?

E vocês eventualmente participam de conselhos das companhias, né?

MB: Na verdade, na M Square nós só participamos de um conselho até hoje.

Da Dasa, né?

MB: Foi, da Dasa. Não é uma regra, mas a gente prefere não participar. Porque, na verdade, o nosso processo de seleção faz com que naturalmente a gente escolha empresas que são bastante bem tocadas. Claro que não é tão fácil resumir, mas se você perguntar: "Se você tiver que investir com base em uma só variável, qual seria?", eu não diria que é a qualidade do negócio, da empresa... Eu diria que é a qualidade das pessoas que estão lá.

Entendi. Então, se você já escolheu assim, não faz sentido participar do conselho?

MB: Exatamente.

E é cada vez menos comum que gestores de ações participem dos conselhos das companhias, né?

MB: Na minha opinião, os conselhos ficaram muito formais. É uma responsabilidade enorme ser conselheiro de uma empresa. Se você quiser fazer um negócio direito — como a gente aqui se propõe a fazer —, tem que se preparar muito, conhecer as empresas, ler todos os materiais, chegar às reuniões realmente para ajudar, não para tomar um cafezinho. É um trabalho muito grande e tem um passivo: você está envolvido em uma empresa gigante. Vou dar um exemplo: BRF, na Carne Fraca.* Eu não estou lá dentro, não conheço cem por cento das pessoas, mas a minha impressão é que as pessoas que estão lá querem fazer a coisa certa. Mas a empresa é tão grande que pode ser que, em determinado momento, alguma pessoa ou um grupo delas faça coisas erradas. Se você é conselheiro, pode ter uma exposição nesse tipo de passivo. Você pode estar preocupado em fazer a coisa certa e eventualmente ser pego no meio de uma situação em que parece que está fazendo algo errado. E aí impacta, voltando aos valores empresariais, a reputação.

Então vocês preferem não participar...
MB: Sim. Por outro lado, quando você participa do conselho da empresa, vê um lado do executivo que você não vê quando está fora da empresa. Eu adoraria participar de um conselho em que eu tivesse todo o trabalho de um conselheiro, mas sem toda a burocracia, custos e riscos. A gente faria com bastante prazer, porque é uma ferramenta boa para conhecer as pessoas. Mas, dado o balanço que tem hoje, preferimos não participar.

Por falar em conselhos, a governança das companhias melhorou em relação a quando você se tornou investidor de ações?
MB: Ah, incrivelmente. Quando eu comecei lá atrás, em 1992, não diria nem que era um mercado de capitais. Era outra coisa.

[Risos] Era o quê?
MB: Era uma mistura de dívida com ações. Não era nem mercado de ações, era mistura de *equity* com dívida. Grande parte dos empre-

---

* Carne Fraca foi o nome dado pela Polícia Federal a uma operação que investigava a BRF — controladora das marcas Sadia e Perdigão e listada em bolsa — por um esquema para adulterar testes de laboratório com o objetivo de burlar a fiscalização sanitária brasileira e regras de exportação.

sários não via o acionista preferencialista como sócio. E, com isso, existia muito conflito. Era uma mentalidade com pouquíssimo alinhamento e a legislação era fraca, o que tornava esse processo ainda mais complicado.

Então evoluímos...
MB: Ah, muito!

E quanto ao volume de opções para comprar na bolsa brasileira? Você sofre para encontrar oportunidade?
MB: Definitivamente o universo de empresas de capital aberto no Brasil é bastante restrito, não tem como eu dizer o contrário. Eu adoraria ter muito mais, tá? Mas isso não nos impossibilitou até agora de fazer o que a gente faz. Durante dois anos da minha carreira, antes da M Square, eu fiz um teste de investir em empresas fora do Brasil. O legal de investir fora do Brasil é que você pode dizer, por exemplo: "Eu só vou investir em empresas de varejo de vestuário". Existem oitenta empresas nos Estados Unidos e na Europa — talvez até mais — de varejo de vestuário. Então você pode fazer uma estratégia de investimento que só faz um tipo de coisa. Se a gente investisse nos Estados Unidos, talvez eu pudesse dizer que quero investir somente em empresas que tenham uma cultura corporativa parecida com a da M Square. Talvez desse...

Aqui não dá...
MB: Não. Aqui a gente tem que cogitar investir em uma locadora de automóvel; em uma empresa de distribuição de combustível, um conglomerado como a Cosan; ou em uma empresa de educação, como a Kroton; ou de saúde dental, como a OdontoPrev... Tem que ter um espectro amplo, não dá para se especializar. Tem que investir em *corporation*, tem que investir em empresa com controlador, tem que investir em empresa um pouco mais líquida, um pouco menos líquida... tem que abrir esse espectro. E aí, voltando para o mesmo ponto, do que a gente não abre mão aqui de forma realmente muito enfática é na questão da qualidade das pessoas. Acho que, se a gente se especia-

lizar e desenvolver uma expertise de identificar pessoas muito boas, essa é uma habilidade que vai ser cada vez mais forte do que se a gente tivesse um universo de 5 mil empresas para investir. E por que isso, né? Ouvi um discurso recente do Jorge Paulo em que ele diz que o Brasil tem muita gente boa, ainda que em termos coletivos tenha todos os desafios que tem. E minha sensação é absolutamente alinhada com a opinião dele. Você vê histórias empresariais impressionantes.

Pode dar um exemplo?
MB: Olha a história do Janguiê [Diniz, fundador e presidente do conselho de administração do grupo Ser Educacional]. Ele nasceu em Santana dos Garrotes, na Paraíba, foi engraxate... aprendeu a estudar, passou em um concurso para juiz e criou uma empresa de concursos. É um cara jovem, que não tem sessenta anos, e fez uma empresa incrível. Também o Chaim [Zaher, fundador do grupo educacional SEB], que foi bedel em um cursinho e hoje é um dos maiores empresários do setor. O Edson Bueno [fundador da Amil, também engraxate na infância] tem uma história incrível. Não quer dizer que a gente investiu nessas histórias, mas estou tentando usar exemplos diferentes da Ambev, porque esse é ruim, né? A Ambev é uma exceção, tão extraordinária que é complicado falar só deles. Mas o Brasil tem histórias realmente incríveis. O próprio Randal [Zanetti, fundador da Odonto-Prev] era dentista, fez uma superempresa. Temos inúmeros exemplos de empresários que construíram histórias dignas de *American dream*. Apesar de todas as dificuldades intrínsecas a ser empresário no Brasil, de toda a burocracia, temos pessoas muito boas. Então, o que a gente busca como investidor? Ter a capacidade de identificar algumas dessas pessoas. E é um trabalho difícil, porque você tem que encontrar pessoas não só muito boas, competentes, mas também eticamente corretas, em quem você pode confiar. Porque a gente se vê como sócio da empresa. De quem eu quero ser sócio?

De quem?
MB: De gente muito competente, fanática e que vive pelo negócio, mas que também seja confiável, que você consegue entender

como pensa, que seja ética. Então o nosso trabalho, que não é tão simples, é no fundo tentar construir um portfólio de negócios que tem pessoas realmente muito diferenciadas.

E quanto você diversifica o portfólio entre essas empresas?
MB: De forma geral temos entre quinze e vinte empresas.

Você tem algo contra se concentrar em alguma delas, se tiver mais convicção?
MB: Não. Eu acho que, de novo, faz parte da cultura empresarial. O investidor tem que saber como ele funciona, tem que ter um autoconhecimento grande, mas acho que é mais fácil identificar problemas numa concentração excessiva. Dessas quinze a vinte, em geral temos uma ou duas posições grandes, que a gente chama de *core*, e três ou quatro médias. Uma posição grande é de 20% do patrimônio e uma média de 10% a 15%. Acho que o importante é o investidor ver como se sente. Tem investidor que consegue conviver melhor com um nível de concentração maior e tem investidor que não consegue. E o nível de caixa é função da quantidade de oportunidades que a gente vê. Nós olhamos muito para risco.

Vocês montam proteção para a carteira?
MB: Já tivemos alguma em um momento ou outro, mas é muito mais exceção do que regra.

E onde investem o caixa?
MB: Não quer dizer que a gente não possa mudar ao longo do tempo, mas até hoje caixa sempre foi título pós-fixado do governo.

O Ibovespa teve três anos bem difíceis, ao longo do governo Dilma. E vocês estavam sempre no positivo. Como, sem usar proteção?
MB: Se tivesse hedge barato, a gente faria. Eu posso estar errado na minha visão, mas acho que hoje a quantidade de ineficiências no mercado é muito pequena. Eu não estou falando do ponto de vista teórico de mercados eficientes ou não, mas eu vou às reuniões de

mercado e tem muito analista bom, muita gente competente que faz pergunta boa. E quando alguém te vende uma proteção também não tem moleza. É como fazer um seguro para um carro — ele meio que vai refletir a sinistralidade do carro. É justo. Então fazer seguro pelo seguro — como a gente não se propõe a tentar antecipar a direcionalidade do mercado —, fazemos pouco.

Então como limitar quedas?

MB: O que eu acho que funcionou mais para nós para limitar quedas nos dias ruins de mercado foi realmente esse cuidado na hora de seleção do portfólio, seja no balanço entre caixa e ações, seja, em especial, na composição da carteira. Foi na escolha das ações — a gente não faz nada de timing. Somos terríveis para antecipar e nem nos propomos a fazer isso, mas a gente acaba tendo um portfólio que naturalmente tem um viés de olhar bastante para risco. É evidente que tentamos gerar retorno, mas com uma ênfase muito grande no risco. Nunca, nunca mesmo — e isso é uma coisa que eu aprendi ao longo das minhas experiências anteriores —, ficamos preocupados em ser o fundo que mais vai subir no ano. Eu faço isso há 25 anos e acho que nunca geri o fundo que foi o melhor do ano. E provavelmente nunca vou gerir. Mas se você trabalhar bem ao longo do tempo, talvez em cinco, dez ou quinze anos seja o melhor, né? A gente trabalha muito mais para ser o melhor ao longo de dez anos do que para ser o melhor ao longo de um.

Você disse que o mercado está mais eficiente. Então tende a ser cada vez mais difícil bater o índice? Essa é uma discussão grande lá fora, né?

MB: Eu acho. Dia desses meu cunhado me ligou e perguntou: "Mauricio, o que você acha que está superinteressante?". Eu disse: "Ih, cara, nada". E ele: "Mas você também... nunca acha nada bom". Eu sempre acho as coisas difíceis. Acho que o mercado tem pouca ineficiência — o que eu chamo de ineficiência são aqueles pânicos. Quando eu comecei, na década de 1990, você tinha muita moleza. Acontecia uma crise internacional e os investidores estrangeiros saíam correndo, o dólar subia 200% e a ação da Ambev caía 60%. Aí você comprava Ambev, Ultra, empresas maravilhosas com preços de fato muito baixos. Já nas crises mais recentes acho que dá pra argumentar que em nenhum momento as ações da Ambev, da Ultra ou da Renner, por exemplo, ficaram extremamente baratas. Eu nem gosto de usar o termo "baratas": em nenhum momento esses investimentos pareciam ter um risco/retorno tão interessante como acontecia lá atrás.

Mas, ao contrário de lá de fora — onde o Warren Buffett até ganhou uma aposta contra a gestão ativa —, os gestores batem o índice historicamente aqui, né?

MB: O Ibovespa tem historicamente uma concentração setorial muito grande, né? Em algum momento em telecomunicações, em outro em petróleo, em outro em commodities, mais recentemente em bancos... Até onde eu entendo, talvez tenha uma concentração maior do que os índices lá de fora, mas posso estar errado. Acho que existem gestores bastante capazes no Brasil. E nesse último ciclo você teve uma geração de valor, um nível de desempenho dos fundos contra os índices realmente impressionante. Eu não acho que isso vai continuar assim para sempre, tá?

Pela mudança de metodologia do índice? *

MB: Eu acho que o Ibovespa é um índice melhor do que já foi. E acho também que tem mais competição e menos ineficiências no mercado. Mas, apesar de ter menos, acho que ainda tem. E não estou falando que o mercado é eficiente, tá? O que estou falando é que ele é hoje muito mais eficiente do que eu já vi ser. E você tem realmente que trabalhar muito, ter uma equipe boa e grande, trabalhando duro

---

* Em 2014, depois de 45 anos de sua criação, o Ibovespa passou por uma importante mudança de metodologia. O principal índice da bolsa brasileira passou a ser influenciado pelo valor de mercado das empresas e pelo volume de papéis disponíveis. A alteração foi motivada em grande parte pela crise ocorrida no ano anterior com a OGX, do empresário Eike Batista, já que, pela metodologia anterior, à medida que era mais negociada (para venda), a companhia ganhava mais peso no índice, obrigando fundos passivos a comprá-la.

para achar as tais ineficiências. Elas existem, mas você tem que trabalhar muito mais para achá-las.

Há algum setor em que você não investe de jeito nenhum?

MB: De jeito nenhum... [pausa]. Estou demorando pra responder pra não ser leviano... Eu diria estatais, mas, se você olhasse o portfólio há alguns meses, veria Petrobras. Mas a verdade é que investimos em Petrobras porque vimos quase que uma privatização da forma de tomar decisões. Petrobras talvez tenha sido um exemplo das piores práticas de tomada de decisão nos últimos anos e, desde a mudança da gestão,* eles viraram a chave para quase o contrário. Mas, mesmo assim, era uma posição muito pequena. E por quê? Em uma estatal, você não tem como garantir que as pessoas vão continuar lá. Se mudar o presidente, podem mudar as pessoas. E, se mudarem as pessoas, volta a ser uma estatal. Então eu diria que, de modo geral, talvez a gente tenha tido um ou dois momentos de investimento em estatais e sempre muito pequenos.

Mais algum setor?

MB: Em commodities temos uma dificuldade histórica também. Agora, se você me perguntar: "Você nunca investiria?", eu diria que nunca, não. Talvez no que a gente nunca investiria seja em empresas em que vemos que existem pessoas incompetentes ou mal-intencionadas. Não estamos isentos de investir em uma empresa que tem pessoas boas e que em algum momento vai passar a ser administrada por pessoas ruins. Mas posso dizer que eu não investiria de forma alguma, a nenhum preço, em uma empresa da qual acho que as pessoas são incompetentes, desonestas ou que têm as motivações erradas. Pode negociar a duas vezes o lucro: eu não investiria. O investimento vai se dar ao longo do tempo e pessoas incompetentes ou mal-intencionadas vão tomar decisões que muito provavelmente serão ruins pra empresa. E aí a empresa vai piorando.

---

* De fato, Pedro Parente, que tinha assumido a presidência da Petrobras em maio de 2016, surpreendeu o mercado ao deixar o cargo em junho de 2018, depois desta conversa.

Você compra barato, mas...

MB: Sim, eu me lembro bem de uma empresa de telefonia que existia lá na década de 90, a Tele Norte Leste.[*] Pessoas que eu respeitava diziam: "Olha lá, Tele Norte Leste está negociando a três vezes o Ebitda". E eu dizia: "Cara, não importa". Mais recentemente, a empresa até entrou em uma posição de recuperação judicial. Tem uma questão setorial, claro, mas tem também que a empresa passou por um período na mão de pessoas que tomaram decisões ruins. Tanto que a Vivo está aí ainda. Mas, enfim, se tem uma situação em que a gente não se envolve é a de uma empresa com pessoas incompetentes ou com intenções que não são as de gerar valor para o acionista.

Certo. E, ainda no processo de investimento, você leva em conta questões macroeconômicas ou sempre só a parte micro de uma companhia mesmo?

MB: Acho que quem disser que o macro não influencia está desinformado. O macro importa para as premissas. Se a Renner vai abrir cinco ou quinze lojas no ano, se *same store sales*[**] vão ser X, Y ou Z, depende do macro. Então a gente tenta ser *macro aware*, no sentido de ter um mínimo de consciência do macro. A gente sem dúvida acompanha a parte macroeconômica, mas no sentido do que ela vai oferecer para o ambiente empresarial — nunca com uma preocupação de fazer previsões precisas para variáveis específicas como juros ou câmbio, muito menos de curto prazo. A gente olha muito se o ambiente macro dos próximos três ou cinco anos é saudável ou não. Hoje focamos 95% do nosso esforço conhecendo e visitando as empresas, mas se você me pergunta se o resultado da próxima eleição importa ou não importa para o futuro... importa! Bastante até, eu diria. Por exemplo, olhe para Pão de Açúcar. Como é que o consumidor vai estar se houver um resultado ruim da eleição? Dada a situação fiscal do país, é provável que a inflação e a taxa de juros voltem a

---

[*]   Em 2012, os acionistas da Tele Norte Leste aprovaram a incorporação da companhia pela Brasil Telecom, posteriormente Oi, que pediu recuperação judicial em 2016.

[**] Vendas para as lojas já existentes há um ano.

subir, e isso é ruim para o poder de compra da população e, assim, para o Pão de Açúcar. Então a gente reconhece que o macro influencia as empresas, especialmente em movimentos mais extremos. Se o PIB vai subir 2% ou 3%, pra gente é quase irrelevante, mas se vai ser -2% ou +2%, isso é muito relevante.

Você já deu alguns exemplos, mas existe algum caso que, na sua opinião, representa bem a filosofia de investimento de vocês e que foi um grande acerto?

MB: Acho que a OdontoPrev foi o nosso maior caso de sucesso. Era uma empresa com muitas características positivas, sobretudo do modelo de negócios, quando a gente investiu. Era uma empresa de alta qualidade, usando o jargão, que porém estava em um ambiente competitivo difícil. Ela era líder no setor de plano odontológico, mas o Bradesco, que era o segundo maior competidor, era gigantesco e estava querendo crescer. Então existia na época um questionamento absolutamente legítimo de se a OdontoPrev seria atropelada pelo Bradesco. A gente fez um trabalho de ir visitar o cliente, conversar com o diretor de RH das empresas e perguntar: "Como é que você decide entre o plano do Bradesco e o da OdontoPrev? Quanto o Bradesco está dando de desconto?". Mas no fim das contas você pega todas essas informações e diz: "Tá bom. E aí?".

Sim, imagino...

MB: Mas o que nos chamou a atenção? Tem uma coisa, que a gente chama de opinião forte, que nesse caso foi: "Independentemente do que acontecer, tem uma pessoa na OdontoPrev — que no caso era o Randal — que é o cara que mais entende desse negócio. E ele está absolutamente comprometido, a vida dele é esse negócio". Ele estava administrando aquela situação com enorme equilíbrio e racionalidade. E se a gente estivesse errado? A empresa não tinha dívida líquida e tinha ativos, sistemas fortes e uma carteira que, na época, já devia ser de uns 2 ou 3 milhões de vidas, a maior do Brasil. Aquilo ali teria algum valor para alguém em algum momento do tempo. Montamos essa posição entre 2008 e 2009. Foi uma ação que sofreu com a crise do Lehman Brothers, então a gente conseguiu comprar a um preço que nos dava, para usar o clichê, alguma margem de segurança. Por que a gente investiu na OdontoPrev? Não foi porque na época vimos que o múltiplo preço/lucro estava em dez vezes. Foi porque a gente achava que tinha um grupo de pessoas lá, liderado por uma em específico que era absolutamente preparada para tomar as melhores decisões possíveis naquele momento. E acabou que o investimento foi um sucesso. E eu posso afirmar que uma parte importante disso foi por uma questão que a gente nem anteviu, para ser sincero: que o Bradesco acabaria incorporando a OdontoPrev, formando uma única empresa com uma posição de dominância enorme. Se você perguntasse naquele momento se isso seria possível, eu diria que sim. Mas de forma alguma a gente comprou uma ação sequer achando que o Bradesco compraria a OdontoPrev. Então acreditamos, de novo, que quando investimos com pessoas completamente alinhadas e paranoicas em relação ao negócio, com capacidade de tomada de decisão, em geral coisas boas acontecem.

Você citou 2008 e me lembrei de que o seu fundo começou em 2007. E logo veio uma crise. Deve ter sido um momento tenso, não?

MB: Lembro que foi bem interessante, porque eu sentia que meus sócios daquela época ficavam preocupados quando o mercado oscilava muito. E eu sentia que eles ficavam preocupados por mim. E eu, na verdade, gosto muito quando o mercado cai.

[Risos] É mesmo?

MB: Eu detesto quando a ação de uma empresa da qual eu sou acionista cai por uma piora de fundamentos. Aí é óbvio que eu sofro muito, porque houve algum erro da nossa parte ou uma deterioração no ambiente competitivo... Aí você olha pra ação caindo e diz: "Provavelmente vou perder dinheiro para os nossos investidores". Agora, quando o mercado cai de forma generalizada, acho uma maravilha. Eu tenho 44 anos ainda. E acho que é justamente nesses momentos que aparecem as ineficiências, que as coisas acontecem. Nos momentos bons as oportunidades são mais difíceis, mais raras. Então, respondendo à sua pergunta, se por um lado 2008 foi difícil, por outro a gente estava só começando, né? E isso nos possibilitou achar umas ineficiências muito interessantes. E depois veio 2009, com a recuperação razoavelmente rápida. E a gente acabou dobrando o tamanho do fundo nos dois meses subsequentes à quebra do Lehman, apesar de ter havido uma supercrise. E acredito que isso aconteceu porque fomos falando com alguns investidores que tinham um temperamento parecido com o nosso, de gostar de fazer investimento quando o retorno esperado é realmente atraente.

Falando desse jeito — fazer investimento quando o retorno esperado é atraente — é bonito, mas é difícil ter esse sangue-frio na hora em que o mercado está caindo, não?

MB: É por isso que eu digo que isso é um jogo. E eu realmente acredito nisso, tá? É temperamento. Não invisto assim porque li em um livro que você tem que comprar barato e vender caro — e olha que isso está escrito em todos os lugares do mundo, né? Sem dúvida fui muito positivamente influenciado pela minha história na IP, pela cabeça do Roberto [Vinhaes], que é um cara muito privilegiado, excepcional. Eu diria que quase tudo que aprendi na vida foi com ele — na verdade, ele é a pessoa mais importante na minha formação. E ele com certeza me ajudou a ver isso. Quando caía, eu olhava para o lado e ele não ficava nervoso. Então tem um pouco de osmose nisso. Ele achava as coisas boas e eu via que depois isso se traduzia em investimentos muito bons. E isso vai formando o seu temperamento. Então eu não tenho dúvida de que fui influenciado pela minha escola. E também talvez eu não tenha o temperamento que faz panicar nessas horas. E consiga enxergar mais longe. Eu estou sempre olhando se a empresa está indo bem ou não. A ação não é tão importante. A empresa tem que estar na direção certa.

Você faz alguma coisa num dia de queda para não ficar desesperado?

MB: Não.

Mas você fica olhando os preços ou nem acompanha?

MB: Eu fico olhando mais do que nos outros dias, mas não porque eu fico preocupado... zero. Até foi muito legal ver, na virada de 17 para 18 de maio, quando vazaram as gravações do Joesley [Batista] com o [Michel] Temer, que isso não é algo meu, mas institucional mesmo. Todo mundo chegou cedo naquele dia, claro. Eu cheguei supertranquilo e estava todo mundo muito tranquilo, mesmo sendo pessoas jovens — gosto de trabalhar com gente jovem, formamos as pessoas dentro de casa. Aí um deles disse: "Nossa, tem um amigo meu que trabalha na mesa do fundo tal e ele ficou a noite inteira sem dormir. E eu dormi superbem". A gente não tem que fazer nada numa hora dessas: não temos alavancagem... Se as ações de todo o portfólio amanhecessem caindo 15% (nem tem como isso acontecer por causa do *circuit breaker*)* provavelmente a gente estaria até pensando em investir mais. Claro que isso depende do que aconteceu, né? Não é que quando cair vamos comprar, como faria uma pessoa sem cérebro. É óbvio que a gente tenta entender por que está caindo e tomar uma decisão bem informada a respeito disso. Mas, nesse dia, estava todo mundo tranquilo. Abriu o mercado e ficaram todos olhando, quase que como vendo um programa de televisão. A gente estava até torcendo para cair um pouco mais a ação do Itaú, que abriu com uns 12% ou 13% de queda. Tentamos comprar, mas o mercado fechou logo em seguida. Fui mentorado por pessoas que me ajudaram muito nesse processo.

E como foi em 2008?

MB: Em 2008, obviamente, a gente ficou preocupado, porque houve de fato risco sistêmico global. Você ficava preocupado até com seu dinheiro no banco. É óbvio que você se preocupa com esse tipo

---

* Se o Ibovespa, principal índice da bolsa brasileira, cair 10% em relação ao fechamento do dia anterior, as negociações são automaticamente interrompidas por trinta minutos. Se, depois da reabertura, a queda seguir, chegando a 15% ante o dia anterior, é disparada uma nova suspensão, por mais uma hora. Caso, depois disso, os prejuízos batam 20%, há uma nova pausa, sem tempo definido, à espera de um sinal do diretor do pregão para reabertura. O mecanismo é chamado de *circuit breaker*.

de coisa, mas não com o movimento isolado do mercado de ações caindo. Acho que nosso temperamento e nossas habilidades na M Square fazem com que a gente tenda a se beneficiar dos movimentos em vez de sofrer com eles.

Legal. Então me conte de uma escolha errada de ação que ensinou algo a você.

MB: Sempre que me fazem essa pergunta eu fico pensando que tenho que dar uma resposta melhor, porque nunca acho uma boa resposta pra ela. Por outro lado, não dá pra inventar: é aquela questão do hábito. A gente fala o que a gente é mesmo e o que aconteceu. Felizmente tivemos poucos erros até agora. Acho que os maiores foram muito mais sobre o que a gente deixou de fazer do que sobre o que a gente fez. Somos muito cautelosos. E talvez em muitos momentos tivemos um excesso de cautela. Esse tipo de crítica a nós pode ser absolutamente merecido. Demoramos muito para atrair o interesse de investidores locais. E a gente soube de um deles que, quando perguntado sobre por que não investia na gente, disse: "Ah, porque os caras da M Square não tomam risco, não gostam de risco". Acho que isso é uma observação legítima. Não que a gente tenha medo de risco, tá? Se eu tivesse medo, me apavoraria quando a bolsa caísse.

E o retorno histórico acumulado de vocês é excelente...

MB: A gente toma risco, agora, somos muito cuidadosos com isso. Nunca na minha vida joguei na Mega-Sena, porque acho um risco ruim. Nosso negócio é selecionar o risco. Às vezes o risco até pode ser um pouco maior, desde que você esteja sendo pago por ele de forma desproporcional, ou seja, com uma recompensa maior do que ele é. Em muitos momentos talvez a gente tenha superestimado o risco — nessa última crise, por exemplo, não aproveitamos a recuperação da bolsa como poderíamos. Em janeiro de 2016, quando foi o pico do problema, estávamos preocupados de verdade, o Brasil estava indo em um caminho... Não é que a gente estava olhando para o macro focados no macro, mas quem não estava preocupado com a situação da carteira de crédito do sistema como um todo ali em janeiro de 2016 estava desinformado ou não sabia o que estava fazendo. Obviamente estamos sempre buscando gerar retorno, mas não vamos tomar decisões que nos exponham a ter risco de perdas de dinheiro muito altas. A gente tem erros individuais de investimento, mas nenhum deles fez diferença relevante. Por exemplo, desde que o fundo começou, temos um retorno entre 300% e 400%. A maior contribuição negativa de uma ação individual foi de 2%, se não me engano. E a maior contribuição positiva, que foi Odonto-Prev, deve ter sido de uns 20%.

E a que você atribui isso?

MB: Eu digo para os investidores, sobretudo os gringos, que existem três drivers de geração de valor de investimentos no Brasil. O primeiro é investir bem em momentos normais. Neles a gente quer ir bem, não excepcionalmente bem. Nos momentos normais é raro sermos um dos melhores fundos, provavelmente estaremos na média, em alguns momentos até abaixo dela, ficamos lá no segundo quartil. O segundo driver é não fazer com que seus erros virem problemas. Errar todo mundo erra. Tenho inúmeros erros de investimento, mas até hoje nenhum virou um problema. Primeiro, tentamos selecionar bem. Depois, se a gente está vendo que tem um risco de o negócio desandar, então preferimos vender. Não porque o preço da ação esteja caindo, mas porque a empresa e seus fundamentos não estão indo tão bem. Preferimos vender e diminuir a chance de isso virar um problema. E o terceiro driver é estarmos sempre como investidores em uma posição de nos beneficiarmos das grandes oscilações de mercado, não só não vendendo nas quedas como talvez até comprando mais nelas. Se você tiver esses três drivers, na nossa opinião, você está feito na bolsa.

Para esse terceiro é que você diz que é preciso ter temperamento, né?

MB: É isso aí. Tem que ter o temperamento adequado e tem que ter a base de capital adequada também. Com o seu dinheiro dá pra fazer, com o dinheiro dos outros é mais difícil.

Chegando ao fim, se você tiver que dar um único conselho para um investidor individual de ações, qual será?

MB: Acho que é muito importante você se conhecer como investidor. A família de um amigo vendeu um negócio que gerou uma enorme liquidez. Em determinado momento ele começou a investir sozinho o dinheiro em ações. Um dia ele virou pra mim e disse: "Eu vi em um ano que não levo jeito pra isso". Admiro muito pessoas que têm esse autoconhecimento. Pra investir em ações, muito mais importante do que suas habilidades intelectuais — não que elas não sejam importantes, tá? — é ter o temperamento certo. Isso é precondição. Na minha opinião, quem é ganancioso não é bom investidor. Quem "panica" com risco e com perda também não pode investir. Em investimento você tem erros e oscilações de preço o tempo todo. Então você tem que ter o temperamento de não só conviver bem com isso como de idealmente se aproveitar disso. Do contrário você vai fazer o contrário do que tem que fazer: se for ganancioso, vai comprar caro e, se panicar, vai vender barato. Então é importante que o investidor se conheça e que, se for fazer isso com o próprio capital, tenha um mínimo de dedicação. Porque não é fácil. Não acho que precisa ser dedicação exclusiva também. Se tiver o temperamento certo, acho que você pode ser bastante bem-sucedido, principalmente supondo uma evolução positiva de Brasil, com os juros caindo. O Brasil até hoje foi um dos poucos lugares do mundo onde o poupador teve retorno de investidor.

É engraçado como foi mais difícil bater o CDI do que o Ibovespa em alguns momentos, né?

MB: Nossa, bater o CDI foi muito difícil. O poupador no mundo não tem retorno, quem tem retorno é o investidor. E o investimento é uma atividade em que você precisa de proficiência. Não sei se a palavra é essa, mas você precisa de conhecimento, de preparação. Então um investidor que se propõe a fazer direito tem que se conhecer, tem que ver se seu temperamento é adequado e tem que se preparar também para tomar decisões. Não pode ser uma coisa muito aleatória. Tem um monte de poupador hoje em dia que não sabe investir, mas tem tido retorno de investimento. Daqui pra frente, se tudo der certo, não vai ser mais o caso.

15. O maratonista da bolsa

O período mais recente de bolsa, seja ele bom ou ruim, pesa sobre o espírito do gestor de ações. Ânimos e convicções também possuem sua própria marcação a mercado. É a percepção seletiva, cita Pedro Cerize, sócio-fundador da Skopos e um dos gestores mais admirados de sua geração, título chancelado inclusive por Luis Stuhlberger, do fundo Verde. É como o Camaro amarelo, que já rodava pelas ruas, mas que você só notou depois que a música começou a repetir-se no rádio, diz.

Uma fase ruim poderia apagar um histórico pregresso brilhante, ideias originais e uma genialidade indomável? O olhar provido de algum distanciamento diria que não.

Se o viés de disponibilidade — a tendência de as pessoas superestimarem eventos mais facilmente lembrados — empurra em uma direção, o histórico de longo prazo indica a outra. Dos quinze anos de trajetória da Skopos, nove mostraram ganhos superiores a 30% aos cotistas, sendo que, em seis deles, o retorno passou de 40%.

O desempenho de curto prazo expõe o lado humano do gestor, que transborda facilmente nessa conversa. Decisões erradas e um mercado adverso criam cicatrizes na pele, calos nas mãos e marcas nas costas. São justamente esses elementos que o tornam mais forte para o que virá à frente.

É a partir de experiências ruins, como aconteceu com Contax e PDG, mas também de fortes ganhos, como aconteceu com Banespa, OHL e Ultrapar, que Cerize constrói e descontrói seu modelo de seleção de ações.

Ele ensina o investidor a ter ideias originais, mas com foco. Não adianta querer fazer tudo ao mesmo tempo, tentar ganhar todo o dinheiro. Tem um pouco de intuição? Ou será que intuição é a manifestação do conhecimento escondido?, questiona-se.

Foi na companhia de Felipe Miranda, estrategista-chefe da Empiricus, que vi o discreto Cerize expor, como em um divã, os conflitos de um grande investidor de bolsa.

Como tudo começou? O que levou você a decidir: "Vou fundar a Skopos"?

Pedro Cerize: Quando você pensa em quais decisões foram importantes na sua vida, tem as ruins que levam a coisas boas, como o meu MBA acelerado. Eu trabalhava na Socopa, em 1991. Imagina o que era uma demonstração financeira numa época em que a inflação era 10%, 15%, 20% ao mês? Você pegava o resultado com três meses de atraso, sendo que a moeda era 20% diferente entre um mês e outro. Analisar balanço era uma coisa que não tinha sentido. Aí comecei com uma coisa muito simples. Havia um programa que era a Economatica, que permitia converter todos os balanços para dólar. As empresas praticamente não tinham dívidas, porque ninguém tinha como ter endividamento de longo prazo naquela época. As que valiam na bolsa menos do que tinham em caixa, eu comprava. E tinha algumas.

Você comprava as ações para você, na pessoa física?

PC: Eu comprava quase nada na física, porque estava começando, e comprava para alguns clientes meus. O que aconteceu é que rapidamente essas coisas começaram a, bum, subir... Só que eu confundi talento com *bull market*. Eu tinha começado a fazer isso no arraso pós-Collor. Começou a privatização. Todo mundo começava a olhar para Usiminas, Acesita e se esquecia de outras empresas. Lembro que comprei Ipiranga por uma fração do que valia. Aí eu descobri que existia termo. Tinha a mesa de operação e eu ficava num canto com o computador. Alguém descobriu que aquele moleque ficava lá e diziam: "Ele tem um sistema".

Você tinha grana antes?

PC: Zero, patrimônio negativo. Eu devia a bolsa da FGV. Aí comecei a ganhar corretagem dos clientes, mas aconteceu outra coisa. Tinha um cara muito esperto lá que operava para fundos de pensão, bancos. E, na época, os caras eram cegos. Como é que era a clássica operação? O cara chegava e dizia: "Arrumei um bloco de um papel tal". Ele comprava no nome de um laranja, puxava o preço e, pouco tempo depois, vendia para uma fundação. E aquilo era normal, o papel ficava parado alguns dias, a inflação ia comendo, e depois atualizava. Mas eu não sabia. O cara chegava para mim e dizia: "E aí? O que você está comprando para você? Qual é o teu negócio?". E eu respondia: "Ah, eu tô comprando White Martins". Até hoje me lembro desse papel. Eu comprava e pouco depois via: "Nossa! White Martins caiu! Que coisa engraçada". Aí, de repente, bum, explodia. Eu ia lá e liquidava o meu termo. Um fundo de pensão comprava. Mas as coisas estavam tão baratas que o fundo de pensão, ao comprar aquilo 50% mais caro, tinha pagado muito barato. E as coisas continuavam a subir. E o cara começou a ganhar market share. Depois quase foi preso por causa do esquema na Funcef [Fundação dos Economiários Federais]. E eu confundi tudo aquilo com genialidade. A burrice era não perceber o que estava acontecendo. Eu estava atribuindo aquilo a um dom divino sobre o que vai acontecer, no meio de um *bull market*.

E aí? No que deu?

PC: Achei que precisava de um MBA lá fora. Eu sabia pelos simulados que ia conseguir a nota. Aí o Fernando Henrique foi ministro e começaram as privatizações... Era 1994 e eu tinha 250 mil dólares de patrimônio. Um cara de 24 anos. Pensei: vou para a Califórnia, gasto 70 mil dólares para fazer o MBA, com 40 mil compro um Porsche, volto com pelo menos 100 mil e retomo minha carreira rumo ao estrelato [risos]. Mas aí pensei: vou adiar esse projeto por um ano, porque, em vez de 250 mil, vou ter 1 milhão de dólares. O Fernando Henrique foi eleito e a bolsa fez puf, agora vai! E aí caiu, caiu, caiu. Sobe no boato, cai no fato. Começou a piorar. E, de repente, um tal de Pactual começou a vender, um tal de Jakurski* estava vendendo tudo. A gente dizia: "Quem é esse filho da mãe desse Jakurski?" [risos]. Eu contei essa história para o Jakurski. Na época, ele nem me conhecia, mas estava vendo a crise do México.

Você ainda estava na Socopa?
PC: Estava. Em março... abril de 1995, eu tinha zerado meu patrimônio. Aquilo foi meu MBA acelerado. Foi importante, uma escola. Foi duro, formou caráter. Vi que eu era um *loser*, um idiota. Fui atender outro tipo de cliente na Fator, não mais a pessoa física. Comecei a atender a Dynamo, a IP, a Icatu, caras que estavam muito na frente. Eles me disseram para ler *The Warren Buffett Way* [*O jeito Warren Buffett de investir*], do Robert Hagstrom. Aquilo realmente me mudou. Nessa época, comecei a operar para mim de novo, mas sem alavancar. E os caras começaram a vir falar comigo. Foi então que a minha mulher, que era estagiária, toda bonitinha, veio falar comigo para pegar dicas. Pegava as dicas e comprava com o dinheiro do pai dela.

Ela trabalhava na Fator?
PC: É. Quando conheci meu sogro, ele me perguntou o que eu fazia. "Eu trabalho no mercado", respondi, e ele me disse: "Eu também. Eu e a minha filha, a gente opera. Nunca perdi dinheiro em bolsa" [risos]. Tem algo que eu acho que é uma característica pessoal: quando eu formava a convicção, eu fazia tudo rápido. Eu me arrependi de algumas decisões e algumas vezes deu certo. Então eu não sei se isso é certo ou é errado. Mas é uma característica pessoal.

---

* André Jakurski, fundador da gestora de recursos JGP, foi diretor e sócio do Banco Pactual por treze anos.

Você é assim até hoje?

PC: Sim. Às vezes, as pessoas me questionam sobre alguma mudança de rumo. Mas eu respondo, simplesmente, que mudei de ideia. Eu tinha uma posição gigante de Comgás. O dia em que vendi, vendi de uma vez só. Por quê? Porque é assim. Não sei se é certo ou se é errado. E com a minha esposa foi assim. Em dez meses, eu me casei. Era o papel certo. Eu estava convicto [risos]. Aí a Patricia, gestora dos fundos da Fator, recebeu um convite para trabalhar no Santander. O Walter Appel tentou contratar meu amigo que tinha estudado em Chicago, e ele disse: "Por que você está indo atrás de mim se você tem um cara aí que pode fazer?". E assim o Walter me convidou para ser o gestor do fundo, em 1997. Nessa época, a Telebras respondia por 55% do Ibovespa, e a Petrobras, por uns 15%. Não tinha mais nada. Eu tentava variar um pouco o tema, mas não tinha muito como escapar: era Telebras, Telesp, Telesc. Quando o gestor estava *bearish** em Telebras, estava com 30%. Quando estava *bullish*, estava com 70%. Eu teria chegado àquele 1 milhão de dólares se tivesse ficado com a minha posição de 1995. Meu Deus do céu, o preço da Telesp se multiplicava por dez vezes. Mas, em maio, começou uma crise e quase ninguém prestou atenção. Foi uma crise de conta-corrente na Tailândia. O pessoal dizia que não era nada. E, quando eu fui olhar, era exatamente o que tinha acontecido no México. Pensei: "Isso aí vai dar problema".

E o que você fez?

PC: Comecei a vender até chegar num ponto em que eu estava com zero de Telebras. O fundo foi ficando para trás. E um professor da USP, que estava ajudando o governo na época, com a Companhia Paulista de Ativos, que tinha de ser privatizada, me disse: "Pedro, você tem de comprar Banespa". "Mas o Banespa está quebrado", eu disse. "Mas vai sair o acordo. Você tem de comprar Banespa", ele insistiu. Fui olhar o desempenho das ações, e o preço tinha saído de 1,80 para

---

* *Bearish* refere-se à aposta na baixa da ação, e *bullish,* à aposta na alta.

quatro reais. Falei com os consultores e pedi para pegar o acordo de renegociação da dívida de São Paulo com o Banespa. Tinha umas trezentas páginas. E o [Eduardo] Suplicy, que era senador na época, ficava adiando o processo, pedindo audiência pública contra a privatização do Banespa. E por isso a ação começou a subir, cair. Basicamente o acordo de dívida era o tratamento de todas as contas do Banespa, e 98% da carteira de crédito era para o estado. Então você tinha que resolver só um cliente. O processo era o seguinte: você transferia toda a dívida do Banespa para a União. A União pegava toda a dívida, dava um título público, que, para banco, é caixa. Assim, você zerava o Banespa. Ela dava o dinheiro, o Banespa era limpo e privatizado.

Aí você disse: "Vou comprar"?
PC: Peguei todo o dinheiro da Telebras e comprei Banespa. Comecei a falar para as pessoas, e o Banespa começou a se valorizar. Quando teve a crise, caiu tudo. Banespa caiu um pouco e voltou a subir, descolando de Telebras. Com tudo isso, o fundo que eu estava gerindo era o melhor fundo do Brasil. Maravilhoso.

Foi quando você deu o segundo passo?
PC: O BBA, na época, queria contratar alguém de bolsa. Um amigo me indicou. Em 1997, a Coreia do Sul, praticamente sem reservas, teve de mudar o câmbio. A bolsa começou a cair. E o Banespa caiu um monte. Quando cheguei ao BBA, a primeira coisa que fiz foi comprar uma posição de Banespa. No primeiro semestre, ganhei uma baita grana. Minha história no BBA foi assim: teve a primeira perna da crise asiática, depois a segunda, em 1998 a crise russa, em 1999 a desvalorização cambial no Brasil. Depois disso, Nasdaq. No fim de 2000, eu tinha ganhado, para a tesouraria do banco, algo como 70 milhões de dólares acumulados. Aí pensei: eu trabalho aqui e ganho 2% do que gero. Enquanto, no exterior, várias pessoas trabalhavam um tempo no Goldman Sachs ou no Morgan Stanley e saíam. Iam trabalhar em *hedge funds*. Grande parte dos tomadores de risco não eram os bancos, mas os *hedge funds*. Quem estava originando as ideias eram eles. "O futuro é o *hedge fund*", pensei. Saiu meu bônus

na sexta-feira. Cheguei em casa e falei com a minha mulher: "Ju, imagina só. Eu saio. Agora é a hora certa. Foi um ano bom. Todo mundo sabe. Tenho uma história para contar. Não tem nada disso no Brasil. Seria legal sair e montar um fundo".

Nessa época, já existiam a Dynamo, a IP e algumas independentes, certo?
PC: Tinha o Verde, com um baita resultado em 1999. Eu conheci o [Luis] Stuhlberger quando era gestor do fundo da Fator. Ele tinha um fundo que alocava em outros fundos. Era o Top Ações. Fiquei pensando o fim de semana todo. Na segunda-feira, eu disse: "Vou sair". Fui para fora conhecer um monte de fundos. E assim desenhei mais ou menos o conceito. No BBA, eu fazia um volume enorme de *trading*, 20% do lucro veio disso, 80% das minhas posições. E pensei: "Vou fazer isso, mas diferente, com mais posições e menos *trading*". Aí montei a Skopos. Acabei fazendo uma associação com a Griffo. O Stuhlberger precisava de ideias. Passou um tempo, ele colocou um *seed money*. Quando entrou dinheiro, ele tirou. E foi perfeito.

Era como uma incubada, como eles fizeram mais recentemente com a Canvas?
PC: Na época, eles simplesmente colocaram na distribuição. O Stuhlberger tinha uma carência de *equity*...

O que se comenta é que o grande cara de *equities* para Stuhlberger é o Pedro Cerize...
PC: O problema é que ele sabe que eu tenho uma parte boa. E sabe que eu tenho uma parte ruim. Eu precisava saber controlar essa parte ruim.

Qual é a sua parte ruim?
PC: A parte ruim é que eu quero fazer tudo. E acho que essa é uma parte importante. Numa época, ele dizia o seguinte: "Você não pode querer ganhar todo o dinheiro. Se você for muito ativo, no final, você não consegue alocar um tanto de energia para isso e outro tanto para

aquilo. E quando você tem um fracasso para alguma coisa, aquilo afeta negativamente outras decisões que você toma".

Essa é a parte ruim. Mas o que o Stuhlberger te disse que você tem de bom?

PC: A gente sempre trocava muita ideia. E eu acho que o Stuhlberger sabe quando tem pessoas que têm pensamento original. A maioria das pessoas que diz ter uma percepção do que vai acontecer na verdade não tem. Elas pegam pitadas de alguns poucos e compõem um misto, mas pessoalmente não têm uma visão independente. Teve um evento uma vez... E disso eu não me perdoo. O UBS fez um *road show* com os caras do Brasil lá fora em 2007, 2008. Eu estava numa mesa com um monte de gente e já estava cansado. Tinha viajado um monte. Estava mal-humorado. E os caras me perguntam: "Quais são as surpresas?". "Eu acho que a bolsa vai cair 50%." E caiu 50%. E eu não ganhei dinheiro com isso. São essas coisas...

É o ponto entre achar e fazer...

PC: Exato. Hoje eu tento não cometer esse tipo de erro.

Erro de não ouvir a sua intuição?

PC: Não é nem isso. É fazer coisas demais. É tipo: a bolsa pode cair, mas a Dasa vai dar certo. Ou: isso aqui não tem problema, não tem nada a ver com a bolsa. Sendo que isso não é verdade. Inicialmente, no choque, todas as coisas caem. As coisas até podem se recuperar em tempos diferentes. Mas teu cliente já foi embora.

Histerese. O que passa não volta...

PC: Eu lesei o cliente. Tem dois fundos. Os dois começam com cem. Um vai te entregar, em cinco anos, duzentos. E o outro vai te entregar, em cinco anos, quatrocentos. Qual você prefere?

O que retorna quatrocentos...

PC: Só que é o seguinte: esse de duzentos vai ser assim [desenha uma linha crescente]. E o de quatrocentos vai ser assim [desenha uma linha que começa decrescente e depois passa a crescente].

Vendo depois, eu ainda prefiro o de quatrocentos...

PC: A questão é a seguinte. Esse fundo [o de duzentos] provavelmente vai gerar dinheiro para os clientes. E esse aqui [o de quatrocentos], não.

Mas isso não é um problema do investidor, de visão de curto prazo?

PC: Não. Meu papel é fazer o cliente ganhar dinheiro.

Mas no longo prazo...

PC: Meu papel é fazer o cliente ganhar dinheiro. Não se esqueça disso. Existe um risco de o cliente não voltar mais. Às vezes, o modelo certo é aquele que garante um *staying power* [habilidade de manter uma atividade apesar das dificuldades] para as pessoas que estão trabalhando e para quem está investindo com você. Às vezes, eu mesmo passei do *staying power*, ora quando estava alavancado na física, ora quando a volatilidade do fundo estava muito alta.

Mas dá para entregar retorno na renda variável sem correr o risco de grande prejuízo?

PC: Acho que você tem que saber que as coisas podem dar errado. Porque podem.

Você não está muito influenciado pelos prejuízos recentes com Contax e PDG? E quando você comprou Ultrapar, e a ação se multiplicou várias vezes?

PC: Eu sei. Mas qual é a diferença entre Ultrapar e Contax e PDG? Ultrapar é um negócio melhor. Tem negócios que são melhores.

Agora, olhando os momentos bons e os ruins, o que você entende que o investidor deve fazer para não cair em armadilhas e para usufruir de bons retornos?

PC: É um processo em andamento. Eu diria que as pessoas tendem a fazer demais. Acho que, muitas vezes, eu fazia demais. Eu admiro as pessoas que têm muita paciência, que esperam a hora certa. Ou que, na hora de vender, têm calma.

Um estudo do Fidelity [multinacional dedicada a serviços financeiros] para tentar identificar qual é a melhor carteira mostrou que as melhores eram as das pessoas que tinham morrido. Porque elas não mexiam...

PC: O grande erro das pessoas físicas que alocam em fundos é alocar por performance. E eu acho que isso não vai mudar e é da natureza humana. Uma coisa que eu sempre consegui fazer é não admirar somente o resultado, mas admirar o processo. Então, tem caras que eu vi darem resultado, mas que não tinham consistência. Esses desapareceram. Uma coisa que eu tenho orgulho de dizer da Skopos é que a performance recente não é muito boa, mas já foi sacado muito mais dinheiro da Skopos do que o patrimônio que tem hoje. Se não me engano, o total de saques supera as aplicações em 500 milhões de reais. Acontece o mesmo com o Verde. O Verde tem mais resgate do que aplicação. Mas eu acho que ainda tenho uma falha na execução. Acho que ainda falta em mim uma melhora na execução.

Você se incomoda em ver gestores não tão bons em evidência?

PC: Não. Quando, aos quarenta anos, eu estava passando mal de estresse, pensei: "Vou me destruir se continuar assim". Um monte de ideia rolando ao mesmo tempo, cogitei abrir o capital da Skopos. Pedi para o Stuhlberger checar a ideia. E ele checou com o José Olympio. Ele achou que a ideia era boa, mas que tinha de fazer de outra forma, e procurou a Tarpon e não a Skopos. Achou que a ideia tinha vindo da Tarpon e não da Skopos. Levei a ideia para o Itaú, mas não deu certo pelo jeito que eu queria fazer: a forma de pegar o dinheiro, captar, colocar dentro do fundo. Graças a Deus, eu não fiz isso. Senão eu iria perder a minha liberdade. Teria de ficar me "reportando"... Quando aconteceu isso comigo, eu pensei: "Não pode ser assim. A vida não pode ser só isso". Você acha que eu vou trocar a minha vida pela do Stuhlberger, que tem reunião de comitê sei lá quantas vezes por dia? Eu sei como é a rotina dele. Ele tem pouco tempo para pensar. Para poder pensar, ele fica em casa. Porque se ele vai para o escritório, ele não consegue fazer nada. Mas é uma escolha. E eu não queria esse tipo de coisa. Eu tive sorte, porque descobri a maratona e depois o triatlo, que no fundo tem uma semelhança muito grande com o processo de investimento.

Por que praticar o esporte tem semelhanças com investir?

PC: Porque não tem nada de curto prazo. Você precisa se dedicar para fazer da maneira correta. E você descobre que tem limitações. Não tem um cara que corre mais do que você? Um cara que nada mais, que pedala mais do que você? Então, por que na hora de investir você é o melhor? Mas, então, como você pode ganhar do cara? Continuando sempre. E tem muito cara bom que já parou. Então, aquele cara que continua, ele vai superbem. O que acontece é que a maioria das pessoas entra na hora errada e desiste na hora errada. E uma coisa que foi importante para mim é que o esporte liberou um pouco dessa energia. Aquela coisa de querer fazer. Se você abstrair, simplesmente precisa encontrar o ativo certo, colocar lá e não fazer absolutamente nada. Trabalhar demais é errado. Informação demais pode ser ruim.

Então, depois de comprada a ação, o que fazer no dia a dia?

PC: Trabalhar quinze horas não é melhor do que trabalhar cinco horas. Até hoje, eu chego a parar e pensar: "Devia estar no escritório". Mas não. Talvez não. Por isso, eu me sinto mais livre ao ter menos clientes. Boa parte do dinheiro é minha. Eu é que estou pagando a maior parte da conta se der errado. Mas estou falando tudo isso talvez de forma enviesada por causa da experiência pela qual estou passando agora. Mas, olhando para trás, consigo enxergar que muitos dos erros que eu cometi foi por fazer muita coisa. Se eu tivesse ficado mais calmo, talvez não tivesse cometido esses erros.

Qual foi o maior erro que você cometeu?

PC: Contax.

Qual foi o erro? O que você não viu?

PC: O erro foi mentira. Mentiram para nós. Não só para mim, mas para os controladores.

E qual foi o maior acerto?

PC: O que fez mais diferença na minha carreira foi Banespa, porque aconteceu na hora certa. E com o que ganhei mais dinheiro foi OHL, Fosfértil e Ultra. Outra posição que foi muito importante para mim foi a Porto Seguro. Foi uma grande escola sobre como conduzir um negócio.

Conte um pouco sobre como você tomou a decisão de investir nesses papéis.

PC: As ideias, quando são boas, tornam-se quase óbvias. Mas, às vezes, elas demoram para ficar evidentes e, às vezes, estão mascaradas por algum evento. A OHL, por exemplo. Era uma empresa listada e tinha concessões no estado de São Paulo. Eram concessões maduras, e a ação custava trinta reais. Mas ela tinha a missão de se expandir. Quando houve o leilão das federais, a OHL foi muito agressiva no *bid* [oferta]. Essas concessões, depois de um tempo, estavam gerando 700 milhões de reais de Ebitda e o *equity* injetado nas empresas era de 400 milhões. Você conseguia ver no modelo que, em algum momento, a empresa estaria gerando 1,4 bilhão de reais de Ebitda. Mas essa empresa estará negociando a 700 milhões de capitalização de mercado? E foi isso. Esse negócio saiu de 700 milhões para 7 bilhões de reais.

E Ultrapar?

PC: Ultrapar foi um pouco de sorte. Porque o BBA foi o banco do IPO, eu conheci os caras. Depois do IPO, a empresa desabou. Os caras eram muito melhores do que todo mundo imaginava.

E PDG?

PC: PDG é um caso em que, quando um bom management e um bad business se encontram, a reputação do business continua [risos].

Agora, olhando em retrospecto os casos de sucesso, o que você acha que pesou? Relacionamento, matemática, intuição? Tem um padrão?

PC: Não.

Mas tem intuição? Ou é ciência?

PC: Não sei, difícil... Não sei se intuição não é um monte de conhecimento que fica escondido...

O Malcolm Gladwell, autor do livro *Blink: A decisão num piscar de olhos*, diz que a pessoa é influenciada por um monte de coisas que, no nível inconsciente, ela percebeu, mas não consegue formalizar...

PC: Acho que é um pouco isso mesmo. Uma coisa que eu sempre tento fazer é o seguinte: eu não acredito em nada e eu não duvido de nada.

E com o Luis Guilherme?[*] O que aconteceu?

PC: O Luis não aguentava essa minha *wow*... O Luis tem uma coisa muito mais de engenheiro.

Mas isso é bom ou ruim? Talvez isso é que faça funcionar...

PC: Eu acho que era bom... A culpa foi minha.

E o Stuhlberger? Como é a relação de vocês hoje?

PC: Está mais distante...

Conte de sua posição em Dasa.

PC: Acho que o negócio de laboratório é fantástico, ao contrário do de plano de saúde. Dos provedores de serviços no setor de saúde, tem os de infraestrutura, que são os hospitais, laboratórios, os profissionais, que são os médicos, e os planos de saúde. Quando você pergunta para o cliente qual é o vilão desses três, ele responde que é o plano de saúde. Por que o médico pede mais exames? Porque ele quer cuidar de você. O hospital te mantém mais tempo internado porque ele quer o melhor para você. E o plano de saúde não pode cobrar o que deveria cobrar. Então existe uma estrutura perversa de dois contra um. Eu me lembro do cara dizendo: "Não subimos pre-

---

[*] Luis Guilherme Soares foi sócio de Cerize na Skopos e saiu para montar outra gestora, a Nucleo Capital.

ço". E a gente achava um absurdo. Mas no fim das contas, ele estava certo. Porque você não precisa subir preço. Como qualquer produto que precisa de tecnologia, o custo unitário desse negócio cai todo ano. O custo de um exame de sangue, de um DNA ou de qualquer exame que você faz tem como tendência cair um pouco todo ano. Cada vez a tomografia está mais barata e mais eficiente.

Como vem esse estalo, o insight para você decidir estudar Dasa, por exemplo?
PC: Olhamos sempre um monte de coisas. De alguns setores eu não gosto, como incorporadora e telecom. Perdi tanto dinheiro lá atrás com telecom... Na verdade, nem perdi dinheiro. Como era um *bull market*, eu só perdi a oportunidade de ter usado o dinheiro melhor.

Afinal, existe alfa ou beta? Ganhamos dinheiro para os clientes quando há *bull market* ou conseguimos agregar?
PC: Qual é a curva de longo prazo do mercado? Dólar mais oito? Vamos pensar em lá fora. Eu preciso adquirir essas empresas rendendo dólar mais oito. Você consegue fazer isso? Eu sabia, por exemplo, que a indústria de *long and short* no Brasil daria errado. Pela estrutura de taxas da indústria de *long and short* e pelo tamanho que os caras faziam, era impossível ganharem. Faziam *long and short* com 50% do patrimônio, benchmark CDI, cobravam 2% com 20%. A conta do alfa que eles tinham de fazer era Warren Buffett mais três. É impossível. Lá fora os *long and short* diversificados alavancam três, cinco vezes. Aqui no Brasil isso nunca ia rolar. E com custo de aluguel de quanto? De quatro? Não vai rolar. Então, em vez de pensar no alfa, eu penso no seguinte: eu consigo dar dólar mais oito? Ainda acho que é possível.

Muitos brasileiros têm só Petrobras e Vale... O que você acha disso?
PC: Eu acho que essas são as armadilhas do próximo *bull market*.

Você tem preconceito contra algum tipo de ação?
PC: Tenho preconceito contra estatal. Fui do conselho da Copel [Companhia Paranaense de Energia]. Lá tinha pessoas que queriam

fazer as coisas e não conseguiam. Tinha executivo que, eu posso até estar enganado, era quase altruísta. Estava lá, queria fazer as coisas, mas não conseguia. A Petrobras não tem de fazer um plano de demissão voluntária, tem de fazer um plano de proibição de contratação por dez anos. Até pode fazer, mas faz e, ao mesmo tempo, proíbe qualquer contratação por pelo menos dez anos.

E commodity? Te incomoda?

PC: Não. Commodity é simples. A única empresa de commodity que você deve ter é a de baixo custo de produção. E não pode ser muito alavancada. E por quê? Porque o preço da commodity é feito com base na empresa de alto custo de produção. Se você está posicionado na de baixo custo, você sempre vai estar bem. Mas o que eu acho que vai acontecer... O ciclo do minério de ferro é muito longo. O minério tem de subir acima do teu custo de capital e ficar assim por uns dois anos para a empresa se convencer de que tem de fazer uma nova mina. Entre oito e dez anos, a nova mina entra em operação. Por mais que o minério de ferro tenha implodido, as empresas ainda estão colocando em produção os projetos que já tinham. E na hora em que todo mundo entra em operação, o preço do minério de ferro cai. Mas tudo isso tem uma grande distorção devido ao que aconteceu na China. A China construiu, em sete anos, o que os Estados Unidos construíram em um século em termos de demanda de concreto. Então isso tudo gerou uma demanda por minério de ferro e uma capacidade de produção. Aos poucos, vai haver uma destruição da capacidade com a diminuição da demanda, enquanto capacidade nova vai entrar em operação. Por causa disso, acho que vai ficar uns cinquenta anos, uns trinta anos sem aumento no preço do minério de ferro.

Tem alguém que você admira? Quem você lê?

PC: Tem uns caras muito bons. O [Stanley] Druckenmiller.* O [George] Soros tem as coisas dele, mas para ele contratar e aguentar

---

* Stanley Druckenmiller devolveu o dinheiro dos clientes em 2010, citando o alto preço emocional de um desempenho abaixo de suas próprias expectativas.

o Druckenmiller... O melhor de todos é o cara da Renaissance, James Simons.* Com o modelo dele, ele poderia gerir 1 trilhão de dólares. Ele pegou todo o dinheiro, pagou todos os clientes. Absolutamente genial. Foi lá, ganhou um dinheiro, mas não ficou deslumbrado. Ele para e pensa: pra quê?

Vários gestores fora têm tomado essa decisão de não mais gerir dinheiro alheio...

PC: Mas é claro. É um ônus. Você vira funcionário. Não interessa quanto o cara te deu, você tem de responder a ele. É por isso que eu não quero captar mais. Para os cotistas atuais, eu ainda devo satisfação.

Você sempre foi um gestor ativista, que participa de conselhos. Alguns gestores defendem hoje que isso atrapalha o trabalho. Qual é a sua opinião?

PC: Acho que agora, pela forma de a cvm fazer, está muito difícil. E acho que vai ficar cada vez mais. Antigamente, você não podia operar na física, mas o fundo estava isento. Agora não pode fazer nada no fundo. Estou na Porto Seguro, pdg e na Comgás. A Comgás e a pdg, eu não tenho mais. Mas Porto eu tenho. Então há algumas janelas em que eu não posso operar. Como é que você vai gerir um fundo aberto em que você não pode operar? A Porto foi fazer um negócio que durou seis meses. Aí você fica seis meses sem poder operar... E se o fundo tiver resgate?

Mas você acredita que o ativismo tem valor?

PC: Acho que sim, mas tem de ser usado com moderação, porque o ativismo também turva o seu julgamento. Você fica muito próximo. É como você perguntar para o presidente da empresa se é para comprar a ação da empresa dele. Ele é a última pessoa para quem você vai perguntar. Pergunta outras coisas para ele. Porque a resposta dele para essa pergunta é simplesmente irrelevante. Só é pior per-

---

* Matemático, James Simons fundou, em 1982, a gestora Renaissance, o fundo de estratégias quantitativas mais reconhecido do mundo.

guntar como é que você se sente depois de ter perdido a medalha olímpica [risos].

Por falar em medalha olímpica, você já ganhou alguns prêmios como maratonista, né?

PC: No Brasil, eu ganhei duas vezes na minha categoria.

Quanto você treina?

PC: Agora vão ser umas vinte, 25 horas por semana. Essa é uma atividade em que você consegue ver a essência muito mais facilmente do que quando investe. No ambiente de prova, há fatores aleatórios que podem ajudar ou atrapalhar, mas menos... E algumas coisas são absurdas para mim. Os artistas plásticos. Eles se admiram numa métrica... não métrica. Não consigo olhar para uma e para a outra e dizer essa é melhor que a outra. Ao contrário do triatlo, em que a única coisa que você pode questionar é se o cara está dopado ou não. No fundo, há duas coisas que não podem existir. Uma é oscilar entre uma performance boa e outra medíocre. Outra é o cara que tem um baita discurso, mas nunca tem performance. Uma coisa que me dá pânico é imaginar... Poxa, aquele cara tem um monte de ideia, mas não gera retorno. É como ter o talento desperdiçado. Podia ser o campeão, mas não foi porque fez errado. Quando eu me vejo assim... O Stuhlberger dizer: "Eu acho você bom". Se eu sou bom, eu preciso entregar... Se não for assim, estou fazendo alguma coisa errada.

Mas o acaso define muito, não?

PC: Como é o nome daquele filme do Woody Allen? *Match Point*. Eu sempre digo para o Jayme Garfinkel [presidente da Porto Seguro] que a Porto Seguro é o quadro que ele está pintando. O Verde é a obra de arte do Luis [Stuhlberger]. Às vezes, ele erra. Depois corrige. Mas eu não sei se a minha obra de arte vai ser a Skopos. Porque a tendência é dizer: acabou, já não dá mais. Cara... O dr. Fernão [Bracher] começou o BBA com 54 anos. O dono da OHL era funcionário público, foi mandado embora e começou a empresa com cinquenta e poucos anos. O Sam Walton testou dois negócios... Com cinquenta e poucos, ele montou o Wal-Mart. Então, assim, você acha que acabou aos quarenta, e tem um monte de coisa para fazer ainda. Se eu aproveitar esse monte de erro que eu cometi, ir apurando e fazendo as coisas certas, dá para construir algo bacana e ainda ter uma vida genuína.

Que conselho você daria para um investidor de ações?

PC: [Longa pausa] Ele deveria gastar uma parcela do tempo dele para se educar. A melhor forma de fazer isso é encontrar uma literatura sobre filosofias de investimento do passado. Tem de ler alguma coisa sobre Warren Buffett. Se tiver de ler um, com um resumo, que para mim é o melhor de todos, pequenininho, chama-se *The Warren Buffett Way*. Obviamente todo mundo vai lhe sugerir ler o Benjamin Graham. E eu vou dizer: não leia, porque é muito chato. Tem o do George Soros, mas, se eu disser para ler, ninguém vai gostar. Basta ler o primeiro capítulo. Sabe qual é o problema do Soros? Ele queria ser filósofo. Apesar disso, o primeiro capítulo é muito legal. Ele fala de como a percepção muda a realidade e de como a realidade muda a percepção.

16. O homem de ações da Verde

Ser o cara das ações no mais reconhecido multimercado brasileiro é uma baita responsabilidade, que Pedro Sales assumiu muito cedo, aos 27 anos. Luis Stuhlberger, o gestor do Verde, sempre foi mais afeito aos juros e ao câmbio. Cabe ao jovem Pedro coordenar a equipe de analistas de empresas e gerar ideias para o Verde e para o fundo de ações da casa.

Quando Pedro vai à caça de companhias para compor os portfólios, ele busca um setor com barreiras à entrada relevantes, uma empresa com uma marca, um produto ou uma rede de distribuição forte e uma equipe de profissionais motivada e alinhada com os objetivos de longo prazo.

A única certeza que o gestor de ações da Verde Asset diz ter é que as empresas vão ser diferentes daqui a uns anos. Sendo assim, busca escolher pessoas capazes de mudar com elas.

Por mais que a análise da empresa seja o principal ofício de Pedro, impossível não se deixar influenciar pelo pensamento macroeconômico do gênio que comanda a Verde (eu não remaria contra. E você?). E pode ser que ele seja tão pessimista que indique uma fatia mínima de bolsa no multimercado. Aconteceu em 2012, 2013, 2014...

Não é de hoje que a equipe da Verde enxerga e propaga um problema fiscal estrutural brasileiro de grande porte. De tempos em tempos, o mercado anda junto, em outros momentos, contra. É o que faz Pedro se posicionar de forma defensiva na bolsa.

Na Verde, as ações criam raízes. Equatorial, por exemplo, é um caso antigo. Mora lá desde 2010. Funcionou. Desde que entrou no portfólio pela primeira vez, o preço multiplicou-se por seis.

O conselho de Pedro para o investidor é: ao escolher uma ação, não pense em um ativo, mas em um negócio. O que você faria se fosse analisar a possibilidade de comprar um posto de gasolina ou uma padaria? É essa a pergunta que você deve fazer diante de uma decisão na bolsa.

Você começou sua carreira selecionando ações na JGP, né? Como nasceu sua paixão por renda variável?

Pedro Sales: Comecei trabalhando em gestão de ações em 1999, na JGP. Confesso que, antes disso, eu via o caminho de seguir em investimentos — seja ações, seja mercado financeiro em geral — como uma possibilidade, mas não é que eu já tivesse uma grande paixão. Parecia um campo interessante, mas, na verdade, eu não conhecia muito. Eu não investia em ações na pessoa física antes disso. Quando entrei na JGP, era o auge da bolha de tecnologia, e eu comecei como analista de ações desse segmento, olhando as empresas de tecnologia nos Estados Unidos e na Europa, alguma coisa de Ásia também. E aí foi algo literalmente apaixonante. Eu pensei em usar o termo viciante, mas viciante tem uma conotação negativa. É vício no bom sentido, algo que se torna quase um hobby. É muito interessante o trabalho em que você faz uma série de atividades pra chegar a uma conclusão de investir ou não em determinada ação, você implementa essa conclusão e você vê o resultado dela de forma muito objetiva. Isso é que é a beleza do trabalho. Sem desculpa, o resultado está lá. Não tem: não fui eu. Foi você, você tomou a decisão, você fez o trabalho e o resultado é esse. Você comprou determinada ação porque achava que determinada coisa ia acontecer. Se acontecer, você vai ter tido um bom resultado. Se não, se a sua análise errou em algum aspecto, você vai perder dinheiro com isso. O resultado claro, objetivo, direto é algo que realmente envolve muito e faz você cada vez querer melhorar no seu trabalho pra acertar mais e errar menos. É um processo de aprendizado e evolução contínuo.

Você, na verdade, cursou engenharia, né?

PS: Na verdade, eu nunca pensei em ser engenheiro. Fiz engenharia porque sempre gostei muito de matemática, sempre foi meu ponto forte. Eu considerava, na época, também prestar consultoria. Com conhecimento muito baixo, dezessete anos, quando entrei na faculdade, era isso que eu tinha em mente: mercado financeiro ou consultoria. Eu nunca cogitei seguir uma carreira de engenheiro, já entrei pra desenvolver o conhecimento pra essas duas possibilidades de carreira. E aí foi uma coincidência, surgiu uma boa oportunidade na JGP, entrei e me apaixonei.

E como você foi parar na Hedging-Griffo?

PS: Ainda na JGP, no início de 2004, eu mudei de área de atuação. Passei a trabalhar no mercado de ações brasileiro. Em janeiro de 2005, a Hedging-Griffo estava contratando um analista de ações pro Brasil. E uma pessoa que tinha sido analista na JGP comigo estava trabalhando no *private banking* da Hedging-Griffo. Ela indicou meu nome. Eu vim, conversei, eles gostaram de mim e me chamaram.

Naquela época, ainda era só Hedging-Griffo, né? Não tinha o Credit Suisse ainda.

PS: Era só Hedging-Griffo, janeiro de 2005. Mas a Hedging-Griffo já era uma das grandes empresas de gestão de multimercados. O fundo de ações era pequeno na época, mas o fundo Verde sempre teve o perfil de ter uma parcela de investimento muito grande em ações brasileiras. Então, embora o fundo de ações não fosse grande, o Verde já era um fundo em que investimentos de ações eram considerados muito importantes. Por isso a decisão de vir pra cá.

Mas hoje a parcela de ações é pequena no Verde, né?

PS: No momento atual, sim. Não existe regra, é óbvio que depende da visão macro do Luis [Stuhlberger], e como isso se reflete na visão dos diferentes ativos, pra comprar ou vender bolsa, renda fixa, câmbio etc. Mas, historicamente, da origem do Verde até 2012, ele ficou na média uns 30% comprado em ações brasileiras.

Eu acompanhei mais de perto a partir de 2013, quando o Verde já estava com uma posição muito pequena em ações...

PS: Eu não me lembro exatamente a data, mas, ao longo de 2012, o fundo foi reduzindo bastante ações no Brasil. 2012, 2013, 2014...

E desde o começo você cuidava tanto do investimento em ações do fundo Verde quanto dos fundos de ações da casa?

PS: A estrutura sempre foi uma só. Nunca houve uma separada pra ações do Verde e ações dos fundos de ações. Na época, eu era analista pro gestor de ações Brasil e pro gestor de multimercado, o Luis, no Verde. E havia outro gestor também que fazia multimercado. Então era uma única área de análise de ações que servia pra todos os fundos.

E você conhecia o Verde, acompanhava o trabalho do Stuhlberger antes de ir trabalhar com ele?

PS: Conhecia por alto. Conhecia porque já era um fundo famoso, um gestor famoso e isso, claro, pesou bastante na decisão, porque eu já estava num lugar que era excelente. Na verdade, eu saí de um lugar nota dez pra outro nota dez. E a principal razão pra essa mudança é que, na época, o Verde já tinha esse perfil de um investimento relevante em ações com visão mais de longo prazo, enquanto na JGP ainda não havia fundos de ações, só fundo multimercado. E o fundo multimercado deles tinha perfil de investimento em ações de prazo mais curto, o que tornava mais difícil o trabalho de um analista, que costuma ser mais voltado pro médio e longo prazos, que se refletia em um investimento que ficasse um, dois, três, cinco anos na carteira. No Verde, isso era muito mais comum.

É um bom gancho para falar do seu estilo de seleção de ações. Quais são as características principais de uma empresa que entra no seu portfólio?

PS: Eu dividiria em três aspectos: o primeiro é setorial. É a análise do setor em que a empresa está inserida. Um setor que eu considero bom pra investir é aquele em que as boas empresas têm rentabilidade muito boa. Rentabilidade você pode quebrar em vários aspectos, mas eu diria margens boas e retorno sobre capital investido bom. O segundo ponto, fundamental, é que tenha barreiras de entrada relevantes, de forma que essa boa rentabilidade de hoje e do passado vá persistir nos próximos um, dois, cinco, dez anos. Então, a primeira análise é histórica: quão boa é a rentabilidade dessa empresa, desse setor. E a segunda é: tudo bem, mas quais são as razões pra rentabilidade ser essa? E há barreiras de entrada pra fazer com que essas razões continuem valendo daqui a cinco, dez anos? Então o primeiro aspecto é o setorial. O segundo é o da empresa em si. É importante que a empresa tenha vantagens competitivas relevantes. E aí dá pra citar vários exemplos: muitas vezes a marca é uma vantagem competitiva muito forte ou a distribuição... Se você tiver uma excelente marca de cerveja e for tentar vender no Brasil, vai ter uma enorme dificuldade, porque a distribuição é uma barreira de entrada. A Ambev tem marcas muito fortes e também a distribuição. A Souza Cruz também tem uma distribuição excepcional. A vantagem competitiva também pode ser o produto. Ela pode ter um produto que é melhor do que a concorrência. Produto em geral é mais difícil ser sustentável no longo prazo. Em resumo, é analisar as vantagens competitivas daquela empresa.

Avaliar se podem surgir concorrentes, certo?

PS: Os próprios produtos evoluem. Então, não necessariamente o produto que hoje é uma vantagem competitiva vai ser daqui a cinco anos. Quando você olha Apple versus Samsung, essa é uma discussão que vai muito além de produto. Envolve marca muito forte, talvez mais forte até do que o produto. Não é olhando um iPhone ou um Galaxy que eu vou concluir qual empresa é melhor e vai ser mais bem-sucedida no futuro. Produto é mais difícil ser uma vantagem competitiva de longo prazo. São apenas exemplos, o ponto é que a empresa tem que ter vantagens competitivas relevantes pra ser uma boa empresa a se investir.

E o terceiro aspecto de avaliação da empresa, qual é?

PS: O terceiro aspecto é a questão de pessoas, gestão. Passa por diretores da empresa, pelos empregados e pelo controlador. O ideal é investir numa empresa em que todo mundo esteja alinhado pra maximizar a rentabilidade não só no curto prazo, mas olhando o longo prazo e a perpetuidade. Esse é o modelo ideal. Quando você encontra empresas que têm um modelo de remuneração em que as pessoas são bem avaliadas, de forma objetiva, remuneradas de acordo com isso e se sentem motivadas dentro desse ambiente, esse é um ponto positivo muito importante. Quando você encontra um presidente de empresa ou diretores que têm um excelente histórico, esse é outro ponto importante. É preciso lembrar que no longo prazo de uma empresa muita coisa vai acontecer que não é esperada por ninguém. A única certeza que eu tenho é de que o que uma empresa é hoje não é a mesma coisa que ela vai ser daqui a dez anos. Então, você ter pessoas boas, alinhadas, é fundamental pra que elas entendam bem as mudanças e consigam se adequar, ou se movimentar ou, talvez, desinvestir se for o caso de um setor que está piorando e investir em outro que tenha melhores perspectivas. Ou seja, as coisas vão mudar e não adianta olhar a foto do que é a empresa hoje em dia. Você tem que olhar, numa empresa, as pessoas que vão transformar o que ela é hoje no que vai ser um sucesso daqui a cinco ou dez anos. Então são os três pilares: setor, empresa e pessoas.

E como acessar esse tipo de informação? Como é o processo para ter certeza de que você atingiu os três requisitos?

PS: O processo começa com um trabalho longo de análise pra você entender muito aquele setor e aquela empresa. Esse é um trabalho de pesquisa. O objetivo é que você entenda tanto quanto uma pessoa que trabalha há vinte anos naquele setor, um especialista.

Como é que você faz? Começa com bastante leitura. Você vai ler relatórios sobre aquele setor. Não estou falando de relatórios de corretora, estou falando de relatórios gerais, anuários sobre o setor, livros sobre algum aspecto do setor... E fazer o seu dever de casa. Tem muita coisa disponível na internet, os próprios relatórios trimestrais, anuais da empresa. Você pode ouvir os *conference calls* de resultados dos últimos anos, resumindo... obter o máximo de informação que você consegue encontrar sozinho.

Feito isso...

PS: A segunda parte é obter informação com outras pessoas. E essa é fundamental. É a parte talvez mais difícil, no sentido de que não está só nas suas mãos você ter acesso a muita gente boa, nos diversos aspectos que impactam o setor que você está analisando. Então, por exemplo, se eu quero analisar Lojas Renner, apenas pra ilustrar com uma empresa que é bem conhecida, varejista de vestuário, vou buscar conversar com concorrentes da Renner. E aí eu não estou me referindo aos que estão na bolsa, mas a qualquer varejista de vestuário. Vou buscar conversar com ex-funcionários da Renner, fornecedores, especialistas do setor, diretores, ex-diretores, consultorias, talvez algum estilista... Resumindo, vou tentar conversar com todas as pessoas que eu conseguir encontrar que possam me ajudar a entender daquele setor. Não dá pra eu, na minha cadeira, pegar um papel em branco e levantar uma lista de vinte pessoas interessantes pra conversar. Vou precisar de ajuda de muita gente. Usamos muito o contato de pessoas aqui da própria Verde, por exemplo, nossa rede de clientes, que conhecemos há muitos anos. Muitos empresários são clientes da casa e eles também gostam de conversar com os gestores que estão cuidando do dinheiro deles. É uma troca. Essa é a parte mais longa e mais difícil. Por outro lado, é a que eu considero mais importante. É fundamental você conversar com muita gente do setor pra ter um bom entendimento num prazo curto. Se você quisesse aprender durante dez anos, talvez não precisasse conversar com tanta gente. Mas, pra aprender durante alguns meses, você precisa, num espaço curto de tempo, fazer um dever de casa muito grande de reuniões.

O que você costuma descobrir num momento desses que você não consegue ver analisando os números da empresa, por exemplo?

PS: Olha, os números não dizem muita coisa. Eles dizem o resultado final, mas dificilmente dizem a causa. Citando apenas como exemplo, olhando os números da Renner, eu consigo enxergar que o resultado é excepcional. Agora, qual é a razão desse resultado excepcional? E é importante eu entender a razão pra prever corretamente se ele vai persistir nos próximos cinco, dez anos. Então, a parte mais difícil é descobrir a causa. E aí é que essas conversas ajudam muito. É claro que ninguém vai te dar uma resposta, ou você vai receber várias respostas diferentes. Não é que você vai conversar e a pessoa vai te ensinar o que você precisa saber, mas você vai agregando conhecimento com cada uma dessas conversas e vai formando a sua conclusão.

E depois desse processo?

PS: Depois desse processo, a gente passa a ter um conhecimento profundo do setor e da empresa, a ponto de a gente construir o nosso modelo e a nossa visão sobre o futuro. Então, a decisão de comprar uma ação ou não passa por todo esse trabalho de transformar isso em números, numa planilha, e chegar à conclusão de se eu comprar a ação ao preço de hoje vai dar um bom retorno ou não. E montar a nossa estratégia pra aquela empresa. Então, pode ser o caso de uma empresa que eu acho que é muito ruim, que não quero nem pensar no assunto, esquece, quem sabe daqui a alguns anos eu reavalio. E pode ser o caso de uma empresa que eu acho excepcional, mas que, quando eu faço as contas, o preço pode estar alto. Se for isso, então está no radar, quero ter essa empresa, mas não é o momento agora. Vamos continuar monitorando, se o preço cair pra determinado nível, vamos rediscutir. Ou pode ser o caso de a gente terminar a discussão e chegar à conclusão de que é uma excelente empresa, que está num preço adequado, e vamos comprar agora.

E aí a ação fica muito tempo na carteira?

PS: Costumam ficar bastante tempo, não é uma regra...

Porque há alguns nomes de empresas dos quais vocês falam há muito tempo, né? Equatorial, por exemplo...

PS: Desde janeiro de 2010, temos ininterruptamente a Equatorial. E a gente já tinha tido a Equatorial antes. Esse é um exemplo perfeito de um investimento de longo prazo, que foi e ainda é relevante pra nós, porque o que a gente achava que aconteceria com a empresa — e eram histórias de muito longo prazo — está acontecendo. É difícil falar de forma genérica sem explicar um pouco mais da empresa. Ela surgiu com a aquisição de uma empresa que tinha uma operação ruim, a Cemar [Companhia Energética do Maranhão], que ela reestruturou e transformou em uma empresa extremamente rentável e com qualidade de serviço excepcional. Foi quando ela fez isso pela primeira vez. E acreditamos que ela teria a capacidade de replicar isso em outra empresa. Isso só aconteceu em 2012. A primeira aquisição relevante que ela fez foi em 2012, a Celpa. E aí a ação andou bastante, porque ela poderia fazer o mesmo trabalho que fez na Cemar. Mas, na nossa visão, mesmo com toda a alta que a ação tinha tido, a geração de valor era tão relevante que continuava sendo uma ação barata, continuava sendo um excelente investimento. E, à medida que ela entregasse essa reestruturação da Celpa, ela continuaria se valorizando. E foi o que aconteceu. Ela está entregando um excelente resultado na Celpa, a ação continuou valorizando. Obviamente, muitas outras coisas acontecem, mas estou contando aqui uma história resumida.

Sim...

PS: Tem todo o lado regulatório também, que é importante. Após entregar isso na Celpa, como é que eu enxergo a Equatorial? Eu enxergo como uma empresa que tem as pessoas boas e alinhadas, com processos muito bem desenhados e definidos, sistemas muito bem implementados, que terá capacidade de, caso haja alguma outra oportunidade de um setor pra se comprar e melhorar a operação, sempre ser uma grande candidata a fazer isso trazendo bons retornos. Isso vale pra quando? Vale pra sempre. Não faz sentido a gente discutir quando isso pode acabar. Então, ela vai comprar alguma empresa no último ano? Não sei. O que eu sei é que ela vai estar sempre preparada pra, quando surgir uma oportunidade de geração de valor, executar. A Celpa foi só em 2012, pode ser que a próxima seja em 2017, 2020, mas o fato é que ela vai gerar valor com aquisições e reestruturação de empresa por mais cinco, dez, quinze anos. Então é uma avenida de geração de valor. Eu não comprei a ação porque acho que ela vai bem nos próximos seis meses. Eu comprei a ação porque eu acho que ela gera valor nos próximos um, dois, cinco, dez, quinze anos. Agora, significa que a gente não pode vender a Equatorial? Não. Se a ação exagerar demais o preço, pode ser que a gente venda ela totalmente, a gente já aumentou e diminuiu a participação várias vezes. Ou, claro, eu não acho que seja o caso, mas é sempre importante ter isso em mente, se eu estiver errado na análise, a gente tem que estar sempre reavaliando. Se por um acaso eu descobrir que o que eu achava que iria acontecer não vai acontecer porque eu cometi um erro na análise, também não tenho nenhum preconceito contra vender uma posição... Acho que é fundamental o gestor estar à vontade pra mudar de opinião.

Mas não é um pouco sofrido isso? Porque você conhece a empresa muito de perto, né? Ela é sua já há muito tempo...
PS: É, mas...

Você não cria uma paixão pela empresa?
PS: Eu não acho sofrido vender a ação porque você mudou de opinião. O que eu acho mais difícil é vender uma ação de que você ainda gosta muito só porque ela subiu muito. Isso é mais doloroso. A Equatorial a gente já reduziu, mas continua sendo uma posição muito relevante.

Você fica torcendo para a ação não subir então... [risos].
PS: Olha, sinceramente não é isso [risos], mas o que é o ideal pra mim como gestor? O ideal é que a ação tenha uma volatilidade — ou seja, suba muito ou caia muito, tanto faz o lado — exagerada, de forma que eu possa me aproveitar dessa volatilidade, uma volatili-

dade causada não por mudança no fundamento, mas causada por outros aspectos. Um exemplo de Equatorial muito bom, eu não lembro a data exatamente: houve muitos anos atrás uma data em que ela reduziu o dividendo. E aí, como muitos investidores tinham Equatorial porque gostavam do dividendo, a ação caiu. E ela reduziu o dividendo porque achava que poderia vir a fazer alguma aquisição. E o que a gente fez? A gente olhou aquilo e, cara, o meu sonho era que ela comprasse alguém. Pra mim foi uma notícia superpositiva. Foi uma excelente oportunidade. Então, pra mim o bom é volatilidade. Se a ação sobe 20% sem razão, excelente. Eu vou reduzir, ter um belo lucro e colocar no bolso. Se ela cai 20% sem razão, vai ser uma boa oportunidade pra eu aumentar o investimento a um preço excelente. Então volatilidade é bom.

E, em geral, essa volatilidade é causada por um movimento irracional de investidores pessoa física? Eles costumam sair na hora errada? Ou nem sempre?

PS: Num prazo mais longo, é comum as pessoas físicas se animarem cada vez mais com bolsa, à medida que a bolsa sobe. E isso é perigoso. A bolsa pode estar subindo porque o fundamento está melhorando — e, se for isso, tudo bem —, mas pode estar subindo simplesmente porque as ações estão ficando mais caras. Pra uma mesma empresa, com o mesmo fundamento, a ação está 20% mais cara. Aí isso não é bom. Então esse é um risco, de que no momento em que a bolsa esteja mais cara, justamente porque está subindo muito há muito tempo, mais do que o fundamento indicaria, você esteja com muita gente entrando no mercado e se animando. Ou que a pessoa que já está lá há um tempo esteja achando que a vida é mais fácil do que ela é. O ambiente de Brasil depois da alta da bolsa, de 2003 a 2007, sem dúvida trouxe muita gente pro mercado. Praticamente qualquer ação que você comprou em 2005 deve ter tido um bom retorno. Então muita gente corre o risco de achar que está escolhendo bem as ações, quando, na verdade, pode estar surfando um cenário macro que pode se reverter. Isso vale até na nossa discussão de empresas, né?

Como assim?

PS: Quando a gente avalia uma empresa, pode olhar uma que, nos últimos cinco anos, foi superbem. Aí faz parte da análise a gente entender se ela foi superbem porque de fato tem uma vantagem competitiva duradoura pros próximos anos ou se ela pode estar, por exemplo, surfando em um ciclo específico pra aquela empresa ou pra aquele produto, que pode não estar presente daqui pra frente. Então, por exemplo, tivemos um ciclo de investimento muito forte no mundo nos últimos dez anos e agora a gente está num momento pior nesse sentido. Você pode ter uma empresa que tenha tido um supersucesso enquanto o mundo estava crescendo muito e que, nos próximos anos, isso não se reflita mais. E aí essa empresa não tenha sucesso. A mesma coisa vale para os investidores, não só pra pessoa física, isso vale pro profissional também. É preciso tomar cuidado pra você não se animar com o histórico da ação. A ação ter subido não significa que ela vá subir. E mais, isso pode significar que ela está cara e que seria o momento de você vender.

Agora, uma discussão muito forte no mundo hoje é se o gestor é capaz de gerar alfa, né? Nos últimos anos, que foram ruins para a bolsa, muitos gestores apanharam e agora, com a alta da bolsa, muitos estão voltando a subir. É um beta [o retorno de mercado], no fim das contas, que todo mundo pega? Ou realmente existe aí um alfa [retorno acima do mercado], que o gestor é capaz de gerar?

PS: O beta influencia bastante o retorno num prazo curto. Num prazo muito longo, o alfa é o que faz mais diferença. Quando você olha a janela de alguns meses, um ou dois anos, sem dúvida o beta vai ter uma influência gigantesca no resultado de qualquer gestor. Quando você olha uma janela de dez anos, vai enxergar momentos positivos e negativos de economia. A bolsa já vai ter subido, caído, e o alfa que o gestor vai gerando ao longo do tempo vai se acumulando. Ao olhar uma janela de dez anos, você vai comprar muito mais o alfa do que o beta. Então, depende do prazo.

E você acha que isso vale para ações globais ou o mercado brasileiro tem algumas deficiências que facilitam essa geração do alfa?

PS: Isso vale pra ações globais também.

Pergunto isso porque fora é mais forte um movimento hoje para ETF, para buscar o retorno de mercado a baixo custo. Até porque a gente não tem muita opção no mercado brasileiro...

PS: Eu acho que a qualidade do ETF é melhor lá fora do que no Brasil. Lá fora, o ETF é razoável. Eu tenho uma boa carteira que não vai ter alfa, mas, por outro lado, vai cobrar muito pouco. Tem gente preferindo isso. Mas eu acho que essa discussão está sendo muito influenciada por gigantescos fundos globais. De fato, você conseguir gerar alfa numa carteira de ações pra um fundo soberano que quer comprar dezenas de bilhões de dólares talvez seja difícil. Mas gerar alfa lá fora é claramente possível. É um mundo mais bem coberto, então talvez as discrepâncias sejam menores do que no Brasil, mas também foi-se o tempo em que o Brasil era mal acompanhado, mal coberto... Hoje o Brasil também é muito profissionalizado. Embora haja menos gente olhando, você tem muitas gestoras boas, bastante fundamentalistas, pra um universo de ações que não é tão grande. Então, o grau de conhecimento de um gestor brasileiro sobre as ações no Brasil é, no mínimo, tão bom quanto o dos melhores gestores globais do mundo das ações lá de fora. A ideia de que o Brasil é mal coberto eu acho que vem de um passado não muito distante, mas ficou pra trás.

Agora, o fato de nosso universo de ações não ser tão grande é um problema para você? Dificulta muito o seu trabalho de seleção?

PS: Certamente dá menos oportunidades, né? É algo que atrapalha. Eu gostaria de ter muito mais oportunidades de investimento do que eu tenho. E quando você encontra uma empresa que é muito boa nos diversos aspectos que mencionei, eu não sou o único que gosta de empresas com aquelas características. A chance de essa empresa já estar num valor que represente essa história positiva é grande. E aí volta o que eu comentei. No mundo há muito mais gestores olhando, mas por outro lado você tem muito mais oportunidades. E o gestor acaba não olhando tão a fundo cada uma dessas empresas. Aqui, cada uma das empresas boas da bolsa é extremamente bem coberta por muita gente boa. Então, de certa forma, o trabalho de você se diferenciar não é necessariamente mais fácil aqui do que lá fora, só porque o Brasil é um país emergente e menos coberto. Claro que eu gostaria de ter mais oportunidades. Acho que teremos, num longo prazo. O percentual da economia brasileira que está na bolsa é baixo. Acho que é um processo natural, de longo prazo, de evolução da economia, mas, assim, gostaria de ter mais oportunidades? Sim. Mas tem oportunidades. Não é que não tenha. Tem vários setores, várias empresas...

Qual você considera o maior acerto no seu histórico como gestor de ações? Um caso em que esses aspectos todos que você destacou se encaixaram muito bem?

PS: Acho que a Equatorial é o melhor exemplo porque engloba todos esses aspectos.

Desde que vocês compraram pela primeira vez até hoje, você tem uma ideia de quanto foi o ganho?

PS: Ela se multiplicou por seis aproximadamente.

Uau, bom, né?

PS: E isso numa empresa que é bastante defensiva. Não é que era uma empresa quase quebrada, que podia quebrar, mas podia se multiplicar por não sei quanto se saísse de uma reestruturação. Ao contrário, é um caso de uma empresa que era bastante defensiva, previsível e que conseguiu gerar isso ao longo do tempo.

E nesse meio do caminho aí houve a crise das elétricas, né?

PS: Essa crise das elétricas na verdade afetou muito as empresas de geração e transmissão, cujas concessões estavam vencendo.

Mas, num primeiro momento...

PS: O resto vai por inércia, né? Por percepção de risco. Aí é a volatilidade no bom sentido. O resto sofreu por causa do aumento da percepção de risco setorial, enquanto isso era algo que pra gente era muito claro: que impactava apenas naqueles segmentos.

Mas era aí que eu queria chegar. Naquele momento, em que a ação que você tem há muito tempo na carteira começa a cair muito, você não sofre com aquilo?

PS: Sofrer faz parte. Sempre que está havendo um movimento com a ação, temos que tomar muito cuidado. Essa mensagem de se a ação está caindo é oportunidade pra compra pode ser mal interpretada. E, sendo mal interpretada, pode destruir um gestor ou investidor pessoa física. Uma ação que tem um movimento um pouco maior faz com que a gente corra atrás pra entender o que está causando esse movimento. A gente tem que ter a frieza de reavaliar, principalmente quando cai, e de perceber e assumir caso a queda da ação esteja sendo causada por uma mudança pra pior num investimento. Isso é importantíssimo: você ter a capacidade de reconhecer quando está errado e vender quando a ação está caindo, porque de fato você estava errado na tese, é fundamental. Às vezes, quando a gente reavalia, pode chegar à conclusão de que realmente estava errado e é melhor vender, mesmo 20% pra baixo. Ou a gente pode chegar à conclusão de que foi alguma notícia nova, que aumentou um pouco o risco, a ação está mais barata, mas o risco está um pouco maior e então vamos manter o que temos. Continuo gostando, mas não tenho a convicção pra aumentar. Ou pode ser o caso de uma oportunidade de aumentar a posição. Cada caso é um caso. E é preciso tomar muito cuidado porque uma política de comprar porque a ação caiu, de forma genérica, eu acho extremamente perigosa.

O caso do setor de educação, com vocês, foi um exemplo de perceber que era melhor vender, né? Quando apareceram aquelas novas regras para o Fies...

PS: Educação foi um caso de muito estudo, muita discussão e mudança de opinião à medida que as coisas mudaram.

Vocês desmontaram a posição ali, né? Lembro que foi uma correria, na virada de 2014.

PS: No final de dezembro, 29 e 30, foram dois dias de medida, acho. Quando saiu, a gente viu que era algo negativo. Essa é uma época em que o grau de atenção das pessoas é um pouco menor. Não é que o mercado não viu a notícia. O mercado viu, mas nós percebemos que era relevante e reduzimos bastante a posição ainda no último dia do ano, com a ação caindo, mas caindo pouco, dado o tamanho da notícia. Depois disso, o que aconteceu foi que a ação continuou caindo e novas notícias continuaram saindo. Era a história de que o Fies estava passando por uma grande revisão. Como o Fies tem um impacto grande no setor, a nossa opinião oscilou um pouco. Houve momentos em que a gente chegou a reduzir a posição, houve momentos em que a gente aumentou, e, no fim da história, a gente acabou zerando.

Bem, falamos do maior acerto, que foi Equatorial. Qual foi seu maior erro em bolsa até hoje?

PS: Ah, teve um erro que foi bastante relevante em 2008. E acho que foi um grande aprendizado. Foi uma arbitragem de Agra contra Cyrela. Eram duas incorporadoras, e a Cyrela tinha assinado a compra da Agra por meio de um processo de troca de ações. Então, pra cada ação da Agra que você tinha, você receberia um determinado número de ações da Cyrela, que eu não me recordo. Logo, se você tivesse uma ação da Agra, dada a cotação da Cyrela, você saberia certinho quanto ia receber em reais. E a Agra estava negociando com desconto em relação ao que seria o preço justo dessa razão de troca. Então a gente comprou a Agra e vendeu a Cyrela, de forma que, ao sair a operação, a gente teria um lucro definido, certinho, na planilha, sem risco. O risco era a operação não acontecer. E, na época, a gente tinha muita convicção de que iria acontecer. Estava assinado, estava certo e as duas empresas diziam — você ouvia *conference call* de resultado, fazia reuniões —, elas deixavam muito claro que de fato estavam muito alinhadas. Inclusive a força de vendas da Agra já estava trabalhando junto da força de vendas da Cyrela. Então era algo que a gente tinha muita convicção de que iria acontecer, parecia um risco muito baixo. Mas estamos falando de 2008, o Lehman Brothers quebrou. Ou seja, foi um evento *black swan*...

... como diria Nassim Taleb...

PS: Como Taleb chama um evento muito fora da curva... Um negócio que já estava assinado, eu não sei detalhes, mas chegou a um ponto que acabou não acontecendo. Então o que aconteceu? Nós, e muita gente, estávamos comprados na Agra contra a Cyrela por causa dessa operação. Quando você desfaz um negócio desses num momento de crise como aquele... A Agra era uma empresa pequena, com menos liquidez e com muita gente comprada só por causa desse negócio... Você gerou uma venda gigantesca de ações da Agra, e a ação despencou. Foi a maior queda que eu já vi de uma ação em um dia na minha vida, fora a empresa quase quebrada.

Aí nesse dia você sofreu...

PS: Esse dia foi desesperador. Por outro lado, foi um grande aprendizado, né? Muitos anos depois, vale a lição.

Qual é a lição nesse caso?

PS: A lição é tomar muito cuidado com arbitragem. A arbitragem é algo que atrai muita gente porque parece um ganho fácil, porque é um ganho matemático. No nosso trabalho, nada aqui é matemático. Eu tenho um modelo, claro, faço muita conta, mas não é matemático. Eu acertar o futuro da empresa não é matemática. É um trabalho gigantesco, pra tentar prever corretamente. É evidente que eu vou errar em vários aspectos, mas tenho que acertar no principal. Aqui, não, a arbitragem é matemática. Se eu comprar essa e vender aquela, basta sair um negócio que eu ganho 3%, 5%, depende do caso. Então é algo que chama muita atenção. E muitas vezes o risco é maior do que parece, né?

Por quê?

PS: Porque existem aspectos que não são levados em consideração na análise, que podem acabar ocorrendo. Ninguém ia discutir, ao montar a operação de Agra contra a Cyrela, qual era a chance de o Lehman Brothers quebrar. Obviamente isso não fazia parte da discussão três meses antes. De repente, pode surgir um fato relevante que faça com que todos os agentes mudem de opinião. Então é a teoria do *black swan*, né? Pode haver algo que não está no radar de ninguém e que faça o negócio não acontecer. Então, é preciso tomar muito cuidado com a arbitragem. E uma das lições que tenho é: eu continuo fazendo a arbitragem, mas para fazê-la você tem que ter uma visão, de preferência positiva, sobre o ativo que você está comprando mesmo se o negócio não der certo. Por exemplo, agora a gente está comprado em Cetip, que tem um processo de fusão com a BM&FBovespa. Se sair um negócio, tem um ganho. E, se não sair, eu acho um excelente investimento. Então, está todo mundo tranquilo com essa arbitragem. Se por acaso o Cade veta a operação e não sai a fusão, ou surge um *black swan*, algo que nem está no meu radar, e não sai a fusão... O único risco que está no meu radar é a Cetip. Digamos que a fusão não aconteça, pode ser que a ação da Cetip caia no primeiro dia? Pode. Mas, se ela cair no primeiro dia, possivelmente eu vou comprar a ação, vou aumentar a minha posição. Então é uma arbitragem com a qual eu estou muito tranquilo. Com a arbitragem em que você só está no ativo por causa daquela operação, você tem que tomar muito cuidado. Eu diria que, na enorme maioria dos casos, os riscos são maiores do que as pessoas pensam.

Mas, seja ou não na arbitragem, o risco do inesperado não está sempre ali?

PS: Está sempre ali, por definição. O risco de acontecer algo totalmente inesperado existe e sempre vai existir. A minha visão é que, se você tiver investido em boas empresas, a chance de ter um *black swan* é menor. E o impacto, se houver, também será menor. Uma das grandes vantagens de investir em empresas vencedoras é reduzir o risco. Parece óbvio, mas não é. Empresas de qualidade pior podem estar num preço que chame muito a atenção. E muita gente prefere tentar ter retornos mais fortes nessas empresas que estão abandonadas porque são piores, o que, se você fizer bem-feito, pode ser uma estratégia vencedora, mas é uma estratégia muito mais perigosa porque, em empresas de pior qualidade, pequenos erros podem fazer com que o lucro vá pra zero. Investindo em empresas de melhor qualidade você reduz bastante o risco de um *black swan* e o impacto se isso ocorrer.

Mas você monta proteções, com opções, por exemplo, para lidar com essa incerteza? O Stuhlberger é muito conhecido por usá-las nos multimercados, né?

PS: Não tem como, o tempo inteiro, eu estar com proteções pra todas as ações que tenho sem que isso custe extremamente caro. Em alguns momentos específicos, a gente busca alguma estratégia de proteção. Já houve um momento, por exemplo, na eleição de 2014, em que eu comprei *put* [opção de venda] de Petrobras como hedge, para o caso de o cenário eleitoral ter um resultado que fizesse as ações caírem. Eu não tinha ações da Petrobras, mas eu entendia que o meu portfólio poderia cair dependendo do resultado da eleição e que a *put* seria o melhor veículo, que poderia ter um retorno excepcional, se houvesse esse resultado que faria as minhas ações caírem. As ações da Petrobras cairiam muito mais e a *put* daria um retorno excelente. Mas é pontual. Já teve um momento em que a gente se preocupou com risco de racionamento de energia. Esse é um setor que a gente acompanha de perto. Em janeiro começou a ter pouca chuva, o risco de racionamento estava muito grande e a bolsa não estava muito atenta a isso. As ações do setor elétrico já estavam começando a sofrer um pouco, mas o resto da bolsa, não. Então eu comprei uma *put* de Ibovespa pra proteger a carteira desse risco. E como o risco da janela de chuva é pequeno, um risco de curto prazo, foi barato. Bastava hedgear por um mês e meio. Então, em alguns momentos dá pra fazer hedge sobre alguns aspectos, mas você ter o hedge de forma generalizada, o tempo inteiro, acaba custando caro.

Você falou sobre como investir em empresas de qualidade reduz o risco, mas você se permite fazer algo mais ousado em pelo

menos uma parte do portfólio? Ou seja, investir em uma empresa de pior qualidade?

PS: Sim. O que eu busco, obviamente, são as melhores empresas, num preço atrativo. É claro que no dia a dia você pode encontrar outras oportunidades de investimento que fujam um pouco desse perfil e que possam trazer bons retornos. Por exemplo, a empresa passou por um processo de reestruturação, que eu não tenho convicção de que vai ser vencedor ainda, mas que, dado o nosso trabalho de análise, concluímos que existe uma probabilidade razoavelmente alta de isso acontecer. E, se isso acontecer, o retorno é excelente. A gente entende que o risco/retorno é bom. Então a gente pode fazer investimento de um risco maior, sim. Já fizemos várias vezes. Agora, quando você olhar o fundo como um todo, sem dúvida o grosso do investimento vai estar em boas empresas.

E o que você pensa sobre concentração? Dá para concentrar uma parte da carteira no que você tem mais convicção?

PS: Respondendo de forma objetiva, o ideal pra mim é que as maiores posições sejam de 10% a 15% do fundo.

Então você não concentra muito...

PS: Eu não gosto de usar esse termo. Algumas pessoas vão ouvir de 10% a 15% e dizer: "Você é muito concentrado". Outras vão dizer: "Você é diversificado". Depende muito do parâmetro de cada um.

Qual foi o momento de mercado mais difícil da sua trajetória? Em qual você sofreu mais?

PS: Eu diria que os últimos anos têm sido bem tensos, dada a grande preocupação que nós temos com o cenário fiscal brasileiro. Desde 1988, os gastos do governo crescem significativamente acima da inflação, nos mais diversos governos, nos mais diversos partidos. E a coisa chegou a um ponto em que, para que o Brasil não tenha um grave problema fiscal — e estou falando de uma crise realmente relevante —, é preciso uma grande reestruturação. Os gastos do governo têm que crescer no máximo algo muito próximo da inflação, o que é uma mudança muito grande. Quando você tem um processo de, arredondando, trinta anos de crescimento muito acima de inflação, praticamente todo ano, esse é um crescimento que está quase entranhado. Então mudar isso é um grande desafio pro país. A preocupação nossa de se o Brasil vai conseguir resolver esse problema fiscal ou não é muito grande, e vai durar muitos anos. Já dura muitos anos e vai continuar durando muitos anos, o que torna o nosso dia a dia muito mais difícil.

Como isso se reflete no dia a dia das empresas e nos seus investimentos?

PS: O primeiro ponto é buscar uma carteira de investimento que consiga navegar bem mesmo num cenário econômico não muito promissor. O segundo aspecto é tomar cuidado com ação de pouca liquidez. A dinâmica no momento é positiva, mas eu quero estar preparado pra me movimentar rapidamente caso a dinâmica mude. E por que isso é muito tenso? Porque o momento atual é um momento de melhora do país, melhora relevante depois de dois anos de crise muito forte. E, no momento de melhora relevante, normalmente o que vai bem é o oposto do que eu disse: as empresas com mais beta, que mais se beneficiam da recuperação da economia brasileira, e as ações menos líquidas, que no momento pior foram abandonadas. Então é exatamente o oposto do que eu disse. Existe uma tensão muito grande. De um lado, a visão fiscal que a gente tem me faz dar um peso muito grande pra possibilidade de um cenário negativo, já que, mesmo que ele não aconteça, eu quero estar preparado. Eu não posso correr o risco de ter uma performance muito ruim porque aconteceu um cenário que a gente sabia que podia acontecer e que tinha um risco importante. Por outro lado, o cenário talvez mais provável seja de que as reformas vão ser aprovadas, a economia vai melhorar, e as ações de beta maior e menos líquidas vão melhorar. Então é uma tensão muito grande: preservação de capital de um lado e redução de riscos versus um cenário em que acho que talvez a maior parte do mercado esteja apostando mais, que é mais otimista. Isso me deixa muito tenso. Isso é o que tira o meu sono hoje em dia. Ambos os cenários são possíveis: pode-se resolver o fiscal ou pode-se entrar numa espiral negativa. Eu quero ter a carteira que sobreviva aos dois cenários. Dito isso, com boas empresas, mesmo sendo mais defensivas, dá pra ter um excelente retorno. Isso impede você de pegar a melhora do Brasil, mas seria muito mais fácil se eu estivesse comprando mais beta.

Seria mais fácil se você estivesse acreditando numa mudança estrutural do Brasil...

PS: Se eu estivesse mais convicto, exatamente. Não é que eu tenha convicção de que não vá acontecer. É que eu acho que existem riscos pros dois lados. Ambos os lados são possíveis, eu não quero apostar em um deles. Esse é o resumo da história. Eu quero ter uma carteira que consiga gerar bons retornos em ambos os cenários.

O fato de você estar dentro de uma casa mais macro faz essa perspectiva pesar nas suas decisões em bolsa? O Stuhlberger é conhecido como um grande previsor de cenários macro. Isso ajuda no seu trabalho? Como funciona essa interação?

PS: Sim, sem dúvida. A essência do meu trabalho e da minha equipe é o micro, entender bem dos negócios das empresas. Dito isso, o cenário macro influencia o resultado, mais ou menos dependendo dos setores. Ter a possibilidade de ouvir o cenário macro da casa e se basear nele quando a gente busca estimar o que vai acontecer com a empresa nos próximos anos é uma vantagem, é uma facilidade que eu tenho. É algo que eu posso usar, e uso. Então sem dúvida é algo que influencia. O que não significa que eu tenha que seguir isso ao pé da letra. São investimentos diferentes, fundos diferentes, e qualquer gestor tem que ter a sua própria conclusão. Agora, é claro que tendo o Luis aqui do lado, discutindo com ele no dia a dia, trocando e-mails, discutindo ideias, apresentando ideias etc., é claro que o cenário macro dele influencia bastante a minha visão macro.

E ele participa um pouco do micro, do dia a dia das empresas? Como é essa interação?

PS: Ele traz informações de conversas que ele tem, que podem agregar. E toda decisão de investimento eu apresento pra ele. E ele faz alguns comentários também baseados no conhecimento que tem. Ele contribui de forma mais esporádica, não é que participe do processo de discussão. Até porque ele não tem tempo pra isso, né? Ele olha muita coisa.

Você trabalha com ele há muito tempo, né, Pedro? É uma convivência... Imagino que agregue muito, porque uma hora com ele já traz um monte de conhecimento...

PS: Ele é uma pessoa maravilhosa, inclusive do lado pessoal. Uma pessoa sincera, honesta, que você vê que quer o bem das pessoas, uma pessoa do bem, né? Quanto ao lado profissional, uma pessoa com muita bagagem, que pensa de maneira diferente. Ele tem uma capacidade acima do normal de se afastar do dia a dia, de olhar de uma forma mais distante, com tendência mais de longo prazo.

Por fim, quero que você dê um conselho para o investidor de ações ou de fundo de ações.

PS: Investir em ação é comprar uma pequena participação em uma empresa. Então meu conselho é que a pessoa analise o investimento pensando dessa forma. O que você faria se estivesse analisando a possibilidade de comprar um posto de gasolina ou uma padaria? Sem dúvida viria com uma lista de pontos que gostaria de pensar, estudar, pesquisar, que é basicamente um resumo do dever de casa que a gente faz aqui, do nosso processo. Então o meu conselho é olhar dessa forma. É entender do negócio, enxergar uma ação como um negócio e não como um ativo financeiro abstrato, que eu vou tentar adivinhar se vai subir ou cair nas próximas semanas, por causa de alguma notícia. É pensar como um investimento num negócio. É dessa forma que acho que a pessoa tem mais condições de ter bons retornos no longo prazo e dormir mais tranquila.

17. Cada um na sua caixinha

Foi com base na experiência de erros e acertos em bolsa que Ralph Rosenberg, o sócio-fundador da gestora Perfin, desenvolveu um método para montar um portfólio de ações. A cada tipo de empresa, de acordo com suas características e seu momento de vida, cabe um quinhão diferente. E também um tratamento diverso.

Você tem um histórico lindo, é líder no seu segmento, mas custa caro? É *quality*. Ficou mais barata? Deve ser hora de comprar mais. Você é sólida, resiliente, mas está passando por um momento ruim? Você entra na caixinha do *value*. O preço caiu? Você tem o benefício da dúvida.

Quality e *value*, somem-se. Vocês podem ter até 90% do portfólio.

Agora, você está passando por um processo de melhoria operacional? É pouco líquida, parece muito barata? Você pode encaixar-se no grupo do *turnaround*. E aí, querida, você não tem o benefício da dúvida. Você só cresce no portfólio se mostrar resultado.

Empresas do tipo *turnaround* são o destino de cerca de 10% da carteira da Perfin.

Foi assim, de forma disciplinada e transformando erros em modelos melhores, que Ralph começou com um clube entre amigos para investir em ações, aos 23 anos, e evoluiu para gestor de um fundo de ações com ótimo retorno no longo prazo.

Mas investir em ações não é para o dinheiro da pinga, defende Ralph. Não pode ser uma ponte para comprar uma casa daqui a dois anos, tem que ser uma reserva para vinte, trinta, quarenta anos. Veja as ações como um investimento no seu negócio, diz o gestor, e aí, sim, terá bons resultados.

Como nasceu a Perfin?
Ralph Rosenberg: A Perfin, como ela é hoje, nasceu em 2004. Era um clube de investimento. Além de mim, havia quatro sócios. Eu era responsável pela gestão da parte de ações. E tinha o Bento [Guida], que entrou um pouco depois de mim e era o sócio que tinha uma visão um pouco mais macro. Não que a gente tivesse esse approach macro, mas era importante pra acompanhar o que estava acontecendo. A gente era muito novo ainda...

Quantos anos você tinha?
RR: Devia ter vinte e poucos.

Eles também?
RR: Todos. Eu era o mais velho. Eu tinha 23. E esse clube era *family and friends* [dinheiro de família e amigos]. O Beto [José Roberto Ermírio de Moraes] foi o único que continuou, é meu sócio até hoje.

Vocês eram amigos e tinham um gosto em comum por ações?
RR: Não eram só ações. A gente olhou pra investir em uma incubadora da USP, em empresa de telemetria de água e luz à distância... Mas isso separado.

Vocês investiam em empresas fechadas?
RR: É. Era uma incubadora. Esse clube, na realidade, foi um dos sócios que acho que ganhou da corretora Magliano. Não me lembro bem o que foi... Sei que o próprio Magliano [Raymundo Magliano Filho, fundador da corretora Magliano] disse pra ele iniciar um clube na corretora. E aí ele me chamou pra ajudar a fazer a gestão.

Então tudo começou com um clube na corretora Magliano?

RR: No começo, era na Magliano. Em 2007, mudou da Magliano pro UBS Pactual. A gente não recebia nada por isso. Só começamos a receber mesmo quando transferimos pro UBS Pactual. Foi aí que a gente assumiu a Perfin, uma gestora em que eu tinha trabalhado antes. Mas antes o clube cresceu. Quando eu entrei, tinha 50 mil, 30 mil reais. Quando a gente resolveu transformar em FIA, ele tinha 55 milhões.

Em quanto tempo isso?

RR: De novembro de 2004 a agosto/setembro de 2007.

Mas isso é crescimento por retorno?

RR: Teve retorno e captação. O retorno era muito bom, mas a gente não pode divulgar no histórico, a CVM não permite.

Mas como vocês se reuniram? Vocês tinham um gosto em comum por investimentos?

RR: É. Éramos amigos de infância e tínhamos um gosto em comum pelo mercado.

E qual foi o grande acerto dessa época?

RR: A gente ganhou bastante dinheiro com Belgo [Companhia Siderúrgica Belgo-Mineira]...

E, quando vocês foram para o UBS, assumiram a Perfin?

RR: É. O clube atingiu o máximo de cotistas que podia ter em 2007. Se eu não me engano, eram 150.

Hoje são no máximo cinquenta.

RR: Diminuiu, então. A gente estava recusando cliente. Aí pensamos: "Temos massa crítica suficiente pra transformar esse clube numa *asset*, vamos profissionalizar agora e fazer algo mais estruturado". Eu conversei com o [Luis] Perego, que era o meu ex-chefe na Perfin. O Perego não estava usando a gestora, porque o sócio dele tinha virado CEO da MRV Construtora, antes de ela abrir capital. E ele próprio foi trabalhar numa empresa de açúcar e etanol. E a Perfin estava lá. Eu fiquei com um bom relacionamento com eles. Eles eram até investidores do clube. A gente fez um acordo com o Perego, em que ele ficou com uma participação pequena na Perfin em troca de ter cedido a *asset* pra gente. Isso evitou que nós passássemos por todo o trâmite de abrir uma nova empresa.

E o processo de seleção de ações hoje se parece com o que era na época do clube?
RR: Temos um dogma aqui: todos os anos fazemos uma avaliação de quais foram os nossos erros e quais foram nossos acertos pra tentar, no ano seguinte, manter — ou aumentar — os acertos e não cometer os mesmos erros. Então certamente a gente evoluiu muito do que a gente era pro que é hoje, mas sem perder os princípios básicos que sempre nortearam as nossas teses de investimento.

E quais são esses princípios?
RR: Queremos empresas de dono. E queremos ter proximidade com o management e conhecimento acima do mercado de todas as empresas em que a gente investe. Buscamos também empresas que tenham crescimento de lucro e/ou uma combinação de lucros e dividendos que seja bastante atrativa. E que tenham *pricing power* [poder de alterar preços sem prejudicar a demanda] em relação aos seus competidores.

Empresas com liderança de mercado, certo?
RR: Exato, que tenham vantagens competitivas claras. O Brasil, no passado, era muito focado em oligopólios/monopólios, nos setores de commodities, estatais, telecomunicações, bancos, serviços financeiros, elétricas... Em 2005, 2006, 2007, você começou a ter muitos IPOS. Uma nova onda de empresas entrou no mercado, em novos setores: consumo, serviços, educação, imobiliário... São setores que acabaram gerando oportunidades interessantes de ganhar dinheiro — e de perder também [risos]. Principalmente o se-

tor imobiliário foi muito marcante, um dos grandes aprendizados que a gente teve.

Chegaremos lá, mas, antes disso, você disse que gosta de ter um conhecimento acima do mercado sobre as empresas em que investe. Como conseguir esse conhecimento?

RR: Tentamos sempre nos aproximar das empresas, dos seus executivos, dos seus conselheiros, conversar tanto com o *buy side* quanto com o *sell side* e identificar quais são as teses do mercado em relação a essas empresas.

Então você conversa com outros gestores e corretoras...

RR: Sim, pra entender no que essas teses são diferentes das nossas. Se a gente identifica que a empresa tem todos os pré-requisitos — qualidade, alinhamento, *pricing power* —, um bom business, obviamente, e que a nossa tese é diferente da do mercado, isso é uma boa oportunidade de investimentos. Isso fazendo um trabalho de campo mais aprofundado. No setor de commodities, por exemplo, é difícil ter esse diferencial. Não quer dizer que não vamos investir nisso, mas é muito difícil ter um diferencial de, putz, qual vai ser o preço do minério de ferro ou do aço daqui a três, cinco anos. Se a nossa tese se diferenciar do *sell side* ou do *buy side* porque a nossa visão é de que o preço do petróleo vai ser trinta e a deles é de que vai ser cinquenta, é muito difícil conseguir justificar que nós estamos certos e eles, errados. Você sempre vai ter argumento pros dois lados e depender de variáveis macroeconômicas, que não são o nosso foco. Nosso foco sempre foram as variáveis micro, às quais vamos conseguir de fato ter um acesso mais qualificado e correto num trabalho de campo.

Você pode dar um exemplo de um caso em que vocês fizeram uma pesquisa de campo que realmente fez a diferença?

RR: O caso da Alupar é emblemático. A empresa, quantitativamente falando, parecia, dentro do nosso filtro, muito barata. Só que já identificamos que — e foi até um dos nossos aprendizados do passado —, no setor regulado e de capital intensivo, o fato de o fluxo da empresa hoje significar uma taxa interna de retorno alta não quer dizer por si só muita coisa. Por quê? Porque ele pode destruir esse valor reinvestindo em investimentos ruins. Ou ele pode ainda ter um *capex* por fazer o que não está nas projeções, como foi o caso da Arteris, antiga OHL. Além disso, se é o caso de alguma dessas empresas que está com restrição em bancos, por questões como do controlador ou da Lava Jato etc., sabemos que não ter acesso a funding [financiamento], pra uma empresa de capital intensivo, também é um limitador, porque tira a capacidade de crescimento. Então a Alupar era um ativo superbarato num setor pujante, com uma demanda latente em relação a investimento pra transmissão de energia. Ela tinha um controlador, com mais de 60% do capital da empresa, então havia um alinhamento forte em relação ao executivo e ao acionista controlador. Só que era uma empresa recente em bolsa. O IPO foi em 2013...

Um momento ruim para fazer um IPO...
RR: Exato. E teve o problema de o grupo controlador da Alupar ser dono daquela construtora, a Alusa, que mudou o nome pra Alumini, arrolada, numa escala pequena, na Lava Jato. Isso aconteceu depois do *management buyout*, ou seja, quando a construtora já não fazia mais parte do grupo que controla a Alupar. O fato gerador, na verdade, se deu em 2009, 2010, mas, quando estourou a Lava Jato, essa empresa não pertencia mais ao mesmo grupo controlador. Entretanto, isso sempre gerou muita dúvida em relação às restrições por parte do governo em participação em novos leilões e assim por diante, fora a questão de alinhamento, idoneidade etc. A gente identificava uma gordura quantitativa muito boa, mas a parte quantitativa por si só a gente considera uma commodity, né?

Sim...
RR: Todo mundo vai ser capaz de fazer o quantitativo e chegar a essa mesma conclusão. A gente vai conseguir se diferenciar ao entender como é que esse quantitativo se desenrola dentro da empresa e como se chegou a esse quantitativo: como é que essa empresa gera valor e tem um ROE [retorno sobre o patrimônio] acima do seu custo de opor-

tunidade. Fora a questão de reputação, que obviamente acabava sendo envolvida. Tivemos um papo superfranco com os acionistas. Eles estavam num momento de aumento de capital: era pequeno, mas, dado que era uma empresa que não negociava muito — 3 milhões, 4 milhões de reais por dia —, apesar de a gente não ser uma casa gigante, seria um bom ponto de entrada pra montar uma posição. O papel estava negociando nos mesmos níveis, e a gente acabou acordando com eles que era preciso esclarecer todas as questões de governança corporativa, de como foi o processo do *management buyout*, de como era o processo de tomada de decisão na empresa. Havia uma oportunidade muito boa no setor de transmissão, e a gente queria surfar nela. A Alupar, de fato, era a única empresa com *track record* em desenvolvimento de linhas de transmissão no Brasil com esse tamanho. Apesar de ela não ser o maior *player* do setor, era o único que tinha feito desenvolvimento dos ativos sozinha. Foi ela que desenvolveu os 5 mil quilômetros de linhas de transmissão que tem hoje.

Você sentou com a gestão da empresa e disse: "Gosto muito disso, mas não gosto disso e daquilo"?

RR: A gente disse que precisava entender um pouco como funcionava o processo de tomada de decisão, desenvolvimento e monitoramento dos investimentos. Esse é um risco do desenvolvimento *greenfield*: você achar que está levando 15% reais e, na verdade, está levando 5%. A gente entendeu toda a cadeia de tomada de decisão, conversou com todo mundo, entendeu como as pessoas são remuneradas com base no sucesso e no fracasso dos eventuais investimentos e também como foi o desenrolar da questão da construtora com os controladores. O nosso escritório de advocacia teve um papel importantíssimo de estudar esse processo e as eventuais implicações pra Alupar ou pro controlador, assim como de olhar o relacionamento dessa empresa com os entes públicos. Isso aí deu um conforto pra gente. Obviamente esse processo custa, demora um pouco mais. Mas, quando saiu o resultado de tudo, e a gente identificou que o mercado tinha muito preconceito sem de fato ter feito o dever de casa, até porque era uma empresa nova e menor dentro do setor de transmissão — valia seus 3 bilhões de reais, enquanto outras empresas maiores valiam 8 bilhões, 10 bilhões —, uma coisa que parecia ruim acabou sendo um fato muito positivo: o fato de ter um controlador, um dono, que a gente acabou julgando que tinha idoneidade, em uma empresa com processos bons e que estava relativamente bem blindada por conta da questão da Lava Jato. É óbvio que riscos sempre existem, a gente deixa isso claro para todo mundo, porém acho que o mercado vinha descontando esse risco demasiadamente alto.

E quanto a Alupar subiu desde que vocês investiram?
RR: Subiu 40%. Em dois meses.

E quanto tempo levou entre vocês começarem a olhar para a empresa e investir?
RR: Uns dois, três meses. Ela sempre esteve no nosso radar, mas fizemos um processo muito intenso. Ficamos eu e nosso analista do setor, o Felipe, focados nisso basicamente por dois meses inteiros, pra ter a confiança de viabilizar esse investimento.

E vocês fizeram uma posição grande depois desse processo?
RR: Fizemos uma posição *core* dentro do nosso fundo de ações. Devemos ter uns 150 milhões de reais em Alupar.

Que correspondem a que percentual do patrimônio do fundo?
RR: Cerca de 20%. E a gente fez também um veículo específico de quatro anos só pra esse investimento.

E normalmente essa concentração em um papel é de quanto?
RR: De 20%, 25% estourando.

E por que você não concentra mais do que isso, já que vocês passaram meses estudando?
RR: Temos uma regra rígida em relação a liquidez: 90% do passivo do fundo tem de ser liquidado na data de cotização. A gente já considera 20%, 25% um percentual bastante alto. E o investidor no meu fundo de ações normal está comprando um portfólio de ações, não

um *case* específico. Quando a gente tem convicção, prefere fazer um veículo próprio.

Um *pipe*?

RR: Exato. Aí, sim, o cara vai ter exposição pura e simplesmente a esse ativo. A gente não tem problema nenhum em relação a concentração, não gosto de ter 25 empresas dentro do portfólio. E a gente é pago pra tomar risco e fazer bons investimentos. Tomar risco não significa que eu vou arriscar. O tomar risco deve ser condizente com o retorno. A gente tenta sempre ser o mais diligente possível pra, dentro da nossa tomada de risco, escolher empresas que tenham *downside* baixo e um retorno ajustado a esse *downside* atrativo. A gente poderia, por exemplo, ter gastado um tempo e olhado Eletrobras. Só que, sem fazer juízo de valor de quem investiu ou não, existia uma dependência de fatores políticos muito maior na Eletrobras do que na Alupar. No caso da Alupar, era uma tese específica dela em relação ao risco dela, perspectiva e governança da empresa. Obviamente, fechamento de juros ajuda? Sem a menor dúvida. Mas é diferente da Eletrobras, em que dependo de quem vai ser o governo, de quem vai ser o presidente, de como o governo e o regulador vão tratar as questões dos passivos ocultos que a empresa tem, de como vai ser o processo de privatização. O *upside* era muito maior, mas o *downside* também. Você tinha uma situação de risco/retorno semelhante, só que numa você poderia perder 10% ou ganhar 50%. E na outra você poderia perder 50% ou ganhar 300%. A gente prefere sempre optar pela primeira equação.

O risco político vocês sempre evitam também?

RR: Sim. A gente penaliza as empresas que têm um risco político alto.

---

* *Private investment in public equity*, na sigla em inglês. É um tipo de fundo que investe em empresas listadas em bolsa, porém sem possibilidade de resgate no curto prazo. Define-se que o investidor só terá o dinheiro aplicado de volta, com o retorno devido, dentro de alguns anos, como três ou cinco — no que o veículo se assemelha ao *private equity* (investimento em companhias fechadas, não negociadas em bolsa). Em geral é composto quando o gestor acredita que será necessário algum tempo para que as empresas em portfólio tenham bons resultados.

Por quê? Por alguma experiência ruim?

RR: É difícil ter um diferencial claro em relação ao restante do mercado quanto ao risco político. A não ser que eu tenha um lobby político, o que não é o nosso foco. A gente nem quer ter esse tipo de relacionamento. Isso não quer dizer que a gente não vai pra Brasília falar com os reguladores e com os políticos. O ponto é que eu não quero ter de me envolver nesse nível.

Há algum setor em que você não investe de jeito nenhum?

RR: Não. A gente não tem restrição nem em relação a setor nem a tamanho da empresa. A gente tem preferências. Evitamos commodity, porque, de fato, é um diferencial difícil de obter. Quer dizer que a gente não vai investir? Não. A gente já investiu, mas não é trivial. Estatais, a gente investe? Já investiu. Gosta de investir? Não. Preferimos não investir em estatais porque existe um desalinhamento entre o acionista controlador e o minoritário. Mas não temos nenhuma restrição.

Essa questão da governança corporativa, do peso de um controlador, faz muita diferença para você?

RR: Faz. Temos um método interno, que viemos aprimorando, que culminou em uma versão em que você dá uma nota pra cada aspecto. Quebramos em aspectos da indústria e da empresa e damos notas.

Notas de um a dez?

RR: Não. De um a cinco. Na análise da empresa, vamos quebrar em vários aspectos, como management, governança corporativa, vantagem competitiva, escala, entre outros. E, pra indústria, vamos olhar as cinco forças de Porter,* se é uma indústria de capital inten-

---

* A análise de uma indústria a partir do modelo das cinco forças de Michael Porter envolve avaliar a rivalidade entre os concorrentes, o poder de negociação dos clientes, o poder de negociação dos fornecedores, a ameaça de entrada de novos concorrentes e a ameaça de produtos substitutos.

sivo... A grande maioria das notas é qualitativa. Fazemos uma discussão da qual todo o time participa. Todo mundo tem o mesmo peso, com exceção do próprio analista que está apresentando, porque a nota dele vale dois em caso de empate. Isso vai cuspir uma taxa de desconto hipotética...

Então, espera, cada um traz uma nota para a reunião e aí...

RR: Na realidade, o analista traz as notas, explica uma por uma, e a gente coloca pra votação: se concorda ou não. Aí você vai ter uma taxa de desconto, que é, teoricamente, a taxa de desconto pra descontar o fluxo dessa empresa.

E para vocês investirem?

RR: O fluxo de caixa descontado é uma das variáveis que a gente acaba olhando, mas a gente gosta muito de olhar a TIR [taxa interna de retorno] do fluxo, em que a taxa de desconto não é muito relevante. E a gente exige um mínimo entre 15% e 20% de TIR pra fazer o investimento.

Até para concorrer com nosso CDI...
RR: Exato.

É uma concorrência muito dura? O CDI?
RR: Sim. Ô... [risos].

Foi mais fácil quando a meta para a Selic caiu ao menor patamar histórico, 7,25%, pensando que podemos voltar a ter juro mais baixo à frente?
RR: Se tivesse sido estrutural, sim. O problema é que isso de cair pra 7% e depois subir pra 14%, em qualquer economia, é avassalador, né? Você gera movimentos em que as empresas ficam numa situação muito delicada. A empresa vai se apreciar se o lucro dela crescer, se ela pagar bons dividendos. Se você não conseguir ter isso, dificilmente vai conseguir ter um retorno bom. Não faz sentido imaginar que esses movimentos, essas barbeiragens que fizeram na po-

lítica econômica possam trazer bons frutos. 2012 foi um ano bom por conta do fechamento de juros? Foi. Mas consequentemente tivemos 2013, 2014 e 2015 muito ruins.

Foi o pior momento de mercado que você viveu desde que começou a investir em ações?
RR: Sim. Acho que foi pior do que 2008.

Por quê?
RR: Porque em 2008 a gente estava junto com todo o mundo. Em 2013, 2014 e 2015, principalmente, o Brasil estava sozinho.

Agora, foi um momento difícil para vocês aqui na Perfin também, né? O que vocês aprenderam nessa fase dura?
RR: A gente quebra o portfólio em basicamente três tipos de empresas. As empresas *quality* [qualidade] são as que têm um nível de precificação bom. Não são baratas em múltiplos, taxas de retorno. Em contrapartida, elas têm um histórico de retorno muito resiliente, sólido. Essas empresas, num momento como esse, acabam até expandindo múltiplo, por incrível que pareça. Já são múltiplos caros, mas porque tem a questão do *fly to quality* [fuga para a qualidade]. Essas empresas são, na maioria, líderes em seus segmentos.

As pessoas acabam comprando a ação em um momento de crise...
RR: São as Ambevs, Cielos, Cetips, Localizas, RaiasDrogasil, Hypermarcas da vida... E a gente sempre tem algum posicionamento nesse quadrante. Tem outras empresas que a gente chama de *value*. São empresas que são muito boas, resilientes, sólidas, mas às vezes têm um quesito um pouco mais cíclico, estão num momento da indústria ou da empresa mais negativo em termos de resultado. Estão perto do *low* [ponto mais baixo] do ciclo. Toda empresa tem um pouco de cíclica, não tem jeito. A própria Alupar é um caso desses. São empresas que têm um *track record* bom, estão baratas, mas que, por algum motivo, estão com um desconto. Cabe a nós identificar esse motivo e ponderar se faz sentido ou não. Se não fizer sen-

tido esse desconto excessivo, a gente investe um percentual maior do nosso portfólio. O prazo de maturação desse investimento? A gente espera que mature em dois a três anos, enquanto, no *quality*, a gente espera que o investimento mature em um ano ou um ano e meio. E aí temos as empresas — que foi onde a gente se machucou — de *turnaround*. Estou dizendo tudo isso pra responder à sua pergunta do que aprendemos, tá?

Sim, estou acompanhando.

RR: O que são as *turnarounds*? São empresas que têm um horizonte de investimento de três a cinco anos. Elas estão passando por um processo de melhoria operacional. E têm uma margem de segurança no *valuation* muito grande. Normalmente aqui você está falando de *small caps* ou *mid caps*. É raro você ter *large caps* aqui. E qual é o problema aqui? É o *pace*, ou seja, a velocidade com que você aumenta as posições de acordo com o acontecimento dos resultados. Nosso erro foi o quê? Primeiro, a questão do tamanho. A gente chegou a ter um peso em torno de 20%, eu diria, em empresas qualificadas como *turnaround*. E acho que foi um peso muito exagerado. A gente ajustou isso pra baixo.

Hoje é quanto, mais ou menos, o peso das empresas classificadas como *turnaround*?

RR: Hoje vai de 10% a 12% no máximo. E, além disso, a gente limitou o percentual de cada empresa em até 5%. Chegamos a ter 7%, 8%. E, diferentemente dos outros tipos de empresa em que a questão pra aumentar a posição é muito mais o preço — porque a gente tem confiança na tese —, aqui é o oposto. O preço não pode ser o *trigger* [gatilho] pra você aumentar posição, mas sim a melhora de resultado.

Como assim?

RR: Pra empresa sair de um *turnaround* e ir pra um *quality* ou pra um *value*, ela tem de melhorar o resultado. Se ela continuar com resultado ruim, cai num negócio que se chama *value trap*: empresas que são baratas, mas que têm um retorno abaixo do custo de oportunidade. Ou seja, que destroem valor com o tempo. Quando a gente está falando de *value* e *quality*, tudo o mais constante, o grande driver pra aumentar mais as posições, ou reduzir, é o preço.

No caso do *quality*, se o preço cair, você compra mais.
RR: Exato. Se, por algum motivo, o mercado tem uma interpretação errada sobre alguma coisa, ou houve um fator macro, e o preço caiu, a gente aumenta a posição. Já nesse caso específico, do *turnaround*, o preço não pode ser o driver. O driver tem de ser a parte operacional. A gente não pode dar o benefício da dúvida pra essas empresas. E foi o que acabou acontecendo. A gente acreditou...

Quais eram as empresas? Tecnisa...
RR: Foram a Tecnisa e a Arteris.

Vocês acreditaram e...
RR: A gente acreditou, deu o benefício da dúvida pra melhorias operacionais, e as coisas não melhoraram de fato. E as empresas eram, na realidade, mais bagunçadas do que a gente imaginava. A gente era bem próximo, mas, enfim... No caso da Tecnisa, a empresa estava de fato muito desorganizada, mas é um setor muito complicado, foi um momento muito difícil, e a gente subestimou o efeito cíclico macro em relação ao micro.

E havia uma questão de governança também?
RR: Na Arteris, sem dúvida. Na Tecnisa, acho que havia uma questão de governança mais pelo alinhamento de executivos. Existia um desconforto nosso em relação a um grupo de executivos da empresa. A gente confiava e acreditava no alinhamento do controlador, mas os executivos... O time precisava de melhoria. Precisava de um time melhor, mais alinhado, e não havia isso. Demorou pra ajustar e até hoje não ajustou.

Vocês perderam muito patrimônio por causa disso, né? O investidor no Brasil não pune excessivamente o gestor de ações pelo erro?

RR: Acho que sim, mas acho que o patrimônio caiu por alguns motivos. Uma questão é: o Brasil como um todo foi muito ruim.

É verdade. A maior parte dos gestores de ações perdeu patrimônio nos últimos anos.

RR: Custo de oportunidade subindo, Dilma reeleita, contas públicas se deteriorando, dólar subindo... Enfim, tudo isso gerou um ambiente avesso a risco. Nosso retorno foi ruim, sim, mas longe de ser... A gente caiu 7%, 8%... Se você olhar isso num contexto global, é pouco. Quando olhamos nosso histórico desde o início, 2007, 2008, estamos no primeiro quartil, é o melhor fundo dentre os comparáveis brasileiros. Há muitos fundos novos, e acho que o principal ponto é que a gente não investe fora do Brasil. Nesse período, houve muitos investidores que compraram ativos fora. A gente nem tem mandato pra isso, e uma questão que pegou muito foi o câmbio. Às vezes a empresa nem gerou uma performance boa lá fora, em muitos casos não gerou, mas o que acabou gerando o resultado foi o câmbio. Obviamente, a gente, por não investir fora e também por ser uma casa mais fundamentalista, ou seja, que evita *calls* macro... Por exemplo, em 2015, a gente não pegou a forte alta do setor de papel e celulose. Por quê? Normalmente dólar forte no mundo significa commodity pra baixo. A celulose foi a exceção da exceção no ano. Tanto que, neste ano [2016], voltou tudo. Está mais baixo do que estava no início do ano passado.

Por que vocês evitam estratégias baseadas em teses macro?

RR: Qual é o meu diferencial em saber qual vai ser o câmbio no fim do ano de 2015 ou de 2016? Saber o preço da celulose... muito menos. Essa demanda depende de China, depende de Indonésia... São várias coisas que fogem muito ao nosso controle. Então, a gente acabou não investindo nisso, que gerou uma performance boa pra alguns fundos no ano passado, mas que este ano devolveu tudo e mais um pouco. Então voltamos pro início da nossa conversa, que é a questão do risco/retorno. Eu não quero buscar investimentos que me gerem um *downside* de 50% e que podem me gerar um *upside* de 150%. Quero buscar investimentos que me gerem um *upside* de 50% com *downside* de 10%, 15%. Isso quer dizer que não pode cair mais? Pode. Mas aí eu sei que é uma questão momentânea de preço.

E eventualmente vocês buscam proteções com opções, por exemplo, para evitar perdas?

RR: Buscamos.

Como fazer o balanço entre o que vai ser mais custo para o fundo e o que vai ser...

RR: A gente não gasta dinheiro com isso. A gente geralmente faz isso *low cost* [baixo custo]. A gente vende uma *call* [opção de compra] perto do nosso *target* ou num preço que a gente considera razoável pra desinvestir ou pra começar a desinvestir. Aí, com esse recurso, a gente compra uma *put*.

Só voltando um pouquinho àquele modelo de que você falou, dos três tipos de empresa para investir: o *quality*, o *value* e o *turnaround*. Como é essa divisão hoje no portfólio?

RR: O *turnaround* não pode ter mais de 10%, 12%. E o limite máximo por empresa é 5%, sendo que, para estar com 5%, essa empresa precisa estar em via de sair do *turnaround* pro *value*. O prazo de maturação é de três a cinco anos, e o que a gente chama de TSR, o *total shareholder return* [retorno total para o acionista], tem que ser acima de 30%, que seria a combinação do crescimento de lucro mais dividendo. O *value* são empresas com margem de segurança maior, mas que têm o mesmo nível de execução...

Mas qual é o percentual do *value* e do *quality* no fundo?

RR: Os outros 90% podem ser divididos meio a meio. O ideal é ter ⅔ em *value* e ⅓ em *quality*. Porque, em princípio, o *upside* do *value* deveria ser maior. Mas aí vai depender do caso.

Vai depender do cenário também?

RR: Da empresa. Como a gente trabalha com oito a dez empresas dentro da carteira, uma mudança de uma empresa de um quadrante pro outro mexe bastante nisso. Por exemplo, a Hypermarcas, em 2011, era um *turnaround*. Ela foi evoluindo, passou pra um *value*. Hoje ela é um *quality*. É uma empresa dentro do nosso portfólio. Então a gente espera que as empresas evoluam.

Então elas podem evoluir inclusive do *turnaround* para o *quality*?

RR: Sim. Quando a gente acerta a empresa do *turnaround*, e ela vai pro *quality*, o retorno é realmente muito satisfatório. Só que, é óbvio, é preciso tomar muito cuidado. O tamanho tem de ser considerado de forma moderada e de acordo com resultados efetivos, não com promessas. Se a Cetip me disser que espera que a margem evolua, por exemplo, eu tenho um peso pra esse discurso, pelo histórico da empresa, pelo posicionamento estratégico, pela qualidade do time de executivos etc. Eu consigo dar um peso muito maior pra esse discurso por causa do histórico. Quando a Tecnisa me diz que vai conseguir vender ou que não vai distratar, ou que vai melhorar o resultado, eu não deveria nem dar peso, por causa do histórico dela. Deveria esperar pra ver se de fato aquilo acontece. Acontecendo de forma sustentável, aí, sim, posso mudar a empresa de patamar e até, antes de mudar de patamar, aumentar um pouco o peso dela no portfólio.

É interessante isso. Você dá tratamentos diferentes para cada caixinha do seu portfólio.

RR: O Brasil não tem muitas empresas em bolsa. Se eu fizer um fundo só de *small cap* ou só de *quality* ou só de *value*, vou ficar com um universo muito restrito. O importante é que o princípio que fundamenta todos os investimentos seja o mesmo. Entretanto, a forma de gerir cada posição, aumentar ou diminuir, tem seus drivers. O *quality* e o *value* são muito mais uma questão de preço tendo tudo o mais constante.

Vocês fazem ativismo nas empresas em que investem?

RR: A gente faz ativismo light. Nós, sócios da Perfin, não participamos de conselho diretamente porque não gostamos de ficar restritos.

Restritos para compra e venda.

RR: Exato. Porém, a gente está sempre participando da indicação de membros que podem ajudar a contribuir na melhora da empresa. A gente participou na Cetip, na CVC, na Alupar, na Tecnisa, na Arteris, dentre outras.

Vocês indicam um conselheiro, né?

RR: Isso. Seja administrativo ou fiscal.

Desde que você começou a investir em ações, acha que a governança melhorou no Brasil?

RR: Não mudou muito, não. Tem margem pra fazer de tudo. Acho que o caso mais emblemático é o da Redecard, na época do fechamento de capital. É muito uma questão do controlador a que você está se atrelando. Lembro direitinho da *conference call* com o Roberto Setubal. Quando a Amec se pronunciou contra aquela OPA [oferta pública de aquisição de ações, ou IPO na sigla em inglês] condicionada,* ele disse: "Dado que a Amec se pronunciou contra, apesar de ser nosso direito, nós não vamos fazer isso caso não sejamos bem-sucedidos". Então, você pode dizer o que você quiser, mas eles pressionaram, usaram a força do Itaú e respeitaram a opinião da Amec, que eles não tinham obrigação nenhuma de respeitar. Juridicamente, eles tinham esse direito. Então, acaba sendo muito mais uma questão em relação a de quem você está se aproximando. Por isso, essa questão de quem é o controlador, quem são os sócios, quem são os executivos, quem é o conselho acaba sendo muito importante.

Você tem de ver o que está na regra, mas também depende um pouco da boa-fé do cara...

RR: Se ele quiser, há margem; ele vai fazer, não adianta.

---

* A Redecard anunciou, em 2012, o fechamento de capital e avisou que sairia do Novo Mercado caso não conseguisse quórum para cancelar o registro, o que foi visto por muitos como uma pressão sobre os acionistas.

Tem de haver boa-fé do controlador ou dos executivos, então?
RR: Tem.

Agora, dá para avaliar a boa-fé do executivo antes de investir?
RR: Não dá pra confiar cem por cento. Mas o histórico ajuda, né?

O investidor pessoa física tem como fazer essa avaliação sozinho?
RR: Difícil, mas tem a questão do risco reputacional. Quem tem mais a perder? O Roberto Setubal, o Itaú, fazendo alguma coisa contra o mercado de capitais, sabendo que ele tem clientes, acessa o mercado, ou o acionista pessoa física que vai perder 10%? Nada vem de graça na vida. O grupo Itaú é superidôneo, supersério, supercorreto, mas pra ele também convém. É aquele velho ditado: se o malandro soubesse quanto ser honesto é bom, ele seria honesto até por malandragem. Felizmente, acho que as grandes corporações no Brasil, tirando as estatais, estão bem nesse ponto.

Então o investidor tem de procurar as empresas que sabem disso, né? Deve buscar as que sabem que ser honesto é bom para elas em termos de reputação?
RR: Exato. O controlador que não entende isso e que prefere ter um desalinhamento vai ter um múltiplo sempre baixo. A empresa dele sempre vai ser uma empresa descontada. A partir do momento que você tem *goodwill* com o mercado, vai ter um prêmio, vai valer mais. Então, o quanto você se beneficia de forma direta ou indireta da empresa não compensa o desconto de múltiplo que seu patrimônio está tendo por conta desse tipo de atitude. Obviamente tem aquelas pessoas em que isso é da índole. É aquela história do escorpião que pede ao elefante pra subir em cima dele pra atravessar o rio. Ele sobe, pica o elefante, e morrem os dois. É o instinto, não adianta. Eu li um livro sobre investidores na Rússia, chama-se *Alerta vermelho*. Ele mostra muito isso. A Rússia é um país complicado. Os controladores lá têm um dogma que é: "Prefiro ganhar menos e que você não ganhe nada a nós dois ganharmos". Então você tem de evitar esse tipo de controlador, de acionista, no Brasil. Mas, felizmente, acho que é uma minoria.

É difícil gerir um volume grande de dinheiro? Para você, que começou com um clube, muito menor, há mais vantagens ou desvantagens em crescer?

RR: Acho que há mais vantagens. A gente não é favorável à política de *one man show*. E com mais patrimônio, mais recursos, é mais fácil unir um time sênior. Você traz o nível de discussão pra outro patamar. Apesar de alguns caras estarem focados em um setor, e os outros, em outro, quando a gente vai discutir o todo, ajuda, porque são pontos de vista distintos. Obviamente, a palavra final tem de ser sempre restrita a um, dois sócios, porque senão fica complicado. Mas as pessoas que estão tomando essas decisões sabem escutar, refletir e, sobretudo, mudar de opinião se perceberem que estão equivocadas; você traz uma vantagem competitiva muito grande em relação à pessoa física ou até mesmo em relação a outros gestores.

Que recomendação você daria para o investidor pessoa física em bolsa?

RR: Vejo muitos investidores pessoa física que não entendem ainda que investir em ações deveria ser como um investimento no negócio deles, na empresa onde trabalham, algo de longo prazo. Infelizmente, vejo pessoas muitíssimo qualificadas no que elas fazem que, quando olham pra ações, ainda têm a impressão de que é um cassino, uma aposta, que é o dinheiro da pinga, como dizem. E não deveria ser dessa forma. Se ela for bem-sucedida fazendo investimento dessa forma, que eu chamaria de negligente, ela pode ter um problema grande, visto que pode querer investir mais na próxima vez e perder. E o prejuízo pode ser muito maior. E se ela for bem-sucedida de novo, ela vai investir mais... É uma PG [progressão geométrica]. Eu já vi pessoas perderem um monte de dinheiro assim. Em contrapartida, se elas estivessem fazendo um investimento com análise, com foco... Olhar um ativo e entender: por que eu quero investir nisso? Pegar uma dica com alguém que você conhece, com algum gestor, ler algum material ou fazer sua própria análise, pegar esse ativo e fazer uma poupança como você faz com a sua previdência, com seus investimentos pessoais ou com a própria empresa onde você trabalha... Acho que meu conselho seria mais nessa linha. Se você não tem tempo pra fazer isso, eu diria que o melhor é achar alguém que seja qualificado, que tenha todos esses alinhamentos pra fazer investimento. A pessoa tem de parar pra ver se o gestor está alinhado, se tem investimento no fundo também, se não tem, como é que funciona a *partnership*, quem são os sócios, qual é o histórico deles...

E aí se posicionar e ficar um longo período.
RR: Exato.

O que seria um prazo razoável?
RR: Os ciclos econômicos duram sete anos em média. Eu diria, então, que de três a sete anos seria um bom período pra você ter um retorno satisfatório em ações. Só que o investimento em ações não pode ser feito com aquele dinheiro do "eu quero melhorar meu retorno pra comprar uma casa". Tem que ser feito como uma forma de poupança, de reserva, e não como uma ponte pra alguma coisa. Tem de ser uma ponte pra uma coisa muito longa. Então, se alguém está investindo pra daqui a três anos sacar e poder comprar alguma coisa, eu não faria isso em ações. Pode até resgatar no quinto ano pra fazer outro investimento porque acha que as ações não estão mais tão atrativas, porque prefere mandar o dinheiro pra investir fora... Mas ele tem de ter o intuito de usar esse dinheiro daqui a vinte, trinta, quarenta anos. O investimento deveria dar retornos acima do custo de oportunidade em três a sete anos. É um número satisfatório. No Brasil recente, por conta da recessão e da situação econômica, os últimos três anos [2013 a 2015] foram muito difíceis pro mercado de ações, mas, tudo o mais constante, numa janela longa de três, cinco, sete anos, você deveria ter bons retornos.

E como se controlar no meio desse caminho? Como você faz para não vender uma posição antes da hora num momento de pânico de mercado?
RR: A gente tenta sempre balancear o caixa.

Diminuir um pouco as posições em bolsa?

RR: E fazer hedges. Invariavelmente, o mercado tem *sell-offs* [venda rápida de ações] todos os anos, por qualquer motivo. Às vezes, é o motivo mais esdrúxulo, mas tem. Então ter um caixa pra colocar pra trabalhar nesses momentos é um negócio interessante. Ou ter uma estrutura de hedge que você possa desfazer, pegar o ganho disso e, indiretamente, aumentar sua exposição.

Mas você mesmo, o Ralph, sofre num momento desses?

RR: Pela pessoa física? Eu tenho meus investimentos no fundo. A gente se cobra muito. Quando um investimento é ruim, a gente se martiriza muito, se penaliza demais. É natural do ser humano. Pelo menos qualquer pessoa alinhada faz isso inconscientemente. E a gente quer ver as coisas melhorarem, mas a gente tem de entender que os investimentos na empresa não são como num fundo. Num fundo, se eu quero trocar a minha posição, eu troco. As empresas demoram pra melhorar. Pra elas conseguirem resolver um problema, por melhores que sejam, as coisas não acontecem do dia pra noite. Então a gente tem de estar sempre ponderando exatamente o que é a nossa expectativa, a realidade e os timings pra isso. E tem de entender o quanto o mercado exagera. O mercado, quando fica muito otimista, tende a colocar muita coisa no preço e vice-versa. Então, quando o mercado está muito pessimista, a gente tem de ponderar: "Quais são os piores cenários? Esse ativo aqui no pior cenário vale tanto". Por quê? Em cada caso, você vai ter o seu valor específico, pela resiliência dele. E a mesma coisa é verdadeira por outro lado. O mercado agora tende a ficar bastante otimista pelos próximos anos, tudo o mais constante, aprovando-se as reformas. O mercado vai exagerar. E o mercado normalmente exagera mais pra cima do que pra baixo. Porque pra baixo você tem os próprios insiders comprando — insiders que eu digo são os controladores, não no sentido ruim da palavra — e também os grandes investidores de longo prazo. E, pra cima, esses caras não entram *short* [vendidos]. O controlador não vai shortear a empresa dele, ele pode diminuir a posição. Os fundos soberanos, investidores de longo prazo, também não vão ficar *short*. Então, pra cima, o mercado pode exagerar mais. E geralmente exagera mais do que pra baixo.

Então você também sofre no momento de alta?
RR: [Risos] Exatamente. Você vai vender a posição e diz: "Putz, será que tô vendendo muito cedo? Será que o mercado vai exagerar mais? Será que esse nível preço já não contempla tanto otimismo?".

Difícil...
RR: [Risos] Sim.

18. O gestor que é também artista

Quando Roberto Vinhaes decidiu criar, com Christiano Fonseca, a IP Capital Partners, em 1988, gerir fundos no Brasil era coisa apenas de banco. E as idades dos dois somadas não chegavam a cinquenta anos. O investimento: 10 mil dólares.

A empresa se tornou conhecida com uma poderosa newsletter semanal. A internet ainda não ajudava no alcance, o jeito era mandar pelo correios ou distribuir pessoalmente nas bancas. Não é que a carta chegou a 3 mil assinantes?

Metódico, Vinhaes preparava os estudos quantitativos das empresas com correção monetária, grande trunfo em tempos de inflação alta. Hoje, o gestor se fia mais na linguagem corporal, nas palavras ditas sem querer e em uma poderosa rede de relacionamento.

Em um mercado com forte viés doméstico, a IP sempre teve uma mentalidade global. Os jovens sócios levaram os executivos da Renner para conhecer a J. C. Penney, por exemplo, e observavam Otis sob o prisma da suíça Schindler.

Hoje, Vinhaes tem um fundo que investe em Amazon, Microsoft e outras empresas globais das quais você nunca ouviu falar, mas pelas quais certamente vai se apaixonar ao conversar com o gestor.

Em 2015, a filial londrina se emancipou. Vinhaes é o responsável por ela, mas vez ou outra pisa em solo brasileiro, o que rende um café sempre agradável. Investimento, filosofia, robôs, arte, esportes, não há assunto sobre o qual o gestor não tenha uma história inteligente e divertida para compartilhar. Faz parte do trabalho do analista, diz, ser interessante ao interlocutor.

A ip de Vinhaes virou Pipa Global Investments, o mesmo nome do projeto criado por ele, em parceria com o Museu de Arte Moderna (mam) do Rio, para estimular a produção de arte contemporânea. Os vencedores recebem prêmios em dinheiro e participam de um programa de residência artística em Nova York.

É com uma boa dose de paixão que Vinhaes faz distribuição de renda entre o mundo do dinheiro e o da arte.

Você segue uma filosofia específica de investimento? Seria um *value investing*?

Roberto Vinhaes: Tenho pensado muito nisso e conversado com várias pessoas. Acho que, ao longo do tempo, você vai montando o que funciona pra você, pegando o melhor de vários mundos. Obviamente, o mais próximo é o *value investing*, não tenho a menor dúvida disso, mas você vai fazendo adaptações, por exemplo, em função do seu tamanho. Um *value investing* tipo Buffett, que tem de alocar aquela quantidade imensa de dinheiro, é uma coisa. No nosso caso, em que inclusive o objetivo é ser pequeno dentro do universo onde a gente atua, você tem mais agilidade, tem mais mecanismos de proteção. Então, você passa a ter uma filosofia de investimento que não é tão xiita quanto a dele no horizonte temporal, por exemplo, porque você sabe que, se as coisas mudarem, você pode mudar rapidamente. Ele chega e diz: "Todo mundo que a gente bota para dentro já sabe que é um *for life* [para a vida inteira], que a gente não vende companhia etc.". E a gente, não. Se as coisas mudam, mudamos rapidamente. A única coisa que a gente acha que sabe fazer é avaliar qualidade de gente, de negócio, alinhamento de interesses, e comparar tudo isso com o preço. Num mercado como o de hoje, por exemplo, a gente olha, faz essa comparação e não gosta muito. Então temos usado muito mais instrumentos de hedge do que normalmente a gente usava ou usaria em uma situação em que os preços versus qualidade fossem uma relação mais atraente.

Que tipo de hedge? Às vezes, vocês fazem proteção com ouro no fundo, né?

RV: Ouro pra nós é uma alternativa de caixa. Tem uma frase do J. P. Morgan em que ele diz que ouro é dinheiro, todo o resto é crédito. Mas, em estratégia de hedge, por exemplo, a gente gosta pra caramba de Danaher, é uma posição importante. Mas achamos que, se der uma dor de barriga no mundo, todos os ativos podem ser reprecificados, inclusive Danaher. Então, se Danaher está a 82 dólares, a *put* é setenta e custa três centavos de dólar, você vai lá e compra. Por quê? Se cair, a gente perde os primeiros 10%, está "fora do game" e não tem aquela correria de mercado: abriu, não abriu, abriu a quanto? E, por outro lado, como subproduto do trabalho de pesquisa, a gente sempre acaba encontrando muito o inverso do que procura. Você diz assim: "Olha as loucuras que esses caras estão fazendo para competir com as empresas boas". Então a gente tem feito muito mais *shorts*...

E seu ponto é que isso não seria um *value investing* puro?

RV: Isso não seria um *value investing* puro. Mas, neste ano [2016], tem sido uma contribuição boa pro fundo. E a gente fica *short*, mas também compra uma *call out of the money*, porque alguém pode chegar e comprar aquela empresa. Ou pode ter um *short squeeze*. A gente não quer ter que dormir preocupado se o pré-mercado está estourando, porque há um boato disso ou daquilo. Estamos automaticamente zerados por meio das *calls* que compramos baratinhas.

Engraçado vocês, no mercado global, também terem que se preocupar com *short squeeze*. Parece problema de bolsa pouco líquida...

RV: Tem muito *player*, né? E tem posições muito *crowded* [que muitos investidores têm]. Na hora em que todo mundo resolver sair, você pode ter 1 bilhão ou 10 bilhões de dólares de negociação da ação por dia, mas tem *players* de trilhões de dólares, né? E eles ficam naquela de *overweight* ou *underweight* o índice [ter que comprar ou vender uma ação para ficar acima ou abaixo de seu peso no referencial de mercado]. Aí um cara resolve *underweight* Apple. Imagina quantos bilhões o cara vai ter pra vender no dia.

Essa ciência de posições vendidas e proteções você foi desenvolvendo com o tempo? Você era mais comprado?

RV: Foi. Em primeiro lugar, porque aqui no Brasil, no início, não dava pra desenvolver muitas proteções porque elas não existiam.

Não havia como montar as posições vendidas quando você começou a operar ações no Brasil?

RV: Só havia opção de Paranapanema, Petrobras, Eletrobras... A parte de *short*, começamos a desenvolver com o nosso fundo Value Hedge em 2006, 2007. E até hoje é um negócio sofrido, complicado, consome muito do pessoal. Lá fora, não. Lembro que uma vez eu quis shortear uma construtora espanhola. O aluguel era 25% ao ano [risos]. Era eu e todo mundo querendo vender o diabo da companhia...

Mas o desenvolvimento da inteligência das posições vendidas tem a ver com um aprendizado de mercado? Um entendimento de que, em momentos de crise, vocês precisavam estar mais protegidos?

RV: A gente foi aprendendo também... E os robozinhos são umas maravilhas pra nós. Antigamente, você criava uma opção. Hoje em dia, não precisa. Se eu quero uma opção de Thermo Fisher, está na tela. Tem algum robozinho me dando.

E selecionar as empresas em que investir globalmente, há diferença para fazer isso só no Brasil? Ou selecionar ações é igual em qualquer parte do mundo?

RV: Selecionar ações é igual em qualquer parte do mundo, mas aqui no Brasil você tem uma piscininha de três metros quadrados que tem dez empresas, todo mundo sabe quais são as boas companhias de verdade. E tem centenas de investidores. E todos mais ou menos com a mesma cabeça de "Vou dançar perto da porta, na hora em que começar o tiroteio, eu saio correndo" [risos]. No mundo, tem gente que legitimamente acredita em A e tem gente que legitimamente acredita em não A, o que, em consequência, dá um estado de mais equilíbrio e, portanto, mais liquidez.

O investidor olha mais para o longo prazo?
RV: Não é nem isso. É que tem mais investidores olhando das formas mais diversas.

Agora, o que seriam os princípios universais de seleção de ações?
RV: Acho que é sempre aquilo: qualidade do management, alinhamento de interesses e qualidade do modelo de negócios. Aí, entra na *wish list* e ficamos ali monitorando preço.

E no exterior essas características são mais fáceis de encontrar do que na bolsa brasileira? Ou não?
RV: Você tem muito mais alternativas, então, por definição, você vai encontrar mais coisas. E é o que eu estava dizendo, existe uma diversidade de investidores muito maior também. Aqui no Brasil, você tem gente que se diz *value investor*, mas, se for de fato, vai comprar aquela meia dúzia de empresas ali e vai sofrer pra caramba dependendo dos níveis. Fora, você tem várias gradações. Tem o *value investor* que é *deep value*, tem o que é concentrado, tem o *long only*, o *long and short*... Uma discussão que eu tenho tido muito e conversado com muita gente sobre ela é a dos quantitativos. Por maior que seja o *track record* de alguns desses fundos, eles existem há um período de tempo relativamente curto. Aquela conversa de que os terapeutas podem ser computadores, os médicos podem ser computadores, os carros, no longo prazo, serão... Tem gente que acha que vai ser assim também com a seleção de ações. Eu acho que, do jeito que a gente faz, está mais para uma *liberal art* do que pra uma ciência. Na arte, o cara tem de seguir uma técnica, preparar a tela, mas, no fim da história, há algumas coisas que são a linguagem corporal do cara, você conhecer a mulher dele, os filhos... Esses dias um cara me disse que tudo o que é informação estruturada, pública, ele conse-

gue colocar no sistema. O problema é que isso não é informação estruturada e pública. E também não é *insider information*. É uma intuição. É uma percepção diferenciada de uma coisa que é meio intangível. Como é que você quantifica...

Como é que você cria uma fórmula para a expressão corporal?
RV: Isso. Para o *body language* do cara?

Faz muita diferença isso? Você já deixou de investir numa empresa por causa de algo tão intangível?
RV: Muita diferença. Conversar, por exemplo, com caras que prestam serviço pra empresa... Outro dia, eu estava conversando com um cara de conselho, explicando isso pra ele, e ele me disse: "Roberto, você está totalmente certo. Eu trabalho do lado de dentro da fábrica de salsicha. Nos nossos *calls*, a gente só fala o que tem de bom, e o resto a gente não fala" [risos].

Simples assim? [risos].
RV: Então, você vai conversar com os fornecedores, com os ex-funcionários... E tem que fazer muitos ajustes. Tem ex-funcionário que fala muito mal da empresa, mas aí você também precisa entender a cabeça dele. Porque tem aquele funcionário que a companhia bota pra ralar e ele sai: "Nooossa, aqui eu não tenho vida". Poxa, do que o cara está reclamando é de algo positivo pra mim como investidor. Eu também não iria querer trabalhar lá, não [risos].

Mas ser dono é outra coisa...
RV: Exatamente. Às vezes, você vai conversar com distribuidores. Aí eles dizem: "Os caras estão enfiando estoque na gente agora no fim de trimestre porque têm que vender". Então tem uma coisa que...

... que um robô nunca faria por você?
RV: Nem sei, porque os bichinhos estão avançando cada vez mais [risos]. Pelo lado bom, como eles são sempre muito ativos, estão sempre dando preço pra nós. Passou a ser muito factível poder exe-

cutar as nossas opiniões porque sempre tem alguma coisa seguindo algum algoritmo, que a gente não sabe qual é. Nós temos um sisteminha que permite classificar todos os nossos *trades*. E a gente pode chamar: esse aqui é contra algoritmos, esse aqui é de volatilidade, esse outro é insider vendendo... E vamos sempre vendo o que funciona e o que não funciona.

Aqui no Brasil, esse mercado de quantitativos é pequeno, mas fora é gigante, né?

RV: A partir do momento em que o Renaissance* foi um sucesso tremendo, todo mundo quer, né? Eu já fui visitar: é um campo de futebol de servidores, os caras devem ter uns trinta ph.Ds. E, obviamente, eles estão defendendo a praia deles, mas dizem que existe um trabalho todos os dias de filtrar, tratar os dados antes de colocar no sistema... Você não consegue começar de um dia pro outro se você não tem a massa de dados que demora anos pra montar, criar os algoritmos etc. O que eu acho é que a gente vê que tecnologia dá tanto problema no dia a dia... Eu não quero ter meu dinheiro num negócio se não sei exatamente o que pode acontecer amanhã. Se, em um hotel, eu passo o cartão de acesso no elevador e com frequência ele está com defeito, aí desce, troca... Então, imagina colocar dinheiro num fundo...

Em um fundo que depende de um botão? [risos].

RV: É... Mas, assim, eu respeito o *track record* de alguns caras desses.

Saindo dos robôs para os humanos, ativismo mesmo você não faz, né?

RV: Já fui ativista colaboracionista. Eu só fui ativista "pancadeiro" quando tentaram me sacanear. Eu já estava na posição e começaram a querer fazer gracinha...

---

* A Renaissance Technologies é a mais renomada gestora de fundos quantitativos do mundo, reconhecida como capaz de gerar retornos superiores aos do mercado com o uso de métodos estatísticos. Foi fundada pelo matemático James Simons.

Isso lá atrás, no começo da IP, né?

RV: Isso. Lá atrás. Lá fora não. Lá fora, acompanhamos alguns ativistas que já conhecemos e sabemos mais ou menos como é a cabeça. Se o cara tem uma posição na companhia, tem uma chance de entrar no nosso radar, já que pode mudar pra direção que a gente mais gostaria que mudasse. Então, a gente vai monitorando pra ver o que vai acontecer em termos de gente, investimento em TI, alocação de capital. Nesse sentido, a gente tem interesse.

Para ter condições também de ter um assento no conselho das grandes empresas globais você tem de ter uma participação gigantesca, né?

RV: Humm... Toma muito tempo. Mesmo que me chamassem...

É perda de tempo?

RV: O dia só tem 24 horas, né? Já tem meu *day job* que...

Já demanda muito...

RV: E, no fim das contas, é aquela história: você fica impedido de comprar ou vender, tem um monte de formalidades, mais um caminhão de regulações. Acho que, pra galera que quer construir currículo e que tem aquela cabeça mais institucional, ser conselheiro agrega valor. Eu, por exemplo, não gosto de empresa que tem no conselho um cara que está em conselhos de três outras empresas. Ou de um conselho com treze, dezessete membros. São coisas assim que eu acho *detrimental* pra companhia, porque, numa mesa de treze, dezessete, ninguém resolve nada.

E que outros motivos mais intuitivos, que não estão nos números, te fazem ter preconceito contra alguma empresa ou eliminá-la na seleção?

RV: Totalmente intuitivo, acho que é isso. Olhar a história da pessoa e ver o que ela já fez... O caso do Google talvez tenha sido o mais óbvio. Li uma frase do [Sergey] Brin dizendo que a beleza era que agora ele poderia realizar todos os sonhos que a Tesla teve e não pôde porque não tinha dinheiro. Mas aí você diz: "Mas com o meu dinheiro?" [risos]. Cria uma companhia separada...

Na sua história do IP Global, qual, na sua opinião, foi o seu maior acerto?

RV: Em termos nominais, acho que foi Microsoft, pelo tamanho da posição. Porque é aquele negócio: não adianta nada a ação ter subido muito, mas você ter comprado pouquinho, porque não estava com muita convicção. Então, o que faz diferença mesmo é você ter uma convicção. Acho que foram Microsoft e ouro, porque foram posições em que a gente encheu a lata... Ah, tem também Berkshire, Amazon, Danaher... São aquelas companhias das quais os ativos têm qualidade para ser *core* — ou seja, pra você ter 10%, 12%, 15% do fundo — e aí você pega uma alta e 100%, realmente faz a diferença.

Qual é a sua opinião sobre concentração no portfólio?

RV: Eu acho que há espaço pra qualquer coisa, desde que não seja concentração em cinco empresas que não têm liquidez. Aí o fundo tem de ter um passivo equivalente, vamos dizer assim. Acho que o fundamental é isso: você casar passivo com ativo.

Quantas empresas você tem normalmente no portfólio?

RV: Em torno de vinte. No máximo, vinte. Têm as *core*, que são aquelas em que a gente se sente confortável em ter posições grandes. E tem outras que a gente adora, mas imagina... Se tem uma crise geral, e a ação cai 30%, e um *private equity* — hoje em dia eles estão cheios de dinheiro — faz uma oferta com um prêmio de 20%, ele te tira do jogo e você não ganha dinheiro.

E qual foi a pior posição que você já teve?

RV: No Global? Eu acho que foi PDG.

PDG chegou a entrar no Global?

RV: É. Foi naquela época em que a Vinci voltou pra ação, ia ter reeleição da Dilma, a gente achava que ia ter Minha Casa Minha Vida... O [Carlos Augusto] Piani, que é um cara muito bom, foi pra lá...

Teve muita gente que errou com PDG, né?

RV: É. Mas a gente "stopou" relativamente rápido.

E o que você aprendeu com esse caso?

RV: Ah, eu aprendi que você... erra [risos]. Mesmo com gente boa. Tinha um componente de expectativa, de cenário, que atrapalhou tudo. É aquela história: mesmo uma equipe muito boa, se o business não é tão bom... O Buffett diz que, quando uma equipe com uma reputação brilhante vai tocar um business com uma reputação não tão boa, é a reputação do business que continua intacta [risos].

Ótimo, isso [risos]. E há algum setor em que você não entra de jeito nenhum?

RV: Via de regra, o que é "commoditizado" procuramos evitar. Agora, esse negócio de "de jeito nenhum" é meio complicado. Hoje em dia, até na commodity a tecnologia em alguns casos faz ganhar dinheiro pra caramba. Foi o caso de uma mineradora canadense chamada GoldCore. Como é que funciona o processo? Você manda fazer um monte de sondagem, aquele negócio assim superse-creto, porque outras pessoas podem pedir licença na região, e dali você vai fazer uma série de análises e prospecção pra concluir se aquele negócio é economicamente viável ou não e quão economi-camente viável é. Aí os caras fizeram, dentro dos processos tradi-cionais, e chegaram à conclusão de que era mais ou menos viável. Aí disseram: "Vamos fazer o seguinte? Vamos colocar todos os da-dos na internet e criar um plano de 1 milhão de dólares pro cara que vier com um processo que torne essa mina com uma rentabi-lidade de pelo menos tanto". Aí um inglês chegou com uma tecno-logia de exploração que tornou a mina altamente rentável. Então, quer dizer, é uma empresa de commodity, mas que inovou através de tecnologia.

Nessa você chegou a investir?

RV: Não. Essa foi um caso que eu conheci a posteriori.

Então até mesmo o setor que parece commodity pode surpreender...

RV: É que os setores estão cada dia menos representativos. Amazon já passou por todos os setores, já foi uma empresa de e-commerce, de tecnologia, agora tem uma parte grande de logística... Eu acho que ela já está migrando pra ser a primeira *global utility company* não regulada. Essa é a beleza.

A Amazon chega a ser meio desesperadora. Acho que vou tirar meu cartão de crédito do cadastro...

RV: Parece cocaína aquilo ali [risos].

Você aperta e compra. Não dá tempo nem de pensar...

RV: É essa a ideia [risos]. É como aquela bancadinha da saída da loja que é infinita, né?

E qual é o segredo para montar um bom negócio de gestão de recursos?

RV: O que eu acho importante é o seguinte: qual é o business em que você está? Acho que existem pelo menos dois modelos de negócios de casa de investimento e que têm finalidades diferentes: aquele que quer "performar" muito bem e, então, quase que por definição, você não pode ser muito grande. E tem um em que você quer ser muito grande para ganhar muito dinheiro de taxa. Você precisa ter um serviço comercial, uma distribuição, e vai ser meio inevitável você sofrer porque vai ter uma oscilação de patrimônio quando o fundo tiver desempenho abaixo do mercado.

Impossível ser gigante e garantir muito retorno?

RV: Garantir não dá nunca, né? Mas a tendência é essa. Cada vez mais você vê os fundos de fundos alocarem nos caras menores. E você vê os caras bons gradativamente fechando os fundos e devolvendo dinheiro dos investidores e administrando cada vez mais o seu próprio patrimônio.

Agora, esse movimento de grandes gestores passarem a cuidar apenas do próprio dinheiro, além de envolver não querer ser grande demais, não tem um pouco a ver com desistir do passivo, ou seja, da pressão do investidor?

RV: Desistir do ônus de regulação imenso... E ter mais flexibilidade, mais tempo... Porque, se você tem dinheiro dos caras, você tem de falar com os caras, né? E o dia só tem 24 horas. E também é menos gente pra administrar. Isso é outra coisa que eu concluí. Não acho que você precisa de uma equipe grande pra gerir seus investimentos de uma maneira boa. Pelo contrário, quando você tem muita gente pra administrar as expectativas, as pessoas entram naquela de "Você não gosta de mim...". Fica aquela pessoa ali, que está ganhando dinheiro, e, se começa a sentir que você não está precisando dela, vai começar a te perturbar, porque vai pensar: "Vou perder essa bocada". Já tem até um termo que a gente usa que é a nossa "exoequipe de análise". Em vez de ter um moleque de trinta anos assistindo à apresentação, montando um PDF, a gente está montando um network com pessoas de um nível mais alto, aposentados... Você liga pro cara e diz: "Vem cá, o que acha de tal companhia?". Você liga pra um contador aposentado: "O que você se lembra do que esse cara já fez via Irlanda, Luxemburgo, Holanda? Será que os caras são muito agressivos?". Eu não preciso pagar bônus pra esse cara. Ele gosta de bater um papo. É uma rede externa onde a relação de troca é boa pros dois lados. Dá trabalho, toma tempo, você tem que nutrir... É como amizade. Na realidade, é curioso, né? Acaba virando uma amizade...

Então o caminho é criar uma rede de relacionamento mesmo...

RV: De gente experiente. No nosso caso, muitos dos nossos investidores são excelentes fontes de informação. O cara chega e diz: "Tenho um investimento num outro fundo, e os caras estão olhando isso aqui, parece com vocês. Dá uma olhada". Ou o cara é executivo de uma companhia e diz: "Estamos levando um calor desse concorrente ou estamos estudando pra caramba um caso aqui de um cara que fez o negócio direitinho".

O investidor te ajuda, mas também pressiona por resultado? Em um momento ruim, por exemplo...

RV: Não, muito tranquilo. Esse negócio de ter liquidez diária no fundo é muito bom. Porque o cara não tem de ficar reclamando, ele saca.

Mas a liquidez diária não te atrapalha, no sentido de ter de desmontar alguma posição rapidamente?

RV: Não, porque lá fora tem mais liquidez.

E como é que você faz para não sofrer com alguma posição em que está apanhando? Você não dorme na época ruim na bolsa?

RV: Aí precisa definir o que é bolsa ruim. Bolsa ruim pra mim é a de hoje [risos].

Bolsa ruim pra você é bolsa cara?

RV: Exatamente. Bolsa boa pra mim é aquela bolsa baratinha. Mas, assim, a gente está sempre no "O que pode dar errado?", "Onde é que pode estar o erro?", ou "Cadê a coisa boa que eu não estou vendo?". Mas é um prazer. É aquela história: cada louco com a sua mania. É muito parecido com o seu trabalho, de estar sempre procurando, pensando, tentando entender. É um negócio meio viciante, né? E você está sempre aprendendo uma coisa nova todo dia.

Mas você não chega a ter noites de insônia?

RV: Não, porque, antes de fazer qualquer coisa, a gente analisa do ponto de vista do risco. Por exemplo: faz *short*, compra um *call out of the money*... Em todos os aspectos, a gente sempre fez tudo pra evitar esse tipo de risco... Porque é a tal história: se você começa a se preocupar com essas outras coisas, você tira o olho do que interessa, que é ficar olhando as empresas, as pessoas...

E como saber a hora de vender mesmo? De sair de uma posição?

RV: Olhando a posteriori, a gente normalmente vende antes... Os movimentos vão sempre pro extremo, né? A empresa sai de odiada, vai pra aceita, depois vira adorada, aí vai pra uns *valuations* malucos, e a gente cai fora.

Você sai em que momento? Em que ela vira adorada?

RV: Quando começa a ter um certo "entusiasmozinho" pelo negócio e a gente não consegue ver fato novo que justifique.

E sobre o caixa, como ele é tratado lá fora? Porque, aqui no Brasil, tem um pouco essa polêmica de poder ou não operar dólar e títulos prefixados no caixa.

RV: A gente em geral deixa tudo em T-bills. E por quê? Porque se a gente deixar em banco tem toda a regulação que só garante os primeiros 100 mil dólares.

É como o nosso FGC [Fundo Garantidor de Crédito]?

RV: Isso. Então, a gente compra T-bill e deixa custodiado na State Street.* Hoje, eu também compro GLD** e deixo custodiado lá.

O ouro nos Estados Unidos é líquido, né?

RV: Muito! Megalíquido. É imenso. E tem várias possibilidades de mercados. Hong Kong agora está querendo criar um mercado grande de ouro. O mercado de Londres é o maior do mundo. E você tem o GLD, em que você consegue ver a listagem das barras que estão custodiadas em Londres. São barras de ouro de doze quilos, e você consegue ver o número das barras a cada dia, quais são os números das barras, em que cofre estão etc.

Não é um ETF, então, formado por companhias mineradoras. Por que um ETF e não um contrato futuro?

RV: Porque o ETF é mais prático de você negociar na bolsa de Nova York. Você não precisa de um cadastro na bolsa de commodities.

---

* A State Street Corporation é uma das mais antigas instituições financeiras de custódia dos Estados Unidos.

** GLD é o maior ETF (*exchange-traded fund*, fundo negociado em bolsa) do mundo a investir em ouro físico.

A gente também opera às vezes em bolsa de commodities. Mas aí você vai operar futuro, tem que colocar margem, contrato. O GLD opera, compensa, liquida, tudo junto. Qualquer coisa que sai do nosso padrão a gente procura evitar, porque é mais tempo pra conseguir entender os riscos.

Entendi. O ETF é prático.
RV: O ETF é muito prático. E é estupidamente líquido.

Você lê muito, sempre me recomenda textos e livros dos mais diversos temas. O que você recomendaria que o investidor acompanhasse sempre como leitor?
RV: Ah, acho que tudo, né? Aí entra aquela parte do que acho que, por enquanto, o computador não pega. Desde filosofia, religião, arte, psicologia... Porque aí você vai enfrentando umas situações em que você vê: "Esse troço tem a ver com uma situação que algum humano enfrentou lá atrás e reagiu de determinada maneira". E a outra coisa que isso também traz de valor é pra você montar um network de alto nível. Tem o cara que gosta de pescaria, o que gosta de golfe, o que gosta de arte... É o gancho pra você conversar com eles. E aí você vai ter todo mundo querendo conversar com você. Também ajuda nesse sentido. Então, ler te ajuda a montar modelos mentais e a se tornar uma pessoa mais interessante pras pessoas com quem você quer ter uma interlocução. Porque aquele negócio só de business, business, business, fica chato pra todo mundo.

Você acha que a pessoa física tem condições de fazer todo esse trabalho que vocês fazem de seleção de ações?
RV: Eu acho que tem, mas é um *full time job*. Conheço vários que fazem, mas, antes de mais nada, o cara tem de ter tempo, estar disposto a entender como as coisas funcionam, porque os *players* são todos muito perversos, as estruturas de custos são todas contra você. Se você não entender bem direitinho o negócio, pode fazer tudo certo na escolha do investimento e, no fim das contas, entregar tudo em custos, em problemas de execução e em problema de

risco de contraparte. O Paulinho Bodin* é quase isso, mas ele tem um fundo institucionalizado. Tenho vários amigos dos quais nem sei o nome dos veículos. São eles com eles mesmos. E são super-bem-sucedidos. Acho que o cara tem de ter visto chuvas e trovoadas várias vezes pra desenvolver uma certa humildade. Aquela arrogância da adolescência, pós-adolescência é muito perigosa no mercado. O mesmo vale pra ingenuidade do cara que agora se aposentou aos sessenta anos e vai começar a fazer isso e nunca pensou muito no assunto... É impressionante a ansiedade que as pessoas têm de fazer coisas. Demora muito tempo pra você internalizar e se sentir incomodado por fazer coisas demais... Algumas pessoas não conseguem. São hiperativas mesmo. Mas eu vejo o pessoal que toca aqui a parte de operação. Às vezes, quando eu começo a ver que eles estão operando muito, eu digo: "Menos, menos, vocês estão perdendo tanto tempo com esse negócio que é um sinal de que não vai dar tempo de pensar".

Em bolsa, às vezes é preciso ficar um pouco parado, então?
RV: O que eu aprendi com o tempo é o famoso 80/20. É assim: 20% das operações vão te dar 80% do resultado. Agora, é bom você estar ligado nas coisas que estão acontecendo, porque essas operações que dão uma chance grande acontecem rapidinho, um vácuo no mercado.

Você tem de estar atento, mas não que tenha de operar o tempo todo.
RV: Exatamente.

Mas você foi um jovem investidor um dia, quando criou a IP. Você acha que era mais impulsivo?
RV: Com certeza. Acho que eu dei muita sorte de estar no lugar certo e na hora certa, não tenho a menor dúvida. Você estar investindo

---

*   Paulo Bodin, sócio-fundador da Tempo, gestora com sede no Rio de Janeiro, de estrutura muito enxuta, cujo valor sob gestão tem grande peso do próprio patrimônio dele.

no Brasil quando abriu o mercado de opções, em que ninguém tinha ideia do que fazer... E depois a abertura do mercado brasileiro pro mercado internacional, todo mundo só falava de privatização, privatização. E a gente chegar e dizer: "Por exclusão, vamos olhar as privadas. Se a privatização acontecer, quais privadas irão se beneficiar?". Foi basicamente assim. Hoje, começar uma gestora ou começar alguns projetos de investimento no Brasil é muito, muito, muito mais difícil. A concorrência é imensa, os preços dos ativos... A gente comprava tudo muito barato: P/L* sete era um absurdo de caro [risos]. E a regulamentação virou um inferno. A única coisa que você pode dizer que melhorou — e com a qual a gente gastava uma boa parte do tempo — era que a gente tinha que explicar o que era um fundo e que a gente não podia pegar o dinheiro dos caras e sair correndo e ir embora [risos]. Durante uns cinco anos, as nossas apresentações e mais da metade das nossas reuniões eram dizendo: "Um fundo é isso aqui, um fundo é um veículo independente, tem custodiante, administrador, auditor...". É uma facilidade ter passado dessa fase.

Essa foi a fase mais difícil para você na IP? Ter de contar para o mercado o que era uma gestora independente?
RV: Não. O mais difícil na IP foi administrar a vontade da galera de crescer, e eu não querer crescer, eu achar que tinha um limite pro crescimento mais baixo do que as outras pessoas achavam.

E a IP chegou a crescer e ter de voltar atrás, né?
RV: É. E não foi por mérito nenhum meu. Simplesmente batemos no muro mesmo. Não tive de convencer ninguém [risos]. Isso foi em 2007, 2008.

O fundo cresceu e o desempenho piorou...
RV: O desempenho piorou, aí veio a crise de 2008, a gente tinha muito cliente gringo, institucional, que quebrou. Então nem preci-

---

* A relação entre o preço da ação e o lucro da companhia é usada pelos analistas para descobrir se a empresa está cara ou barata em bolsa.

sou empurrar gente pra fora, não. Os ativos se desvalorizaram e rapidinho o negócio se enquadrou.

E, desde então, você ficou com moral lá dentro para segurar o tamanho? [risos].
RV: Acho que, hoje em dia, até eu estando mais afastado da IP propriamente dita, eu sinto isso. Conversando com as pessoas, eu escuto que a cabeça continua muito boa.

Bem, não tem como falar com você sem tratar de arte, porque você acabou virando um homem desse universo também. Para você, a arte não é uma fuga da chatice do mundo dos negócios, né?
RV: Eu acho que também, faz parte da terapia. Mas a quantidade de pessoas diferentes, com ideias e questionamentos diferentes, em geral pessoas muito inteligentes, eu diria que acima da média, com backgrounds muito distintos, me enriquece muito. Várias vezes eu saio assim... Caramba, mais um ângulo aqui que não estava no radar.

O Pipa foi criado quando mesmo?
RV: No fim de 2009. E a primeira edição foi em 2010.

Será que um dia você vai virar só curador de arte?
RV: Muito complicado.

Muito complicado? E investir não é complicado?
RV: Tanta gente boa fazendo curadoria. Acho que eu comecei tarde. Só se eu sobreviver muito. O Camillo* tem a minha idade e faz isso há trinta, quarenta anos. É aquela história, o dia tem apenas 24 horas.

Mas a sua paixão por arte hoje não é maior do que a paixão por ser investidor?
RV: Na realidade, é uma questão de praticidade e simplicidade. Eu tenho paixão por um monte de coisa. Mas aí tem um pouco de

---

* Luiz Camillo Osorio foi curador do Museu de Arte Moderna (MAM) do Rio de Janeiro por seis anos, até 2015, e é curador do Instituto Pipa, criado por Vinhaes.

inércia. E é o investimento que me permite usufruir melhor das outras paixões. Eu sou feliz fazendo o que eu faço. E, ao mesmo tempo, eu acho que é uma atividade em que a compensação financeira é desproporcionalmente maior do que o esforço em relação a qualquer outra coisa que eu conheça. Então, sou feliz com isso e faço outras coisas de que eu gosto, ainda que marginalmente, entendeu? E, do jeito que é o mercado, quanto mais eu olho, mais eu penso: "Não vou deixar meu dinheiro dando sopa na mão de outro de jeito nenhum" [risos].

A biblioteca do investidor de ações

Há algo em comum entre os gestores de fundos mais geniais: eles devoram livros. Quanto mais estudam, mais percebem que não basta. Você terminou a conversa com os grandes investidores da bolsa e acha que já sabe tudo? Está enganado, é só o começo. E, por isso, este é o último capítulo desta longa conversa, mas está longe de ser uma conclusão. É a porta para muito mais.

O diálogo continua, e os próprios gestores recomendam outras obras, de forma espontânea, sem cerimônia. Tem livro técnico, biografia, histórias de sucesso e — por que não? — literatura. Escolha já o próximo.

O jeito Warren Buffett de investir
ROBERT HAGSTROM

"Se tiver de ler só um livro sobre o Warren Buffett, como um resumo, esse para mim é o melhor de todos: pequenininho e baliza tudo. Eu começaria por ele. Obviamente todo mundo vai lhe sugerir ler o Benjamin Graham. E eu vou dizer: não leia, porque é muito chato." — Pedro Cerize, Skopos

The Essays of Warren Buffett: Lessons for Corporate America
WARREN BUFFETT E LAWRENCE CUNNINGHAM

"Muito bem-feito." — Pedro Cerize, Skopos

Buffett: A formação de um capitalista americano
ROGER LOWENSTEIN

"Acho que qualquer cara que realmente queira ganhar dinheiro investindo em ações tem que conhecer a história do Buffett, mas tem que conhecer não a história que ele quer passar e sim as várias visões da história dele. Ele é um cara que mudou muito ao longo dos anos e sempre fez coisas diferentes do que diz. Ele ganhou dinheiro mesmo não foi fazendo o que ele faz hoje, foi comprando coisas diferentes, estranhas, em *turnaround*. Ele olhava um negócio que podia mudar muito, que estivesse muito mal, e comprava. Só que ele ficou tão grande que não consegue mais fazer isso." — Flavio Sznajder, Bogari

Berkshire Hathaway Letters to Shareholders
WARREN BUFFETT E MAX OLSON

"Um compêndio das cartas do Buffett. O cara que fez o livro é um gênio, porque não gastou dinheiro nenhum, pegou as cartas, mandou imprimir e vende muito." — Florian Bartunek, Constellation

"É de cartas do Buffett, que em geral são muito legais." Gustavo Heilberg, HIX Capital

O investidor inteligente
BENJAMIN GRAHAM

"Um clássico, esse todo mundo leu aqui." — Luiz Orenstein, Dynamo

"É um livro bacana. Passa a disciplina correta pra você aumentar a chance de ter sucesso quando faz investimentos." — Leo Linhares, SPX

Ações comuns, lucros extraordinários
PHILIP FISHER

"Acho que esse é um cara que o Buffett leu, mas não contou pra ninguém." — Pedro Cerize, Skopos

O novo paradigma para os mercados financeiros
GEORGE SOROS

"Basta ler o primeiro capítulo. Sabe qual é o problema do Soros? Ele queria ser filósofo, então ele tem essa pretensão. E, como filósofo e golfista, ele está muito mal [risos]. Apesar disso, o primeiro capítulo é muito legal: fala sobre como a percepção muda a realidade e como a realidade muda a percepção. Isso vai até um certo ponto em que se cria um exagero e a raiz do que vai derrubar aquilo. Então, por exemplo: melhoram os fundamentos, a moeda se aprecia, mas aí começa a piorar o saldo em conta-corrente, que já começa a piorar o fundamento... E aí se criam esses ciclos todos." — Pedro Cerize, Skopos

Cem anos de solidão
GABRIEL GARCÍA MÁRQUEZ

"Gosto muito como literatura, pelo imponderável, meio místico. Minha mãe chamava de 'Cem anos de confusão'. É uma confusão danada. Você nunca sabe em que geração você está, porque os nomes se repetem na família." — Guilherme Affonso Ferreira, Teorema

Desafio aos deuses: A fascinante história do risco
PETER L. BERNSTEIN

"É um livro bom!" — Luiz Orenstein, Dynamo

Quando os gênios falham: A ascensão e a queda da Long-Term Capital Management (LTCM)
ROGER LOWENSTEIN

"A bibliografia de casos é importante." — Luiz Orenstein, Dynamo

"Tem n ensinamentos, de autoconfiança, de gestão de risco, de caráter, de se conhecer, do conceito de alavancagem e de como ela é perigosa. É ver na prática como as coisas podem dar errado. É um dos melhores livros que eu li na vida. E é muito agradável." — Leo Linhares, SPX

Margin of Safety: Risk-Averse Value Investing Strategies for the Thoughtful Investor
SETH A. KLARMAN

"É um bom livro." — Pedro Damasceno, Dynamo

Empresas feitas para vencer
JIM COLLINS
Feitas para durar
JIM COLLINS E JERRY I. PORRAS

"Tenho muito medo de falar de livro. Já vi muita gente que lê e diz: 'Agora eu sei tudo'. Então, mais do que livro sobre *valuation* ou algum evento específico, gosto, por exemplo, dos livros do Jim Collins que falam sobre quais são os atributos das empresas longevas. Ele tem dois livros bem interessantes. Acho que podem ajudar o investidor pessoa física a avaliar quais tipos de atributos ele precisa buscar na empresa para poder investir." — Fabio Alperowitch, Fama

"Ele é muito focado em práticas e hábitos de empresas, quais progrediram ao longo do tempo e como elas se transformaram. Acho que é uma leitura muito importante para quem investe em empresas." — André Ribeiro, Brasil Capital

"Acho muito bons todos os livros do Jim Collins sobre como analisar e entender uma empresa e como compreender as companhias que se diferenciam." — Ralph Rosenberg, Perfin

"Tem muita gente que critica alguns aspectos desse livro hoje, mas acho que ele mostra de uma forma muito interessante a mentalidade do executivo empreendedor na construção de negócios que dão certo." — Caio Lewkowicz e Rodrigo Heilberg, HIX Capital

Purpose: The Starting Point of Great Companies
NIKOS MOURKOGIANNIS

"Os livros que em geral eu recomendo têm mais a ver com jornada empresarial e propósito." — Zeca, Tarpon

Criatividade S.A.
ED CATMULL

"A Pixar foi fundada por dois caras: John Lasseter, que é mais artista, e Ed Catmull, mais tecnológico e management. O livro tem três partes. A primeira e a terceira são pouco relevantes, a do meio é que é muito interessante: fala de como o Ed Catmull implementou uma cultura de administrar pessoas criativas de maneira que o troço não explodisse quando um discordasse do outro. Quando a Pixar foi comprada pela Disney, esta tinha uma equipe de animação muito maior. E o pessoal da Pixar foi colocado pra administrar a parte de animação da Disney. Então, você imagina o problemão, né? E o cara conseguiu administrar isso, mantendo boa parte do pessoal, elevando o nível de qualidade das produções e, ao mesmo tempo, aproveitando as coisas boas da Disney. Estava interessado em comprar Disney e caí nesse livro. Muito bom." — Roberto Vinhaes, Pipa Global Investments

"Trata da cultura corporativa da Pixar. É espetacular." — Mauricio Bittencourt, M Square

O gene egoísta
RICHARD DAWKINS

"O livro fala muito de equilíbrio dinâmico, de processo de seleção natural, e tem várias analogias bem 'tapa na cara'. Troque algumas palavras por ativos e você vai ver que tem muita coisa aplicável ao mercado." — Roberto Vinhaes, Pipa Global Investments

Fundação
ISAAC ASIMOV

"Pra entender a dinâmica das pessoas." — Roberto Vinhaes, Pipa Global Investments

O jeito Peter Lynch de investir: As estratégias vencedoras de quem transformou Wall Street
PETER LYNCH E JOHN ROTHCHILD

"É muito difícil achar novos materiais dele, mas os livros são geniais, ensinam você a pensar de forma diferente. Normalmente o cara que é gestor veio do mercado financeiro. E todo mundo pensa mais ou menos igual. Então como você pode pensar de forma diferente?" — Flavio Sznajder, Bogari

Fora da curva: Os segredos dos grandes investidores do Brasil — e o que você pode aprender com eles
FLORIAN BARTUNEK, GIULIANA NAPOLITANO E PIERRE MOREAU

"Para um investidor de fundos, recomendo ler esses livros que falam dos gestores. É bom pra começar a entender as cabeças diferentes." — Florian Bartunek, Constellation

Money Masters of Our Time
JOHN TRAIN

"O Buffett diz isso; eu acho que, na verdade, é o [Charlie] Munger, que é mais desbocado: muitas vezes eu prefiro conversar com gênios do passado do que com os idiotas do presente. Então eu recomendaria ler as histórias dos investidores mesmo." — Florian Bartunek, Constellation

Manias, pânico e crashes: Um histórico das crises financeiras
CHARLES KINDLEBERGER

"É excelente pra quem gosta de história financeira, bem legal. A versão atualizada vai até a crise de 2008/2009. Recomendo pra quem quer entender ciclos, movimentos de euforia e depressão. Eu diria que é um livro essencial." — Leo Linhares, SPX

"É fundamental. A pessoa vai descobrir que existem bolhas há séculos. Bolha não é um negócio recente. Muito antes de existir um mercado de ações como a gente conhece já havia bolhas: já teve bolha de tulipa, de ferrovia... E é fundamental a pessoa entender isso. Quando a bolsa começa a subir muito, atrai a atenção de muita gente. E esse é o problema das bolhas: quando a pessoa não consegue analisar o ativo que está por trás, ela simplesmente fica vendo que não para de subir e então compra porque acha que vai continuar subindo simplesmente porque está subindo." — Pedro Sales, Verde

Covil de ladrões
JAMES B. STEWART

"Um livro de mercado financeiro pra se divertir, ganhador do prêmio Pulitzer. Conta a história real de Michael Milken, que ficou preso por muitos anos e pagou multas milionárias. Trata da formação do mercado de *junk bonds* nos Estados Unidos e de um ataque pesado de uso de informação privilegiada. Tem ensinamentos ali. É um livro bem extenso, mas é espetacular." — Leo Linhares, SPX

Market Wizards
JACK D. SCHWAGER

"Você vê estilos totalmente diferentes de investir." — Pedro Sales, Verde

A bola de neve: Warren Buffett e o negócio da vida
ALICE SCHROEDER

"Eu gosto de ler livros quase como se fossem biografias. A história do Buffett é muito legal." — José Zitelmann, BTG Pactual

Sonho grande: Como Jorge Paulo Lemann, Marcel Telles e Beto Sicupira revolucionaram o capitalismo brasileiro e conquistaram o mundo
CRISTIANE CORREA

"A história dos três é ótima, de como eles compraram a Anheuser-Busch... Eu gosto de livros de histórias reais." — José Zitelmann, BTG Pactual

A dinastia Rothschild
HERBERT R. LOTTMAN

"Gosto dos livros de históricos de famílias, já que no Brasil há muitas empresas familiares. Entender como é o processo de sucessão dentro dessas empresas é muito importante." — Ralph Rosenberg, Perfin

H Stern: A história do homem e da empresa
CONSUELO DIEGUEZ

"Um excelente livro sobre processo de sucessão." — Ralph Rosenberg, Perfin

Alerta vermelho: Como me tornei o inimigo número um de Putin
BILL BROWDER

"Para entender um pouco como funciona o investimento em outros países." — Ralph Rosenberg, Perfin

The Most Important Thing Illuminated: Uncommon Sense for the Thoughtful Investor
HOWARD MARKS

"Muito bom!" — Ralph Rosenberg, Perfin

"É um livro excepcional sobre filosofia de investimentos e análise de risco." — Caio Lewkowicz, HIX Capital

"Esse é o meu livro de cabeceira, que eu obrigo todo analista a ler. Tem muitos conceitos nele, como o de que, quando o mercado vai bem, se você render perto da média, está tranquilo, o investidor também, tudo bem. Mas, quando o mercado vai mal, você tem que ser o melhor. Por quê? Porque essa é a hora em que está todo mundo desesperado. E eu não quero que meu cliente resgate em um ano como 2008, porque o mercado volta. Então ele ensina você a ser enviesado para a defesa." — João Luiz Braga, XP Gestão

Uma breve história da euforia financeira
JOHN KENNETH GALBRAITH

"Um livro que mostra o que não fazer. E é muito bem-humorado."
— Dório Ferman, Opportunity

Lições de um empresário rebelde
YVON CHOUINARD

"É um livro muito bacana para quem se interessa por cultura corporativa escrito pelo fundador da Patagonia, que é uma empresa espetacular. Recentemente vi um anúncio deles que dizia: não compre nossa jaqueta nova. A mensagem era: compre somente se precisar, para não estragar o meio ambiente. Ou use a antiga. É a história do capitalismo consciente não puramente ideológico, mas de geração de valor, com pragmatismo em relação à importância do lucro." — Mauricio Bittencourt, M Square

Extreme Ownership: How U. S. Navy Seals Lead and Win
JOCKO WILLINK E LEIF BABIN

"É um livro bastante legal sobre como você pode extrair resulta-dos melhores de um time. É curtinho, superlegal. Já até comprei pra dar a alguns executivos de empresas em que a gente investe." — Mauricio Bittencourt, M Square

Titan: The Life of John D. Rockefeller, Sr.
RON CHERNOW

"A biografia do Rockefeller é extraordinária. Temos uma tendên-cia a olhar para monopólios como algo muito negativo — e eles de fato o são, para o consumidor. Já para o investidor, quão mais próxi-mo você chegar de um monopólio não regulado melhor. É um livro muito interessante para ajudar você a enxergar quais são as caracte-rísticas desses negócios e tentar traçar paralelos com as empresas que analisa." — Rodrigo Heilberg, HIX Capital

Rápido e devagar: Duas formas de pensar
DANIEL KAHNEMAN

"Tem uma experiência atrás da outra e você vê que cai em todas. Tem um exemplo que eu sempre cito, do fim do livro, que é mais ou menos assim: você enche uma panela d'água e resfria a quinze graus. Se você puser a mão lá dentro, é bem desconfortável, mas você aguenta — é como uma piscina gelada. Tem uma galera que põe a mão lá, deixa dois minutos e tira. E tem outra que também deixa dois minutos a quinze graus, mas depois a temperatura vai subindo até ficar agradável. E aí tira a mão. Cientificamente, é óbvio que a segun-da experiência é a mais sofrida, porque você sofre os mesmos dois minutos e depois continua sofrendo, mas cada vez menos até a hora em que para de sofrer. Só que estatisticamente todo mundo prefere a segunda. Por quê? Porque ela tem um fim melhor. Isso é mercado financeiro puro: eu estou comprado em uma ação que quero vender. Eu não vendo e ela cai mais. Aí eu espero voltar. Ela cai mais. Não, agora vai. Ela cai mais. Aí ela volta ao nível inicial, eu vendo e acho que fiz um bom negócio." — João Luiz Braga, XP Gestão

Dobre seus lucros
BOB FIFER

"Você quer entender Lojas Americanas? Então leia. Esse é o livro de cabeceira do Marcel Telles — ele sempre dá um livro para a diretoria. Esse ele deu duas vezes. Você lê esse livro e vê a Ambev, vê as Lojas Americanas." — João Luiz Braga, XP Gestão

TIPOGRAFIA Arnhem Blond
DIAGRAMAÇÃO Osmane Garcia Filho
PAPEL Pólen Soft, Suzano Papel e Celulose
IMPRESSÃO RR Donnelley, outubro de 2018

A marca FSC® é a garantia de que a madeira utilizada na fabricação do papel deste livro provém de florestas que foram gerenciadas de maneira ambientalmente correta, socialmente justa e economicamente viável, além de outras fontes de origem controlada.